民商法前沿研究系列丛书

论占有及其民法保护

——兼谈占有诉讼对我国民事诉讼模式完善的影响

覃远春　著

中国社会科学出版社

图书在版编目(CIP)数据

论占有及其民法保护——兼谈占有诉讼对我国民事诉讼模式完善的
影响／覃远春著.—北京：中国社会科学出版社，2014.5
ISBN 978 - 7 - 5161 - 3141 - 1

Ⅰ.①论…　Ⅱ.①覃…　Ⅲ.①所有权 - 民法 - 法律保护 - 研究 - 中国
Ⅳ.①D923.24

中国版本图书馆 CIP 数据核字(2013)第 193317 号

出 版 人	赵剑英	
责任编辑	宫京蕾	
责任校对	郝阳洋	
责任印制	李　建	

出　　　版　中国社会科学出版社
社　　　址　北京鼓楼西大街甲 158 号（邮编：100720）
网　　　址　http：//www.csspw.cn
　　　　　　中文域名：中国社科网　　　010 - 64070619
发 行 部　010 - 84083685
门 市 部　010 - 84029450
经　　　销　新华书店及其他书店

印刷装订　北京市兴怀印刷厂
版　　　次　2014 年 5 月第 1 版
印　　　次　2014 年 5 月第 1 次印刷

开　　　本　710 × 1000　1/16
印　　　张　17.5
插　　　页　2
字　　　数　293 千字
定　　　价　55.00 元

丛书编委会

本丛书由以下编委组成（以姓氏笔画为序）

李建生　陈玉梅　邵泽春　周剑云

胡甲庆　陶钟灵　曹务坤　覃远春

民商法学前沿系列丛书总序

　　学科是对社会实践的理论回应或前瞻性研究，起着对人类社会各领域知识进行分门别类研究、归纳、整理、传播和创新的重要功能。学术研究是大学的本质属性，其核心在于知识创新。从这个意义上讲，重视学科建设和发展乃是向大学本质的回归。学科建设和发展还决定着知识创新的能力和水平，从而很大程度上决定着高校人才培养和社会服务的质量。

　　贵州财经大学虽地处僻壤，但同样肩负着为经济社会特别是当地经济社会发展培养人才、提供科研服务和从事具有地方性知识特色学术研究的使命。为推进学科发展，贵州财经大学已连续开展了 4 期重点学科建设工程。民商法学也位列其中。为及时总结近年来民商法学建设的初步成果，贵州财经大学法学院与中国社会科学出版社共同推出"民商法学前沿系列丛书"。

　　本丛书的入选标准有二：一是突出民商法学科的最新研究成果；二是突出具有地方性知识特色并有利于当地法治建设的研究成果。

　　本丛书的问世，得益于中国社会科学出版社的鼓励、指导和支持。该社倡导学术繁荣，实令丛书作者和编委会同仁感佩。谨在此致以崇高的敬意！此外，还要感谢入编本丛书的各位作者，正是他们所倾注的心血，才使得本丛书得以成行。

　　本丛书的出版难免有不足甚至错误，在此，我们恳请学界同仁不吝赐教，提出批评和意见。

丛书编委会

2012 年 12 月

目　录

前言 ………………………………………………………………（1）

导论 ………………………………………………………………（1）

第一章　占有事实论 ………………………………………………（7）

第一节　占有的含义及构成要素 ……………………………（7）

一　占有的源起及含义界定 ………………………………（7）

二　占有的构成要素 ………………………………………（16）

第二节　占有的取得与消灭 …………………………………（34）

一　占有的取得 ……………………………………………（34）

二　占有的消灭 ……………………………………………（38）

三　间接占有的取得与消灭 ………………………………（39）

第三节　占有的法律性质 ……………………………………（40）

一　占有法律性质界定的意义及各种观点 ………………（40）

二　各种观点的评析及本书对占有法律性质的界定 ……（45）

三　关于占有的支配性与排他性的认识 …………………（51）

第四节　占有与相关范畴的简要比较 ………………………（53）

一　占有与所有权 …………………………………………（53）

二　占有与占有权 …………………………………………（56）

三　占有与持有 ……………………………………………（59）

第五节　占有的分类及其法律实益 …………………………（62）

一　有权占有与无权占有 …………………………………（63）

二　无权占有再分类之：善意占有与恶意占有 …………（64）

三　无权占有的其他再分类 ………………………………（67）

四　自主占有与他主占有 …………………………………（69）

五　直接占有与间接占有 …………………………………（71）

六　自己占有与占有辅助 …………………………………… （74）

七　单独占有与共同占有 …………………………………… （78）

第六节　占有的样态推定与样态变更 ……………………… （80）

一　占有的样态推定 ………………………………………… （80）

二　占有的样态变更 ………………………………………… （82）

第二章　占有效果论 …………………………………………… （85）

第一节　占有的权利推定 …………………………………… （86）

一　占有权利推定的含义及功能 …………………………… （86）

二　占有权利推定的运用 …………………………………… （89）

三　占有权利推定受到的限制 ……………………………… （93）

第二节　动产物权善意取得与占有的关系概说 …………… （97）

第三节　占有人与回复请求人之间的权利义务关系 ……… （99）

一　概说 ……………………………………………………… （99）

二　关于占有物的使用收益的处理 ………………………… （103）

三　关于占有物毁损灭失的赔偿责任处理 ………………… （107）

四　关于对占有物支出费用的补偿处理 …………………… （112）

五　占有人与回复请求人权利义务关系的法律规范运用 ……… （119）

第三章　占有保护论 …………………………………………… （126）

第一节　占有制度的功能及占有保护的理由 ……………… （126）

一　关于占有制度功能及占有保护理由的不同见解 ……… （126）

二　观点分析及本书所持的见解 …………………………… （129）

第二节　占有保护法例的概括梳理 ………………………… （138）

一　罗马法及日耳曼法对占有的保护 ……………………… （138）

二　现行主要立法例对占有的保护 ………………………… （142）

第三节　占有在物权法上的保护 …………………………… （146）

一　概说 ……………………………………………………… （146）

二　占有冲突进程的分析——不同占有保护方法的理论前提 … （148）

三　占有保护的要件 ………………………………………… （150）

四　占有人的自力救济权——及时型救济方式 …………… （162）

五　占有人的公力救济权——主导型救济方式 …………… （172）

第四节　占有在债权法上的保护 …………………………… （202）

一　关于占有保护的不当得利适用 ………………………… （203）

二　关于侵害占有的赔偿责任 ……………………………（206）
第五节　准占有及其民法保护 ……………………………（217）
第四章　占有诉讼论 ………………………………………（224）
第一节　占有诉讼的含义及意义 …………………………（224）
第二节　占有诉讼中的重点问题 …………………………（228）
一　提起占有诉讼的条件 ………………………………（228）
二　占有诉讼适用的程序 ………………………………（229）
三　占有诉讼与本权诉讼的关系 ………………………（235）
第三节　占有诉讼对我国民事诉讼模式完善的影响 …………（248）
第五章　余论：我国民法占有及占有保护的概括评析与建议 ……（256）
第一节　《物权法》颁行前民法占有及占有保护的概况与
　　　　立法建议 ……………………………………（256）
第二节　《物权法》中占有及占有保护规定的概括评析及
　　　　建议 ……………………………………………（261）
参考文献 ……………………………………………………（266）

前　　言

　　作为对物的事实控制与支配，先法权社会的占有直接导向了法权社会的财产权体系构建。在民法的境域内，占有的法律地位和价值并未消融在权利勃兴的历史浪潮中。占有历经时代的洗礼，主要仍保留了法律事实的特性，并传承和逐渐丰富自己独特的制度内容。适度维护事实秩序、控制私力一直作为法律价值追求的基础目标，而抽象权利把握和保护面临的种种困境，同样彰显了借助占有外观的重要性。在宣扬"为权利而斗争"的现代法治社会，民法占有的价值仍弥足珍贵。

　　我国法治的进程，总体而言在走权利补课的路。争取私权、张扬和维护私权是民法人孜孜不倦实践的使命。夯实权利，构建一个相对完满的权利体系，是民法形式主义理想的核心。在当下的社会环境中，对民法权利的鼓与呼，不失为主流的声音。笔者长期致力于民法领域内非主流制度与现象的研究，重点关注民法非权利现象，如债法领域中的自然债以及物权法领域中的占有。对它们都不能从正统的民事权利角度去理解和说明，这些范畴体现了法律与道德的交叉、既存与应存的碰撞，构成民法画卷中独特而亮丽的风景。强调对它们进行研究，并非是忽视对民法权利现象的关怀，而主要是对动辄拿权利说事的大一统思想和宣扬权利万能进行反思，提示民法境域内尚有许多丰富的值得关注的东西。这些制度历史悠久，在权利占优的语境下，重拾并多加采撷，从拓展法律思维以观察理解丰富多彩的民法制度和民事生活而言，无疑具有一定的革新意义。正如法学大儒萨维尼所论，占有受到他关注的直接动因，便是由于其受到了有意无意的冷落之故。

　　大陆法系的物权法发展，从主线条上看，采用"两条腿走路"，同时承认和维护对物的观念支配与事实支配，前者以权利为基础，设计所有权与他物权制度，后者以事实为基础，设计占有制度。占有既有与权利的亲缘关系，也有自己独立的价值，为传统民法的立法实践和理论研究所认可。我国大陆的物权制度历经曲折，终于走上形式理性和实质理性的正轨，《物权法》的颁行即为标志。不过，对占有制度而言，立法的正式态度仅是为了体系的形式圆满而作简略的规定，内容单薄、破碎，不尽合理。占有与权利联系的方面，诸如权利推定、权利取得、权利公示等并未获得明确承认，而占有作为一种事实的独特价值也未充分发掘，占有的界定与样态推定、占有事实的直接法律效果等内容存在诸多缺失。就占有的保护来说，立法排斥了私力救济途径，请求权规范也有不足，围绕占有保护的诉讼展开，实体法与诉讼法的规定明显缺失，占有诉讼的规则、程序及其与权利保护诉讼的关系等都未获得明确规范。

本书本着呼吁关注非主流的非权利现象，突破权利大一统思维局限的宗旨，展开对民法占有的研究。占有涵摄范围博大，本书并不深入对占有的所有问题进行细致研究，而是在占有的事实论、效果论、保护论、诉讼论等方面，依据从实体到程序、从事实到效果的逻辑路径，重点参考大陆法系的理论与立法，以占有事实界定和占有保护为基点，对占有的主要问题进行探讨，主张实现民事实体法和诉讼法的配套衔接，照应占有诉讼的特色，反思权利追寻与争议解决绝对化的司法惯性，宣扬权利诉讼模式之外的新型民事诉讼模式。

在主要问题上，在借鉴理论学说通行观点的同时，本书尝试提出一些新的观点和看法。本书虽然同意占有与权利具有亲缘联系，理解自然事实上升为法律事实而附加的法律规定性，理解占有的个别观念化趋势，但仍然坚持占有非权利的事实特性，这是占有制度赖以独立的基本出发点。构成占有需要具备静态构成要素与动态构成要素，从事实定性出发，占有在主体、客体等静态方面具有不同于权利的表现，从动态角度观察，占有需要占有人具有作用于占有物的意识活动和行为动作。在心素方面，经分析客观说、纯客观说和主观说后，本书提出主客观说的观点。体素与心素可以在不同的主体上表现，通过外在体素可以推定心素，对作为基本的占有心素不能过高要求，应正确看待所有人意思、为自己利益意思等的作用。占有的观念化表现包含占有扩张与占有限缩，这些例外并不构成占有的主流现象。关于占有的法律性质，本书分析评价了各种观点，主张界定占有性质必须抓住一般的占有现象，考察占有的缘起、事实属性的延续性等各种因素，由此，占有主要表现为由自然事实上升而来的法律事实，虽然在个别情况下体现观念化特征，但占有并非权利。对于某些学者主张的占有具有的支配性和排他性，本书也厘清了其内涵，批评了错误的理解。为增加对占有独特性的认识，本书概要比较了占有与所有权、占有权、持有等范畴，揭示了它们相互之间的联系和区别。本书对主要占有类型的含义及分类的法律实益进行了说明。在占有的法律效果上，本书重点关注占有的基本法律效果，即各种类型的占有都具有或者涉及的法律效果，对那些与更具体的占有样态联系的法律效果，以及单纯凭占有不能产生的法律效果，不做展开分析。占有的权利推定体现了事实秩序向权利秩序靠拢的趋向，展现了占有与权利高度盖然性的亲缘关系，具有实际的运用价值，并和程序法的证据规则交织在一起，必须正确认识权利推定与权利确认的关系，并理解该种推定在客体和主体方面都存在一定的限制。本书认为，善意取得并非单纯的占有所产生的法律效果，而且其往往与占有的权利推定混同在一起。在占有人与有权要求回复占有物的权利人之间的关系上，围绕占有物的使用收益、占有物毁损灭失的赔偿、占有物支出费用的求偿等方面，产生一系列的权利义务关系，这也是民法赋予占有的法律效果，法律主要是区别主观状态的善意与否给予占有人不同的待遇。总体而言，优待善意占有人，彰显对道德原则的尊重，前述问题的处理还交织着占有制度与民法不当得利、无因管理、侵权损害赔偿等制度的规范选择与适用的复杂关系。占有最核心的法律效力表现在民法对占有的保护上，主要考虑法律秩序维护的要求，占有保护基于占有的事实属性而不问权源如何，且因为占有与权利一致的高度盖然性而成为权利保护的第一道防线。占有保护与权利保护可能发生重合、交叉和冲突，法律协调二者的关系十分必要。除了提供类似于物权的物上请求权保护方法外，从利益角度理解占有，将其纳入不当得利和侵权损害赔偿的债法制度保护范畴，也是值得研究的。占有的保护主要通过诉讼进行，占有诉讼是占有法律效果的程序法表现，是占有保护的自然演绎，由于占有涉及的请求权类型多样，占有诉讼可以有外延不同的各种理解。本书分析了占有物上请求权产生的几类诉讼，并重点从程序法的角度研究占有诉讼涉及的主要问题，如占有诉讼的条件、占有诉讼的程序以及占有诉讼和本权诉讼的关系等，主张占有诉讼的程序等应单独规范，占有案件适用简易程序处理，尊重占有诉讼的相对独立性，不在其中考察权利问题，同时也要从权利诉讼的终局性、确定性出发，正确处理两类诉讼的关系。占有诉讼的展开不同于传统的权利争议型诉讼模式，对当事人和法官都提出了较大挑战，就民事诉讼模式的完善而言，必须考虑到占有诉讼带来的冲击和影响。从占有的界定和法律效果等出发，本书也对我国占有立法的理论建议和立法规范进行了概要梳理和评析，提出了一些初步的完善建议。

总体来说，正如众多学者普遍感受的那样，占有中交织了各种各样的法律问题，使之显得极其复杂而有趣。限于篇幅和能力，本书仅对所遵循的逻辑主线上的占有主要问题进行探讨，某些方面的研究尚不够深入，提出的观点和看法也不尽深思熟虑，难免存在错误和遗漏。考虑到我国占有制度立法存在严重缺陷，民法主流现象的强大影响力往往掩盖了非主流现象研究的价值，就占有这一传统而又崭新的问题，通过初步的研究，能够吸引理论界和实务界对民法中非主流的非权利现象给予更多的关注，则本书写作的主要目的即已达成。

导　论

以下先考察实际生活中的一些案例。

案例一：对物无权利证明能否要求法律保护。①

1995 年 11 月，北方饭店分配给职工付某、甄某位于宣武区铺陈市胡同 145 号院平房各 1 间，该院另有自建房若干间，分别由分配到该院的人做厨房使用。付某与妻子徐某入住后，占有 1 间自建房作为厨房（该案诉争厨房）使用。几年后甄某入住该院，并与付某、徐某共同使用诉争厨房，该厨房有简易隔断墙。2005 年，付某、徐某将其居住的住房腾退，并根据政策获得了一定的安置补偿款，因仍无力购买新住房，付某、徐某便在诉争厨房自己使用部分继续居住。2005 年 7 月，甄某在诉争厨房归其使用部分安装了分户水表。付某、徐某与甄某因用水问题发生争执，强行将诉争厨房的隔断墙向甄某使用一侧移动，并将甄某存放于厨房的物品扔出，封堵厨房北门，只保留东门进入，致使甄某无法使用厨房。2007 年，甄某向法院起诉，要求付某、徐某停止侵害，将厨房恢复原状，以保证其正常生活用水。付某、徐某辩称，甄某对诉争厨房无任何权利，不享有所有权和使用权。诉争厨房是北方饭店 1995 年分给付某一家使用，2001 年甄某搬过来后付某、徐某把厨房钥匙交给甄某，同意让其使用。厨房的水表是甄某乘付某、徐某不在家期间私自安装的，安装水表后又不让付某、徐某使用。

一审法院认为：当事人对自己提起的诉讼请求所依据的事实或者反驳对方诉讼请求所依据的事实，有责任提供证据加以证明。没有证据或者证据不足以证明当事人事实主张的，由负有举证责任的当事人承担不利后

---

① 该案案例，参见北京市宣武区人民法院（2008）宣民初字第 01593 号民事判决、北京市第一中级人民法院（2008）一中民终字第 6587 号民事判决。

果。证人虽称当时单位将诉争厨房分配给甄某与付某共同使用，但鉴于现使用人为付某、徐某，且甄某未能提供其对诉争厨房享有所有权或租赁权的权属证书，故甄某未提供充分证据证明其对诉争厨房享有合法权益。甄某的水管位于诉争厨房内，甄某可通过其他方式解决其用水问题。综上，依据最高人民法院《关于民事诉讼证据的若干规定》第2条的规定，判决驳回了甄某的全部诉讼请求。甄某提起了上诉，请求撤销原判，责令付某、徐某停止侵害，将厨房恢复原状，以保证其正常生活用水。上诉理由为：（1）根据优势证据证明标准，应认定甄某与付某、徐某共同使用诉争厨房的事实；（2）诉争厨房属于自建房，没有权属证书，不能以此为由驳回甄某的诉讼请求。

二审法院认为：占有的不动产被侵占的，占有人有权请求返还原物。诉争厨房长期由付某、徐某与甄某共同占有使用，中间有隔断墙分隔，各有出入门口，分别使用各自部分。付某、徐某强行移动隔断墙，封堵甄某使用的北门，造成对甄某占有部分的侵占，甄某起诉要求停止侵害、恢复原状，有法律依据，应予支持。一审法院以诉争厨房现由付某、徐某使用，甄某不能证明其享有合法权益为由，驳回甄某的全部诉讼请求不当。根据甄某的诉讼请求，本案仅对甄某的占有权予以保护，且因单位内部分配住房产生的争议，不属于法院受理民事案件的范围，故有关诉争厨房的承租权或使用权问题本案不予处理。二审法院依据《民事诉讼法》第153条第1款第2项、《物权法》第245条的规定，判决撤销一审判决；责令付某、徐某于判决生效后7日内将诉争厨房的隔断墙及北门恢复原状，停止对甄某的侵害。

该案是在最高法院通过《民事案件案由规定》之际审理的。① 该案由规定在"物权纠纷"一级案由下，设计了二级案由"占有保护纠纷"，在其下又设计了4个三级案由，分别为占有物返还纠纷、占有排除妨害纠

---

① 《民事案件案由规定》于2007年10月29日由最高人民法院审判委员会第1438次会议讨论通过，自2008年4月1日起施行。该案由规定全面修订了2000年的《民事案件案由规定（试行）》，其发布通知中指出："随着一批新的民事法律的施行，审判实践中出现了许多新类型民事案件，需要对民事案由进行细化、补充和完善。特别是物权法施行后，迫切需要对《民事案件案由规定（试行）》进行修订，增补物权类纠纷案件案由。"显然，2007年3月通过的《物权法》是设计案由时所依据的重要法律之一。2011年最高法院再次修订案由规定时并未对占有保护纠纷案由做出改变。

纷、占有消除危险纠纷和占有物损害赔偿纠纷。由于该案审理时案由指导
的差异，加上对物权法相关制度的理解和运用尚不够深入、娴熟，造成了
一审法院与二审法院在判决结果上大相径庭。

一审法院认为当事人对自己的主张应该举证证明，这种判断是正确
的。但是认为原告没有提供享有所有权或租赁权的"权属证书"，不能证
明自己对争议标的享有合法权益，因此驳回了其要求停止侵害、恢复原状
的诉讼请求，却是值得商榷的。从权利起点出发思考，围绕权利举证进行
审理，历来是法院的习惯做法。围绕某物提出主张，就必须证明对物有权
利支撑，已然成为司法中的惯性思维。然而，提出停止侵害和恢复原状救
济必须证明自己对争议标的物的权属，当事人应受保护的合法权益只能依
靠权利来加以佐证吗？争议的房屋由于各方当事人都没有所有权，谁起诉
的话都没有权利证书加以支持，如此一来对标的物就只能放任当事人凭各
自的实力加以控制了。先下手为强，先起诉就败诉。单纯围绕权利的逻辑
路径处理显然会带来值得思索的问题。

相反，二审法院没有拘泥于物的权利证据的找寻，而是照应现实，确
认了主体对争议房屋占有的事实。物的其他共同占有人排除占有的，构成
对共同占有的侵占，为法律所禁止，必须停止侵害，恢复原状。而对于房
屋的使用权、承租权等问题，二审法院以属于内部分房问题而不予处理。
笔者认为，原告如果在起诉时对自己是否应以拥有权利或者单纯的物的占
有事实为请求出发点不明时，法官可加以释明，帮助原告确认请求基点，
并由此确定诉讼争点、举证和辩论焦点，决定诉讼的模式、程序和路径
等。在没有案由规定指导、对相关制度理解不足时，存在当事人的起诉基
点可能这样或可能那样的问题。在此，要以当事人的请求可以受到什么样
的基点支持来处理，首先找寻权利以最终解决争议，如果存在困难但占有
制度能够提供支撑的，就以占有来支持。如果选择后者，就不能考虑权利
的相关问题。因此，法院关于房屋的所有权、承租权、使用权等权源问
题，完全可以以占有诉讼不考虑本权归属为由，大胆加以拒绝而不做处
理，不能在权利问题上发表意见。就本案来说，二审法院确认某些权利争
议不属于法院受理范围，故不予处理的意见是值得商榷的。简言之，不处
理有关权利问题是因为占有诉讼不考虑本权，权利争议是否属于法院的受
理范围并非是占有诉讼案件要解决的问题，应当留到权属争议案件中去解
决。无论如何，二审法院做出了不同于一审法院的更为公平的判决，更为

重要的是，它展现了一种不同于传统物权的法律制度，一种不同于传统权利诉讼的法官思维模式和司法审理模式。

案例二：违章建筑能否受到法律保护。①

1993 年，成都 A 公司开发枫林苑小区，小区建成后 A 公司擅自违反建设工程规划许可证规定，在小区大门西侧的公用绿地上修建了商业用房 1 间。原告张某之兄以 13000 元的价格与 A 公司签订合同购买了该商业用房。2007 年，张某从其兄处继承该房，并对外出租，收取租金至 2008 年 4 月 18 日。张某之兄去世前，业主委员会曾会同社区民警、小区物业管理部等召开会议一致决定对该房"建议拆除"，并向该房承租人发出限期拆除电路的书面通知。之后，张某先后申请供电局、自来水公司为该房安装独立水表和电表，因遭阻挠，安装未果。后该房因门窗均被水泥完全封闭致使无人使用。房屋大门贴有公告一份，内容为："根据小区业主建议，小区业主一致赞成将此房予以封闭，以彻底解决此房的权属问题。在封闭期间，任何人不得开启，否则，将追究开启人之法律责任。小区业主 2008 年 4 月 18 日。"2008 年 12 月，原告张某以业主委员会侵犯其房屋所有权、正常使用权为由诉至法院，请求所有权保护，后将诉讼请求变更为占有保护，要求被告排除妨害、赔偿损失及赔礼道歉。

法院审理意见要点包括：违章建筑的占有人能够享有占有保护请求权；违章建筑恶意占有人仅享有排除妨碍请求权，不享有损害赔偿请求权。

该案涉及的是违章建筑房屋的保护，由于违章建筑不能被赋予所有权，且相关交易行为无效，故难以获得权源支持的法律保护。原告最后选择了占有的保护，而占有保护不问权源。法院审理意见认同了可以获得占有保护，并围绕占有保护来审查关于占有、侵害行为、侵害主体等证据材料。原告提供的相关证据，能够认定其对诉争房屋的占有状态和诉争房屋被侵害的事实及损害结果，即房屋被封门、封窗、张贴公告、原告申请安装水表和电表受阻事实等，致使原告无法正常使用房屋。但原告并未提供足够证据证明具体妨害行为系被告以自己的名义直接实施或者组织、策划、指挥他人实施，即无法证明被告为占有侵害人，因此原告认为被告实

---

① 该案案例，参见成都高新区人民法院 2010 年 5 月 27 日第 125 期《工作简报》（http://www.courtwind.org/html/24/169/4602.html）。

施侵害行为应承担占有排除妨害责任的主张没有获得法院的支持。虽然将违章建筑的占有人作为恶意占有人对待，并进而认定其对占有物没有使用收益而无法获得使用收益受损的损害赔偿，这是值得商榷的，但是抛开权利的限制，单纯就占有来探讨法律保护问题，这种思路契合了物权法中占有制度的本旨。当然，《民事案件案由规定》的实施，也对当事人提起诉讼时选取策略及法官审理案件时遵循的思路、模式予以了一定的指引。

实际生活中，无权利但占有利用他人财产、事实占有利用某项无法律赋权的财产、通过债权方式利用他人财产时受到第三人侵害等情形，围绕是否保护、如何保护产生的纠纷很多，其中往往涉及权利与事实的碰撞，人们总是考虑司法保护的正当性应该由什么来支撑的问题。相关案件的审理出现了不少的争议，也带来了不少的困惑。没有权利支持就绝对不能获得法律保护，从而可以放任私力的侵害？如果提起诉讼保护有多种诉讼基点，则权利之外的支撑基点还包括什么？只能证明对标的物有实际控制支配的事实，受到侵害时能得到保护吗？如果对此进行肯定的话，则在该事实基础上展开的民事诉讼模式是不是与受权利支撑的民事诉讼模式有所不同？就前面提出的案件为例，核心的问题可以简化为：假设某人控制支配着某物而被他人侵害，民法是否应该保护？如何保护？

在权利观念逐渐盛行的今天，人们普遍持有法律乃保护权利的规范的朴素思维。往往倾向认为，如果控制支配物是权利的表现，则民法会按照权利来进行保护，司法会根据权利保护的民事诉讼模式予以处理。但是，这种思维的流畅是以权利触角无处不在且权利凭证可以随手拈来为前提的。当控制支配物与权利不一致或者权利的证明相对困难，惯常思维的流畅即会出现阻滞。"定分"难行，"止争"还能否达成，民法此时还能应对侵害行为吗？争议存在，解决矛盾的办法就应相应存在。从权利出发的传统思维模式，一方面没有从占有这种比权利更早更基础的事实状态出发，确定它的法律性质，思考保护它的根据；另一方面认为可以借助权利来保护对物的占有，又忽视了权利的抽象性，将其囿于与事实控制支配的原始联系。如受限于这种思维模式，则超越权利进行适当而独特的制度设计以解决问题是不可能的。

实体法上和程序法上能否找到解决上述难题的"相对合理"的办法呢？受到侵害的无权利支撑的物的占有，或者是难以找到权利证据支撑的占有（如发票丢失），或者是绝对无权利支持的占有（如建筑违章之于任何人），或者是相对无权利支持的占有（如盗赃物之于窃贼）等情况，如果用权利的思维模式和制度来说明和规制，将脱离争议本身要求在争议者之间解决的任务命题，按照权利的线索去追逐一种绝对性的解决，使得争议的相对性被忽视。而仅在争议者之间解决纠纷，虽然可能并未"定分"，但亦会限制私力的滥用，维护社会秩序的和平与安宁，这也是法律的价值追求。况且，相对性的争议处理并不排除权利归属纠纷的另行处理，权利归属的"定分"仍然可以在法律上有解决之道。

笔者认为，理解私法诉讼的相对性、被动性、可选择性，撇开权利的"恶魔证明"和权益最终归属的狭隘限制，承认占有事实状态的价值，从占有自身入手将会提供很好的切入点。民法占有制度能够提供"相对合理"的纠纷解决办法，这是具有历史实证和法律上的合理性基础的。近现代物权法采用"两只脚走路"，同时承认对物的观念支配与事实支配。前者以权利为基础，设计所有权与他物权制度。后者不考虑有无正当权利，以事实为基础设计占有制度。而在诉讼上，相对独立于权利诉讼的占有诉讼，突破了传统的司法观念与案件审理模式，有着自身独特的运作程序。实体是程序的基础，占有的民法保护请求权效果是占有诉讼的直接依据，二者一脉相连。基于突破权利制度与权利诉讼藩篱，解决实际生活中法律问题，落实法律多样化价值目标等的需要，本书将从占有的事实论、效果论、保护论、诉讼论等重点方面，依据从实体到程序，从事实到效果的逻辑路径，重点参考大陆法系的理论及立法，以占有事实界定和占有保护为基点，对占有的主要问题进行探讨，并对我国占有的相关立法加以概括评析和提出建议，期望通过研究，吸引理论界和实务界对民法中重要的"非主流制度"给予更多的关注。①

---

① 笔者长期关注民法领域内与传统主流制度相对应的非主流制度研究，如物权法领域内的占有、债权法领域内的自然债。这些非主流的制度，虽然起源上历史悠久，但是由于其边缘性和主要应对非常规现象，却易被忽视。在新的时代及复杂的民法境域下，重拾并多加采撷、研究，从突破主流制度"大一统"，拓展法律思维以观察、理解丰富多彩的民法制度和民事生活现象等而言，无疑具有一定的革新意义。

第一章

占有事实论

第一节　占有的含义及构成要素

一　占有的源起及含义界定

民法中占有一词，最早源于拉丁文字 pos-sessio，该词的后一部分来自 sedere，意思是 sit（坐、占据），而前一部分 pos 的来源尚不确定。有学者将 possessio 视为 sedere 和 por（或 pod、apud）的组合，表示坐在土地上或密切接近土地。有学者则认为前一部分与 posse 和 potestas（权力）有关，possessio 的字面含义可能是 sitting in power（占据权力）。①

占有在先法权的社会中，表现为人与物的支配联系，是主体利用自然征服自然的表征。进入法权社会后，主体对客体的征服关系被用权利的状态确定下来，对物进行占有，强调对其他主体在物上构建对立权利的排斥，人与物的关系实质上升为借助人与物的联系为中介的人与人之间的法权关系。而

---

① 参见［英］巴里·尼古拉斯《罗马法概论》，黄风译，法律出版社 2000 年版，第 115 页；周枏《罗马法原论》（上册），商务印书馆 1994 年版，第 441 页；王利明《论占有》，载王利明《民商法研究》（第 4 辑），法律出版社 2001 年版，第 424 页。罗马法上的"possession"，据萨维尼（Savigny）的分析，除了"占有"以外，还可能用来指称"所有权"或"被告关系"，因而需要厘清不属于占有的意指。参见［德］弗里德里希·卡尔·冯·萨维尼《论占有》，朱虎、刘智慧译，法律出版社 2007 年版，第 75—77 页。日本学者加贺山茂则提出，占有本质上并不只是一个物权法上的概念，与债权也有密切关联。不当得利的债的关系即由于无法律上的原因而"占有"他人利益，并因此致他人损害；无因管理的债的关系也以对本人的物进行管理为前提。占有可见实际上是一项保护或取得作为本权的物权或债权的前提性制度，因此他主张把占有制度规定在民法典的总则中。参见［日］加贺山茂《民法体系 I 总则·物权》，日本信山社 1996 年版，第 2 页。

同时，人与物的联系主要靠法权的抽象联系体现出来，不再强调事实方面，控制物的力量不再来自实力而来自法力。但是，人与物结合的事实联系却并不会消灭，它往往与权利的抽象联系伴生在一起。如何在法权社会中重新审视占有物的事实支配，如何协调其与权利支配之间的关系，作为事实的支配在法权社会中有独立维护的法律价值吗？总而言之，法权社会中的占有已经不再是一种单纯的自然事实了，它往往被从法律的角度来界定，在法权社会的语境中来思考。它已经进入了法律的视野，具备了法律附加的一些额外规定性。当然，无论是"自然的"还是"法律的"，占有的客观事实性都是其基础，这就使得我们无论附加什么规定性，都不能脱离它原本不依赖我们的规定性而存在的古老传统。这种特性决定了我们在法律上围绕它要做的很多工作，恐怕是顺从它而非改造它。①

无论如何，占有从自然事实上升为法律事实后，一直是民法中的难点问题。"在有关占有的法律中，各种构成现代民法本质的线索如此紧密和错综地交织在一起，恐怕法律的任何其他领域都无法与之相比。罗马法理论、古老的日耳曼惯例和封建观念，以及寺院改革和黑格尔学派的形而上学都曾影响占有法律，并使这个论题特别有趣和复杂。"② 而"概念乃是解决法律问题所必需的和必不可少的工具"③，研究占有制度首先要正确理解占有概念及其含义。占有含义与占有性质界定相关联，占有含义往往体现占有性质，对性质的不同理解会引出不同的占有含义界定，依据占有性质权利说或事实说对占有含义的界定就不同，占有在不同情况下的指称也不同。由此确定占有含义就出现了困难，这是在大陆法系和英美法系都会碰到的相同难题。有学者认为："在定义方面，最棘手的问题之一是占有。"④ 美国法官厄尔（Erle）就指出占有是所有的模糊概念中最模糊的概念之一。⑤ 英国学者波洛克（Pollock）也认为，占有界定随着时代的发展而变化，它是各种著作

---

① 类似的表述及理解，对于诸如自然债等具有悠久历史的非主流民法制度来说同样是恰当的。

② ［澳］瑞安：《财产法中的占有和所有权》，梁治平译，载中国人民大学法律系民法教研室《外国民法论文选》，1984 年印，第 162 页。

③ ［美］E. 博登海默：《法理学：法律哲学与法律方法》，邓正来译，中国政法大学出版社1999 年版，第 486 页。

④ ［意］桑德罗·斯奇巴尼选编：《物与物权》，范怀俊译，中国政法大学出版社 1999 年版，《说明》第 4 页。

⑤ 参见 Burke Shartel, "Meanings of Possession", 16 *Minn. L. Rev.* 611（1931—1932）。

中最为重要的概念之一，也是最为模糊的概念之一。①

　　一般认为，民法上的占有制度发轫于罗马法，最初与罗马的公地占有有关。《十二表法》中规定了占有，确立了占有的法律地位。罗马法上的所有权最初与占有并无明显区别，权利转移讲究严格的外在形式。"在早期罗马法中，所有人与占有人的地位几乎没有什么明显的差别。"② 后来逐渐发现所有权人和占有人可能完全不同，占有便与所有权分离从而有了独立的意义，并获得特别的保护。"占有令状之所以发布，是因为占有应当区别于所有权，因为可能发生这样的情况，那就是一个占有人可能不是所有人，或者一个所有人可能不是占有人，或者既是所有人也是占有人。"③ 就占有而言，"罗马人没有为占有下任何定义，他们所关心的不是占有的抽象定义，而是它如何取得和丧失这一实际问题"④。这里，体现出罗马人对占有所持的实用主义思维。当然，罗马人也绝不仅仅是只关注占有如何取得与丧失的问题，除了先占、时效取得的具体制度以外，通过占有令状对占有进行保护无疑构成其占有制度的核心部分。归纳而言，罗马法占有含义有多种理解。按照萨维尼的说法，占有最初表现为单纯的持有关系，即对物的事实支配，是一种单纯的自然关系而非法律关系。这种持有在某些条件下成为一种法律关系，当实际控制物与据为己有的意思结合，通过时效取得产生所有权，这种持有就被称为市民法占有（civilis possessio），而除此之外的持有就可称为自然占有（naturalis possessio），即没有像市民法占有那样成为法律关系的占有种类。但是，持有成为法律关系也可以通过获得占有令状保护的方式，此时这种持有通常也被称为占有（possessio），与这种令状保护的占有相对应的持有也可以被称为自然占有（naturalis possessio）。而市民法上的占有与受到令状保护的占有又可以被

---

　　① 参见 F. Pollock, R. S. Wright, *An Essay on Possession in the Common Law*, Clarendon Press, 1888, p. 3. 另参见 A. E. S. Tay, "The Concept of Possession in the Common Law: Foundations for a New Approach", 4 Melb. *U. L. Rev.* 476 (1963—1964)。

　　② ［意］路易吉·拉布鲁纳：《关于有益于中华人民共和国民法法典化的占有制度的若干问题思考》，丁玫译，载杨振山、［意］斯奇巴尼主编《罗马法·中国法与民法法典化》，中国政法大学出版社 1995 年版，第 235 页。

　　③ ［意］桑德罗·斯奇巴尼选编：《物与物权》，范怀俊译，中国政法大学出版社 1999 年版，第 174 页。

　　④ ［英］巴里·尼古拉斯：《罗马法概论》，黄风译，法律出版社 2000 年版，第 116 页。

一并作为法律上的占有，但是由于前者实际上包含了比后者更严格的其他条件，因此萨维尼更倾向采用法律占有仅指受到令状保护的占有。萨维尼还认为，罗马法文献提及的占有，如果没有附带名称修饰的话，大多数情况下应被理解为该种法律占有。这些文献中提及的自然占有，需要寻找其对立面后再明确含义。① 可见，不同的占有术语在不同的对应关系中可能被赋予不同的含义。萨维尼在论说中区别了原初占有与传来占有，不过他的论说出发点是在原初占有上，对于传来占有，他认为仅仅是在某些特定的情形中才能存在，是对通常关系的偏离。二者之间的差别在于占有意图上，就事实上都具备"持有"而言，两者是相似的。对于占有的实质概念他做了最一般的表述，即占有是与占有意图结合在一起的持有，占有意图对于原初占有来说指的是支配意图，对于传来占有来说则指的是享有之前属于其他人的占有权利的这种意图。② 但无论如何，主体对物实际控制支配的外在事实是理解罗马法占有的基础。"正如拉贝奥所说：坐在某个地方即所谓占有，因为那个地方自然被位于其上的人占据着。"③ 在罗马法上，存在抽象性权利和不伴随权利的外观之间概念上的对立。简言之，观念性权利和外观性占有是相对立而存在的。就 Possessio 而言，是承认脱离真实的支配权而为 Possessio 本身之目的而存在，罗马法将支配物的现实存在事实状态作为占有而保护，对扰乱这种占有现有状态的人，不审议是否处于应有状态，以占有为由，谋求承认对其的排除妨害和其他效果。从此出发，可以说罗马法的 Possessio 制度，是以占有诉权为中心的。而且 Possessio 的诉讼在结局前仅仅停留在作为 Possessio 的诉讼层面上，绝对不具有真实的权利诉讼和交涉性质。④ 在各种占有理解中，学者认为，真正的、通过所有权人的占有意思表现而体现的占有不再仅仅是一种现象，而是向一种权利的方面发展，关于这种现象又可以追溯到日耳曼法学家的占

---

① 参见［德］弗里德里希·卡尔·冯·萨维尼《论占有》，朱虎、刘智慧译，法律出版社 2007 年版，第 44、65、67、69 页。

② 同上书，第 88、96 页。萨维尼对后期罗马法学家关于占有概念的界定的介绍与评析，参见该书第 102—118 页。

③ ［意］桑德罗·斯奇巴尼选编：《物与物权》，范怀俊译，中国政法大学出版社 1999 年版，第 172 页。

④ 参见［日］我妻荣《民法讲义Ⅱ·新订物权法》，罗丽译，中国法制出版社 2008 年版，第 471—472 页。

有学说。①

日耳曼法上的占有与日耳曼社会的土地制度紧密相连。Gewere（占有）是物权法的核心概念，表达了对物支配权的外观即事实支配的含义。"将对物之事实上之力，譬为衣服；物之主体，取得此等事实上之支配力，犹之穿有衣服也。是以所谓 Gewere 者，并非保护、防御之意，实为对物支配之外面的表现也。"②"日耳曼法之 Gewere，则其标的物之支配须以适法享有物权之主张为基础，而其支配又恒以用益为其形式。"③ 日耳曼法不像罗马法那样有着发达的私有土地制度，也没有发展出抽象的所有权观念。把 Gewere 比做衣服，是表达它无非是物权的一种表现方式而已，不再是一种单纯的事实。对于土地而言，由于封建制土地上存在层级占有，国王、大小领主、佃农依次享有效力不同的土地占有权利，并对外可对抗第三人，占有事实背后对应着所有权、封土权、用益租赁以及质权等。这也适用于动产。"所有的物权均藉此 Gewere 之外形（持有或用益）来表现，具有 Gewere 表征者视为有物权，而受到物权法上之保护（因此，Gewere 被称为物权之外装或表征形式）。因此，即使 Gewere 为占有，但此非从本权个别独立而与本权对立之占有。当然，在此背后预想着本权之存在，故斯乃表现本权之占有。相反的，若欲视 Gewere 为本权，则该本权亦非与占有脱离之抽象性的裸体本权，而是伴有物之事实上支配外装之本权也。"④ 可见，并不存在如罗马法上的抽象性权利与不伴随权利的外观之间概念上的对立，对物的支配权是按照作为其表象的 Gewere 来构建体系的，占有的事实与本权是不可分的结合体。占有因此具有权利防卫（推

---

① 参见周梅《间接占有中的返还请求权》，法律出版社 2007 年版，第 66 页。
② 李宜琛：《日耳曼法概说》，中国政法大学出版社 2003 年版，第 54 页。
③ 同上书，第 56 页。
④ 刘得宽：《民法诸问题与新展望》，中国政法大学出版社 2002 年版，第 351—352 页。在中国古代法制中，土地占有是最重要的占有形式，先占和善意取得在某些时代被一定程度上认可，保护占有往往是为所有权服务。由于中国长期处于封建社会，农业经济占主导地位，这与日耳曼社会相似，故而法律制度上也与日耳曼法有相似之处。在占有方面，据仁井田升在《补订中国法制史研究——土地法、取引法》中的看法，"中国古代法上的占有，与日耳曼法的占有相似，是以占有为无形权利的表现，与本权有密切的结合关系，占有其物的人即适法推定其有此权利，就该物自得使用受益，并以除斥期间，奠定占有人的此项地位。此项占有不仅及于现占有人，而且及于受让占有的人。"参见谢在全《民法物权论》（下），台北三民书局 1992 年版，第 566 页注 22。大陆法系传统上的相对独立的民法占有制度，在中国直至清末变法时才得以引进。

定）、权利实现和权利转移等效力。在 Gewere 的诉讼中，仅根据像罗马法那样的 Possessio 这一点并不能得到解决，通常需依照真实的权利才能解决。① 除了着重强调占有的事实管领以外，日耳曼法也承认占有观念化的某些方面，如占有继承取得并不要求实际对物进行事实控制，在直接占有之外也承认间接占有。

作为古代法中财产保护方式的罗马法和日耳曼法的占有制度，无疑都是以外观的控制支配事实为基础，不过其社会作用不同。按照学者的观点，罗马法占有的主要社会作用在于社会秩序的维持，而日耳曼法的占有则着眼于交易安全的维护。在制度内容上，前者以占有诉权为中心，赋予占有人物上请求权，后者则以权利推定和即时取得为中心，赋予占有以公信力。②

在英美法系，法谚"占有是法律的 9/10"（possession is nine tenths of the law）揭示了占有的重要法律地位。波洛克等就曾指出："在我们的法律史上没有其他概念比占有更为鲜明的了，即使在现今它也有其意义，值得每一个法律人进行研究，在过去，它是如此的重要，以至于我们土地法的整个体系都是关于占有及其结果的。"③ 霍姆斯（Holmes）认为，占有是一个"重要性仅次于合同的概念"④。英美财产法受到封建法的影响较深，欧洲中世纪采用 Seisin 表达的含义与日耳曼法占有类似。土地上存在多层权利结构，对土地享有不同权利的人都可以称为"占有者"，诉讼上争议的是谁是占有者而不是谁是所有者。⑤ 占有是取得不动产权利的条件，对土地的权利只有通过占有来获得。诺曼征服以后普通法一直用该词来描绘占有，13 世纪后罗马法上 Possessio 逐渐被使用。到 15 世纪末，Seisin 已经主要用来指对土地的占有，并且含有享受收益的权利，而 Possessio 主要用于动产，其中占有事实和能享受的收益发生了分离。此后，后者相比之下得到了更广泛的应用，不论动产还是不动产，也不论合法与非法，都可以使用 Possessio。普通法的占有在发展过程中也受到了罗马法

① 参见 [日] 我妻荣《民法讲义 II·新订物权法》，罗丽译，中国法制出版社 2008 年版，第 471—472 页。即时取得也是日耳曼法理论的发展。

② 参见郑玉波《民法物权》，台北三民书局 1988 年版，第 367—368 页。

③ F. Pollock, F. W. Maitland, *History of English Law*, 2nd Ed, Cambridge University Press, 1968, p. 29.

④ O. Holmes, *The Common Law*, Macmillan, 1968, p. 206.

⑤ 参见马克垚《西欧封建经济形态研究》，人民出版社 1985 年版，第 117 页。

传统的一些影响，如强调占有需要具备意图，也区别自主占有和他主占有。总体上看，在英美法系，并未如大陆法系一样发展出独立而系统的占有制度。虽然在英美法系，从未产生过一个完全合乎逻辑的、周详的占有概念，但大多数学者仍然从主体与物的事实关系的角度来阐释占有，如萨蒙德（Salmond）就认为，"占有是人与物之间最基础的关系"①。泰（Tay）认为，"占有是以某人的名义对物的实际的、排他的控制事实。"②随着英美财产法的发展，占有的事实含义虽然仍是一种基础，但人们更倾向从其带来的法律效果即权利的角度来看待它。"依英国现代财产法理论，占有由若干项对物的权利构成。这些权利产生于某主体以排他的意思对某物加以控制之时。"③"占有指在事实上占据或控制财产的一种权利。"④这样，占有通常就是占有权，"虽然这与占有本身并非一回事，但经常发生的情形却是原告可以仅仅通过证明他或其他人先前对该物的占有来证明他的占有权。这种占有被称之为享有占有权的正当的产权根源，有时甚至是唯一可能的产权根源。"⑤"当占有与财产法联系在一起时，它的真实含义是指一系列占有权利的集合，这种集合总称为占有权。"⑥虽然往往被作为权利来对待，但总体而言，英美法是区别了所有与占有的。学者认为，"就财产法的一般目的而言，占有的概念作为所有的对应词还是有用的。"⑦

罗马法和日耳曼法对占有的理解被其后的相关立法及理论所借鉴，并一直不断调整和丰富着。"现代法不仅仅是传承了罗马法的占有，而且也继受了日耳曼法的占有制度。"⑧从纵向和横向视角上，我们都可以看到

---

① Salmond, *Jurisprudence*, 12th ed., Sweet & Maxwell, 1966, p. 265.

② A. E. S. Tay, "The Concept of Possession in the Common Law: Foundations for a New Approach", 4 Melb. *U. L. Rev.* 476 (1963—1964).

③ 温世扬：《占有制度与中国民法》，《法学评论》1997年第5期，第25页。

④ 李进之等：《美国财产法》，法律出版社1999年版，第24页。

⑤ ［英］F. H. 劳森、B. 拉登：《财产法》，施天涛等译，中国大百科全书出版社1998年版，第39页。

⑥ 同上书，第40页。

⑦ 同上书，第42页。

⑧ ［日］我妻荣：《民法讲义Ⅱ·新订物权法》，罗丽译，中国法制出版社2008年版，第470页。对罗马法占有与日耳曼法占有的差异及原因、二者的融合等的叙述，参见刘智慧《占有制度原理》，中国人民大学出版社2007年版，第18—25页。

不同的带有扩张或限缩倾向的占有含义。学者认为，依据占有的不同作用可能存在不同的占有概念。法律科学是一种生活的科学，社会的生活状态在历史的过程中发生变化，对于法学概念，法律科学也应该就一些新生事物和新变化给予足够的回旋余地。不应该将一个概念作为一个对于所有情况都适用的概念，而是应该就不同的情况，尤其是在存在合理的疑问时，对这个概念从内在联系出发考察它拥有何种利益倾向，尤其是考察具体的法律规定的制定目的，从而决定概念的真实含义。① 尽管如此，确定一个基础的具有一定普遍性的占有含义却是可能的，这为占有的发展实践所证明。综合考察各个历史阶段的占有制度，不过于计较适度的个别的背离与修正的话，可以发现多数情况下占有首先是被当作一个经验性的实证概念，表达了主体对物事实上的控制支配状态。"占有，谓对于物有事实上管领之力。"② "占有这个词的含义是真正的掌握，一种对物的事实上的控制。"③ "占有在我们看来仅是对物事实上的支配。"④ 按照黑格尔的理解，占有是"我把某物置于我外部力量的支配之下"⑤。近现代不少民法典中直接或间

---

① 参见周梅《间接占有中的返还请求权》，法律出版社 2007 年版，第 64—65 页。

② 史尚宽：《物权法论》，中国政法大学出版社 2000 年版，第 525 页。另参见王泽鉴《民法物权：用益物权·占有》，中国政法大学出版社 2001 年版，第 154 页；[德] 鲍尔、施蒂尔纳《德国物权法》（上册），张双根译，法律出版社 2004 年版，第 111 页。占有虽被界定为主体对物事实上的控制支配，但它是一种法律事实而非单纯的人与物的关系，是被法律赋予了某些效果的事实。有学者认为，占有的界定要避免单纯揭示其仅为主体与物的关系，同时也要避免使其与权利混淆，从而应该突出其"对物事实上有管领力的事实"或者其是"对物有事实上管领力，而法律赋予效力的事实"。参见谢在全《民法物权论》（下），中国政法大学出版社 1999 年版，第 926 页；董世芳《民法概要》，台北三民书局 1978 年版，第 401 页。本书认为，将占有界定为主体事实上控制支配物与占有是主体事实上控制支配物的事实，并无实质区别。而不管是否在占有界定中揭示法律效力，学者都普遍承认法律赋予占有某些效果。从对支配事实的消极承认和保护出发的角度看待占有的法律效力，或者说从效力是后于占有事实的法律附加来看，甚至在占有的界定中不宜突出其法律效力，否则有混淆事实与权利及忽略占有在历史演进中先在地位之虞。中国大陆学界关于占有的界定主要是吸收借鉴外来成果，以事实说为通说，详细的观点介绍参见刘智慧《占有制度原理》，中国人民大学出版社 2007 年版，第 61—62 页。

③ [意] 彼德罗·彭梵得：《罗马法教科书》，黄风译，中国政法大学出版社 1992 年版，第 270 页。

④ [德] 弗里德里希·卡尔·冯·萨维尼：《论占有》，朱虎、刘智慧译，法律出版社 2007 年版，第 32 页。

⑤ [德] 黑格尔：《法哲学原理》，范扬、张企泰译，商务印书馆 1961 年版，第 54 页。

接对占有作了事实控制物（或财产）的界定。如德国民法第854条规定对物有事实上的管领力即取得占有,[①] 瑞士民法第919条规定占有人是对物有事实上管领力的人，法国民法第2228条将占有规定为对物的持有或对行使权利的享有,[②] 意大利民法第1140条规定占有是一种以行使所有权或其他物权的形式表现出来的对物的控制，日本民法第180条规定的占有权实际上也要求有事实上持有物的"占有"为前提或要件，荷兰民法第107条规定占有是为自己持有财产的事实。中国台湾地区民法第940条也强调占有人是对物有事实上管领力的人，立法理由中说明：查民律草案物权编第7章原案谓占有应为事实，抑为权利，自来学者聚讼纷纭，各国立法例亦不一致，或有以占有为法律保护行使权利之事实关系也。此说较为妥协，本章故定其名曰占有，不曰占有权也。[③] 我国《物权法》借鉴其他立法例规定了占有制度，但条文总体单薄。其对占有的含义并未界定，也难以从条文内容中加以推导，由此占有的含义只能借鉴理论和其他立法例加以说明。[④] 不过，大陆学界普遍支持占有为事实管领或控制支配物的观点，将物权法上占有理解为对动产或不动产的实际控制，并未遭到反对。

[①] 在德国民法理论上，有个别学者认为德国民法第903条关于所有权的界定同时也是占有的法定概念，认为所有权人拥有对属其所有的物品进行处置及排除他人的一切干涉的权利，占有人是在实际中可以做到这一点的人。参见周梅《间接占有中的返还请求权》，法律出版社2007年版，第62页。不过这种所有权与占有没有被严格区分的观点并未得到普遍认同，从德国民法典制定的立法解释文件就可以看出，立法者是将占有作为一种事实的。此外，依据德国民法第854条对占有的含义进行推理，不等于说德国民法对占有进行了明确的统一界定，实际上从民法典的制定过程就可以发现，立法者决定不确定一个统一的关于占有的概念。

[②] 类似法国民法的立法例虽然就占有的标的物是否另外包含了其他财产权利来说，与德国法模式有差异，但是这种差异又被规定物的占有的立法例另外多规定权利准占有所消解了。而且不管是对物占有还是对权利占有，客观的事实上支配物和事实上行使权利显然都具有共性，即仅着眼于外在事实，与真实权利无涉。对于占有的理解，法国学者的观点也是着眼于外在事实的。参见尹田《法国物权法》，法律出版社1998年版，第158—159页。

[③] 参见方令《民法占有制度研究》，重庆出版社1996年版，第206页。

[④] 2005年7月中国全国人大常委会向社会公布征求意见的《物权法》（草案）在第266条规定："'占有'，指占有人对不动产或者动产的实际控制。"但正式颁布的《物权法》却没有保留这一规定内容。

普通人谈论的占有往往对应所有权的指称，① 无疑大家习惯将自己所有的东西称为由我们"占有"。但"该术语的法律意义并非完全与其通常的非法律上的意义相吻合"②，使用时应该字斟句酌，避免普通人使用时的含混。前述的占有含义表述已经考虑到了占有是法律概念而非普通概念这一基本出发点。

二　占有的构成要素

占有直接表现人对物的关系，间接表现人与人的关系。占有的构成要素，分为静态的构成要素和动态的构成要素。占有静态的构成要素，指占有的主体和占有标的物；占有动态的构成要素，是指占有人作用于占有物的意识活动要素和占有人施加于占有物的行为动作要素。占有是事实，占有的构成不考虑是否有进行占有的权利，"故在与占有权利基础关系上，占有之构成要件是中性的"③。此外，占有的构成要素，在不同历史阶段，在不同的占有界定之下，是有所不同的。

（一）占有静态构成要素之一——占有的主体

占有的主体也称为占有人。占有是人对物的管领，占有主体是对物管领的实力来源和占有法律效果的归属者和承担者，是占有不可或缺的要件。占有动态的意识活动要素与行为动作要素，本质上是主体的内在和外在活动表现。民法上占有是特定主体对特定物实施的力。占有主体应是"特定人"，使得它与经济学上的一些占有概念如"全社会占有"等抽象主体的占有相区别。主体抽象，则占有支配事实也被抽象化，这不符合占有的本来含义。不过，要求主体特定，不否认法人占有物时体现出某种观念性。

---

① 人们总是用所有权这种最能够带来安全感的权利来定位自己的权利，这种心理倾向外化而被法律承认为"推定"。随着非所有人利用财产的情况越来越多，这种指称或许应该用"占有权"来取代。不过，占有权的权能和内容如何确定却是难点，毕竟占有权往往被包含在物权、债权甚至法律规定的具体关系之中，推定占有人行使这些类型权利所包含的行为适法，似乎更具有可操作性。

② ［英］F. H. 劳森、B. 拉登：《财产法》，施天涛等译，中国大百科全书出版社 1998 年版，第 39 页。

③ ［德］鲍尔、施蒂尔纳：《德国物权法》（上册），张双根译，法律出版社 2004 年版，第 114 页。

占有主体应被承认为民事主体，享有民事权利能力。虽然占有是事实而不是权利，但是产生一定法律效果，而这些法律效果主要体现为法律赋予占有人的各种具体权益，如自力救济权、物上请求权、费用求偿权、善意地对物进行使用收益等。如果不首先承认主体具有享受权利、承担义务的资格，就无法行使和享受这些权益，占有在法律上便丧失意义。① 具备民事主体资格的主体，包括自然人和法人。

占有需要主体管领物并表示占有意思，需要外在的行为能力和内在的意思能力条件。由于占有是一种事实，行为能力和意思能力从事实上行为的能力和事实上意思的能力考虑即可。就自然人来说，民法上的行为能力条件和法律上的意思表示条件都不需要，只需要有自然的意思能力和行为能力即可。"奥菲里和年轻的内尔瓦说，未达适婚年龄之被监护人未经其监护人同意也可开始占有，因为占有是一种事实，而非权利。如果他达到具有理解力的年龄，此观点便可被接受。"② 如 10 周岁以下的未成年人，不享有民法上的一般行为能力和意思能力，但是却可拥有取得和维持占有的自然行为能力和意思能力。由此观察，占有的主体范围较一般民事行为能力的主体更广。一般民事行为能力欠缺的，需要他人（如监护人）补足，以行使权利，但是占有却没有这种要求。占有是事实却能产生权益，占有的主体与占有法律效果中的权利行使主体是不同的，前者是事实主体，用自然意思和自然能力判断；后者是权利行使主体，要求具有民法行为能力中的认识判断意思，如果欠缺则需要由监护人补足。如未成年人能以自己的独立行为获得并保持占有（如通过合同获得物的控制的，虽然不能产生有效合同及有效继受所有权，但是却不影响获得占有），但是在行使占有赋予的使用收益权、费用请求权等时，需要由监护人代为进行或获得其许可。

不过，即使从占有物的自然意思和自然能力出发，婴幼儿、植物人等也并不具有占有物的意思而成为占有人。③ 而在法律承认不通过自己行为去控制物，也可以取得占有继承的特殊情况下，这些主体仍然可以成为占

---

①　在罗马法上，处于家父权下的家子及奴隶就不能成为占有人。

②　［意］桑德罗·斯奇巴尼选编：《物与物权》，范怀俊译，中国政法大学出版社 1999 年版，第 177 页。

③　胎儿无民事主体资格，但是受到民法的特别保护。占有能否作为一种权益，为胎儿做适当保留，如何保留，也值得研究。

有人。占有继承不要求继承人取得物的实际控制支配，也不要求继承人主观上有占有意思，体现占有存在个别观念化倾向，说明了占有不断从立法者获得客观事实性以外新的规定性。[①]

就占有是事实上对物的控制支配而言，似乎仅有自然人才能成为占有人。但是，民法上的人还包括法人，法人之一切方面通过拟制的方式，借助机关和自然人的媒介，体现行为和意思。其所借力的媒介的行为和意思，即被看作是法人的行为和意思。因此其所属的自然人对物事实上进行管领的，即视作法人的占有而非自然人的占有。承认法人占有，也是占有因应法人制度确立后的观念化的表现方式之一。[②] 确定法人占有时，必须采取层层递进分析的路径，落脚到自然人上来，这是观念化占有也应坚守占有事实特性的表现。法人占有最终通过自然人来体现，是法人→机关→自然人的路径。机关是法人的有机构成，相对于法人不具有独立性，法人的自然意思就是其机关意思，而机关意思又由法人内自然人来体现，自然人多是凭机关的指示对物进行事实上的管领。凭指示的为上一层次主体占有的意思未受到破坏时，成立法人占有，自然人没有独立的占有意思，只是占有的辅助人。而当凭指示的为法人占有的意思受到破坏，如自然人有了为自己占有的意思时，占有主体变为自然人，法人占有消灭。

我国有学者在对占有进行阐释时对占有主体做了一些限制，如认为"占有是非所有人实际掌握他人财产的事实状态"[③]，其出发点是认为占有与所有权客观上无必然联系，从而要以反映和解决我国公有制主导下的财产利用的实际问题为目的对占有重新定义，占有主体范围因此改变。笔者认为，强调非所有人对物的占有对发挥物的效用有积极意义，但是权利上

---

① 观念化力量的赋予，正是法律权利的典型特征，而占有的观念化，尚不足以说明其已经上升为法律上的权利。就法律直接规定了继承人径直享有"占有的继承"而言，似乎类似一种法律规定的"权利"，不过此种权利就像占有的保护请求权一样，仅能够为主体提供非终局性的保护或者利益。而且，占有的继承是一种事实状态的继承，不问占有有无权源支持，占有之上存在的瑕疵一并继承。如被继承人实际无所有权的财产，无人主张，继承人因继承而取得占有的，占有的瑕疵也一并继承，所获得的占有属于无权占有。

② 关于德国及中国台湾地区民法理论上就法人占有的一些观点，参见李太正《法人占有与物上请求权》，载苏永钦主编《民法物权争议问题研究》，清华大学出版社 2004 年版，第 48—53 页。

③ 孟勤国：《物权二元结构论》，人民法院出版社 2002 年版，第 77 页。

的身份毕竟不应影响能否成为物的占有主体，只要符合占有的界定，占有主体可以是所有人，也可以是非所有人。

（二）占有静态构成要素之二——占有的客体

占有的客体是占有人实际管领控制的标的物，[①] 即占有人占有的对象。占有的客体是人力能够进行支配的有价值的有体物，"只有有体物才能成为占有的标的"[②]。"严格地说，占有只能发生于有体物（土地和有体动产）之上。"[③] 罗马法学家盖尤斯将罗马法上的物分为有形物和无形物，其"在实践中的重要性体现在无形物不能被占有，占有的实质条件是实际持有，无形物因此不能通过与取得或者转移占有有关的方式加以取得或转移，即既不能通过时效取得来获取，也不能通过让渡来转让"[④]。占有客体随着主体控制物的能力的提高和现实需要的发展而不断扩张，故占有的客体在范围上保持开放性。至于有体物有无权利归属、归属何人，不属于物本身的事实性质，不在考虑之列，不影响占有的成立。

民法上的占有是特定主体对特定物实施的力。特定物即具有独特自然属性或由当事人意思具体指定的物。不特定物则指当事人仅依抽象的种类、品质、数量予以限定的物。作为占有客体的物，一般限于特定物。不论其是否属于主物或从物、代替物或不可代替物、消费物或不可消费物、可分物或不可分物、原物或孳息，都可以在其上成立独立的占有。由于占有是事实而非权利，因此，关于以上分类的物之间在权利关系上的相互作用，如主物权利归属决定从物权利归属、原物所有者享有孳息所有权等一般规则，并不对占有产生作用。简单举例，对主物进行占有不等于同时获得对从物的占有，对原物进行占有不等于同时获得对孳息的占有。

与所有权针对物的整体部分不同，物的整体或者组成部分（包括重要成分与非重要成分），只要可以单独被实际控制支配，都可以成为占有

---

① 此处标的物与客体在同一意义上使用。在关于民事法律关系构成要素的理论中，有把客体与标的物区别开来的观点，认为客体是权利义务指向的对象，与标的物不同，它可能是物、行为、人身利益、智力成果等。

② ［意］桑德罗·斯奇巴尼选编：《物与物权》，范怀俊译，中国政法大学出版社 1999 年版，第 173 页。

③ 温世扬：《占有制度与中国民法》，《法学评论》1997 年第 5 期，第 25 页。

④ ［英］巴里·尼古拉斯：《罗马法概论》，黄风译，法律出版 2000 年版，第 110 页。

物。就物的构成部分，德国民法第 865 条规定了"一部占有"，在此，"民法典并未遵循它就重要成分之权利关系所发展起来的基本原则"①。如房屋的墙壁不能单独成立所有权，但是可以被单独占有以悬挂广告牌。而且由于所依附的房屋的所有人不同，或该墙壁实际可作为多个区域悬挂不同广告牌，故可以被考虑分为多个不同区域的多个占有。可见占有的客体不以独立物为限，可分割为多个物的占有的，可能只能形成一个所有权，占有不受一物一权的限制。不过，就单个占有及其涵盖的物而言，除了抽象化的直接占有、间接占有可以同时成立以外，不可能同时存在两个以上实际对物的管领支配。从这个意义上来说，占有遵循"一物一占"的基本原则，"不得承认一物之上存在两个独立的占有"②。

占有虽然在物的构成部分上可以突破物的一般概念，形成"多物多占"，但就针对区分单一物、结合物、集合物而言，③ 单一物上可以形成占有自无争议，而结合物的每一构成部分虽然不丧失其个性，但是在结合物并未经拆分，形体上已经结合为单一体，法律上将其与单一物同样对待，因此对其也构成单一占有。而对于集合物，物权原则上应存在于各个部分，如一群羊中的一只羊，企业财产中的一台设备，就占有来说，原则上也不得仅以一个集合物作为客体，只能对以上各个构成物形成多个不同的占有。

占有物在形态上包含动产和不动产，动产容易移动而脱离控制，不动产则有不易移动和隐藏的特性，占有物的形态因此影响着占有是否成立的判断，也影响占有的保护等具体法律效果。在成立占有的认定上，对动产占有要比对不动产占有更为严格，对动产进行占有一般表现为实际的控制，而对不动产占有则一般表现为利用即可。在占有的保护方式上，因保护标的为动产或不动产而有不同。如在占有自力救济的取回权行使中，动产被侵夺后可以就地或追踪向加害人取回，对不动产则是可以即时排除加

----

① ［德］鲍尔、施蒂尔纳：《德国物权法》（上册），张双根译，法律出版社 2004 年版，第 111 页。

② ［日］我妻荣：《民法讲义Ⅱ·新订物权法》，罗丽译，中国法制出版社 2008 年版，第 483 页。

③ 单一物是形态上独立为一体的物，如一只羊、一本书等。结合物是由数个物结合而成的物，如汽车、钟表等。集合物是多数单一物或结合物集合而成的物，如一群羊、企业财产等。

害人而取回。① 由于土地等不动产之于占有人的重要性，占有在传统上多与不动产相联系。随着时间的推移，动产财产越发丰富，占有制度在动产上适用的必要性和功能价值越来越明显。不动产引入了登记公示制度后，占有的权利推定、权利转移交付、善意取得等功能已逐渐被登记取代，不动产占有的法律效果只有在未登记的不动产上表现才最为完整。在我国，土地上的物权类型与主体受到法律严格限制，土地上权利关系和实际利用并不如私有权法制社会中那么复杂，但由于不动产登记公示制度尚不完善，权利归属证据有时难以寻找，占有的标的物涵盖不动产，仍具有很强的现实意义。本书《导论》中引入案例中涉及的标的物，即是其例。根据我国《物权法》占有一章中的相关规定，占有的客体明确包括不动产与动产。

　　物的法律属性不是物的事实属性，就占有来说，本不用讨论物的法律规定性对于占有是否成立的影响。从这个角度看，占有物的范围是广泛的，可以突破权利物的限制。如矿藏、水流、海域等属于国家所有，森林、山岭、草原、荒地、滩涂等属于国家或集体所有，个人和单位不享有所有权，但是可以获得占有及占有权。② 不过，占有已然成为法律施加作用的"法律事实"，占有的主要法律效力又在于对其不问权源即加以保护，因此，物的法律规定性在某些时候不得不加以考虑。如枪支弹药、毒品等，不能作为占有的客体。③ 但是，法律禁止或者限制流通的物，是否一律不得作为占有的客体，这可能要从占有物是否值得赋予占有的民法效果，特别是占有保护效果的角度进行判断。违章建筑物的占有是一个很好的范例，实践中很多侵害占有的情况涉及侵害违章建筑，焦点的问题在于违章建筑是否有可受占有保护性。

　　违章建筑在民法上不被作为权利的标的物而受保护，例如违章建筑不

---

　　① 参见台湾地区民法第 960 条。

　　② 日本民法实务中，日本大审院 1929 年 12 月 11 日判决认可对不得成立私所有权的公用物，如海滨及已划分区域的海面，也可成立占有。参见陈华彬《物权法研究》，金桥文化出版（香港）有限公司 2001 年版，第 636 页。

　　③ 在罗马法上，不可交易物、公有物、共用物、神圣物、神息物等物就被排除作为占有的标的物。参见［德］弗里德里希·卡尔·冯·萨维尼《论占有》，朱虎、刘智慧译，法律出版社 2007 年版，第 90—91 页。

能被赋予所有权,① 也不能在市场上流通，关于违章建筑的买卖合同因违法而无效,② 拆除违章建筑也不需要进行补偿。不过，违章建筑的事实状态也被法律适当考虑，如刑法上承认违章建筑居住人的占有成立，进入其中也可以构成入室抢劫。违章建筑在行政法上因其违章而应被拆除，在民法上它影响物权和债权的有效成立。不过，仍然需要区分绝对禁止的违禁物和违章建筑这种物，违章建筑违反了建筑管理法规，在民法上某些权利效果被否定，这种思路不应过度延伸，就物的占有来说，应当承认对违章建筑可以构成民法上的占有。这不仅涉及事实秩序与社会安宁，还涉及占有人的生活维护。违章使用的建筑材料所有权也不能轻易被排除，建筑被拆除后的材料所有权也应该归违章建筑人，不应该视为无主物或收归国有。③

有反对意见从占有事实获得保护属于占有权出发，认为赋予违章建筑占有权，违反了违章建筑禁绝权利的必然要求，属于对非法秩序的维护，保护占有状态不符合经济原则，法院不宜受理违章建筑建造者（占有者）提出的各类民事"维权"诉求的主张。④ 对此，笔者认为，违章建筑上禁绝任何权利，连占有的各种法律效果（占有保护体现为赋予保护的请求权等）都全盘否定，如此一来，占有保护仅针对合法有权占有，占有制度的独特价值即无法彰显。保护占有是暂时性地维护物的事实秩序，禁止私力滥行，并非是从物的权利归属等方面为"违章建造"背书，消解行政法的规制，并非是对物的法律秩序的最终决定。法院保护是对民法占有事实秩序维护的贯彻，并不否定违章建筑从行政管理秩序等角度最终应被拆除，与经济原则无关。按照前述否定意见所论，则对各种违章建筑，任何人都得罔顾占有人可以任意侵入、拆除，岂不乱套？

---

① 中国《物权法》第30条规定"因合法建造、拆除房屋等事实行为设立或者消灭物权的，自事实行为成就时发生效力"，反面推论，违法建造的房屋并不能因为建造而设立物权。

② 根据《最高人民法院〈关于审理城镇房屋租赁合同纠纷案件具体应用法律若干问题的解释〉》第2条规定，出租人就未取得建设工程规划许可证或者未按照建设工程规划许可证的规定建设的房屋，与承租人订立的租赁合同无效。但在一审法庭辩论终结前取得建设工程规划许可证或者经主管部门批准建设的，人民法院应当认定有效。

③ 就如同摊贩违法摆摊不等于摊贩对占有的物的权利也因此应被一同否定。

④ 参见黄刚《违法建筑之上存在权利吗》（http：//article. chinalawinfo. com/Article_ Detail. asp？ArticleId = 43167）。

　　违章建筑是未取得土地使用权或规划建设许可等违反土地管理法、规划法等法律法规而擅自建造的房屋、设施及其他建筑物。笔者主张应赋予其民法占有保护。占有制度的目的在于通过对占有的保护，防止私人滥用暴力、随意抢夺或妨害占有人的占有，从而维护社会财产秩序和社会安全。无论是有权占有还是无权占有、合法占有还是非法占有、善意占有还是恶意占有，从占有制度维系物的事实秩序、禁止私力的立法本旨出发，都有对其进行保护的必要（当然在占有的其他某些法律效果上会有所差别）。推及违章建筑而论，只要是事实上形成了管领支配的，如果不加保护，则无法将占有制度价值贯彻始终。任何人不得以矫正非法占有为由，用私力改变或取缔现有占有状态，而应通过正当的法律程序解决纷争。违章建筑的建设行为属行政法调整范畴，行政法上的罚款、强拆等措施与在平等主体当事人之间解决占有保护，乃是不同法律性质的问题。违章建筑的占有仍属司法保护之列，至于占有有无本权、占有物法律属性如何，不是占有保护诉讼中所审查的范围。此外，尽管对违章建筑不确认存在有效的物权或者债权，但违章建筑毕竟能够发挥一定的效用，占有人持续性的占有已形成了事实上的利用。如果以违章建筑应当拆除为由否定占有保护，会助长其他人对建筑物的任意侵害，将物置于无法正常使用的境地，从而贬损了物的使用价值，有悖物尽其用的民法一般原理。依据不少学者的观点，绝对禁止的违禁物，如鸦片、枪炮等，相关的转让债权行为和物权行为无效，且不能作为占有的标的物受到占有保护，因此被侵夺或毁损时，不得享有占有保护或侵权行为保护。[1] 但是，学者也区别了违章建筑与前述绝对违禁物，认为对违章建筑可以成立占有。[2]

　　占有的标的物是有体物，对于不因物的占有而成立的财产权，如债权、地役权、抵押权、商标权、专利权、著作权等财产权等，不成立占有，[3] 但可以成立准占有。对于地上权、租赁权、典权、留置权、质权、

　　[1] 参见王泽鉴《民法物权：用益物权·占有》，中国政法大学出版社2001年版，第167—168页。另参见谢在全《民法物权论》（下），中国政法大学出版社1999年版，第934页。
　　[2] 参见王泽鉴《民法物权：用益物权·占有》，中国政法大学出版社2001年版，第161页。
　　[3] 如德国民法将占有界定为对物事实上的支配力，因此并不承认对权利的占有。需要指出，在类似法国民法的立法例中，占有本身就是包含了权利事实行使的，不存在另外的准占有的规定，因此其占有的客体并不限于物。本书采用占有与准占有区分的方式叙述，因此在占有客体中仅对物加以说明。不管是在哪种占有立法例中，有形物都是最主要的占有标的物。

永佃权、所有权等而言，权利的成立及行使与占有物结合，依靠占有制度就可以进行保护，不必承认准占有。准占有一般而言准用占有的规则。

（三）占有动态构成要素之一——占有人作用于占有物的意识活动（心素）

占有人要对物形成占有的法律事实，还必须具有主体作用于占有物的意识活动，以及主体施加于占有物的行为动作。前者称为占有心素，后者称为占有体素。心素和体素是占有主体与占有客体的联系方式，前者是主体控制支配物时的主观心态，后者是控制支配物的客观表现。自罗马法起，占有就要求应具备客观上的占有事实和精神上的占有意思，法学家保罗指出，"我们通过握有和意旨取得占有，而不是单凭意旨或握有取得占有"①。"我们取得占有必须有占有之事实与占有之意思。只凭占有之意思或占有之事实不能取得占有……内拉蒂和普罗库勒认为，我们不能只凭占有之意思取得占有，除非事先存在对物的自然占有。因此如果我知道有件埋藏物被埋于我的地下，一旦我有了占有之意思，我便占有了它，因为自然占有所缺少的由占有之意思来补充。"②

保罗认为占有心素是必要的，但他没有说明其内容，罗马法也没有规定。后世法学家不再单纯关注占有取得，转而分析抽象的占有语义，并在占有的构成要素上产生争论。占有心素或者占有意思的研究，主要解决两个层面的问题。第一个层面的问题是，心素是否应作为占有的独立构成要素。第二个层面的问题是，如果心素应作为构成要素的话，则其究竟表现为何种主观心理活动，即心素的内容为何。

对第一个层面的问题，学说上存在客观说、纯客观说和主观说三种观点。客观说认为，占有是对物的事实上的管领力，不需特别的意思，仅有管领意思即可，而这是管领事实的组成部分，不是独立的要素。纯客观说则进一步发展了客观说，认为占有纯粹是客观上对物的事实上管领，不以占有意思为必要。而主观说则认为，占有的成立须兼具事实上的管领力与

---

① 江平、米健：《罗马法基础》，中国政法大学出版社1987年版，第87页。
② ［意］桑德罗·斯奇巴尼选编：《物与物权》，范怀俊译，中国政法大学出版社1999年版，第176页。

占有意思。① 就第二个层面的问题，在承认占有心素为独立要素的主观说中，对占有意思有不同主张。有认为占有意思应是所有人的意思，有认为占有意思应是支配意思，有认为占有意思应是为自己而为的意思。②

德国法学家萨维尼从"心素"区别占有与持有，将占有的心素界定为"主人心素"或行使所有权的意图。占有人将他所持有的物作为所有物而加以处置，即他必须事实上意图对物进行支配，这种支配正如所有权人根据他的权利所做的那样，也就是说，不承认他人比他自己更有资格。③ 萨维尼的理论被法国民法和奥地利民法所采用。④ 相反，耶林（Jhering）1889 年在《意思在占有中的作用》中认为"体素"是实质性的，任何有意识的持有都是占有，罗马法非占有的种种情形都只是例外。他将人与物的关系分为场所的关系与占有，前者是单纯的事实，不产生法律效力，依意思产生人与物的关系时才成立法律关系的占有，占有人只需要有持有意思即握有某物的意思即可。在心素的内容上，温得沙伊德

---

① 参见王泽鉴《民法物权：用益物权·占有》，中国政法大学出版社 2001 年版，第 159 页。

② 参见［日］我妻荣《民法讲义 II·新订物权法》，罗丽译，中国法制出版社 2008 年版，第 475 页。

③ 参见［德］弗里德里希·卡尔·冯·萨维尼《论占有》，朱虎、刘智慧译，法律出版社 2007 年版，第 80 页。

④ 参见 1804 年法国民法第 2228 条、第 2229 条。由此，法文中"possession"（占有）应为自主占有而非他主占有。法国民法理论中，承租人、借用人等根据合同对租赁物、借用物的占有，称为"单纯持有"或"简单持有"（simple détention）；他主占有是以非所有人的名义占有，称为"不确定占有"。法国民法及民事诉讼法保护的对象是"占有"（possession）或"平静地持有"（détention paisible）。在 1975 年 7 月 9 日颁布 75 - 596 号法律以前，保护对象都是"真正的占有"，即符合民法第 2229 条对"取得时效"要求的各项特征，即"以所有权人的身份，或者以其他可以占有之物权的所有人的身份，持续、不断、平静与公开毫不隐晦地占有"。过去，法院判例认为仅对于回复占有才可以给"单纯的不确定持有人"［simple détenteur précaire，"不确定持有"与"不确定占有"（possession précaire）是相近的概念］这种诉权利益。后来法院判例的这种处理也扩张适用于所有的占有诉权，因为保护占有首先是保护"占有人"，但是民法第 2282 条第 2 款宣布这种保护也同样给予"持有人"（détenteur）。民法第 2283 条确认了这一制定法的新观念：占有诉权，按照《民事诉讼法典》规定的条件，为平静占有或平静持有（财产）的人设立（关于该条译文，参见尹田《法国物权法上的占有制度》，《现代法学》1997 年第 5 期，第 100—112 页，注 50）。这里所指的是"承租人"、"佃农"在被暴力或非暴力剥夺占有的情况下享有占有诉权。参见［法］让·文森、塞尔日·金沙尔《法国民事诉讼法要义》（上），罗结珍译，中国法制出版社 2001 年版，第 138 页。

（Windscheid）对所有人意思进行修正，提出对物支配的意思。而德恩堡（Dernburg）则倡导作为心素，只要有为自己目的的意思而持有物即可。日本民法采用了"为自己而为的意思"的立场。① 萨维尼、温得沙伊德、德恩堡等的理论可被归为前述的主观说，耶林的观点则可被归为前述的客观说。从主观说和客观说中可以看出两种相反的逻辑思路，萨维尼等人以持有为基础，因持有进而具有为自己所有、对物支配、为自己利益的意思，上升为占有。耶林以占有为基础，因占有遇到法定的障碍而降为持有（持有只是单纯的事实，不需要持有的意思）。② 贝克（Bekker）则在客观说上更进一步认为不需要考察占有意思，占有意思不是独立要素，只是决定是否有事实上支配的条件，其观点可以说是纯客观说。这种说法学者认为被德国民法、瑞士民法和中国台湾地区民法采用，但也有学者持不同意见。③ 德国民法第 854 条第 1 项规定"对于物有事实上管领力者，取得该物之占有"，中国台湾地区学者即多认为这是采纳了纯客观说，并认为中国台湾地区民法的规定也应该做相同解释。日耳曼法上的占有中包裹着权利，但从占有这种"衣服"自身的要件看，重在对物事实上的管领，意思不是其考虑的因素。德国民法起草时第一草案否认承租人是占有人，系受萨维尼学说影响，遭到基尔克（Gierke）等学者批判后，向日耳曼法靠拢，放弃了所有人的意思要求，引入了直接占有、间接占有的分类。

德国民法施行以后，有学者依据条文表述，认为占有意思并不必要。这种观点并未被普遍接受。通说认为，心素是必要的，除了事实上获得管领力外，占有取得还需要有取得人创设占有的意思。④ 因为，德国民法第一草案原来是明确规定了占有意思为要件的，但是由于担心出现占有必须在占有人知悉其对物有管领力才能成立的误会，才删除了意思的表述。并不说明占有不需要心素。此外，取得占有但是没有占有意思，难以想象。学者主张对台湾地区民法中的占有也应该做同样的解释。⑤

---

① 1896 年日本民法第 180 条规定"占有权因以为自己之意思，持有该物而取得"，另参见荷兰民法第 107 条。

② 参见周枏《罗马法原论》（上册），商务印书馆 1994 年版，第 449 页。

③ 参见史尚宽《物权法论》，中国政法大学出版社 2000 年版，第 529 页。

④ 参见［德］鲍尔、施蒂尔纳《德国物权法》（上册），张双根译，法律出版社 2004 年版，第 116 页。

⑤ 参见王泽鉴《民法物权：用益物权·占有》，中国政法大学出版社 2001 年版，第 160 页。

　　前述各种学说，主要是对罗马法上作为占有被认可的（即赋予占有的法律效果，主要是承认占有诉权）一切情形试图做统一说明而出现的。笔者认为其各有合理成分。不过在现代民法语境中来思考相关问题，不仅要看到历史的源头与演进，更要从现实的需求与制度规范出发，进行解说。占有的观念在当今已经逐渐扩大，作为占有应给予保护的事实支配状态范围也逐渐扩大。就某些特别制度要求的占有而言，可以采用更高的标准要求。但是，从占有基本的功能与目的出发，就享有占有保护的基本法律效果而论，对于占有的构成要素应该采取符合人的行为过程基本特性的思考，同时又要采取较为宽松的符合社会观念要求的判断。对第一个层面的问题，笔者认为，占有表现为人的行为状态，主体对物有内在的行为意思（支配或管领的意思）和外在的行为动作都是必需的。占有主体没有主观意思活动无法想象。无意识的占有在法律上没有意义，你根本不知道你是否占有某物，如何能寻求法律的保护？不以意思为要件，把任何单纯客观的持有都认为是占有的观点是不妥的。没有占有人内心意思活动的纯客观说过于绝对化了，不符合占有的本来面目。精神病人也可以对物实行有效控制，但这种控制并不构成占有。就构成内容而言，客观说和主观说都包含了前述两个要素的内容。① 不过客观说将意思包含在行为事实当中，认为意思是行为的一部分，所以意思不作为独立的构成要素。这种观点实际上是依赖于"行为都是基于主体一定意思而为的行为"的基本判断。虽然不能说是错误的，但也不能说是科学合理的。一般而言，将主观条件和客观条件作为并列条件分析属于常见的分析方法。如果以"有法律意义的意思是指向一定外在活动的意思"为逻辑，则也可以说行为包含在意思当中，只要研究主观条件就可以了。把占有意思作为独立要素观察，可以对不同类型的占有意思分别加以研究，不同的占有意思往往影响到占有的法律效果。如善意的占有、有所有人意思的占有与恶意占有、没有所有人意思的占有法律效果，在善意取得、取得时效等方面都有不同。因此，比较而言，主观说理论较为可取。不过从语言表述上看，客观说是行为事实蕴含意思故称客观说，由此观之，为避免认为主观说仅要求主观的意思即可，似乎应称为主客观说为妥。

---

　　① 从这个意义上说，耶林的客观说与温得沙伊德的主观说都没有舍弃主客观方面，而且都采取了宽泛的占有判断，具有合理的成分。

提出意思要求，看似增加了确定占有的难度，但对意思可以采取灵活考察的办法，推定意思、反证某种意思存在或不存在是可能的。英美法虽然强调占有与权利的联系，但是占有自身也含有主、客观的内容。英国学者一般认为占有也强调体素（身体控制）和心素（排他意思），① "其一般流行的意义是指有意图的实际控制"②。在对无主财产进行占有时，美国法要求人们有效地控制着客体物并且具有有效控制的意思。③ 不仅在取得占有时对占有意思有要求，在占有的维持上也要求具有占有意思。不过在占有维持上，对体素和心素存在一些照应社会现实及一般观念的"宽松"判断。④

对第二个层面的问题，笔者认为，占有意思的具体形式应结合当时社会的法律价值追求及立法实践来要求，因而处在发展变化中。现代民法不能用过于严格的标准衡量，应结合占有的基本性质分析。占有人的意思，确实可能存在不同的样态，但就构成基本的占有而言，结合客观方面的管领支配，要求占有人有管领支配物的意思或者对物有行使管领力的意思即可，即占有人意识到自己正控制和支配着物。这是构成占有的最基本的意思状态。⑤ 我国学者梁慧星认为，占有意思就是占有意识，即意识到自己管领某物。占有人对物的管领应当是有意识的，无意识的占有难以想象，是否值得保护，仍存在疑问。至于他是为自己的利益，抑或为他人的利益加以管领，则在所不问。⑥ 如果要求占有人具有更严格的意思种类，违背将占有作为一种事实保护的初衷。⑦ 占有保护的基本出发点不是为了保护所有权（本权），所有人意思不是最基本的占有意思。占有也可能存在不

---

① 参见 Kenneth Smith，Denis J. Keenan，*English Law*，5th ed.，Pitman Press，1975，p. 387。

② ［英］F. H. 劳森、B. 拉登：《财产法》，施天涛等译，中国大百科全书出版社 1998 年版，第 39 页。

③ 参见［美］迈克尔·D. 贝勒斯《法律的原则——一个规范的分析》，张文显等译，中国大百科全书出版社 1996 年版，第 147 页。

④ 参见［日］我妻荣《民法讲义Ⅱ·新订物权法》，罗丽译，中国法制出版社 2008 年版，第 481 页。

⑤ 从这个角度思考，占有的意思和持有的意思并无实质区别。

⑥ 参见梁慧星主编《中国物权法研究》（下），法律出版社 1998 年版，第 1103 页。

⑦ 日本民法上虽然要求占有须有为自己而为的意思，但是不少学者从占有致力于维护社会秩序的目的出发，也主张应该缓和该意思要求。参见［日］我妻荣《民法讲义Ⅱ·新订物权法》，罗丽译，中国法制出版社 2008 年版，第 477 页。

为自己利益意思的情形，如拾得遗失物。无论占有人是具有所有人的意思还是为自己而占有的支配意思，都必须已经或同时具有支配物的意思。占有意思具体样态要求不同，如果从占有构成要素来观察，则直接影响到占有的确定范围。意思要求越高，则占有范围越小。就近现代占有立法本旨来看，占有制度重在对物的事实秩序的维护，因此对占有的意思应该采取较为宽泛的理解。现代社会强调物的利用甚于归属，不自己占有物或者占有他人之物是常见现象，加之占有的观念性增强，可以存在间接占有和直接占有，有为自己占有，也有为他人占有。如坚持为自己占有的意思，则在以媒介关系为中介的直接占有和间接占有这对关系中，直接占有就不会被承认。① 占有如果只涵盖所有人意思的占有，要么占有保护范围狭隘，忽视占有他人之物的大量占有存在，要么就会鼓励积极侵害他人来尽量形成自己的占有，显然与占有立法的价值目标不相契合。② 支配意思以外的其他更严格的意思要求，可以作为其他特别占有的构成要件，并可以赋予一些特别的法律效果，比如自主占有、善意占有。因此，单纯的控制支配或管领的意思即可满足基本的占有的心素要求。提出较为基础的意思要求，不否认意思具体分类的作用，自主、他主的占有意思区分在很多情况下就很有意义。

占有心素的判断必须结合社会观念进行，比如对概括心素、提前心素的确认。概括心素即潜在的一般的占有意思，③ 如对自己安置在房前的邮箱、牛奶箱内投放的信件、牛奶有概括控制的意愿，一经送件人、送奶人投入即取得具体占有。在该空间上持续存在一般的占有意思，而不必要求在某一信件、某一牛奶上都要单独成立占有意思。另外，马生产小马、鸡产鸡蛋等情形也存在这种概括的占有意思。店主指示店员对顾客丢失物品登记并加以保管，即体现出一般占有意思，顾客遗忘千元大钞，由店主取得直接占有。④ 但是，概括心素不能随意扩展，如前述

---

① 如果体素的条件要求再严的话，间接占有人没有实际上的管领，也不构成占有。

② 不过法律的价值目标是变动的，就占有立法确定所有意思为必须而言，其也有自己的制度传统和体系价值的思考。

③ 参见［日］我妻荣《民法讲义Ⅱ·新订物权法》，罗丽译，中国法制出版社2008年版，第481页。

④ 对此也有反对意见，参见［德］鲍尔、施蒂尔纳《德国物权法》（上册），张双根译，法律出版社2004年版，第117页。

的一般意思不及于送件人误投的他人信件上。对一房屋里的所有物品一般可推定主人占有，但对某一具体物是否成立占有，应依照主体对其有无占有意思决定。访客遗忘物品在房屋内，尚未被主人占有，但如果主人发现后留置则成立占有。至于提前心素，比如事先要求将物品放入我的箱内，后来的确如此但我不知道放入的确切时间。在这里占有意思是被提前表现的。

占有是有法律意义的事实行为而不是法律行为，占有意思是事实行为所需的自然的意思而不是法律行为中的意思，"在法律上并无特别品质要求"①。所以，占有意思的有无不能用法律行为能力的有无去判断，无行为能力人和限制行为能力人具有占有的自然能力和自然意思时，也可以取得和维持占有。这种意思不适用意思表示中瑕疵的规定。比如关于意思表示错误的撤销，误以为他人所有的物为自己所有而占有，发现后不能表示撤销占有而使得自己不承担侵夺他人占有的责任。占有的成立用自然意思来要求，但涉及占有效力中具体权利与义务的行使与承担，则要用法律行为能力的意思来要求。按大多数学者的观点，已经成立的占有发生承受时，依法律行为进行的，应受关于意思表示和法律行为规定的调整。如该意思表示无效，则占有的转移不能完成。但如受让人已经取得对物的实际控制，则构成占有原始取得，这时不受法律行为制度调整，占有心素不用意思表示来说明。

（四）占有动态构成要素之二——占有人施加于占有物的行为动作（体素）

占有要求占有人事实上对物有管领力，即实际控制和支配物，这是主体施加于占有物的行为动作。"所谓事实上之管领力，指有置其物于自己实力范围内，已达于可以排斥他人干涉之程度者而言。"②"管领，是指某物实际处于某人的支配和控制下的客观关系，其形式是多种多样的。"③"所谓控制，指物处于占有人的管理或影响之下。所谓支配，指占有人能够对物加以一定的利用。"④ 对动产的管领一般表现为控制，对不动产的

---

① [德] 鲍尔、施蒂尔纳：《德国物权法》（上册），张双根译，法律出版社 2004 年版，第 117 页。

② 胡长清：《民法物权》，商务印书馆 1939 年版，第 105 页。

③ [日] 田山辉明：《物权法》，陆庆胜译，法律出版社 2001 年版，第 119 页。

④ 梁慧星等：《中国物权法草案建议稿》，社会科学文献出版社 2000 年版，第 789 页。

管领一般表现为利用。美国法在财产占有的判断上，"什么构成有效的控制取决于财产的性质以及与此类财产相适合的控制方式"①。以上阐释值得借鉴。"控制形态又因物之性质不同而异，身体接触是一种最显而易见的控制形态，但它并不是必需的，排他的意思通常就足以维持既已取得的占有。"② 中国台湾地区学者王泽鉴认为，"对物有事实上的管领之力，指对于物得为支配，排除他人的干涉。"③ 用支配解释管领并无疑问，不过，"排除他人的干涉"，应该是法律赋予已经存在的占有的效果，属于占有保护的范畴，而不属于占有的构成要素。占有本身的支配含有潜在的排除他人干涉的意义，但那不过是存在于占有人维持占有正常状态的自力救济和公力救济中。对于占有的体素，有学者认为占有是以物处于某人的事实性支配下这种客观性关系为基础的，从而将事实性支配的客观关系界定为"持有"，并在此基础上探讨是否承认一切持有为占有，还是需要持有人伴有特定的意思才构成占有。④ 笔者认为，如果将持有看成是纯粹的客观关系方面的话，可以这样理解。如果将持有看成本身包含一定意思要素，即持有本身也需要持有人的主观意识活动，则不宜简单将持有看成是占有的体素。

　　对物进行管领的具体认定，有观点认为须有相当关系的确定、须由外部可认识、须依社会观念判断其支配关系;⑤ 有观点认为须是现实的、确定的和可从外部加以认知;⑥ 有观点认为应当从人对物的空间、时间上的支配来具体确认;⑦ 有观点认为须依社会观念斟酌外部可以认识的空间、时间关系，就个案加以认定。⑧ 笔者认为，探讨占有，并不重于获取占有

　　① ［美］迈克尔·D. 贝勒斯：《法律的原则——一个规范的分析》，张文显等译，中国大百科全书出版社 1996 年版，第 147 页。

　　② 温世扬：《占有制度与中国民法》，《法学评论》1997 年第 5 期，第 25 页。

　　③ 王泽鉴：《民法物权：用益物权·占有》，中国政法大学出版社 2001 年版，第 155 页。

　　④ 参见［日］我妻荣《民法讲义Ⅱ·新订物权法》，罗丽译，中国法制出版社 2008 年版，第 474 页。

　　⑤ 参见史尚宽《物权法论》，中国政法大学出 2000 年版，第 531—532 页。日本大判昭和 15 年 10 月 24 日判决也持"从社会观念上看，物处于属于该人事实支配的客观关系中"这种观点。

　　⑥ 参见王昆纯等《现代物权论》，湖南师范大学出版社 1993 年版，第 408 页。

　　⑦ 参见钱明星《物权法原理》，北京大学出版社 1994 年版，第 384 页。

　　⑧ 参见王泽鉴《民法物权：用益物权·占有》，中国政法大学出版社 2001 年版，第 155 页。

的动作，而重于支配控制物的占有状态。除了结合社会观念判断的社会性和管领上的持续稳定性外，占有还应该体现可识性。从人与物结合的空间、时间关系上来认定是否构成占有是合理的。从"状态"角度理解占有，占有要求空间上获得对物的实力管领，时间上获得持续的该种管领。偶然而不确定的、稍纵即逝的支配不构成占有。① 占有的保持有时候根据情况采取宽松的认定，对动产不可能时时都把握着，对不动产也不可能时时都利用而不停歇。某些情况下，时间上管领的持续性不受具体行为间歇进行的影响，行为不延续并不导致占有中断。如每年仅间歇性放牧或种植，不影响对牧场或土地的持续占有。英美法也认为身体上持续接触并非构成占有所必需，人们假日离家出游，并不丧失对其住房及家什的占有。② 这里，必须要考虑到，占有作为社会中的法律事实，显然脱离不了社会观念的约束。③

（五）占有心素与占有体素的联系

一般而言，占有心素与占有体素无须和不太可能截然分开，人的行为是意思自觉的外部表现。占有的心素是事实上管领支配着物的意思，这种意思伴随着占有事实支配状态才同时产生。无体素的占有心素是不存在的，说有事实管领支配物的意思，但是却不实际支配管领物，这是一个令人怀疑的命题。反之，占有的体素一定是伴随着占有的心素吗？持有被看做单纯的对物事实支配，就其与占有区别来看，如果占有的心素要求高，比如要求有为自己的意思、所有的意思，具备了占有体素但没有这种高标准心素的话，占有与持有的区别就变得很明显。但如果构成占有只是要求事实上支配控制物的这种基本意思的话，则无占有心素的占有也是不可想象的，意识不到的管领，不是占有要求的管领，此时持有与占有并不能明确加以区别。对于一个占有，总体上看必然存在体素和心素的要件。不过

---

① 如 1915 年当时的大理院上字第 1698 号判例就认为偶然利用不能作为占有，参见王泽鉴《民法物权：用益物权·占有》，中国政法大学出版社 2001 年版，第 197 页注 1。

② 参见 Owen Hood Phillips, Anthony Hugh Hudson, *A First Book of English Law*, 7th ed., Sweet & Maxwell, 1977, p. 288。

③ 关于社会性支配可视为成立事实性支配的介绍，参见〔日〕我妻荣《民法讲义Ⅱ·新订物权法》，罗丽译，中国法制出版社 2008 年版，第 478 页。英美法上占有被理解为社会事实的描述，参见〔英〕F. H. 劳森、B. 拉登《财产法》，施天涛等译，中国大百科全书出版社 1998 年版，第 39 页。

它们可能统一于一个主体上存在，也可能分别于不同的主体上存在，法律基于实际需要确定占有的数量、占有人为谁等。占有人可以通过家子和奴隶取得占有，他们被视为按照占有人的意志进行占有。在此，占有人有占有意思，占有事实通过家子或奴隶实现。也就是说，特殊情形下占有已然观念化，占有体素和心素的含义以及它们之间的联系，这时也体现观念化。间接占有人享有占有、占有辅助人不享有占有即为其例。

有学者认为占有要求"客观上来看"具有利益归属于自己的意思，①占有是否要求必然伴随一个为自己利益而占有的意思姑且不论，占有的意思必须经由可从外部辨识的事实体现，却是一个恰当的判断。占有被认为是一种事实，首先是从实际控制的体素上入手进行判断的。可以说，占有的逻辑起点是体素。有对物客观控制的事实，行为因意识而起，也同时推定占有人具有占有意思，意思由外向内被认识和了解。因此占有意思有客观表现和推定的问题。心理活动往往也是一种事实存在，因此推定意思本身是符合客观规律的。至于所有人意思的心素、为自己利益意思的心素等，可能也存在推定问题，但那是在对一般意义上的占有意思推定的基础上的更深层次的意思推定。

（六）占有的观念化问题

占有是对物事实上的管领，本属于一个事实判断问题。但是作为法律事实的占有在发展过程中，在保留基本的事实特性的同时，逐渐体现了一些超越事实判断的观念化特征。占有观念化被法律承认的原因，主要是基于利益衡量和价值判断，赋予不同效果以满足社会生活的需要。② 萨维尼在《论占有》中，也特别尊重基于"实践需求"而对占有规则进行适时调整。③ 他认为，在罗马法上，以 jus in re（对物权）作为持有根据的持有人（萨维尼称为受益人）享有一种特别的准占有，可以获得令状保护，这是为了满足实际需要。同样，由出租人始终享有占有和令状，而承租人等根据合同关系为自己持有的人不存在准占有，借助合同之诉保护他拥有的实际利益即可，这无疑也是考虑实际需求的结果。④

---

① 参见［日］田山辉明《物权法》，陆庆胜译，法律出版社 2001 年版，第 124 页。

② 参见王泽鉴《民法物权：用益物权·占有》，中国政法大学出版社 2001 年版，第 164 页。

③ 参见［德］弗里德里希·卡尔·冯·萨维尼《论占有》，朱虎、刘智慧译，法律出版社 2007 年版，第 140 页。

④ 同上书，第 95 页。

占有观念化主要表现在两个方面：一是占有的扩张，二是占有的限缩，前者是主要方面。关于占有的扩张，即在例外情况下，即使体素或者心素方面有所欠缺，也可以认为存在占有。比如间接占有人不实际支配控制物，在体素上有所欠缺，学者认为有法律关系的存在，无时空关系，仍可成立占有。① 占有改定的让与方式中，也欠缺实际的体素。② 而占有继承人在被继承人死亡时，对物当然取得占有，这种占有在心素、体素方面似乎都有所欠缺（占有继承甚至没有占有自然意思能力的要求，植物人、幼儿都可以当然取得占有）。这种扩张占有立法的目的多是为了保护该类主体。③ 至于占有的限缩，可能出现有支配的意思也有支配的事实，但是并不认为是占有，比如占有辅助人依据指示而对物的控制并不认为是占有。这种立法的目的是为了保护占有人，使辅助人不得对占有人主张占有的保护。对于以上属于占有观念化的例外，应该加以特别的注意。不过既然占有的基本立法目的是稳定物的事实管领秩序，那么这些例外就不可能构成占有的主要方面，是属于非主流的占有现象。占有的观念化，从另一个侧面看，可能影响占有主体的范围。比如罗马法上并不认为承租人是占有人，仅出租人是占有人，而日耳曼法传统则认为出租人和承租人都是占有人，限缩或扩张无疑影响主体范围确定。

第二节　占有的取得与消灭

一　占有的取得

占有的取得，除了要结合占有构成要素加以考察以外，主要关注占有取得的方式。占有的取得包括原始取得与继受取得。占有的原始取得，是指不基于他人的占有而直接取得对物的新的事实上的管领力。可以由事实行为（如先占、拾得遗失物）、侵权行为（如盗窃、侵夺）等取得，可以

---

① 参见谢在全《民法物权论》（下），中国政法大学出版社 1999 年版，第 930 页。不过有学者持反对意见认为，将占有界定为一种事实，意味着在立法上不承认德国、瑞士民法所认可的间接占有。参见温世扬《占有制度与中国民法》，《法学评论》1997 年第 5 期，第 27 页。

② 占有转移原则上依据占有物的交付，但是法律规定可以准用动产物权的让与方法，如台湾地区民法第 946 条、第 761 条。

③ 参见王泽鉴《民法物权：用益物权·占有》，中国政法大学出版社 2001 年版，第 164 页。

通过占有辅助人取得（如雇人捕捞）。根据占有构成要素的要求，除了要事实上对物进行管领之外，还需要有占有的意思。这属于自然的支配意思，只要求具有自然的意思能力，和法律行为能力无关，因而未成年人具有自然占有的意思能力的，也可取得占有。在占有转移中，如果依据法律行为的规则，转移取得占有无效，但受让人获得了对物的实际支配并具有自然支配意思的，可以构成占有的原始取得。

占有的继受取得，是指基于他人的占有而取得对物的事实上管领力。包括占有的转让取得和概括承受取得。① 占有的转让取得，可以是单纯的占有转移，如归还被盗窃的物，② 也可以伴随其他法律关系，如设定质权、履行买卖合同或租赁合同而转移物的占有。关于占有转让的法律性质，存在不同看法。③ 日本通说认为，占有权的转移属于契约关系，且伴随着作为其基础的占有的转移。④ 德国民法上占有的转移分为直接交付和依据单纯合意两种方法。前者属于事实行为而不要求法律行为能力，只要有自然的意思能力即可，当然也不适用意思表示瑕疵的撤销。后者取得人处于能行使对物的管领的可能，只要当事人之间达成合意即可，言下之意，即按照合同法律行为来实施。⑤ 中国台湾地区通说也认为，占有让与通常为契约，也有依据一方行为而让与的。⑥ 不论通过哪种方式，都适用

---

① 占有是事实而非权利，但是仍承认存在转移方式取得的论说，参见陈华彬《物权法研究》，金桥文化出版（香港）有限公司2001年版，第641页。

② 参见王泽鉴《民法物权：用益物权·占有》，中国政法大学出版社2001年版，第217页。这种情况下是不是也可以认为伴随了物的返还请求权关系，值得思考。

③ 参见王泽鉴《民法物权：用益物权·占有》，中国政法大学出版社2001年版，第218页。

④ 参见［日］我妻荣《民法讲义Ⅱ·新订物权法》，罗丽译，中国法制出版社2008年版，第493页。

⑤ 参见［德］鲍尔、施蒂尔纳《德国物权法》（上册），张双根译，法律出版社2004年版，第118—119页。单纯合意转移占有，目的在于"简便功效"，其应具备的条件包括：出让人的占有；取得人拥有对物行使管领力的可能，属于"开放占有"，即不需另有原占有人或第三人的许可行为，取得人就能够行使所取得的占有，并将其现实化；双方具有按照法律行为要求的合意。如出卖人将堆放在森林里"第三棵橡树边上"的木材出卖，他不需要买受人带到木材旁边进行交付，他将木材清单交给买受人并同意买受人立即运走木材时，就存在占有转移的合意。

⑥ 如窃贼在失主丧失被盗物品的占有后，主动将占有返还失主，有观点认为这不属于占有转移。参见王泽鉴《民法物权：用益物权·占有》，中国政法大学出版社2001年版，第219页。如果不以转移占有来解释，那么如果前占有人回复了占有只能看成原始取得占有的话，其将丧失占有连续计算的利益。

法律行为的一般规定，要求主体具有行为能力。基于此，主体间有自然意思能力但无法律意思能力的，不能通过转让取得占有，但可获得原始取得的占有。如转移占有给无行为能力的未成年人，转移行为无效，受让人不能取得转移而来的占有，但基于事实上支配物并具有自然占有意思能力，可以构成占有的原始取得。在占有受让中区别原始取得与继受取得并对转让占有提出更严格的要求，一是转让涉及的观念化意味较重；二是有效取得占有转让的，受让人可以主张将前占有与现占有合并，在取得时效计算上获得优势，而如果仅属于原始取得的，则只能另行起算取得时效。

转让占有可以通过占有的现实交付、简易交付、占有改定、指示交付的方式进行。① 除了现实交付占有以外，简易交付方式的立法目的主要是为了便利交易，占有转移在让与占有的合意达成时生效。占有改定也拓展交付方式，在当事人达成使得受让人取得间接占有，转让人变为直接占有人的合意时生效。指示交付中，转让人将对物的返还请求权转移给受让人时，其转移义务即已经履行，受让人不得以第三人未返还物的交付，拒绝自己对转让人义务的履行。从我国《物权法》第 241 条的规定及动产物权转让设定的方式推导，似应认可占有的不同转移方式。由于我国整个立法没有重视占有的独立地位，加上没有结合占有规定诸如时效取得等制度，使得占有转移、承认占有可以合并等问题的研究价值大打折扣。

关于占有的概括承受取得，典型的例子就是通过继承取得占有（其他如法人合并时占有的概括继受）。继承一般涉及的是被继承人财产上的权利义务继受。虽然占有不是权利，但是依据各立法例及通行理论，都承认其可以继承，被继承人死亡时，依据当时占有物的状态，移转占有给继承人。占有有瑕疵的也一起按照瑕疵状态转移。继承取得的占有，不问继承人是否知晓、是否实际管领物、是否有支配的意思，被称为"对物无事实上管领力的占有"。占有继承体现了"占有观念化"的特点，即使占有人这种"观念化的支配"还未强化到现实的对物支配，他也能获得占有的

① 参见台湾地区民法第 946 条及第 761 条。中国《物权法》无明确规定，仅第 241 条有"基于合同关系等产生的占有，有关不动产或者动产的使用、收益、违约责任等，按照合同约定；合同没有约定或者约定不明确的，依照有关法律规定"。另外，《物权法》在动产物权的转让和设定中规定了现实交付、简易交付、占有改定、指示交付等方式。根据第 241 条规定，占有可以根据合同而设立，显然认可占有的转移取得。合同可以约定占有转移的方式，似也可准用动产物权的转移和设定方式。

保护，物被他人取走时对他来说就是非基于其意思的占有丧失。当然，对继承人进行保护的同时，法律往往也要求其对遗产负责。如被继承人是一幢所有权归属不明的房屋的自主占有人，原告被该房屋掉下来的砖块砸伤，即使生活在国外的共同继承人对继承一事一无所知，他们也应该对此伤害负责，因为他们因为占有继承而成为直接的自主占有人。① 我国物权法没有占有继承的规定，没有继承占有导致前后占有合并直接导致取得时效所需时间上的连续计算，也没有明确的占有权利推定制度，在未能明确推导物权法承认观念化占有的情形下，加之法律强调正当权利的享有，能否因为继承而当然取得占有，存在疑问。

　　占有取得特别是继受取得的特别效力，值得注意。这主要体现在占有的合并上，继受取得占有的占有人，可以单独主张自己的占有（如前占有存在瑕疵时），也可以主张将前占有（包括不间断的前占有）与自己的占有合并而主张，从而在取得时效计算上获得优势。也就是说，可以将占有作为一个数人之间持续的事实，也可以作为各自支配下的独立事实。② 主张合并时，应该同时承继前占有的瑕疵，如主张合并后发现前占有有瑕疵的，可以撤销合并。立法目的在于保护占有人的时效取得利益，"实践占有的继续功能"③。我国物权法没有取得时效、占有合并的明确规定。

　　占有的取得涉及占有形成的最初时点和原因问题，但占有主要是一种状态，因而取得占有后占有如何保持，以使可以确认存在法律认可的占有，显得十分重要。这实际上涉及如何认识占有体素、占有心素以及二者如何结合的问题。罗马法对保持占有的要求不像取得占有那样严格，人们倾向于维持一种已经取得的占有。短暂离开不会造成对房屋及其内部物品占有的丧失。不知一本书放在房间的何处也不被认为丧失对它的占有。甚至有时"纯意愿的占有"也可以使占有继续。如季节性放牧的草地、偶尔居住的乡村别墅，"在一年中的一定时间内我们离开了夏天和冬天放牧的牧场，但我们具有占有它们的意思，……但是，如果只有你具有占有之

① 参见［德］鲍尔、施蒂尔纳《德国物权法》（上册），张双根译，法律出版社2004年版，第151页。

② 参见［日］我妻荣《民法讲义Ⅱ·新订物权法》，罗丽译，中国法制出版社2008年版，第497页。

③ 王泽鉴：《民法物权：用益物权·占有》，中国政法大学出版社2001年版，第229页。另参见台湾地区民法第947条及其立法理由。

意思，那么即使别人在那块土地上，你也将继续占有它。"① 这里，主体所拥有的可以随时进入草地或别墅的可能性没有受到破坏，而这是"纯意愿"占有被承认的前提。可见，"这个'意思'是占有取得的要件，而不是占有继续的要件"②。德国民法学说上对此也存在一致的认识，即占有的获得相较于占有的保持，对"事实管领力"有更严格的要求，占有的获得在外部必须为可认识。农民即使晚上将犁放在田里不拿回家，也保持着直接占有；别人的母牛跑进他的牧场，只有在对母牛进行照管时他才成为直接占有人。③

二　占有的消灭

占有的消灭，是指占有人对物丧失了事实上的管领力。由于占有在要素上由占有意思和管领事实结合构成，因此就一般的占有来说，一旦丧失了占有的意思或者对物事实上的支配的，占有即行消灭。占有丧失的判断，需要根据社会观念结合各种具体情形来加以认定。一般认为，在占有人提起占有物返还诉讼并获得胜诉的，应承认占有物继续归属于被侵夺人的支配之下，占有不消灭。而在侵夺人任意返回占有物的情形下，也不认为占有消灭。④ 丧失对物的管领力，在主体方面，可能出于占有人自身意思的原因，也可能不是出于占有人自身意思的原因。在客体方面，可能出于占有物的原因而丧失占有。出于占有人自身意思的原因，如占有物被主动抛弃、占有物被转移交付从而丧失占有等，其中抛弃与转移分别伴有自然意思及法律行为的意思（如德国民法第854条单纯合意转移占有而导致的占有丧失）。不是出于占有人自身意思的原因，如占有物被盗窃、被侵夺而导致丧失占有，或者无意识地失去对物的事实管领力，非自愿丧失时，一般不适用善意取得的规定（如德国民法第935条）。以上占有仅针对于原主体而消灭，有其他主体获得了物的占有，属于占有的相对消灭。

---

① ［意］桑德罗·斯奇巴尼选编：《物与物权》，范怀俊译，中国政法大学出版社1999年版，第179页。

② ［日］田山辉明：《物权法》，陆庆胜译，法律出版社2001年版，第124页。

③ 参见［德］鲍尔、施蒂尔纳《德国物权法》（上册），张双根译，法律出版社2004年版，第117页。

④ 参见［日］我妻荣《民法讲义Ⅱ·新订物权法》，罗丽译，中国法制出版社2008年版，第530页。

出于占有物的原因，如物被毁损、消耗、添附等，使得占有无所依托而消灭的，属于占有的绝对消灭，原主体和其他人都不可能取得占有。需要指出的是，如果占有人在行使事实管领力时，出现暂时的障碍，并不使得占有终止。①

三 间接占有的取得与消灭

前文讨论的占有取得与消灭，是直接对物实行管领的占有的取得与消灭。这种占有包括了不存在直接占有与间接占有区分时对物的"直接"占有，② 也包括存在间接占有时对物的直接占有。

间接占有被认可，是占有观念化的表现之一。其取得与消灭，不能简单用一般占有的标准去衡量，而应留意其体现的较为明显的观念化、抽象化特征。间接占有与直接占有区别而存在，是借助直接占有和媒介关系实现对物的间接管领。因此，实行间接占有，必须是基于和借助既存的占有而取得，又可以分为创设取得和转移取得。在创设取得中，原"直接"占有人可以为自己创设间接占有（同时为他人创设直接占有），如所有人将物出租；也可以为他人创设间接占有，如出卖人出卖物后租赁使用，使受让人取得间接占有（同时为自己创设直接占有）；非占有人也可以为自己取得直接占有并为他人创设间接占有，如依据法律监护人接受物的交付，自己成为直接占有人的同时为受监护人取得间接占有；直接占有人也可以因为事先与他人达成占有媒介关系，从而在后来取得直接占有的同时为他人取得间接占有（预期的占有改定）。在转移取得中，间接占有人可以通过指示交付（转移对直接占有人的返还请求权）将间接占有转移给他人，如出租人通过转移对承租人的返还请求权方式，将间接占有转移给第三人。间接占有还可以依据占有继承方式转移，如出租人死亡，继承人当然取得原出租人的间接占有人地位。

---

① 德国民法第 856 条第 2 项规定："占有不因在行使控制时遇有按其性质为暂时的障碍而终止。"德国民法实务上认为，如果占有人的司机背着其不知，周日驾驶占有人的车出去郊游，这并不改变占有人对汽车的直接占有，也不影响他作为车主所承担的责任。参见［德］鲍尔、施蒂尔纳《德国物权法》（上册），张双根译，法律出版社 2004 年版，第 122 页。类似的条文，参见台湾地区民法第 964 条。

② 这是一般所称的占有。此时不宜称为直接占有，因为直接占有本就是区别于间接占有而与其同时存在的。

间接占有与直接占有之间，依靠媒介关系及其产生的返还请求权而联系。该媒介关系或请求权消灭的，即使得间接占有消灭。① 如返还请求权因为时间经过、解除条件成就等消灭。借款人将物为了担保的目的，依据占有改定让与银行，在他与银行之间的信贷关系结束时，银行的间接占有也归于消灭。间接占有的消灭，可能是因为直接占有丧失而附带消灭。丧失是否出于直接占有人的意思、出于直接占有人意思丧失直接占有时间接占有人是否同意等，都不影响间接占有的消灭。此种情形下间接占有无所依从而消灭，如出借物被借用人出卖、出借物毁损，都可以使得间接占有消灭。但出借的东西被借用人再出借，由于原直接占有人仍保留占有人（间接占有人）地位，原出借人的间接占有并不消灭，而获得更高一级的间接占有，这属于多层次间接占有。间接占有消灭，还可能是直接占有人向间接占有人表示不再承认间接占有造成（公然抛弃占有媒介意思），此时直接占有人已无为原间接占有人媒介占有的意思，如从借用人向出借人表示借用物归自己所有时起，出借人的间接占有消灭，借用人变为单纯的自己占有；借用人还可表明自己不再为原间接占有人占有，转而与第三人创建直接与间接占有的媒介关系，从而使原间接占有消灭。此外，学者认为，"通过直接占有人而取得占有的意思"虽然不是间接占有的成立条件，但间接占有却可因为间接占有人积极表示不再由直接占有人代行占有的意思时而消灭。②

第三节　占有的法律性质

一　占有法律性质界定的意义及各种观点

在占有制度的发展过程中对占有的法律性质出现了不同的认识，立法

---

① 我妻荣先生认为，即使代理权或租赁关系等消灭，只要事实性支配关系继续存在，可以认为间接占有并不消灭，或者说"在此情形下，可以承认本人通过曾作为占有代理人的人持续实施事实性支配。也可以说，即使占有代理关系本身在法律上无效，但只要在外观之上存在，亦可"。参见［日］我妻荣《民法讲义Ⅱ·新订物权法》，罗丽译，中国法制出版社2008年版，第531页。

② 参见［日］我妻荣《民法讲义Ⅱ·新订物权法》，罗丽译，中国法制出版社2008年版，第489、531页。

的态度也有所不同。对出现的性质争论，有学者认为，不管占有是事实还是权利，实践中并无太大区别，在法律上受到的保护也并无不同，因为二者都是赋予某种事实以一定的法律效果并加以保护，使占有人可以享受占有产生的利益。[①]

笔者认为，明确占有的法律性质是非常重要的问题。占有的法律性质与如何理解和界定占有是相互关联的，而且性质界定不同，法律对占有保护的依据、范围都会出现差异，法律的立法价值取向、保护主体的利益重心也会被从不同角度理解。有学者就主张，占有性质观点的混乱反映了在私有制下所有人和占有人之间的利益矛盾尖锐，认为保护占有就是限制了所有人自私的利益，从而促进了"社会和平"，就是这种利益矛盾尖锐的表现。[②] 可见，性质界定争议可以上升到反映利益矛盾平衡的高度。对占有性质界定不同导致的问题，这里以后面将要分析的主要代表性观点——事实说和权利说为例加以说明。如果认为占有在法律性质上是一种事实，则法律将对各种占有加以保护，而不论占有人是否具有权源，除非他人能够证明其享有比占有人更优越的权利。关于占有保护的诉讼争议，也仅考察占有是否存在及占有是否受到侵害，而不考察真实权利是否存在。如果认为占有是一种权利，则按照权利取得必须合法的基本法律原则，非法手段取得的占有即不能受到法律的承认。在占有受到他人侵害而请求法律保护时，占有人须证明自己享有合法的占有权利。一种事实或权利的设定和保护，往往反映社会某些方面的实践需要，反映法律保护什么样的社会关系和法律利益。占有性质的不同界定不仅涉及个人公平和社会秩序价值的冲突和协调，也涉及占有法律保护方式的设置适当与否以及立法的价值取向。

罗马法上，古代法学家一般认为占有是产生一定法律效果的事实。在帝政后期，有学者开始认为占有是一种权利，也可以像物权那样援用救济

---

① 参见李湘如《台湾物权法》，中国广播电视出版社1993年版，第172页。在《中国物权法草案建议稿》中，第417条虽然界定占有是一种事实，但该条的立法理由中主张，理论上认为占有的性质是事实还是权利对占有在法律上受到的保护没有影响。参见梁慧星等《中国物权法草案建议稿》，社会科学文献出版社2000年版，第789—790页。

② 参见江平《西方国家民商法概要》，法律出版社1984年版，第73页。

程序保护。① 占有的事实及意思可以分别在不同的主体上体现，具有占有意思就可取得占有，使得占有给人权利的印象。"处于他人权力的人可以持有某一特有产，但他们不能占有它，因为占有不仅是一种事实，而且是一种权利。"② 在日耳曼社会，占有一方面仍作为对物的支配状态，另一方面背后有支配权结合，两者是不可分离的整体。很多学者因此将占有看成是权利。实际上，事实关系与其隐藏的权利的一致只具有盖然性，事实与权利可能不符，从占有事实背后的东西考察占有性质显然不恰当。不管日耳曼人关心的重点是什么，占有首先表现为对物支配的事实。

对占有的性质，近现代学者大多主张事实说或权利说。③ 事实说认为："占有仅系一项事实而非权利，然此项事实在'民法'上却是有一定之效力，受法律诸多之保护，故具有法律之意义，……将占有定位为事实，旨在表示法律对物事实支配状态之保护，此种支配纯然仅为事实之支配，是否具有法律上之正当权利在所不问。"④ 权利说认为："一切权利系由法律保护的一定事实关系而发生。占有本身虽系一种事实，法予以保护赋一定效力，使得系由占有所生利益，不得不谓之权利，且此权利直接行使于物上，与所有权及其他物权均属相同。"⑤ 基于利益与法律保护结合构成权利要件的理解，在普通法领域内，法律对占有的规定及学者对占有的认识上，权利说较为主要。美国学者阿尔伯特经过考察认为："古代罗马法和日耳曼法都存在这样一个规则，即通过占有表现权利，而占有又是通过持有表现出来的。因此，当我持有某物，使我获得占有；而当我占有某物，也使我享有占有权。因持有而获得占有，因占有而享有占有权，因此占有是一种权利而非单纯的事实状态。"⑥ 在英国法中，占有被分为事实占有

---

① 参见 D. H. Van Zyl, *History and Principle of Roman Private Law*, Butterworth, 1983, pp. 175—176。

② ［意］桑德罗·斯奇巴尼选编：《物与物权》，范怀俊译，中国政法大学出版社 1999 年版，第 172 页。

③ 关于中国大陆和台湾地区持权利说和事实说的学界代表，参见刘智慧《占有制度原理》，中国人民大学出版社 2007 年版，第 82 页。

④ 谢在全：《民法物权论》（下），中国政法大学出版社 1999 年版，第 932—933 页。

⑤ 刘鸿渐：《中华民国物权论》，北平朝阳学院出版部 1933 年版，第 315 页。

⑥ Albert S. Thayer, "Possession and Ownership", *Law Quaterly Review*, Vol. 13, 1907, pp. 181—184.

和法律上的占有，事实占有不涉及任何法律权利的问题，而占有权需由法律予以确认和保护。法律更多是保护财产的占有权利，直到或除非其他权利请求人能够证明其权利比财产占有人的权利更优越。具体而言，就是在事实占有与法律上占有相分离，以至于在模棱两可的情况下决定谁存在着法律上的占有或者是谁的权利更充分一些，使占有在法律意义上形成相对性，便于给予占有的权利以法律保护。①

主张占有是权利的学者或许从哲学基础上受到了黑格尔的影响，黑格尔是在所有权的范畴下讨论"取得占有"、"物的使用"和"所有权的转让"的，占有被看成是所有权的一个环节。黑格尔虽然认为占有对于所有权来说是重要的，但它是由所有权决定，所有权给占有提供了真实和合法的因素。他认为："人把他的意志体现于物内，这就是所有权的概念，下一步骤才是这一概念的实在化。表示某物是我的这种内部意志的行为，必须便于他人承认。我把某物变成我的，这时我就给该物加上了'我的'这一谓语，这一谓语必须对该物以外在的形式表示出来，而不单单停留于我的内部意志之中。"② 黑格尔颠倒了占有与所有权的关系，把占有看做是所有权概念的产物，由此认为占有是权利，是纯粹的意志关系或法权关系。这一思想受到了马克思的批判。马克思认为，占有是人类社会产生以来就存在的对物管领的事实状态，财产归公共所有即表现为公共占有，这种事实状态本身并不能产生权利，随着私有制、国家和法律的产生，统治阶级为了维护其利益和经济秩序，便对实际占有以法律规定，占有法律制度便应运而生。作为私有财产真正基础的占有，是不可解释的事实，而不是权利，由于社会赋予实际占有以法律保护的规定，实际占有才具有合法占有和私有财产的性质。③ 占有在法律性质上属于事实的观点逐渐成为强有力的观点，德国、瑞士及中国台湾地区民法等都加以采用。④ 但德国法引入直接占有、间接占有的区分，前者不必有据为己有的意思，后者不必

① 参见［英］戴维·M. 沃克《牛津法律大辞典》，邓正来等译，光明日报出版社1988年版，第703页；［英］G. D. 詹姆斯《法律原理》，关贵森等译，中国金融出版社1990年版，第155—160页。

② ［德］黑格尔：《法哲学原理》，范扬、张企泰译，商务印书馆1961年版，第59页。

③ 参见《马克思恩格斯全集》第1卷，人民出版社2002年版，第137页。

④ 德国民法理论上就占有本质的不同观点，参见周梅《间接占有中的返还请求权》，法律出版社2007年版，第72—75页。

有实际持有的事实，有学者认为这"使占有概念由事实性质向权利性质转化"①。此外，民法承认占有可被继承对于主张占有是权利的观点来说，也是一个有力的证据，但这些不过是例外的特殊情形，并不能代表一般的情况。日本民法则采用权利说，明确提出了"占有权"的概念，使得学者认为其使占有由事实转为权利，完成了德国法未完成的任务，是占有由事实向权利转化的标志。②

针对占有法律性质事实说和权利说的争论，有学者试图调和二者。史尚宽先生介绍萨维尼的观点，认为其主张"如以占有解释为与物之关系，自为事实。如解为由此关系所生法律上之力，则为权利"③。另有学者认为"占有在外表上言为事实上之表现，从内容上看，亦不失为权利"④。这里，占有即使作为权利理解，也不是独立的物权类型，因为如果理解为独立物权，其成立不要求合法原因，也不要求公示，有违物权法的一般原则，使债权法上占有和其他占有统统成为物权，有些不伦不类。学者谢在全就认为，"日本民法虽将占有规定为占有权，然仍非抽象的观念上物权，而系因对物事实支配而生，因事实支配之消灭而消灭。且仅有排他效力，而无优先效力与物权之物上请求权，故仍具有事实性，可见与物权不同。"⑤日本学者评论日本民法的占有权时，认为占有权起源于对物现实的事实上支配，一旦丧失对物的事实上支配即会消灭，不能以为是一种可以支配物的权利，当然不是一种物权。⑥王泽鉴先生认为占有缺乏权利所具有的权益归属的支配性，"占有本身不是第 184 条第 1 项前段所称的权利，须与本权（如租赁权）结合，始能强化其支配权能。"⑦

在法国，很多学者从"事实与权利相互关系"上来认识占有。卡尔波尼埃（Carbonnier）认为，财产关系可以分为"设于财产上的法律关系"和"设于财产上的事实关系"，前者为所有权，后者为占有，对财产

---

① 孟勤国：《物权二元结构论》，人民法院出版社 2002 年版，第 73 页。

② 参见王利明《物权法论》，中国政法大学出版社 1998 年版，第 809—811 页。

③ 史尚宽：《物权法论》，中国政法大学出版 2000 年版，第 530 页。另参见［德］弗里德里希·卡尔·冯·萨维尼《论占有》，朱虎、刘智慧译，法律出版社 2007 年版，第 22 页。

④ 辛学祥：《民法物权论》，台北商务印书馆 1970 年版，第 340 页。

⑤ 谢在全：《民法物权论》（下），中国政法大学出版社 1999 年版，第 933 页。

⑥ 参见［日］广中俊雄《物权法》，青林书院新社 1982 年版，第 7—8 页。

⑦ 王泽鉴：《民法物权：用益物权·占有》，中国政法大学出版社 2001 年版，第 170 页。

事实上的支配（可能与权利分离）即为占有，当事实能说明问题时，权利屈从于事实。① 马洛里和埃勒斯（Malaurie et Aynes）认为，占有是对权利事实上的行使，多数情况与所有权混同，分离亦常见。但是此分离不会长久，因为根据一种必然倾向，某一事实持续时，在一定条件下会转化为权利，即"事实成为权利"。"权利创设事实"是罕见的，常见的是占有就是（权利享有）的事实的表现。除涉及第三人利益外，权利与事实的差别并非永远存在。② 还有学者回避了事实与权利的争论，主张占有是一种法律关系。美国学者哈西斯（Harsis）指出：占有是某人和物之间针对另一个人所形成的关系，由于它是一种法律关系，所以要依据法律规则来解释一系列的事实。③ 中国台湾学者王泽鉴也认为，"占有虽为事实，但受法律保护，发生一定的法律效果，而为一种法律关系，得为让与与继承。"④ 他似乎将占有既界定为事实，又界定为一种法律关系。我国民法曾受前苏联的影响，没有规定单独的占有制度，加上所有权常常被解说包含占有、使用、收益和处分的权能，占有从而被看作附属于所有权的一项权能，⑤ 不具有独立的地位。伴随理论研究的深入以及我国民法的逐渐完善，特别是《物权法》颁布施行后，占有被明确作为专章独立于所有权来规定，因此对具有独立地位的占有来说，其已经脱离了所有权权能的狭隘界定。关于占有的性质，学者中也存在事实说和权利说的争论，并有人提出"占有权是对他人财产或财产权利的所行使的管领、控制、支配、收益之权"⑥ 的设想。

二　各种观点的评析及本书对占有法律性质的界定

从源起上看，占有最初是作为自然事实，这一定性在占有上升为法律

---

① 参见尹田《法国物权法》，法律出版社 1998 年版，第 158—160 页。

② 参见潘嘉玮《占有制度探析》，《法律科学》2000 年第 2 期，第 68 页。

③ 参见 A. E. S. Tay, "The Concept of Possession in the Common Law: Foundations for a New Approach", 4 Melb. *U. L. Rev.* 476（1963—1964）。

④ 王泽鉴：《民法物权：用益物权·占有》，中国政法大学出版社 2001 年版，第 169 页。

⑤ 参见佟柔主编《民法物权》，法律出版社 1990 年版，第 232 页。实际上，黑格尔就是在所有权之下来探讨对物的占有、使用和转让的权力的，他认为它们是意志对象的不同关系中的三个环节。参见李龙主编《西方法学名著提要》，江西人民出版社 1999 年版，第 312 页。

⑥ 方令：《民法占有制度研究》，重庆出版社 1996 年版，第 149 页。

事实后必然影响和决定占有的法律性质界定，而这种影响和决定又是符合法律价值目标追求的，并非单纯受历史决定压制的纯粹被动选择。① 法律总是避免超出自身的范围去考虑问题，但在法律范围内考察财产权的起源是不可能的。财产权由占有发展而来，因而不能简单地用法权关系去观察和说明占有，否则就犯了顺序上颠倒的错误。梅因说，"我决不主张人类对事实上占有的尊重是法律本身所能说明的一种现象。"② 财产权由占有发展而来的历史蕴含了对占有性质的判断，占有首先是独立于法律而存在的事实。"但是那个以占有为关系的比较具体的基础总是前提。可以设想有一个孤独的野人占有东西。但是在这种情况下，占有并不是法的关系。"③ 事实上的占有逐渐被法律认可、调整，转化为法律上的占有。从马克思的论述中，可以发现他也同意这种占有发展上的逻辑关系，占有作为事实，是先于权利的东西。

的确，任何行为或存在状态，都是作为客观事实存在着的。占有在受到社会自觉的法律调整之前，只能是一种自然事实，其产生、变化和消灭都是自然而然的。进入法律社会后，由于占有自然事实蕴含着法律认可的价值目标，其便受到法律关注和调整，依照法律规则来规范，亦即成为一种法律事实。之所以还界定为"事实"，是因为法律基于某些价值追求，总是倾向于顺应这种法律没有干涉之前的自然状态和结果，法律的积极校正受到了一定程度的限制。

占有类似于契约，首先是一种事实存在，本无所谓合法与非法，不带有法律判断，只存在是否符合法律规定的条件而具备相应的效果，产生权利、义务关系。前述争论占有是否属于事实或权利，实际上是将法律效果与事实放在同等起点来看。占有的法律效果并不适宜用来说明占有本身的性质。如前所述，事实对于权利，无可辩驳地存在基础和先在的优势。先有事实后有权利，而且事实的效果多表现为一系列的权利组合，因而可能成为一个制度。占有如此，契约、合同也是如此。因契约、合同所生的权利组合，不适宜用契约权、合同权来概括，而看成契约、合同所生的法律

---

① 我妻荣认为，"占有虽然是事实关系，但该事实性支配关系是基于社会的秩序力而形成的"，"占有的观念包含着有关人对物的关系的社会评价"。参见［日］我妻荣《民法讲义Ⅱ·新订物权法》，罗丽译，中国法制出版社 2008 年版，第 492 页。

② ［英］梅因：《古代法》，沈景一译，商务印书馆 1996 年版，第 161 页。

③ 《马克思恩格斯全集》第 46 卷（上），人民出版社 1979 年版，第 39 页。

效果更恰当。占有事实根据不同的条件，可以产生一系列的权利，构成其法律效果内容，但不适宜用占有权来描述占有事实。

　　主张占有法律性质为权利的观点认为，占有受到法律保护并且能给主体带来利益，具备了权利的构成要件。至于把法律也保护非法占有人作为占有不是权利的佐证，理由欠充分，因为非法取得权利的事例也不少，如猎人在他人土地上获取猎物、恶意加工并获得他人之物等。笔者认为，在他人土地上但并未控制的猎物显然是无主物，可以先占；因非法加工获得所有权并不能说加工人有加工权。更重要的是，利益也并不构成事实与权利区别的关键，法律保护的利益主要上升为了权利，但仍然存在不作为权利的受到法律保护的"法益"。权利和事实的主要区别在于前者多是后者产生的结果，这种产生过程是法律积极或消极调整的过程。权利显现抽象化，保持强大的观念化威力，是随时得保护的可能性，源于事实但又可脱离事实，不再以事实相伴作为保护的前提。当你占据着某物并具有权利时，我们说你正在行使权利；当你没有占据某物但还具有权利时，我们说你享有着权利并可以使你将行使和享有统一起来，去占据某物。占有受到法律保护只是说明了其从自然事实上升为法律事实，而自然与法律"事实"内核仍保持一致。当承认现有事实秩序维护的价值并附带承认占有主体"控制支配"的利益时，利益本质上并非法律积极调整的结果，其在事实状态下和法律状态下的内容是大致相同的。

　　学者们在占有性质争论上陷入困境，原因可能是由于意识到占有在事实以外往往蕴含权利因素或者在权利之下往往有事实基础。但是事实与权利往往不具有绝对的一致性，占有的客观事实和得为占有的权利可能会出现分离。应该这样理解：占有是事实，但产生一定的法律效果，这种法律效果是通过法律赋予占有人各种具体的权利来体现的。这样定位占有就会超越事实与权利的性质争论，架设起它们之间的桥梁。"罗马人把占有理解为一种事实，是在与所有权的比较当中进行的，从其获得保护的效果上看，占有不是事实，而是权利。"① 英美法通常从权利角度理解占有，但占有事实是法律评价的基础，占有权是法律赋予占有人的效果。笔者认为，将"占有权"限定为占有事实产生的法律赋予占有人保护的种种效果，或许并无错误（这也是不少学者认为将占有界定为事实或界定为占有

───────────────

　　① ［英］巴里·尼古拉斯：《罗马法概论》，黄风译，法律出版社 2000 年版，第 118 页。

权并无实质区别的主要原因），但是占有本身与占有的法律效果并不相同，将占有界定为权利，法律思维上的影像是占有为有权的而不是占有事实赋予了占有的权利，因而容易引起歧义，混淆法律事实与法律事实所生的效果。占有已非不生法律效果的单纯自然事实，而在法律上如果将占有定性为权利的话，这无疑缩小了占有的外延，使占有失去了广阔的空间。① 遗失物和漂流物拾得的占有、发现埋藏物的占有以及非法占有等都将被排除。事实是权利的逻辑起点，占有制度首先要从占有事实的基础地位去理解和设计。

占有虽然不是权利，但是在其上可推定权利的存在，这是两者一致的盖然性决定的。但推定只是在消极维护占有状态时采用，占有本身不能作为享有权利的积极证明。正如学者指出"物理上的占有并不能作为财产所有权或其他物权的证明，但它可以对抗那些不能提出更有力的权利主张者"②。法国学者"事实与权利相互关系"的观点，看到了事实与权利的非一致性及事实关系向权利关系转化的倾向。但要强调的是，这种转化不是一瞬间完成的，在没有转化前即两者不一致时保护事实关系是具有价值的，它维护了现实的和平秩序。社会普遍的生活经验表明，财产关系首先是通过物的支配秩序表现出来的，事实关系具有独立和基础的地位。因此，占有首先应被作为一种事实来保护。详细来说，作为事实的占有与权利主要有以下不同：有权利能力者都可成为权利主体，但并不一定都能成为占有主体；权利客体是独立物，而占有可在物的组成部分上成立；两者分类上不同，如权利有主从的区分，占有则没有；有的权利可设定担保物权，占有则不行；共同占有就使用范围不得相互请求占有保护，但可以请求权利保护；在占有或权利承受后对有利事实能否单独主张上不同。③

主张占有是一种法律关系的观点，是否合理，需要结合法律关系的基本理论以及法律事实与法律关系的联系来加以说明。法律关系是人与人之间联系的法律纽带，④ 民事法律关系是民法规范调整的社会关系，核心是

---

① 参见王利明《物权法论》，中国政法大学出版社 1998 年版，第 809—811 页。

② 上海社会科学院法学研究所编译：《国外法学知识译丛·民法》，知识出版社 1981 年版，第 134 页。

③ 参见曾荣振《民法总整理》（增订新版），台北三民书局 1992 年版，第 589—590 页。

④ 参见［德］卡尔·拉伦茨《德国民法通论》（上册），王晓晔等译，法律出版社 2003 年版，第 256 页。

主体间存在权利义务的关系。占有的法律效果中很多是在占有人和相关主体之间分配权利义务，因此可以说存在法律关系。这一关系也不妨用占有法律关系来指称。而在占有仅作为一种自然事实存在，法律并未对其进行调整之时，因占有物而发生与其他主体之间的联系，仅仅是一种事实关系而已，并非法律关系。而法律事实是引起法律关系变动（产生、变更、消灭）的客观现象，可以分为事件与行为（行为又可分为民事行为与事实行为），就产生占有人与相关主体之间的法律关系来说，"占有"本身就是一种法律事实，并且是一种事实行为（并形成占有的状态）。就占有事实与占有效果的法律关系的联系而言，往往占有的事实一经形成，主体间的法律权利义务联系就存在，二者"重合"。因此，可以说占有既是一种法律事实，也是一种法律关系。不过就逻辑顺序上而言，仍然必须首先承认占有作为一种事实的先导地位。而且当我们从起始点来研究占有的法律性质时，我们应该关注的是占有本身是否属于"法律事实"，而非探讨其是否属于"法律关系"。

将占有仅作为所有权的一项权能，主要是前苏联体系的民法法例，随着我国民法对民法传统的逐渐回归，占有的独立性获得认可，占有的意义主要已不在于其对物权的依附。物权法已经规定了不同于所有权的单独的占有制度，因此权能说的主张基本已被抛弃。不过，这并不影响占有可作为所有权天生的一项权能继续存在，在其中"得为占有"和"实际占有"已经被赋予了权利的基本属性。

而将占有法律性质在权利说与事实说之间调和，把占有既作为一种事实又作为一种权利的观点，实际上是把占有的法律效果的性质与占有本身的性质混淆了。占有的法律效果被作为权利，不代表占有本身也是权利。萨维尼虽然说过占有既是一项权利又是一种事实，具有双重属性，但他也是从上述区分出发进行描述的，认为占有根据其本质是事实，就其产生的后果而言是权利。占有原初只是一种单纯的事实，其存在并不取决于罗马市民法或万民法确立的有关所有权取得和丧失的任何规则，暴力、无效法律行为可导致占有的取得和丧失。当然，存在"双重属性"规则的个别例外（如没有占有事实的情况下承认占有权利或者有占有事实的情况下否认占有权利），但总的来说，就占有以一个仅是事实的、非法律的关系（持有）作为基础而言，占有是一种事实。就上述事实关系的存在与权利息息相关这一点而言，占有是一项权利。① 从逻辑上看，占有不可能在性质上是事实又是一种权利。

本书认为，作为法律规范对象的占有，在发展和演变过程中表现出了某些观念化和抽象化的特性。我们要界定事物的性质，必须抓住事物的主要方面。如果必须统一考虑包容"个别"观念化和抽象化占有在内的占有的话，恐怕很难得出相对统一的性质界定。因为，事实层面的范畴和观念层面的范畴总是存在某些对立和不可调和之处。我们在总结归纳占有的法律性质时，还需要考察这个范畴的源起，它最初的特性是什么，观念化的东西和事实相比孰早孰晚，占有演变至今其主要的方面是否发生了变化，今天的占有强调和保护的方面到底是属于哪一个层面的东西等。

综合考虑占有的源起、最初的特性、事实与观念化法律范畴的先后顺序、占有现今的主要方面、观念化趋势的强弱、界定性质可能带来的影响与冲击等诸种因素，考察各种学说之间的争议及立法现实之后，本书认为，占有一经法律调整，其性质即由自然事实上升为法律事实，这为法律附加规定性创造了条件，也为观念化提供了正当性。同时，占有在主要方面仍然还保留事实属性，而且也应该保留事实属性。个别情况下体现的观念化特性，并没有使占有（即使是该种个别情况下的占有）上升为法律权利。因此，对占有的法律性质可以这样概括：占有是一种法律事实，在个别例外情况下体现观念化特性，但占有并非权利。②

---

① 参见［德］弗里德里希·卡尔·冯·萨维尼《论占有》，朱虎、刘智慧译，法律出版社2007年版，第22—25页。萨维尼还对反对他对占有性质理解的观点一一进行了驳斥，参见该书第32—42页。

② 但不排除这种事实能产生具体权利，不排除同时具有权源附加，这往往引起误认为占有是权利，即使有的法例没有从性质上界定占有是权利，但是也使用"占有权"的称呼，如日本民法。此外，既然占有在性质上是事实而非权利，为什么要把它安排在规范权利的物权法或民法物权编中，按照萨维尼的说法，将其作为物法的特别部分与对物权和关于对物的权利并列，只能是没有更好的解决办法时才能采纳。参见［德］弗里德里希·卡尔·冯·萨维尼《论占有》，朱虎、刘智慧译，法律出版社2007年版，第30页。本书认为，作为一种先于所有权（物权）存在的前提和基础，将占有规定于物权编中并置于其首并无不当。同时由于占有只是一种事实支配力，虽然在保护方法等方面"类似"物权，但毕竟不是物权，不可与所有权、担保物权、用益物权等量齐观，因此将其安排在物权编的末尾也是可行的。

三　关于占有的支配性与排他性的认识

除了主要围绕占有是事实还是权利发生争论以外，还有学者从更具体的方面解说占有的特性。如有的学者认为占有是对物的支配控制，而且"物权的本质在于其排他性与支配性，占有也享有排他性"①。对于占有的支配性与排他性，必须正确理解，总体而言，其表现和程度等与物权并不相同。

就物的支配性而言，支配性既可以是事实属性也可以是法律属性。占有享有支配力，物权也享有支配力。物权对物的支配力，有可能不在于物的事实控制（如抵押权），但是就包含着的为占有内容的物权来说，其支配性有以下特点：第一，物权已然抽象化，其支配也属于观念化，权利人脱离了对物的实际支配，也具有支配力，失去现实支配力并不失去物权。纵然失去对物的占有，物权也没有失去。第二，物权的支配具有终局性，这在相关权益归属的支配上体现明显，将占有支配与物权支配比较，后者具有最终优势。相比之下，对于占有，其一，占有的支配性主要是现实支配性，失去现实支配力即失去占有，占有仅得在回复占有完成后，推定其为继续。占有虽然也有一些观念化的支配，如间接占有人的支配、占有继承人的支配，不过此为个别例外（如果将支配性理解为体素的话，这些特例可被认为无体素，只是因为保护主体之故才承认为占有）。其二，"占有欠缺权益归属的支配性"②，体现在其对物的权益归属除个别情况（如善意占有人可取得物的使用收益）外不得主张；其在权益归属上不得对抗权利人，占有人的权益归属只有加上权源才能保持。基于此，无权处分的占有人，因受让人善意取得物权但同时获得利益的，应依据不当得利将利益返还给权利人；占有的不动产或者动产毁损、灭失，权利人请求赔偿的，占有人应当将因毁损、灭失取得的保险金、赔偿金或者补偿金等返还给权利人；③占有人对占有物的使用收益，除善意占有人外，应予偿还；

① 王泽鉴：《民法物权：用益物权·占有》，中国政法大学出版社2001年版，第155、170页。萨维尼在论述占有时，也专门围绕"所有的占有都是排他的"进行分析讨论，对此参见［德］弗里德里希·卡尔·冯·萨维尼《论占有》，朱虎、刘智慧译，法律出版社2007年版，第119—134页。

② 王泽鉴：《民法物权：用益物权·占有》，中国政法大学出版社2001年版，第170页。

③ 参见中国《物权法》第244条前段。

无权占有人对于所有权人或享有其他本权的人，负担返还物的义务；单纯的占有虽然可以作为"给付不当得利"的客体，但是必须与本权结合才具有权利归属内容，得主张权益被侵害的不当得利；① 占有本身不是台湾地区民法第 184 条第 1 项前段所称的权利，必须与本权（如租赁权）结合才能强化其支配权能，而在被侵害时，依据上述规定请求损害赔偿。②

就物的排他性而言，排他性可以从两个方面理解，一是排除不相容的权利或事实，二是排除他人干涉。就第一个方面来说，排除不相容者对于物权和占有都可成立。占有必须排除不相容的占有，比如一物上不能存在两个直接占有，但可以同时存在直接占有和间接占有；③ 一物之上不能有两个所有权，但是所有权可以和他物权相容，互不排斥的他物权之间可以相容。要理解二者在此方面的不同，主要应从权利和占有分别着重抽象支配和事实支配出发。占有上的不相容，属于事实上的不可能。物权上的不相容，属于抽象的不可能。就第二个方面来说，排除他人干涉都是占有和物权所共同享有的，这主要表现在法律赋予的救济权上。不过二者也有区别，占有强调事实支配和事实秩序的维护，因此法律赋予自力救济权，而不与实际占有结合的物权人，无法得到这种保护，对于自力救济的排他，单纯的物权人不享有；此外，物上请求权三个类型的请求，二者都具备，不过占有显然只能实现状态的"暂时维护"，起不到终局效果，甚至在二者冲突时处于劣势。这里重点是要考虑物权排他性与占有排他性之间的冲突或对抗问题（引申为本权诉讼与占有诉讼的对抗问题）。有观点认为，占有的排他性，是因为占有人在占有物上行使的权利，推定适法有此权

① 参见王泽鉴《民法物权：用益物权·占有》，中国政法大学出版社 2001 年版，第 170、374 页以下。

② 参见王泽鉴《民法物权：用益物权·占有》，中国政法大学出版社 2001 年版，第 170、375 页以下，这是值得研究的。另外参见中国《物权法》第 245 条后段"因侵占或者妨害造成损害的，占有人有权请求损害赔偿"的规定。萨维尼在论述占有的令状保护时也探讨了占有被侵害的赔偿问题。参见［德］弗里德里希·卡尔·冯·萨维尼《论占有》，朱虎、刘智慧译，法律出版社 2007 年版，第 330、342 页。

③ 关于一物之上不能成立两个（不相容之）占有，参见王泽鉴《民法物权：用益物权·占有》，中国政法大学出版社 2001 年版，第 197 页注 1。萨维尼认为，虽然有一些关于存在例外的争论，但罗马法上"所有占有都是排他的"可以作为一个一般性规则，一个占有存在就不能有新占有的开始，而新占有被承认则前占有必须被认为终止。参见［德］弗里德里希·卡尔·冯·萨维尼《论占有》，朱虎、刘智慧译，法律出版社 2007 年版，第 131—132 页。

利，如果占有物证明系他人所有，则占有人没有对物的所有人行使排他权的余地。[①] 王泽鉴先生认为这值得商榷，并主张在此情况下，虽然占有人对所有人负担返还物的义务，但是仍然可享有排他性的保护，可以对侵夺其占有的所有权人行使占有的自力救济权和占有保护请求权。[②] 实际上这涉及所有权人权利维护方式选择问题。法律维护秩序和限制私力救济的基本态度是肯定的。所有权人如有占有支持，则他可以行使占有的自力救济回复占有来变相保护所有权；但如果没有占有支持，出于限制私力的考虑，只能提起诉讼寻求公力救济，不得自力侵占占有，否则占有人可自力救济和行使占有保护请求权加以对抗。当然，一个暂时性的排他效力和一个终局性的排他效力如何在诉讼中协调，维护真正权利人的利益，避免诉累和缓解诉讼分类的机械性，值得思考。[③]

当将排他性理解为排除他人干涉时，排他性主要体现为法律属性。学者将占有的事实管领力包含"排除他人的干涉"时，实际上将法律属性当作了事实属性，对于占有来说，排除他人干涉而获得保护，是法律赋予的效果，排除他人干涉只能是自力救济或者公力救济。如果将排他性理解为排除不相容占有事实时，基于此种"不相容"的排他可在权利或事实上存在，可以说占有具有排他的性质。

第四节　占有与相关范畴的简要比较

一　占有与所有权

从罗马人曾认为占有是占有事实和据为己有的"所有"观念结合看，"所有"是占有中的精神要件，不是权利。在法律上的权利产生之前，关于区分"我的"和"不是我的"的问题是由占有的事实决定的，法律产生以后，"我的"和"不是我的"的事实成为取得所有权的依据。"所以所有权和占有在原始时代是混淆在一起的，通过民法它们才变成彼此不同

[①]　参见台湾地区 1969 年台上字第 3078 号判决。

[②]　参见王泽鉴《民法物权：用益物权·占有》，中国政法大学出版社 2001 年版，第 170 页。

[③]　当一个占有人（指无权占有人）面对所有权人最终败诉后——不论是分别诉讼还是合并诉讼——是否可以说占有的排他性相对权利人来说"最终"是不存在的？

的和独立的两件事。"① 在民法上，乌尔比安说过，"所有权同占有无共同之处。"② 研究罗马法的英国学者巴里·尼古拉斯指出了罗马人对占有与所有权的区分，他提道："在一般语言中，'拥有某一件物品'与'有权拥有某一件物品'这两种说法有着明显的区别。窃贼没有权利拥有他所窃取的物品，但尽管如此，他仍然拥有它。反过来讲，把自己的物品质押给当铺的人仍然对该物品享有权利，而该物品的实际拥有者却是当铺老板。有权拥有某物与实际拥有某物之间的区别致使罗马法对所有权和占有加以区别。"③ 后世法学家认为，大部分情况下占有构成所有权的基础，即占有与本权（所有权）间存在一致的盖然性，如耶林指出，占有是所有的外部形式，占有使所有能够获得其表现。④ 这样一来，乌尔比安的说法似乎夸大了所有权与占有之间的区别。但从罗马法当时所有权与占有独立发展的法制实践看，这一说法无非是提醒不能把两者混淆或等同。在占有令状保护中，只有占有本身获得关注，所有权不能作为主张或抗辩的理由。占有与所有的不一致性在近现代同样获得明确认识，占有人就是指那些在事实上支配着物的人，在此不必考虑该物是否属其所有。⑤

从产生的历史顺序上看，占有是所有权的前身，所有权是占有理性和抽象的进化。与把物置于外部力量的支配下的占有相比，"我作为自由意志在占有中成为我自己的对象，从而我初次成为现实的意志，这一方面则构成占有的真实而合法的因素，即构成所有权的规定。"⑥ 可见所有权是比外部占有更高级的形态，通过理性的程序，权利的概念被引进到与经验的对象的关系中。如从取得时效制度来说明二者顺序的话，"占有首先是一个事实，其次依此事实，占有人占有物达到一定时效，就取得该物所

---

① ［法］蒲鲁东：《什么是所有权》，孙署冰译，商务印书馆1982年版，第101页。

② ［意］桑德罗·斯奇巴尼选编：《物与物权》，范怀俊译，中国政法大学出版1999年版，第172页。

③ ［英］巴里·尼古拉斯：《罗马法概论》，黄风译，法律出版社2000年版，第110页。

④ 参见 A. E. S. Tay, "The Concept of Possession in the Common Law: Foundations for a New Approach", 4 Melb. *U. L. Rev.* 476 (1963—1964).

⑤ 参见孙宪忠《德国当代物权法》，法律出版社1997年版，第100页。

⑥ ［德］黑格尔：《法哲学原理》，范扬、张企泰译，商务印书馆1961年版，第54页。关于黑格尔占有法律思想的理解与评析，参见吕世伦《黑格尔法律思想研究》，中国人民公安大学出版社1989年版，第34—44页。

有权"①。

所有权是对物完全的支配权利，而占有也体现对物的支配力。对占有保护与对所有权保护相类似，如所有人物上请求权和占有人物上请求权具有类似性。但是，"所有权乃对于物为法律上之支配，而占有系事实上之支配力也"②。耶林认为，"占有是事实，所有权是权利，占有是事实上行使某种请求，而所有权是在法律上确认实现的权利。"③ 黑格尔把占有看成是所有的意志的外在定在，"单是某物应属于我的这种我的内部表象或意志是不够的，此外还须取得对物的占有。通过取得占有，上述意志才获得定在，这一定在包含他人的承认在内。"④ 从黑格尔的论述看，他是区分了所有权与占有的，把占有看成是所有权的外在表现形式。所有权作为效力最强的物权，其支配力因权利的抽象性而体现得无比强大。其绝对性、对世性、稳定性、弹力性和追及性体现得比占有的类似特性更淋漓尽致。它可以脱离对物的事实控制长时间存续并可对抗一切无权占有，没有占有对抗占有时效力的相对性。罗马法并未将占有作为所有权的一项权能，占有与所有权并行不悖。承认了占有，不必否认占有权能。所有权包含了对物全面控制的可能性，占有权能是权利的表现方式，所有权可表现为得为占有的权利。当所有人同时对物占有时，占有保护可以被所有权人采用，实现权利的外层防御。所有权能提供权益归属的最终支配力，在诉讼上最终可以抵消占有诉讼中获得的某些效果。占有的物上请求权受比所有权的请求权更短的存续期间限制。当然占有也有自己的特性，比如可以在不能作为所有权客体的物上或在物的组成部分上成立。结合其他要件，占有在某些情况下还可对抗所有权，如善意取得中的占有、时效经过的占有等。

总而言之，在日常生活用语中，虽然人们对占有和所有权往往不加区分，都习惯于将归自己所有的东西称为由我们"占有"，但是从法律用语的严格意义上看，二者确实不同。⑤ 所有权是物权的完整状态，占有却是

---

①　冯卓慧：《罗马私法进化论》，陕西人民出版社 1992 年版，第 202—203 页。

②　梅仲协：《民法要义》，中国政法大学出版社 1998 年版，第 618 页。

③　Rudolf von Jhering, *Ueber den Grund des Besitzschutzes*, p. 79, 转引自王利明《物权法论》，中国政法大学出版社 1998 年版，第 810 页。

④　［德］黑格尔：《法哲学原理》，范扬、张企泰译，商务印书馆 1961 年版，第 59 页。

⑤　参见曾隆兴《民法概要》，台北三民书局 1991 年版，第 430 页。

事实性的不依赖占有权源的对物的有意识持有。① 小偷也是占有人。法律事实与权利的区别在二者上完全适用。占有先于所有权，占有是事实支配而所有权是观念支配，占有可表现为所有权的一项权能，自主占有和所有权的联系紧密。但占有的意义和主要方面却决定于其不依赖权利的事实地位。

二　占有与占有权

对占有权的含义有两种理解值得注意，一是与占有的法律效果相联系，因为占有赋予占有人救济权和其他权益，故称为占有权；二是指"得为占有的权利"，即物权、债权等权源支持包裹的"占有权"，或者称为"本权"。此时的占有权，可能脱离实际占有或者附带有实际占有。② 对于后者，主体可受到占有制度和本权的双重保护。

立法例上，日本民法有"占有权"的提法，对此，学者认为"占有权是以占有为法律要件而发生的法律效果"③。占有制度的核心在于占有带来的法律效果，这是通过法律赋予一些具体的权利来体现的。日本民法所说的占有权实际上是对占有法律效果的提纯，"占有权"的称谓不影响法律维护事实秩序的初衷，占有与占有权实际上被严格区别，前者是一种事实，是后者的前提条件。④ 在"事实"和"权利"两种对占有性质认识的立法例下构建的占有制度，就占有事实导致某些法律效果来说，本质上是相同的。史尚宽先生赞成这种理解，"占有为人与物间之社会之事实现象，占有权为法律所与占有人之法律上之力。占有权以占有之事实为基

---

① 参见［德］鲍尔、施蒂尔纳《德国物权法》（上册），张双根译，法律出版社2004年版，第33页。

② 前一种意义上的"占有权"和后一种意义上的"应占有的权利（本权）"的论述，参见［日］我妻荣《民法讲义Ⅱ·新订物权法》，罗丽译，中国法制出版社2008年版，第474页。萨维尼认为，在罗马法上占有不仅是权利的结果，而且还是权利的基础。前一方面指存在能够占有的权利，它属于所有权理论的组成部分，即所有权人有能够占有的权利，经其许可占有的人拥有同样的权利；后一方面指占有能够产生权利，即基于占有而被赋予的法律效果。参见［德］弗里德里希·卡尔·冯·萨维尼《论占有》，朱虎、刘智慧译，法律出版社2007年版，第5页。

③ ［日］近江幸治：《民法讲义Ⅱ·物权法》，王茵译，北京大学出版社2006年版，第135页。

④ 参见［日］我妻荣《民法讲义Ⅱ·新订物权法》，罗丽译，中国法制出版社2008年版，第491页。

础，占有事实之存在与否，直接影响占有权之得丧，约言之占有权为占有之效力。"① 王泽鉴先生分析比较了占有与权利的支配性和排他性的不同后认为，"占有不是一种权利，纵将之规定为一种权利，基本法律关系殆无不同。"② 甲占有乙的汽车，其无权处分该车产生的权利义务，基本上不因为将占有规定为权利或事实而有不同。从日本民法和中国台湾地区民法比较看，无论规定占有为权利还是事实，其都受到保护。因此，这种"占有权"的立法例和占有为事实的立法例的区别主要是形式上的。英美法上的占有权由控制物的事实和法律上给予保护的效果两者构成，"它具有以下内容：（1）继续占有并对抗第三人的权利，但不得对抗对动产享有比其权利更优越的第三人。（2）他人非法侵夺财产时，对该他人享有请求返还的权利。（3）他人损害了财产时，享有请求损害赔偿的权利。"③

　　合同行为符合法律规定产生受到保护的合同相关权利（合同权），占有行为符合法律规定（只不过违法也可构成）产生占有受到保护的相关权利，从两方面的逻辑推理比较而言，对后者称为占有权也未尝不可。不过由于占有权还有得为占有的权利的理解，加上占有的法律效果多样，似乎不能简单归并为"占有权"就行，为避免产生歧义，不应再坚持此种占有权的提法。

　　占有权的另一种理解是得为占有的权利。它并不一定伴随占有的事实，而有了抽象和远离实物控制的可能。这里，如果有占有事实，则其本身是否正当合法就很重要了，权利被当作了占有的基础。"法律意义上的'占有'与'占有权'是两个不同的概念，前者是指主体实际掌握财产的事实状态，后者则是主体得占有特定财产的法律上的资格。就某一财产而言，占有人未必为占有权人，反之亦然。"④ "占有是对物实际管领的状态，是享有本权的外部表现。占有权是对物享有实际管领的资格，具有这种资格，即使不直接占有物仍为权利占有。"⑤ 在英美法中，即使是将占有权理解为占有的法律效果，学者实际上也区别了占有权和去实施占有的

① 史尚宽：《物权法论》，中国政法大学出版社 2000 年版，第 530 页。

② 王泽鉴：《民法物权：用益物权·占有》，中国政法大学出版社 2001 年版，第 170 页。

③ 马新彦：《美国财产法与判例研究》，法律出版社 2001 年版，第 3 页。

④ 温世扬：《占有制度与中国民法》，《法学评论》1997 年第 5 期，第 27 页。

⑤ A. E. S. Tay, "The Concept of Possession in the Common Law: Foundations for a New Approach", 4 Melb. *U. L. Rev.* 476（1963—1964）.

权利。"法官又会赋予占有人特定的权利，这种权利被称之为占有性权利，或更简明地说，即占有权，以此谨慎地区别于去实施占有的权利。"①

占有权被引入后，因为抽象化而有了外延扩大的可能，其独立于占有，占有的体素和心素已无须考虑。但其与占有重合时，可以有权利保护方法与占有保护方法的竞合。在善意取得中，第三人如为善意则他占有当时已因符合条件而取得所有权，占有权被包含在所有权中。而如果不符合善意取得的条件，则只存在占有事实，无权利基础。诉讼时效经过后占有他人财产，因法律的规定而有占有权，且与事实占有在同一物上体现。这样不仅可以解决与此前他人财产权的"权利"衔接，同时也不影响事实占有的取得时效进程。占有权可以由当事人约定，此时他们之间权利义务关系按约定处理。实际占据物的，期间内不发生取得时效，只有当占有权期限届满而仍存在占有事实时，取得时效才开始起算。占有权也可由法律规定直接取得，如因继承产生的占有、诉讼时效经过后的占有等。

得为占有的权利可通过当事人的安排或法律的规定而享有，在物权法、债法、继承法等多种领域都存在。我国学者曾重点强调与占有并存具有物权性质的占有权，原因多是为了在现有所有权、他物权以外构建一个可以说明现代对物利用趋势的独立权利。特别是在现存的他物权不能说明公有制下的法人财产经营权等性质时，以所有和所有权表达财产归属状态及其法律性质，以占有和占有权表达财产利用状态及其法律性质。② 占有权借助经济学意义上的占有含义涵盖了对物静态的控制支配以及动态的使用收益处分等。马克思认为"一切生产都是个人在一定社会形式中并借助这种社会形式而进行的对自然的占有"③，生产性占有并不是一种简单的拥有，不是原封不动"领有"，而是"利用"即合目的性的使用加工改造等。"占有不仅包含静态占有，同时所有人自身对物的使用和事实上的处分也属所有权中占有权能的表现形式。"④ 前苏联法学家约菲认为，占有是一个复杂的多阶段过程，以从自然界夺取物质财富开始至在为人类服务中把这些财富完全用尽为终结。因此，所有权在它统一的随便哪一个权能

---

① ［英］F. H. 劳森、B. 拉登：《财产法》，施天涛等译，中国大百科全书出版社1998年版，第39页。

② 参见孟勤国《物权二元论结构》，人民法院出版社2002年版，第69、77页。

③ 《马克思恩格斯全集》第46卷（上），人民出版社1979年版，第24页。

④ 佟柔：《中国民法》，法律出版社1990年版，第232页。

中（无论占有、使用还是处分）都可以作为占有权出现。① 这样占有权超越了传统用益物权，在权利内容和客体范围等方面有了扩展，获得了新的理解。

占有与本权（得为占有之权）可以同时存在也可分离，二者有区别又有关联。区别体现在一为事实一为权利，由此产生的法律效果存在差别。关联则体现在，一方面占有具有保护本权的机能。占有可以表彰本权、推定本权，占有保护是保护本权的第一道防线。另一方面占有和本权同时存在时，占有可以强化本权。如在多个房屋租赁合同并存时，占有租赁房屋的当事人享有优先的保护，即其租赁权可以得到强化而优于其他租赁合同的承租人。② 既有的本权如没有对抗第三人的保护效果时，占有无疑可以强化对其保护，特别是对于因债权获得占有时。③

三　占有与持有

持有指实际占据物的行为状态，持有物也需要有主观方面的持有意思和客观方面的持有行为。如果占有在构成要素上采取严格判断，比如在意思上有更高要求，其与持有的区别就较明显。如果持有指事实控制物的话，则观念化的占有与持有的区别也是明显的。而如果对占有采取宽松界定，特别是在意思上不做特别要求而仅强调管领或支配控制物的意思，不考虑观念化的例外占有，则持有与占有的区别就不明显。

① 参见王利明《物权法论》，中国政法大学出版社 1998 年版，第 257 页。

② 参见 2009 年 7 月 30 日颁布的《最高人民法院关于审理城镇房屋租赁合同纠纷案件具体应用法律若干问题的解释》第 6 条。按照台湾地区民法第 425 条的规定，租赁物交付后，承租人占有中，买卖不破租赁，承租人租赁权可得到强化而约束受让人。中国《合同法》第 229 条规定："租赁物在租赁期间发生所有权变动的，不影响租赁合同的效力"，似也解为需要承租人占有租赁物才可。租赁关系并非实践合同，如有效成立，则承租人无论是否实际占有，都有得为占有的权利，这是作为租赁权本身就应享有的内容。要求承租人实际占有物才可对抗第三人，是否必要？要不要在租赁权包含的尚未实际占有之前的债权性的"请求"与实际占有后的"支配"上有所区别？如果不必要求承租人实际占有物的话，则属于债权性的租赁权被物权化，不属于占有强化本权。此外，所谓的交付是否包括难以体现公示性的观念交付方式在内，也值得探讨。

③ 学者还主张，当占有与本权同时存在时，本权可以强化占有。如无权占有被侵夺时，能否主张不当得利或者侵权损害赔偿请求权，存在争议；而有本权时，占有人自得主张不当得利和侵权损害赔偿。参见王泽鉴《民法物权：用益物权·占有》，中国政法大学出版社 2001 年版，第 171—172、375、379 页。

在早期的罗马法，占有与持有可以被视为是同一的。① 后来出现了自然占有与法律上占有（包括可导致时效取得的市民法上的占有和受到令状保护的占有，更常见的意义上指后者）的区别，自然占有也即持有，是不受法律保护的支配力。而占有则在持有基础上引入了占有意思并受法律保护，持有状态一般只是占有表现的体素方面。"因为占有是一回事而处于占有状态却是另一回事。因保存物或因遗赠及潜在损害而持有物的人并未占有物，而只是为了看管物而处于占有状态。"② 这里，处于占有状态实际是被当作持有来看待的。从持有的行为多也是主体有意识的活动看，做这样的区别是值得怀疑的。但罗马法引入的市民法占有中，占有意思不是主体持有物件时一般的意识，而是苛刻的"所有意思"。因此，与所有人达成协议而持有物、行使他物权而持有物以及短暂持有物，都不能被当作占有。借用人、受寄托人、租用人、土地承租人等被排除在占有人之外，所有人通过他们实行占有。他们只有对所有人的债法诉讼权利，对侵犯持有的第三人不能提起诉讼，只能借助所有人对第三人的返还所有物之诉或者占有令状来保护自己。但是，被罗马法学家明确否认具有"占有心素"的一些持有，如质押债权人、临时受让人及扣押保管人的持有，被认为具有占有的效力而受到占有令状的保护，③ 这实际是对民法严格要求的占有构成条件的软化，一定程度上模糊了占有与持有的区别。在英美法中，持有人原则上是占有人，除非他是佣人、搬运工等为某一临时和有限的目的持有物品。

萨维尼区别了占有与持有，持有作为物理上的支配，这一条件是所有占有概念的基础，④ 构成法律占有要有自主占有的意思。贝克的纯客观说

---

① 参见史尚宽《论占有与持有》，载郑玉波编《民法物权论文选集》（下），台北五南图书出版公司 1984 年版，第 1127 页。

② ［意］桑德罗·斯奇巴尼选编：《物与物权》，范怀俊译，中国政法大学出版社 1999 年版，第 189 页。萨维尼认为占有是享有令状保护的，而占有状态则被作为非法律关系的自然持有而不受令状保护。参见［德］弗里德里希·卡尔·冯·萨维尼《论占有》，朱虎、刘智慧译，法律出版社 2007 年版，第 60、62 页。

③ 参见［意］彼德罗·彭梵得《罗马法教科书》，黄风译，中国政法大学出版社 1992 年版，第 272 页。

④ 参见［德］弗里德里希·卡尔·冯·萨维尼《论占有》，朱虎、刘智慧译，法律出版社 2007 年版，第 4 页。

认为占有意思不是占有要素，占有就是持有。耶林将人与物的关系分为场所的关系与占有，持有只是单纯的事实场所关系，不要求"持有意思"，而占有则要求"持有意思"，只是在个别情况下（如时效取得）才考虑更高的意思要求。就占有没有意思很难想象以及占有意思不能要求过高来看，耶林的观点值得考虑（不过其将意思看成体素的构成部分而非独立要素）。

法国民法接受了萨维尼的观点，占有要求自主意思，实际持有欠缺自主占有的精神要素。奥地利民法典第 309 条也规定"物（财产）系置于其权利或保管之下者，称物之持有人。物之持有人意图据为己有者，系物之占有人"。但法国 1975 年 7 月 9 日颁行 75－596 号法律以后，占有之诉正式被民法典确认，持有人（如承租人）也受到了占有的保护，占有与持有的区别就只是概念上的了。该法律规定对占有的保护同样给予持有者，新民事诉讼法也对平静占有人和平静持有人都赋予了三项占有诉权。德国民法、瑞士民法采用客观说，实际上未在占有与持有的区分上下多大工夫。日本民法虽然要求心素要件，把它变成为自己利益的意思，但许多罗马法上的持有人也被认为是占有人，与德瑞民法殊途同归。①

在民法境域内，区分占有与持有，实质上涉及占有要件的取舍和占有判断问题。近代以来，占有有淡化主观要素的趋势，由意思主义向外在表现发展。持有一般被作为体素来看待并可由此推定心素存在而形成占有，除非有相反证据可以推翻。法国法推定现实持有即构成自主占有，占有人最初持有财产的心理因素（为了本人或他人的意志）推定渗透占有全过程，除非有相反证据。② 自主心素是位于一般的占有意思之上的，法国法的推定是更深层次的推定。持有强调实力支配，与观念化较强的占有相比范围限缩，体素出现观念化的占有就不是持有，比如间接占有人的占有不是持有，只有直接占有人的占有才是持有。占有继承中继承人的占有，在没有实际管领继承财产前，并不是持有，此时的持有人是管理控制继承财产的人。当然，实际持有也并不一定与占有完全融合，享有实际持有的，

---

① 在意大利，按照民法第 1140 条第 1 款的规定，以行使所有权或其他物权的形式表现出的对物的控制才是占有，故依据债的关系对物的控制只能纳入持有之中。不过一般来说持有也能受到占有的保护。

② 参见尹田《法国物权法上的占有制度》，《现代法学》1997 年第 5 期，第 102 页。

在民法上也不一定被当作占有人。如占有辅助人对物的实际持有不被当作占有。

在民法体系、民法传统特别是占有制度中，占有和持有存在区别与联系。除此之外，现代法主要把持有看成是刑法上的概念。学者认为，占有是民法上的制度，持有则是刑法上的概念。两者都是指对物有事实上的管领力，但是持有更着重对物的实力支配。刑法上的持有，必须是行为人对财产有支配的意思，并且实际上已经将财产置于自己事实上得为支配的状态（行为）当中。① 由此看，持有也需要具有主观和客观方面的条件，不过其客观方面的条件更严格，强调实力支配。根据学者总结，持有与民法占有主要有以下区别：（1）单纯事实上的支配关系，即使不以继续为目的，仍然可以成为持有；（2）刑法上的持有不像民法占有那样以占有意思为必要；（3）刑法上的持有对象不如民法占有对象那么严格，刑法上的某些持有物不能作为占有标的物受到民法占有保护，如枪支、毒品、淫秽物品等违禁品、禁止流通物，这类物品的持有被侵夺的，不得主张民法占有的自力救济、公力救济和侵权赔偿、不当得利返还等。但刑法上的持有主要涉及一些以持有为要件的犯罪，违禁品、禁止流通物可以作为持有对象。②

第五节　占有的分类及其法律实益

在传统民法的占有制度中，占有有着不同类型的划分，不同类型的占有往往具有不同的法律效果。研究占有的各种分类，可以深化对占有的认识。③ 在涉及占有的保护和诉讼中，占有的类型和性质必须加以确定，并

---

① 参见王泽鉴《民法物权：用益物权·占有》，中国政法大学出版社 2001 年版，第 165—168 页。

② 参见史尚宽《物权法论》，中国政法大学出版社 2000 年版，第 533 页；曾荣振《民法总整理》（增订新版），台北三民书局 1992 年版，第 591 页；王泽鉴《民法物权：用益物权·占有》，中国政法大学出版社 2001 年版，第 167—168 页。关于德国民法上占有与德国刑法上第 242 条中规定的"持有"及民事诉讼法第 808 条规定的扣押针对的债务人动产的"持有"之间的区别与联系，参见［德］鲍尔、施蒂尔纳《德国物权法》（上册），张双根译，法律出版社 2004 年版，第 117 页。

③ 关于普通法上动产占有的分类介绍，参见马新彦《美国财产法与判例研究》，法律出版社 2001 年版，第 3—4 页。

带来不同的诉讼结果。

一　有权占有与无权占有

有权占有与无权占有都构成了占有，其区分标准是占有是否受到得为占有的权利支撑。

有权占有是受到得为占有的权利（占有权、本权）支撑的占有。蕴含占有权的可以是物权、债权，也可以是法律认可的其他权利或者法律关系，比如配偶对对方个人财产的占有使用权，父母对未成年子女财产的管理权等。无权占有则相反，是指无占有权支撑却对物有事实上管领力的状态，如盗窃抢夺他人财物形成的占有，租赁关系结束后承租人对租赁物的继续占有，拾得人对于遗失物不返还而占有等。无权占有包括自始的无权占有以及后来的无权占有，前者如盗窃而占有，后者如期限届满仍占有租赁物。在物权关系、债权关系等不能产生保护管领支配物的具体占有权源时，管领属于无权管领。比如自己建造违章建筑时，因为无物权支撑，①所以是无权占有。买卖、租赁违章建筑的，无所有权支撑，买卖合同及租赁合同不能产生有效的债权、租赁权，或者说不能产生占有权，因此也是无权占有。

有权占有与无权占有在对占有的物权法保护上一般并无不同。区别有权占有与无权占有的法律实益主要在于：（1）有权占有人可以对抗物的其他权利人的权利行使，而无权占有人则对有权占有的人负担返还占有物的义务。如承租人在租赁期间内是有权占有，可以拒绝出租人的返还请求，但租赁关系结束后就变为无权占有，有义务返还租赁物。（2）要有效产生动产留置权，必须是合法占有动产，不能因为侵权而占有。② 如承揽人在定作人未支付费用时可以留置合法占有物；盗窃他人物品后支出了必要的维护费用，不能因为依据占有对于必要费用享有求偿权，而要求留

---

① 中国《物权法》第30条规定："因合法建造、拆除房屋等事实行为设立或者消灭物权的，自事实行为成就时发生效力。"强调"合法建造"才能设立物权。

② 台湾地区民法第928条规定："债权人占有属于其债务人之动产，而具有下列各款之要件者，于未受清偿前，得留置之：（1）债权已至清偿期者。（2）债权之发生，与该动产有牵连之关系者。（3）其动产非因侵权行为而占有者。"中国《物权法》第230条第1款规定："债务人不履行到期债务，债权人可以留置已经合法占有的债务人的动产，并有权就该动产优先受偿。"第231条规定："债权人留置的动产，应当与债权属于同一法律关系，但企业之间留置的除外。"

置该物。①

只要承认占有不是权利而是事实，占有可能有权利也可能无权利支撑，则有权占有和无权占有的分类各立法例都应加以承认。我国物权法也不例外。有权占有固能受到占有的保护，而围绕本权权利对与占有有关的使用收益、责任等，依据相关的规定处理。② 而对无权占有，则应依据物权法占有制度的规定处理相关的费用、赔偿、孳息、返还等问题。不过对占有的保护，按照我国物权法的规定，仅在占有的公力救济方面，才不分占有的有权或无权而一体赋予。无权占有人（无论善意或恶意）及有权占有人不允许行使其他立法例中认可的占有人的自力救济。不过对有权占有，应认可正当防卫等私力救济。

二　无权占有再分类之：善意占有与恶意占有

无权占有中最重要的分类为善意占有与恶意占有。对于有权占有，不因占有人是否知道自己是否为有权源支持而有所区别，因此没有"善意"与"恶意"区别的必要。③ 善意占有与恶意占有仅在无权占有中有区别的必要，目的在于施与不同的对待，善待善意人。

在善意占有与恶意占有的区别标准上存在一些争议。有纯粹以占有人

---

① 台湾地区民法第 954 条、第 955 条保护善意占有人对支出的必要费用、有益费用的求偿。第 957 条规定恶意占有人可以依据无因管理的规定向占有物回复请求人请求必要费用的偿还。而中国《物权法》第 243 条只保护了善意占有人对于必要费用的支付请求，对于恶意占有人没有规定。依据该条文的反面解释，恶意占有人是不能享有该权利的。这似乎考虑到对恶意占有的惩罚。此时恶意占有人能不能依据无因管理请求必要费用支付呢？无因管理立法宗旨是正面鼓励无法律、合同约定义务而主动管理他人事务，属于对践行道德准则者的褒奖，不使他们受损。恶意占有人在道德上属于应受贬责者，如果对恶意行为人进行保护，会鼓励主体恶意侵权在前，要求补偿在后，因此应不允许适用无因管理为妥。如果不排除无因管理的适用，恶意占有人借此获得补偿，则占有惩戒恶意占有的立法初衷，将不可能达成。这种思维自然与台湾地区民法等传统民法的价值追求不同。传统民法秉持权利义务相平衡的取向，虽不允许不法者取得不该有的利益，也不使得合法者无故获得不该得的利益。这种立法上的基本区别，或可解释占有制度中其他规范的不同。中国物权法对于无权占有中的善意占有只是谨慎地略加保护，而对于恶意占有则态度严格。

② 参见中国《物权法》第 241 条。

③ 参见［日］我妻荣《民法讲义Ⅱ·新订物权法》，罗丽译，中国法制出版社 2008 年版，第 485 页；［德］鲍尔、施蒂尔纳《德国物权法》（上册），张双根译，法律出版社 2004 年版，第 197 页。

是否知道其有无占有的权利为标准，不知道无占有的权利而占有的为善意占有，知道无占有的权利而占有的为恶意占有。此外，还有观点认为，善意占有不仅要求不知道自己无权利而占有（误信有权利占有），而且需对此"无怀疑"，如果不知道自己无权利，但是对此（指关于有无权利占有）有怀疑的，仍然为恶意占有。简言之，善意占有人相信自己有财产权利，并合理地认为该确信是正当的。后一标准属通说，认为这更能保护原权利人。①

占有人的恶意可能在取得占有之时就存在，如盗窃或侵夺他人之物，也可能在事后才存在，如知道租赁契约无效或者租赁期限结束后不及时归还，占有转为恶意占有；善意占有人在本权诉讼败诉判决送达后不返还占有的，视为恶意占有。② 而在占有存在辅助人时善意或恶意的判断，理论上存在不同的观点。③ 有的认为占有人的善意或恶意应该就辅助人来决定；有的认为应该就占有人是否尽到了监督选任的义务来决定；还有的认为应依据取得占有的过程来决定，如果是依据法律行为取得占有的，围绕辅助人来决定，其他情形则按照是否履行了监督选任义务来决定。第三种

---

① 参见王泽鉴《民法物权：用益物权·占有》，中国政法大学出版社 2001 年版，第 177 页；[日] 我妻荣《民法讲义Ⅱ·新订物权法》，罗丽译，中国法制出版社 2008 年版，第 485 页。荷兰民法第 118 条的规定中即如此要求。德国民法区别了善意占有人与非善意（恶意）占有人，非善意占有人是在取得占有时明知或因重大过失而不知其无占有权利，以及取得占有嗣后知道其无占有权利的占有人（民法第 990 条第 1 项、第 932 条第 2 项）。而且提出了"诉讼占有人"，即为物的返还而被提起返还之诉的占有人，将其视同非善意占有人对待（民法第 989 条），此外还规定了一类处于更不利法律地位的"侵权占有人"（民法第 992 条），即"有过错地"以禁止私力的行为或犯罪行为取得占有的人，在所有人与其的回复关系上，这些人受到比非善意占有人更严厉的对待，如对其行为完全依据侵权行为法承担责任，而没有适用占有特殊规范的任何优待（参见 [德] 鲍尔、施蒂尔纳《德国物权法》（上册），张双根译，法律出版社 2004 年版，第 187—188 页）。由此，与这种恶意占有相对的善意占有，是不知道自己无占有权利的占有，不过在取得占有时因重大过失而不知无占有权利者除外。德国民法上的恶意占有，显然又是将"侵权占有"排除在外的，对此应加以注意。

② 在德国民法上，如果在占有取得嗣后，获悉其无占有的权利的，也为非善意占有人（民法第 990 条第 1 项）。德国民法还提出了"诉讼占有人"，即为物的返还而被提起返还之诉的占有人，将其视同非善意占有人对待（民法第 989 条），即因返还之诉的诉状送达就使得占有人（即使此前为善意）变为该种占有人。参见 [德] 鲍尔、施蒂尔纳《德国物权法》（上册），张双根译，法律出版社 2004 年版，第 188 页。

③ 参见王泽鉴《民法物权：用益物权·占有》，中国政法大学出版社 2001 年版，第 317 页。

学说为通说，也是德国民法实务上的见解。以此为标准，占有人向他人租车由辅助人受让占有，辅助人知道租赁契约不成立的，占有人为恶意占有。占有人雇用他人开垦林地，辅助人故意占用他人土地的，占有人对辅助人未尽到监督选任义务的，负恶意占有的责任。另外，对于未成年人占有善意、恶意的判断，存在一个保护未成年人与保护权利人的利益平衡问题。一般主张，未成年人的识别能力依据法律上的识别能力来判定。①

区别善意占有与恶意占有的法律实益主要在于：（1）对不动产取得时效来说，当占有人自始为善意且无过失时，期间比不动产的一般取得时效要短。②（2）对动产善意取得来说，要求以善意占有为条件之一。③（3）是否享有物的使用收益不同。善意占有人在推定适法所有的权利范围内，可以对物使用收益。④ 言下之意，善意占有人对使用收益不受不当得利的请求，而恶意占有人则否。（4）权利人向占有人提出回复请求时对费用的返还义务，因善意占有或恶意占有而有不同。⑤（5）因可归责于占有人造成占有物灭失毁损的，善意占有人与恶意占有人对权利人的赔偿义务不同。善意占有人的赔偿以灭失毁损所受的利益为限，恶意占有人赔偿则无此限制。⑥（6）对权利人孳息返还的义务不同。善意占有人可以收取孳息，这是善意占有人可以使用收益物的当然推论。但收取了孳息的，在请求必要费用返还时，必须扣除通常必要费用，即孳息应该与通常必要费用相抵。⑦ 而恶意占有人对孳息没有收取的权利，对收取的孳息、已消

---

① 参见台湾地区民法第 187 条。另见王泽鉴《民法物权：用益物权·占有》，中国政法大学出版社 2001 年版，第 318 页。

② 参见台湾地区民法第 770 条。

③ 参见台湾地区民法第 801 条、第 886 条、第 948 条，中国《物权法》第 106 条。

④ 参见台湾地区民法第 952 条。

⑤ 参见台湾地区民法第 952 条以下及中国《物权法》第 243 条，可发现台湾地区民法的规定较为丰富。

⑥ 参见台湾地区民法第 956 条，中国《物权法》第 242 条、第 244 条。中国物权法规定，恶意占有人使用物造成损害的，负赔偿责任。从反面解释看，善意占有人对物使用造成损害的无需赔偿。中国物权法还规定，对于物的毁损灭失，获得赔偿金、保险金或者补偿金的，占有人应当返还给权利人，恶意占有人对于不足部分还应赔偿损失。此处应该指的是不可归责于占有人造成的毁损灭失，对此善意占有与恶意占有在"不足部分"补充赔偿上有区别，而返还赔偿金等，则不因占有人是善意或恶意而有不同。

⑦ 参见台湾地区民法第 954 条。

费的孳息、过失毁损的孳息、怠于收取造成孳息损失的，必须返还孳息或其价金。①

善意占有与恶意占有区别的法律实益较大，我国物权法也承认这种分类。不过在两类占有的具体法律效果上，各立法例有着自己独特的规定。②

三　无权占有的其他再分类

（一）和平占有与强暴（暴力）占有

无权占有还可以分为和平占有与强暴占有，区别标准是占有的手段。③ 主要看取得占有是否采用了暴力的手段，盗窃他人钱包为和平占有，抢夺他人财物为暴力占有。区别和平占有与强暴（暴力）占有的法律实益主要在于取得时效的运用，一般来说取得时效要求对物的占有应为和平占有。我国物权法没有承认取得时效制度，立法中没有这种占有分类。

（二）公然占有与隐秘占有

无权占有还可以分为公然占有与隐秘占有，区别标准是占有的表现方法。主要看占有是否采用了隐秘的方法、是否避免他人发现。正常使用手机、佩戴首饰出入各种场合属于公然占有，私藏占有赃物属于隐秘占有。区分二者应结合占有物的性质效用及一般占有方法等，根据具体状况进行。如保管人虽然一般均将物藏于仓库或保险柜，但仍属于公然占有而非隐秘占有。对于有权占有而言，物的公然或隐秘占有不会产生实质区别。区别公然占有与隐秘占有的法律实益主要在于取得时效的运用，一般来说

---

① 参见台湾地区民法第957条。

② 在善意占有中，还有无过失占有与有过失占有的分类。这是依据对于善意有无过失而言所做的区别。不知自己无占有的权利，没有怀疑，但是自己对此不知或者不怀疑具有过失，即本应知本应怀疑但未怀疑，属于有过失占有，反之则属于无过失占有。这种区别的法律实益在于：不动产取得时效，占有开始为善意且无过失的，取得时效短于一般取得时效，如台湾地区民法第770条、日本民法第162条；动产即时取得的，有时候需要善意且无过失的条件，如日本民法第192条。中国物权法不承认取得时效制度，善意取得条件中也没有这一要求，立法中没有这种占有分类。

③ 对于有权占有，也可能采取暴力的手段获得占有。此时有可能构成权利滥用，给他人造成损失的应当承担赔偿责任。

取得时效要求对物的占有应为和平占有。我国物权法没有承认取得时效制度，立法中没有这种占有分类。

（三）继续占有与不继续（间断）占有

无权占有还可以分为继续占有与不继续（间断）占有，区别标准是占有在时间上是否间断。占有持续无间断的是继续占有，反之存在间断则为不继续占有。区别继续占有与不继续（间断）占有的法律实益主要在于取得时效的运用，一般来说取得时效要求对物的占有应为继续占有。我国物权法没有承认取得时效制度，立法中没有这种占有分类。

（四）无瑕疵占有与有瑕疵占有

概括起来，无权占有还可以分为无瑕疵占有与有瑕疵占有。占有如存在恶意、暴力、隐秘、间断、过失等"一切妨碍占有的完全效果发生的情形"① 时，为有瑕疵占有，反之则为无瑕疵占有。②

区别无瑕疵占有与有瑕疵占有的法律实益主要在于：占有继承人或受让人可以主张自己的单独占有，也可以主张将前占有与自己的占有合并，从而在占有时间上获得优势，但是在主张合并时应该承继前占有存在的瑕疵。③ 有瑕疵占有实际上是为含摄其他有问题的占有而生的抽象概念，只具有语言上的意义。我国物权法条文中没有这一分类，不过就理论上而言，有瑕疵的无权占有含摄的情况应该结合立法规范认定，台湾地区民法也是如此。我国物权法没有认可隐秘、间断、过失占有，仅明确规定恶意占有，当然侵夺而来的占有也属于瑕疵占有（亦即侵占）。而且，物权法也没有规定瑕疵占有的承继问题。因此，实际上有瑕疵的占有多指恶意占有或者侵占，没有使用包含多种情况的上层抽象概念"瑕疵占有"的必要。

此外，无瑕疵占有为占有的常例，占有具体事实的举证很不容易，如果就具体情形一一举例的话，则占有可脱离本权受到独立保护，维护

---

① ［日］我妻荣：《民法讲义Ⅱ·新订物权法》，罗丽译，中国法制出版社 2008 年版，第486 页。

② 广义理解"瑕疵"的话，不符合取得时效要求的无所有意思的占有等，也属于瑕疵占有。

③ 参见台湾地区民法第 947 条、日本民法第 187 条。

社会平和秩序的目的就很难达到。比较各民法立法例的规定，多存在占有无瑕疵的推定。① 此外，法律还有自主占有的推定（这非无瑕疵推定）。当然，无瑕疵占有推定的前提是外观证据显示占有人已经形成对物的事实管领。没有此项前提，则难以推定何人对何物的占有为无瑕疵状态。

四　自主占有与他主占有

自主占有与他主占有的区别标准是占有人的意思内容，即占有人事实上是否以自己所有的意思去占有。自主占有与真实的权利关系并无联系，不能说只有所有权人才是自主占有人。自主占有人事实上以物属于自己所有的意思而占有，至于是否真正有所有权，或者占有人误以为自己为所有人，或者明知不是所有人而以自己所有的意思去占有，都不影响自主占有的成立。由此，所有人对自己财物的占有，窃贼、侵夺人盗窃、侵夺他人财物后的占有，都属于自主占有。他主占有人事实上对物没有以自己所有的意思而是带有他人为所有人的意思进行占有。如拾得人对遗失物的占有为他主占有，② 基于占有媒介关系对他人财物的占有，如承租人、保管人、借用人、土地承包权人、质权人、留置债权人等的占有，都属于他主占有，至于媒介关系是否合法有效，在所不问。可见上述划分会与直接占有与间接占有的区分产生交叉，在多层次的间接占有中，"最高级的"间接占有人往往是自主占有人。③ 不过占有表现出的自主或他主的意思，应该"依据表现于外部的意思认定"④。笔者认为，对于意思的确定，应该同时照顾客观外在行为表现出的意思并探究占有人所想，采用主客观结合的标准。当然，在具体认定上还应受限于占有样态的自主占有推定。自主占有的"自主"意思与占有的支配意思一样，由自然的意思能力决定，

---

① 参见王泽鉴《民法物权：用益物权·占有》，中国政法大学出版社 2001 年版，第 204 页。

② 不过当他有侵占意思的，则可转变为自主占有。他主占有也可转变为自主占有，如占有改定。占有样态变更时对于其他主体的新的意思表示要求，参见台湾地区民法第 945 条。

③ 参见［德］鲍尔、施蒂尔纳《德国物权法》（上册），张双根译，法律出版社 2004 年版，第 147 页。

④ 王泽鉴：《民法物权：用益物权·占有》，中国政法大学出版社 2001 年版，第 182 页。

不考虑占有人法律行为能力的有无。未成年孩童、禁治产人也可以因为物的先占或交付而取得自主占有。在占有样态上，为避免举证困难，法律一般推定占有为自主占有。①

关于附条件买卖（保留所有权买卖）中，买受人对标的物的占有是否属于自主占有，存在争论。② 由于传统民法中该占有分类涉及不同的占有效果，因此此种情形下明确结论尤为重要。我国物权法、合同法中，显然也可能存在此种买卖，不过由于这两类占有区别的效果未被法律明确承认，所以该种争论的研究仅具有参考意义。笔者认为，由于自主占有人是实际以所有人的身份进行占有，是否享有所有权乃是另一回事，实践中保留所有权买卖的买受人都会有此占有意思，其对于所有权具有期待权，出于保护买受人之故等，宜认可买受人的占有属于自主占有。

区别自主占有与他主占有的法律实益主要在于：一般来说，时效取得、先占、所有权推定等要求以自主占有为要件，占有人的赔偿责任也因自主占有或他主占有而不同。③ 不过，对占有的保护来说，自主占有或他主占有的区分并无多大意义，他主占有人甚至可以针对自主占有人主张占有保护，如承租人针对出租人强力取回租赁物主张占有保护。我国物权法没有规定取得时效制度，也没有明确规定先占和所有权推定等，④ 在赔偿问题上也未区分自主占有与他主占有的不同，对此有值得检讨修正的必要。

---

① 参见台湾地区民法第 944 条。

② 参见王泽鉴《民法物权：用益物权·占有》，中国政法大学出版社 2001 年版，第 181 页。

③ 自主占有与他主占有的区分实效与意义在不同的法例中可能表现不同，如在德国民法中的孳息取得（民法第 955 条）、时效取得（民法第 937 条）、登记时效取得（民法第 900 条）、收益返还（民法第 988 条）、建筑物倒塌时占有人的责任（民法第 836 条第 3 项）、所有权推定（民法第 1006 条）等诸多方面，占有人为自主占有还是他主占有带来的效果是不同的。

④ 实践中一般也认可先占，但涉及物的价值较大的情况时会出现争议，拾捡垃圾往往依据物权的抛弃和先占制度来解决归属，但也有无主的物品，如贵重的"阴沉木"等，却不承认发现者和占有者可取得所有权。物权立法充斥着国家主义色彩，如拾得遗失物无人认领的归国家所有，自然资源等归国家所有，埋藏物隐藏物所有人不明的归国家所有。

五　直接占有与间接占有

直接占有与间接占有是依据对物关系的程度而区分的。① 直接占有与间接占有是相对应而存在的，无间接占有，即无所谓直接占有的称呼，有直接占有，则背后一定存在间接占有。直接占有是直接对物有事实上的管领支配，间接占有指不直接占有物，而是基于一定的法律关系（媒介关系）对直接占有人有返还请求权，从而对物有间接管领力，② 如租赁关系中的出租人与承租人。间接占有向权利靠拢，是占有"观念化"的表现之一，③ 占有人对物并不直接控制支配，缺乏占有的"体素"，但依据现有民法观念又需要考虑对占有人进行保护，因此拟制将其承认为占有，从而认可"间接上的管领力"。

罗马法认为对租赁物享有占有的，不是承租人而是出租人（虽然承租人可以享有某些保护）。占有"忽视"对物的实际控制与管领，主要是为了保护出租人，如避免承租人获得时效取得的保护。④ 但是，在日耳曼法中对物占有的仅仅是承租人。德国民法继受罗马法时，两种见解发生冲突，作为调和，德国民法最终将出租人地位确定为间接占有人。⑤

---

① 参见［德］鲍尔、施蒂尔纳《德国物权法》（上册），张双根译，法律出版社 2004 年版，第 112 页。

② 日本民法中有自己占有与代理占有的分类，实际上即指此处的直接占有与间接占有，学者认为应效仿德国民法采用后一类广泛使用的称呼，而且认为代理占有与意思表示的代理存在不同。此外，日本民法实际也承认通过机关或辅助人的占有。参见［日］我妻荣《民法讲义Ⅱ·新订物权法》，罗丽译，中国法制出版社 2008 年版，第 487、479 页。

③ 我妻荣先生认为，间接占有是占有观念化的体现，从占有诉权来看，意味着扩大了其维持社会秩序的范围，从物权变动的表象而言，则意味着将降低作为占有表象的价值。参见［日］我妻荣《民法讲义Ⅱ·新订物权法》，罗丽译，中国法制出版社 2008 年版，第 490 页。德国学者沃尔夫认为，间接占有是"精神化"的对物的支配，不同于直接占有中对物的事实上支配。参见［德］曼弗雷德·沃尔夫《物权法》，吴越、李大雪译，法律出版社 2002 年版，第 83 页。

④ 现代占有制度承认承租人为直接占有人，主要是为了使得承租人获得针对第三人的占有保护，同时，有一些制度确保承租人难以获得超越出租人的不当利益，如占有变更为自主占有时的条件要求、出租人与承租人之间的占有媒介关系中的权利义务规定等。

⑤ 在英美法中，租赁人、借用人、质权人或受托人等实际控制人也被看成是占有人，出租人、寄托人也被认为是同时占有。参见［英］F. H. 劳森、B. 拉登《财产法》，施天涛等译，中国大百科全书出版社 1998 年版，第 41 页。

构成间接占有，在要件上除了直接占有人的事实管领以外，① 还需要占有媒介关系及其请求权、他主占有意思。② 占有媒介关系，即间接占有人与直接占有人之间存在的法律关系，③ 间接占有人因此取得返还请求权从而对物存有间接的管领力。媒介关系可以基于合同、法律规定形成，该媒介关系必须为法律认可，即受到法律上保护，足以产生返还请求权。学者认为，间接占有不因媒介关系的不生效力而受影响。即使租赁契约不成立或者无效，纵然当事人知道该情况，只要"承租人"有为"出租人"占有的意思，仍然可成立间接占有。④ 这里，实际上是"使其占有"的外在关系不必有效，体现出占有的事实特点。史尚宽先生说明德国法及日本法的通说时认为："租赁关系是否有效，亦非所问。在租赁关系无效时，

---

①　通常具有时间上的限制，是"有期限的"或"暂时的"。但是在约定的期限届满时，占有物并非必须返还给间接占有人，媒介关系结束也可能是因为直接占有人取得了所有权。

②　参见王泽鉴《民法物权：用益物权·占有》，中国政法大学出版社 2001 年版，第 185—186 页。笔者认为间接占有人的返还请求权为媒介关系所蕴含，可以不作为独立的要件。我妻荣先生引用鸠山秀夫的话，认为占有代理关系可以说是："在外观上，本人具有应该占有的权利，持有人为基于该权利而持有物，因而持有人对本人负有物的返还义务的关系。"此外，我妻荣先生认为即使代理权或租赁关系等消灭，只要事实性支配关系继续存在，可以认为仍然存在间接占有，或者说"在这种情形下，可以承认本人通过曾作为占有代理人的人持续实施事实性支配。也可以说，即使占有代理关系本身在法律上无效，但只要在外观之上存在，亦可"。参见［日］我妻荣《民法讲义Ⅱ·新订物权法》，罗丽译，中国法制出版社 2008 年版，第 489、531 页。在德国实务和理论上，一方面认为间接占有所要求的占有媒介关系不一定必须有效，仅需为"占有媒介人基于一项哪怕仅是假想有效的法律关系，而为上级占有人行使占有"，这类似日本学者的观点。但另一方面又认为必须存在一项有执行力的返还请求权，否则不可能谈得上占有媒介关系的存在。而这种返还请求权的来源是广泛的，不一定产生于作为占有媒介基础的法律关系（如表面上的租赁关系），即依据法律条件存在一项返还请求权即可。参见［德］鲍尔、施蒂尔纳《德国物权法》（上册），张双根译，法律出版社 2004 年版，第 127—128 页。这里，可以认为作为狭义的表面的媒介关系不一定要求有效，而广义的能产生有效返还请求权的"媒介关系"则一定是必需的。此外德国学说上主张，间接占有的存在还必须要求"占有权的引导"，即直接占有人的占有必须引导于更广泛的间接占有人或上级占有人的法律地位中，或者说直接占有人的法律地位是上级占有人的全部法律地位的一部分。笔者认为这种"引导"完全可包容在占有的媒介关系中。

③　德国民法第 868 条规定直接占有人对他人暂时享有占有的权利或者负有义务的媒介关系时，仅明确列举产生用益权人、质权人、用益承租人、使用承租人、保管人的直接占有的关系，而"其他类似的法律关系"，依据学说，可源于契约、法律或依法的国家主权行为。参见［德］鲍尔、施蒂尔纳《德国物权法》（上册），张双根译，法律出版社 2004 年版，第 129 页。

④　参见王泽鉴《民法物权：用益物权·占有》，中国政法大学出版社 2001 年版，第 185 页。

得因侵权行为或无因管理或不当得利而有返还请求权,即足构成媒介关系。"① 史尚宽先生所论的媒介关系,是能产生返还请求权的媒介关系,而不是仅仅将表面的租赁关系作为媒介关系。由此,仅将表面的租赁关系等看成是媒介关系的观点,有商榷的余地。

间接占有的构成还需直接占有人具有他主占有的意思,这与媒介关系相联系,直接占有人的占有来自他人,并不以自己为所有权人而占有。如直接占有人改变他主占有的意思变为自主占有时(什么样的改变才是有效的需要依据法律规定),间接占有消灭。言下之意,只要直接占有人一直保持他主占有的意思,即使租赁合同关系等无效,有其他媒介关系基础上的间接占有人的返还请求权支持,也还是构成间接占有。如果直接占有人依据法律规定有效地将他主占有变为自主占有,即使返还其请求权及其"媒介关系"仍然有效,间接占有也消灭。简言之,返还请求权与他主占有意思缺一不可,且各自为独立的问题。

直接占有、间接占有以媒介关系为中介,而媒介关系可以有多个层次,因此可以形成多层次的间接占有,如出租后承租人将租赁物转租第三人,出租后的租赁物借用等。对多个占有媒介关系相互叠建,德国学者形象地称为"占有大厦"②。多层次的间接占有中,推定最高层次的间接占有人为自主占有。

区别直接占有与间接占有的法律实益主要在于:(1)为了使得占有的规定也适用于间接占有,如取得时效、即时取得和占有保护请求权。但是,一般认为,由于间接占有人并不直接实际控制支配物,间接占有人不能行使自力救济权。③ 以上方面,体现了间接占有人享有的法律地位。(2)为了使得动产流通便利。在动产所有权转移时,可以利用间接占有作为交付的替代。④ 日本学者认为,承认代理占有是"作为向占有改定、

---

① 史尚宽:《物权法论》,中国政法大学出版社 2000 年版,第 537 页。

② [德]鲍尔、施蒂尔纳:《德国物权法》(上册),张双根译,法律出版社 2004 年版,第 126 页。

③ 参见王泽鉴《民法物权:用益物权·占有》,中国政法大学出版社 2001 年版,第 214、367 页。

④ 参见台湾地区民法第 761 条第 2 项。中国《物权法》第 27 条规定"动产物权转让时,双方又约定由出让人继续占有该动产的,物权自该约定生效时发生效力",似乎也认可有间接占有。由于没有使用明确的"间接占有"用词,只是承认了出卖人的占有,因此,占有保护请求权是否适用于间接占有人,存在疑问。至于取得时效,中国物权法没有规定该项制度。

简易交付、依指示的占有转移扩张的前提的必要条件"①。德国学者认为，区分直接占有与间接占有后，间接占有间接的对物的关系，与直接占有相比是具有同等价值的占有。这种同等价值性体现在占有所具有的全部功能，即保护功能、交付功能与维持功能中。而间接占有最重要的实践意义，表现为占有媒介关系的成立与物的实际交付，在法律上受同等的对待（民法第 930 条），而这又体现于动产担保让与制度中。② 我国《物权法》第 241 条规定："基于合同关系等产生的占有，有关不动产或者动产的使用、收益、违约责任等，按照合同约定；合同没有约定或者约定不明确的，依照有关法律规定。"这种规定，似乎只涉及了当事人之间（包括理论上的直接占有人和间接占有人之间）的权利义务，容纳了传统民法中占有的部分内容，仍然没有明确是否承认间接占有、是否保护该占有等。在我国，土地实行国有或集体所有，土地的利用主要是通过他物权来进行的，借助他人对物实行间接支配的情况大量存在，明确承认和规范直接占有与间接占有，具有重要价值。

六　自己占有与占有辅助

严格说来，占有辅助并不被认为是占有的一种类型，不能与自己占有相并列而比较。提出这种"分类"的目的在于厘清可能存在混淆的情况，确定何者构成占有何者又不被看成是占有。

自己占有，是自己直接对物进行事实上的支配，简言之，"体素"在自己而为体现。占有辅助，指基于特定的从属关系受他人指示而对物做事实上的管领。"指示的服从"是作为占有辅助的"本质性构成要件"的标志，指示服从的对立面是主人在任何时候都有发出指示的权限。③ 指示与

---

① ［日］我妻荣：《民法讲义Ⅱ·新订物权法》，罗丽译，中国法制出版社 2008 年版，第 487 页。

② 参见［德］鲍尔、施蒂尔纳《德国物权法》（上册），张双根译，法律出版社 2004 年版，第 122 页。

③ 德国学说上还有使用"依交易观念所期待的意思上的隶属"、"命令与服从"、"社会从属性"等来表述的。这与间接占有人和直接占有人之间的上下级关系是不同的，占有媒介人的地位为所选择的契约类型的内容决定，只要媒介人是在约定或者法律规定的范围内行为的，他就不需要接受间接占有人的指示。参见［德］鲍尔、施蒂尔纳《德国物权法》（上册），张双根译，法律出版社 2004 年版，第 135 页。

服从来源于从属关系，应"自其内部关系观之"①，往往是家政或营业或其他类似从属关系。这些关系，是基于私法还是公法（如士兵管领武器），是基于契约（如雇佣合同）还是直接基于法律（如父母将财产交由未成年子女保管），其存续是长期的还是临时的，均在所不问。② 此外，一般认为，这种从属性也不必为外部所认识，如此一来，当欠缺外部可认识的特征时，占有人隐藏其后，可能会突破公示原则而有害于权利交易。辅助人未经授权将货架转卖给不知情的第三人，由于货架是非基于占有人的意思而丧失（德国民法第935条），因此第三人不能取得所有权。这里，把外部不可认知的指示服从关系置于直接管领的外部表象之上，确实值得商榷。③ 产生指示的合同等不生效（如雇用未经法定代理人同意的未成年人），占有辅助关系也不受影响。公司员工对个人办公用品、商场营业员对柜台商品、交易所经纪人对于保管的股票等，都形成占有辅助。在主体上，员工、家属、学徒等往往处于受指示的法律地位。在公司占有中，公司为董事长购买车辆交由驾驶员驾驶，董事长是公司的代表机关，其行为即为公司行为，公司为占有人，驾驶员受指示对车辆进行支配，属于占有辅助人。④

占有辅助被排除在占有之外，仅指示人属于占有人，这也属于占有观念化的表现之一。如果处于从属地位的人对交给其行使事实管领的物成立占有，对任何人（包括其主人）都可行使占有保护权利，有权将占有转让给第三人，而原本针对占有人的请求权也应针对他来提起，这种思考方式"显然与通常之生活观念不符"⑤。占有辅助中，占有人的指示是事实上的指示，从该指示判断其占有意思。辅助人有占有的事实，可以说其也

---

① 王泽鉴：《民法物权：用益物权·占有》，中国政法大学出版社2001年版，第193页。关于自主占有与辅助占有的概念及学说上的观点，参见该书第190页。

② 参见［德］鲍尔、施蒂尔纳《德国物权法》（上册），张双根译，法律出版社2004年版，第135页。

③ 同上书，第137页。

④ 在德国民法理论和实务中，法人占有的问题也存在争论，有观点认为法人只能存在间接占有，因为间接占有仅仅是一种法律关系。参见李太正《法人占有与物上请求权》，载苏永钦主编《民法物权争议问题研究》，清华大学出版社2004年版，第50页。

⑤ ［德］鲍尔、施蒂尔纳：《德国物权法》（上册），张双根译，法律出版社2004年版，第133页。

有控制支配物的意思,① 但因为其随时因占有人的指示行动,意思难以自主,达不到稳定程度,不认为有占有意思,因而不是占有人。②

区别自己占有与占有辅助的法律实益主要在于:占有辅助人不是占有人,无法享受占有人的权利义务。比如不能以占有人身份提出占有保护请求、不能针对占有人行使自力救济、③ 没有占有转移的权限、不享有权利推定的效果等,他人也不能对占有辅助人主张占有保护请求权。但是出于保护占有的实效和照顾生活实际的需要,在针对第三人时,占有辅助人往往可以准用占有的自力救济。区别二者直接关系到诉讼主体资格、相关权利义务的享有和责任承担等。如无权占有土地兴建违章房屋,诉请拆除时应以作为屋主的占有人为被告,而居于该房屋的其他人,并非独立生活,应认定为该占有人的占有辅助人,没有将其列为被告的必要。④

在占有的取得上,不管是原始取得还是继受取得,辅助人在从属关系范围内取得对物的事实管领时,由指示人取得占有。如店主指示员工对顾客丢失物件登记并加以保管,店员在店内拾得遗失物,即由店主取得占有。辅助人代理公司购买物品,接受物的交付时,即由公司取得转移而来的占有。但是,不能因为有概括的雇佣等关系存在,就把所有辅助人对物的管领都归为占有人占有。辅助人如果已经不是为了主人的意思而占有时,即不宜再将占有归为主人享有。如本可作为占有辅助人的雇员私下藏匿拾得物或截留受交付物时,则转为由自己取得自主占有。在占有丧失上,辅助人丧失对物的事实管领,如遗失物品时,则占有人丧失占有。辅助关系终了,占有人未取得事实上的管领,一般而言,即丧失占有。但是,因故不知或者即使明知关系终了,仍然依据指示而有为主人管领的意

---

① 很多情况下如无反证的话是要推定其有占有意思的。占有的逻辑起点是体素,心素可以推定,因此实际控制的表象对于第三人来说应该能够产生一定的公信力量。

② 在制度上允许占有辅助人可以行使一些占有人才能行使的具体权利,如自力救济权,可以解释为是为更好地保护占有人,从另外的角度看,或许是因对辅助占有性质的理解存在模糊所致。

③ 如连锁店的所有人违背分店负责人意思取走收款机时,后者不能抗拒,占有法不能提供解决,在占有法上"占有辅助人对占有人永远为不法"。参见〔德〕鲍尔、施蒂尔纳《德国物权法》(上册),张双根译,法律出版社2004年版,第138页。

④ 参见王泽鉴《民法物权:用益物权·占有》,中国政法大学出版社2001年版,第193页。

思，则不应该认为丧失占有。① 关系纵然存在，也可因辅助人不再有依据指示而为主人管领的意思，致使主人占有丧失。但一般来说，辅助人的单纯的意思变动尚不足以引起其地位终止，这种意思须公示于外。总体来看，基于占有的事实定性，辅助关系是判断占有及其辅助的表面证据，但不可由辅助关系的存在而一概简单地确定占有及其辅助。

在占有人与辅助人之间的关系上，辅助人固然不可以针对占有人获得占有的保护。而占有人在占有物被辅助人侵占或拒绝返还时，占有的丧失属于非基于占有人意思受到侵害，可以依据雇佣等辅助关系的约定或者法律规定而为请求。② 占有人能不能针对辅助人获得占有的保护呢？学者认为，占有人不得针对辅助人主张占有保护请求权或占有被侵害的债权性不当得利或损害赔偿救济，只能依据雇佣契约上的请求权或者所有物返还请求权等寻求救济。③

代理仅涉及法律行为，占有一般来说不能成为代理的客体，无法依代理人而取得或转移占有。但是，因为占有有观念化的某些特点，所以在个别例外的情形下，代理也可导致占有的取得。如占有改定，甲委托乙出售房屋，并授予代理权向买受人丙承租该房，乙完成这些行为后，甲即通过代理取得房屋的直接占有。另如指示交付，甲将物出租给乙，然后委托丙出卖该物并授予代理权，丙将物出卖给丁，并同时让与甲对乙的返还请求权以代替交付，甲的间接占有即通过代理转移给丁。④

有疑问的是，从属关系往往也体现为法律关系，如雇佣合同，依此也有物的返还请求权容纳其中，是否可以按照直接占有和间接占有的分类处

---

① 不同的观点，参见王泽鉴《民法物权：用益物权·占有》，中国政法大学出版社 2001 年版，第 194 页。

② 依据中国《物权法》第 241 条"基于合同关系等产生的占有，有关不动产或者动产的使用、收益、违约责任等，按照合同约定；合同没有约定或者约定不明确的，依照有关法律规定"，是否可认为由辅助人获得占有，而相关问题则由合同解决？如果做肯定判断，仍然不能解决对外关系上的问题。物权法似乎力图要将占有的问题简单化。

③ 参见王泽鉴《民法物权：用益物权·占有》，中国政法大学出版社 2001 年版，第 195 页及其所引观点。德国民法理论和实务上也认为，占有辅助人对占有人所负的责任，产生于指示法律关系。参见［德］鲍尔、施蒂尔纳《德国物权法》（上册），张双根译，法律出版社 2004 年版，第 138 页。

④ 关于代理仅适用于法律行为不适用于占有，占有辅助人与代理人可以兼具等分析，参见王泽鉴《民法物权：用益物权·占有》，中国政法大学出版社 2001 年版，第 191、227—228 页。

理？笔者认为，占有辅助区别直接占有的关键在于，辅助人的从属辅助地位或受他人指示的被动地位与直接占有人的相对独立地位不同。①

我国物权法没有规定占有辅助的问题，在涉及占有的相关问题上，主要考虑依据合同或者其他法律规定解决相关的收益、使用、责任等问题。不过，合同仅在内部关系上有规范作用，在对外关系上，如果不能形成代理（占有是事实行为无法代理）则如何处理？从事实上管领力的基点出发，似乎辅助人应该就是占有人。物权法规定了占有的保护，是否只有辅助人才是"占有人"，只有其才能获得占有保护，发出指示的主人呢，内部关系的规定能不能解决相互间的保护问题，是不是只有辅助人才能针对主人享有占有保护请求权而不是相反，种种问题，亟待物权法加以规范应对。

七　单独占有与共同占有

依据对物进行占有的主体数量，可以将占有分为单独占有与共同占有。单独占有的主体仅为一人，而共同占有的主体则为多人。共同占有并非两个独立的占有一起并存，而是多个主体享有共同的一个占有。② 共有是一物有两个以上所有人，但共有是权利的共有，共有人不一定形成占有，因此共有人对共有物并不当然成为共同占有人，共有只是判断共同占有的表面证据之一。两人共有二层房屋，每人单独管领使用一层，形成各人的单独占有。如果每人都可使用房屋的全部，则构成共同占有。合伙形成的财产属于共有财产，其中的占有关系也依事实标准判断，未指定某人管领财产的，则构成共同占有；如某项财产被委托指定某人管领，则对外而言，依据德国法的通行观点，管领人为直接占有人，其他合伙人为间接占有人，有多个其他合伙人的，则构成共同占有人。③

共同占有还可以分为通常共同占有和公同共同占有。前者中各共同占有人可以在不妨碍其他共同占有人的情况下独立对物进行事实管领，比如不同

---

①　这是在相互间的内部关系中而言，在对外关系上，辅助人也可受到占有自力救济的保护，主要是因为自力救济是一种危急救济，占有人往往远离占有物而辅助人却事实上管领物，不赋予辅助人自力救济权，可能会造成来不及救济从而导致占有人利益受损。

②　直接占有人与间接占有人这种带有观念化特性的不同级别占有人之间，可以形成阶梯式的共同占有，这与相同层级意义上探讨的共同占有并不相同。

③　参见［德］鲍尔、施蒂尔纳《德国物权法》（上册），张双根译，法律出版社 2004 年版，第 143 页。

的租住户使用公共浴室、客厅等。后者中全体共同占有人对物只有一个管领力，必须共同行使占有，比如各持一把钥匙，须同时到场才能打开保险箱。

区别单独占有与共同占有的法律实益主要在于：（1）就外部关系而言，各共同占有人都可以为了全体占有人的利益行使自力救济权与公力救济权。占有被侵害时，只能请求对全体共同占有人做占有的回复或者占有物的返还。而在关于占有的对外交付上，共同占有人可以将自己的占有人地位转移给他人，转让人应使受让人获得共同占有。各共同占有人将全部占有转让给某人取得单独占有时，应共同协力使受让人获得单独占有。[1]占有对外具有权利推定特别是所有权推定的作用，结合我国《物权法》第103条"共有人对共有的不动产或者动产没有约定为按份共有或者共同共有，或者约定不明确的，除共有人具有家庭关系等外，视为按份共有"的规定看，如承认所有权推定的话，则共同占有一般情况下应推定为按份共有，但是在具有家庭关系的占有人之间，应推定为共同共有。（2）就内部关系而言，各共同占有人之间就占有物的使用范围，不能相互请求占有的保护。[2]这种规定的目的是防止出现相互斗殴的局面。如各共同占有人就浴室、健身场地的使用日期和频率发生争执的，不得相互请求占有保护。但是一方完全排除了他方对物的使用的，被排除方可以享有通常的占有保护权利（包括自力救济权与占有物上请求权）。[3]依据理论上的见解，占有使用范围的问题属于本权确定的范围，应该通过本权的诉讼来加以解决，即必须求助于成立共同占有的法律关系。[4]

涉及占有物的使用及利益，在占有人和本权人之间，占有原则上不得

---

① 参见［德］鲍尔、施蒂尔纳《德国物权法》（上册），张双根译，法律出版社2004年版，第145页。

② 参见台湾地区民法第965条、德国民法第866条。

③ 参见［德］鲍尔、施蒂尔纳《德国物权法》（上册），张双根译，法律出版社2004年版，第143页。

④ 参见王泽鉴《民法物权：用益物权·占有》，中国政法大学出版社2001年版，第199页。依据台湾地区民法，第965条排除的是占有保护请求权，而不是其他请求权，因此侵权行为的损害赔偿及不当得利的请求权不应受到影响。在德国民法实务上，共同占有人之间虽然广泛地排除了占有保护权利的主张，但是侵权法上的占有保护仍然有适用的余地，原因在于，与直接占有和间接占有的占有媒介关系不同，在共同占有人之间通常不存在协调其利益关系的债法关系。参见［德］鲍尔、施蒂尔纳《德国物权法》（上册），张双根译，法律出版社2004年版，第169—170页。

对抗本权（除非占有人为善意），而在占有人之间，如果同时有权利，则按照权利依据（契约或法律）决定归属和保护（产生的诉讼为本权之诉）。如果不考虑权利的话，则应该认为相互间不能请求保护，因为具体使用收益是事实问题，事实管领者之间依据实力决定占有，不能区分比例份额（不能因为共同占有就必须平均）。至于完全排除共同占有人的占有，则实际上会造成共同占有变为单独占有，被排除的占有人当然可以取得占有的保护。

我国《物权法》规定了共有而无共同占有，关于共有，第96条规定："共有人按照约定管理共有的不动产或者动产；没有约定或者约定不明确的，各共有人都有管理的权利和义务。"涉及共有对物的管理使用，有约定的依据约定，无约定的共有人都有管理的权利义务。这样，没有约定使用范围的，共有人相互间的共同管理使用，在范围上也不能请求保护，实际上也就是没有划分范围，而且也不能推定为平均，本权无约定则无法依据本权诉讼解决共有人之间的管理使用范围。如此一来，如承认共同占有的话，占有人相互间的管理使用依据本权诉讼解决，而按照该条可能仍无法解决争议。可见，物权法相关规定需要加以完善。

第六节　占有的样态推定与样态变更

一　占有的样态推定

法律上的推定是依据既已确定的某种基础事实，推定或假定某种其他法律事实或法律效果存在的规则。其主要基于基础事实与推导出的事实或法律效果之间一致的高度盖然性、交易安全维护、诉讼经济等考虑，本质上是对人们生活经验的总结，是经验法则的法律体现。在占有制度中有两种重要推定，一是占有样态的推定，属于占有事实层面的问题；二是占有权利的推定，属于占有法律效果层面的问题。

占有的分类，概括而言，有属于结合权源有无的分类，即有权占有与无权占有；有涉及两个以上主体间关系判断的分类，如直接占有与间接占有、自己占有与占有辅助，这种分类中各占有相对应而存在，缺一不可；有是否涉及多主体的分类，即单独占有与共同占有；有是否具有所有意思的分类，即自主占有与他主占有，这两种分类中每一占有类型可以独立存在，不以相对应对方存在为前提（如自主占有、单独占有存在时，并不需要有相对应的他主占有、共同占有存在）。此外还有在无权占有中（主要涉及占有的事实定位方面）的分类，即善意与恶意、和平与暴力、公然与隐秘、持续与间断、有过失与无过失的占有（以上统分为无瑕疵占有与有瑕疵占有）。以上各种类型的占有，主要是已经确认构成基本的占有事实后进一步的划分。占有的分类体现占有的具体样态，关联着不同的法律效果。

就某一个占有从事实层面观察（排除抽象的有无权源观察、直接或间接管领力观察），占有可能存在自主与他主、善意与恶意、和平与暴力、公然与隐秘、持续与间断等不同样态。一般而言，主张某种事实存在的一方，应该举证加以证明。但是，占有具体样态的举证却很不容易，如果要就具体情形——举证的话，则占有可脱离本权受到独立保护，维护社会和平秩序的目的就很难达到。因此，在占有人完成了对基本占有事实的举证以后，有必要确认其在具体占有样态上的有利地位，这是通过具体样态占有的推定来完成的。而且，具体占有样态的推定，是推定那些对于占有人而言更为有利的占有状态。做这样的推定，主要是考虑到正常状态占有为常态、实际控制物确立的最初优势地位、证据法上的举证平衡要求等一系列合理原因。综合考察各民法立法例的规定，多存在对占有属于无瑕疵占有、自主占有的"事实推定"。① 基于占有事实推定，占有人无须就占有无瑕疵、占有为自主占有进行举证，其他人欲反驳，必须提出反证。当然，这种推定的前提，是外观证据显示占有人已经形成对物的事实管领，外观举证主要应由占有人完成。试想如果没有此项前提，则推定何人对何物的占有为无瑕疵状态呢？

占有样态的推定是属于占有事实构成方面的问题，虽不是占有法律效果问题，但却关联不同的法律效果。根据学者的观点，"法律上之推定系法律所推想、假定或拟制之事实，而在事实未被反证推翻之前，使之发生

---

① 如台湾地区民法第 944 条规定："占有人推定其为以所有之意思，善意、和平、公然及无过失占有。经证明前后两时为占有者，推定前后两时之间，继续占有。"日本民法第 186 条规定："占有样态的推定，（1）对占有人，推定其以所有的意思，善意、平稳、而公然实行占有。（2）于前后两时均有实行占有的证据时，推定为其间继续占有。"日本民法无"无过失"推定，理论上的争论，参见［日］我妻荣《民法讲义Ⅱ·新订物权法》，罗丽译，中国法制出版社 2008 年版，第 491 页。

一定之法律效果也。"① 关于占有事实样态的不同确认，将直接影响到当事人在诸多方面的权利义务，关系到相关诉讼的胜败。比如在时效取得、先占、善意取得、占有人使用收益及费用回复、占有人赔偿责任等方面，就因占有样态不同而结果不同。有利于占有人的样态推定，学者解释其带来的结果时说，"这样无本权的占有人，主张占有的效果，特别是主张取得时效，将变得非常容易"②。

我国物权法中肯定的占有类型较少，也没有明确各类占有的不同法律效果。《物权法》占有一章中明确规定的占有分类及不同的法律效果，主要涉及善意占有与恶意占有，其中也没有明确规定占有的事实推定。如此一来，善意占有与恶意占有如何确定就成了难题，善意的有无涉及内心意思，显然难以证明。衡量相关的程序法规定，考虑举证地位的优劣，如果有了占有外在客观事实的，则应推定为善意占有；否定者可以提出证据加以反驳，排除善意占有。裁判者应从这种证据规则出发，根据占有制度的具体规定裁决相关的权利义务争议。

二　占有的样态变更

占有依据不同的标准有不同的分类，各类占有相互之间可能发生变更，这种变更应该依据占有分类标准和每类占有的构成要素，照顾占有的事实方面及相关的法律关系、媒介关系等来综合判断。研究占有的样态变更，主要意义也在于每类占有的法律效果在某些方面有所不同。各占有制度的立法例都规定了一些规范，以帮助确认某些可能难以认定的占有样态变更情况。占有具体样态从外观事实上容易区别的，样态变更时较好判断，如和平占有与暴力占有、公然占有与隐秘占有、持续占有与间断占有等。而占有具体样态主要与占有人意思相连做出区别的情况，样态变更则较难判断，如自主占有与他主占有、善意占有与恶意占有等。这种情况是占有制度规范的重点。

以台湾地区占有制度为例，民法主要有占有意思变更方面应该向谁表示，从而使得意思变更生效，并使占有样态发生变化的笼统规定，有善意

---

① 陈玮直：《民事证据法研究》，台湾地区新生印刷厂1970年版，第24页。

② ［日］我妻荣：《民法讲义Ⅱ·新订物权法》，罗丽译，中国法制出版社2008年版，第491页。

占有变更为恶意占有及本权诉讼败诉时占有人善意变为恶意的规定。台湾地区民法第945条规定："占有依其所由发生之事实之性质，无所有之意思者，其占有人对于使其占有之人表示所有之意思时起，为以所有之意思而占有。其因新事实变为以所有之意思占有者，亦同。使其占有之人非所有人，而占有人于为前项表示时已知占有物之所有人者，其表示并应向该所有人为之。前两项规定，于占有人以所有之意思占有变为以其他意思而占有，或以其他意思之占有变为以不同之其他意思而占有者，准用之。"该条后两项规定是民法修订后增加的。该条规定涵盖他主占有变为自主占有，自主占有变为他主占有，他主占有变为另外不同的他主占有。比如他主占有变为自主占有，遗失物拾得者初为他主占有，但是后来将该物出卖或赠与时，即变为自主占有；承运人获得承运货物的赠与，因赠与合同生效，即由他主占有变为自主占有。以上事实属于因新事实变为自主占有，即存在使他主占有人取得所有权为目的的事实。① 另外，因承租而取得对土地的他主占有，后如变更为以行使所有权的意思而占有，属于他主占有变为自主占有，如变更为以行使地上权的意思而占有的，为他主占有变为另外的他主占有，两种情况都需要向出租人表示该意思。

由于意思属于主观范畴，为避免单纯由于占有人意思的变化而变更占有原因，现代各立法例吸收了罗马法的原则，做出类似前述的规定，以保护使其占有之人的利益，便于他们及时行使权利，阻止占有人径行适用时效取得。② 这种变更的意思的表示，可以采取明示或默示的方式，属于事实上的表示，而不属于"意思表示"，不要求主体具有法律行为能力，也不需要获得使其占有之人的同意。③ 使其占有之人如不是所有权人，占有人知道所有人的，也应该向所有人表示这种变更，如自无权处分人处获得占有，但是后来知道所有人的。甲的物品被乙盗窃后出借给丙，丙变更为自主占有时知道甲是所有人的，也应向甲做出表示。当然，以上情形不知

① 据学者对日本民法第185条的理解，最初有无所有意思是"由取得占有的原因事实，即权源的客观性质决定"的，但如发生了"因新权源而重新开始以所有的意思实行占有"或"对让与自己占有的人表示自己具有所有的意思"时，则他主占有转为自主占有。参见［日］我妻荣《民法讲义Ⅱ·新订物权法》，罗丽译，中国法制出版社2008年版，第483—484页。
② 参见王泽鉴《民法物权：用益物权·占有》，中国政法大学出版社2001年版，第205页。类似的保护使其占有之人的利益的相关规范，如台湾地区民法第943条。
③ 同上书，第208页。

所有人时，只需要向使其占有的人为表示。变更的时点，对话方式表示的以相对人了解时起，非对话方式表示的为表示到达相对人时起。以上自主占有与他主占有之间的变更，主要法律实益在于取得时效的运用。以他主的意思占有物，没有按照规定有效变更为自主占有的，取得时效不能开始。我国物权法没有取得时效制度，没有特别规定这种形式的占有样态变化。

台湾地区民法第 959 条规定："善意占有人自确知其无占有本权时起，为恶意占有人。善意占有人于本权诉讼败诉时，自诉状送达之日起，视为恶意占有人。"善意占有人确切知道自己没有本权时起，本应归还占有物，如没有归还而继续占有的，当然属于恶意占有。不过确知自己无本权与归还之间，可能出现间隔，想返还但因客观原因一时不能返还，如本权人远离而无法提存的，如果从确知时就算恶意占有，可能出现不公。前条第 2 项规定带有恶意占有的拟制特征，不能用反证推翻。关于本权诉讼（指涉及占有有无权源的诉讼，如所有权人与无权占有人之间的物的返还诉讼、出租人请求承租人返还租赁物的诉讼等）败诉的，回溯至起诉状送达时起，按照恶意占有人对待。这种拟制的规定，虽然与占有人在被起诉时可能仍坚信自己为有权占有的情况不符，但是就避免占有人被诉后利用善意占有人身份处分占有物，给回复权利人带来不测而言，具有特别的意义。[1] 我国物权法有善意占有与恶意占有的分类，两类占有各自的法律效果不同，实践中可能发生二者间的转变，立法中没有规定二者变更的相关规范，值得反思。

①   另参见日本民法第 189 条、德国民法第 987 条。

第二章

占有效果论

　　占有不是单纯的人与物的关系，而是被法律赋予了某些效果的对物事实上控制支配的事实。占有的核心内容即在于占有的法律效果，即基于占有法律所赋予的效力。占有的法律效果，按照学者的观点，包含权利推定、时效取得、善意取得、占有人被要求回复占有时的权利义务、占有的自力救济与公力救济等。这些效果，是罗马法的占有和日耳曼法的占有同时获得继受的结果。① 围绕占有的民事争议往往涉及法律规定的占有法律效果的某个方面，占有法律效果的确认直接关系到对占有进行特殊保护的问题，关系到占有相关诉讼的结果。对本书随后进行的占有法律效果的分析，有两个问题需要说明。一是本书重点关注占有的基本法律效果，即各种占有类型都具有的或者涉及的法律效果。某些更具体样态的占有，如时

---

　　① 权利推定源于日耳曼法的占有，即时取得是日耳曼法理论的发展；占有诉权是罗马法占有的主要制度，而关于善意占有人孳息取得和费用求偿则主要属于罗马法的内容。参见〔日〕我妻荣《民法讲义Ⅱ·新订物权法》，罗丽译，中国法制出版社 2008 年版，第 472 页。不过对于包含孳息、费用返还在内的占有人与物权人之间的关系，有学者认为其基本理念在于予以善意者一定的法律保护，是"最具有日耳曼风格的制度"。参见苏永钦《所有人与占有人关系》，载苏永钦主编《民法物权实例问题分析》，清华大学出版社 2004 年版，第 252 页。认为主要受到罗马法影响同时也受日耳曼法影响的观点，参见〔日〕原田庆吉《日本民法典的历史素描》，创文社 1954 年版，第 98 页。萨维尼一直主张，在整个罗马法中，虽然说占有能够产生很多"优势"，但只有两种能够作为占有法效果的权利，即"时效取得"和"令状"能够归因于独立于全部所有权的单纯"占有"。他否定了将先占无主物及从所有人处获得正式交付从而获得所有权的两种形式、占有人取得物的孳息所有权、占有人在所有权诉讼中的举证地位优势、占有人对占有的暴力防卫等作为占有效果的"占有权利"，认为它们的基础并不在于占有本身，或者不是私法范畴上的占有效果，他还结合罗马法原始法文献中涉及占有位置的安排做了得出以上结论的解读。参见〔德〕弗里德里希·卡尔·冯·萨维尼《论占有》，朱虎、刘智慧译，法律出版社 2007 年版，第 7、11—20 页。不过萨维尼的观点也遭到了有力的反对。

效取得所要求的占有、有权占有等，仅在必要时附带说明。二是某些法律
效果并非单独由占有一个要素就可以形成，本书也不做展开研究，对其仅
表明占有在要件构成中的意义，如善意取得动产物权，本书仅主要从其并
非单纯占有的法律效果角度进行概说。

第一节　占有的权利推定

一　占有权利推定的含义及功能

占有的权利推定，即在占有事实确定以后，推定占有人在物上所为的
并可归为权利内容的行为，都是其合法享有的。占有的权利推定以构成占
有事实为前提，是属于占有事实层面之上法律效果层面的问题。占有人因
推定存在权利，则将在权利义务关系中处于优势地位，并能获得法律对权
利的保护。

为什么要在占有上进行权利推定？表面上看是因为权利证明在个案中
往往比较困难，从根本上来说，权利义务体系是法律的主要构成部分，权
利归属能终局确定物的秩序，占有在法律效果上需要向权利尽量靠拢。具
体来说，占有权利推定的功能主要包含：第一，保护占有背后的权利。占
有多基于本权，背后有权利存在的高度盖然性。权利推定对于静态占有背
后的权利而言具有意义，而动产物权转移一般采用占有交付主义，权利推
定也具有在动态中保护权利的功能。第二，维持社会秩序。权利推定可以
免除占有人举证困难，容易排除侵害，维持物的秩序。动产在生活中大量
存在，如果不推定占有人所有，他人任意提出争执产生诉讼，会危及社会
秩序。权利推定维持社会秩序的功能，本质上与法律保护单纯占有事实、
维持物的秩序功能不同，其属于事实秩序层面之上权利秩序保护的范畴。
第三，保护交易安全。占有既然有权利推定，就容易产生公信力，善意信
赖占有进行交易即受到保护。第四，符合经济原则。占有权利推定能够帮
助减少诉讼，节约资源。①

---

①　参见王泽鉴《民法物权：用益物权·占有》，中国政法大学出版社 2001 年版，第 234 页；
[日] 我妻荣《民法讲义Ⅱ·新订物权法》，罗丽译，中国法制出版社 2008 年版，第 500—
501 页。

占有人在物上行使的权利，都推定其合法享有。① 权利的类型多样，包含占有内容的权利类型也多样，占有人在占有物上所为的行为可能属于多种权利都具有的内容，而且单纯从所为行为外观上往往也难以判断所属的权利类型。因此，在占有上推定权利，需要考虑推定什么样的权利存在。占有人在物上行使的权利类型有所有权、限制物权（如地上权、质权），还有债权（如租赁权）等。从权利行使的外观上难以判断权利类型的，就需要结合占有人的主观意思来决定。② 权利推定因此体现一定的随机性，如使用收益可能为所有权所包含，也可能为租赁权所包含。占有某物，他人主张为所有权人而要求返还，由于一般存在自主占有的事实推定，因此占有人完全可以主张自己是所有权人而获得推定。也就是说，原则上占有人被推定为所有人，除非与权利行使的外观不符。③ 当然，围绕具体的权利义务发生争议的，如租赁关系中涉及租金等争议，承租人的占有构成有租赁权的推定，而不能构成有所有权的推定。直接占有和间接占

---

① 台湾地区民法第 943 条第 1 项规定："占有人于占有物上行使之权利，推定其适法有此权利。"

② 根据德国民法第 1006 条、第 1065 条和第 1227 条等规定，权利推定仅为那些以自主占有人或以用益权占有人、质权占有人身份，对物实施占有的占有人的利益而做出。对于因行使某一债权而占有物的他主占有人来说，不存在一项关于其债权的推定，虽然某些学者如黑克（Heck）等对此持反对意见，但并未获得普遍赞同。参见［德］鲍尔、施蒂尔纳《德国物权法》（上册），张双根译，法律出版社 2004 年版，第 177 页。德国民法第 1006 条规定："（1）为有利于动产占有人，推定占有人为物的所有权人。上述规定不适用于其物被盗、遗失或者以其他方式丢失的前占有人，但占有物为金钱或者无记名证券的除外。（2）为有利于前占有人，推定前占有人在其占有持续期间为物的所有权人。（3）在间接占有的情况下，上述推定适用于间接占有人。"

③ 参见［日］我妻荣《民法讲义Ⅱ·新订物权法》，罗丽译，中国法制出版社 2008 年版，第 503 页。德国民法实务上，存在媒介占有关系时，所有权的推定仅对作为自主占有人的间接占有人做出，如为多层次间接占有，则为最高级的间接占有人做出。此外，对于共同占有的所有权推定，是按份共有的共同所有权推定。参见［德］鲍尔、施蒂尔纳《德国物权法》（上册），张双根译，法律出版社 2004 年版，第 177、146 页。对于共同占有，依据中国《物权法》第 103 条"共有人对共有的不动产或者动产没有约定为按份共有或者共同共有，或者约定不明确的，除共有人具有家庭关系等外，视为按份共有"的规定，如承认占有的权利推定特别是所有权推定的话，则共同占有在一般情况下应推定为按份共有，但是在具有家庭关系的占有人之间，应推定为共同共有。

有都可以获得权利推定，最高层次的间接占有人推定为所有人，辅助人实际行使某项权利时，推定其占有主人有该项权利。

在占有物上，占有人可能仅仅是单纯表现出事实上的管领支配而无其他明显行为，此时权利应如何推定？人们倾向于推定占有事实背后存在权利，由于非所有人利用财产的状况越来越多，"占有权"被认可后，最恰当的推定似乎应围绕这一权利来进行。占有人要面对占有来源人及第三人，在占有人与占有来源人之间，查明权利类型在处理他们之间法律关系时是适宜的，包含占有权内容的更明确的权利基础，如某一物权、某一债权等，需要占有人证明。但是在第三人与占有人发生争议时，要求查明权利类型则往往是不及时、不合理的。这时是否可以直接推定占有人有占有权，从而避免出现在占有人与第三人间判断利益归属、赔偿损失保有的不确定性，值得思考。[①]

我国《物权法》未明确规定占有或者登记的权利推定效力，从《物权法》第 16 条中的"不动产登记簿是物权归属和内容的根据"及司法实践看，占有、登记被看成是享有权利的"证据"。在实践中运用证据规则解决纠纷时，实际上是认可了占有的权利推定功能的。就占有来说，在我国，未登记的土地确实存在，土地所有权的确权办证仍然还在进行中。对未登记的土地能否适用权利推定？土地在我国属于国有或集体所有，对于直接占有的人无法推定其享有所有权，但对能否推定享有地上权或其他限制物权，如这类权利需要登记才生效，或者登记后才具有对抗第三人效力的，则无法做此推定。土地承包经营权自土地承包经营权合同依法成立时生效，因占有而做土地承包经营权的权利推定，针对第三人而言是可以成立的。以承租的意思而为占有利用的，也能够推定享有租赁权。在我国不动产物权所处的制度环境中，占有的权利推定在不动产上难以被承认可以理解。但是在动产上否定权利推定，是怕推

---

① 德国民法第 851 条中规定，义务人因侵害占有物造成损失，因对占有人赔偿从而获得免责，这种"对无权利人给付赔偿"蕴含了对于第三人来说，占有人即推定为权利人的思想。需要指出，2005 年 7 月中国全国人大常委会向社会公布征求意见的《物权法》（草案）第 260 条规定："不动产或者动产的占有，除有相反证据证明外，推定有权占有。"该条规定实际上就意指"占有权"的推定，不过正式颁行的《物权法》却抛弃了占有的权利推定内容。

定会造成那些侵占他人之物的人获利吗？否定权利推定论调认为，推定可能会鼓励人们用各种非法手段敛财。如果实行权利推定，则刑法上的巨额财产来源不明罪就失去了存在的基础，追缴财产差额就没有了根据。实际上，事实上占有与权利一致是常例，这是权利推定的基础。从证据法角度看，"谁主张、谁举证"，你举不出反证来证明对方没有权利，在你和被你起诉的当事人之间，你就要承担败诉的危险，对方的占有实际上受到了保护。诉讼法上证据规则的适用，实际形成了占有权利推定的效果。出于刑法制度设计的需要，可以对某些主体（如国家工作人员）在刑法上排除这种推定。但在民法上，动产的公示方法是占有和交付，如果不承认占有的权利推定，难以解释为什么要选择占有来作为公示公信的方法，交易安全从而会难以维护。买卖合同中所有权的转移，首先是依赖物的占有交付来判断的，例外地允许当事人做特别约定，这实际上是承认了占有的权利推定。总之，明确的权利推定规范对于我国占有制度的完善来说仍然是必需的。

二　占有权利推定的运用

占有权利推定的主要作用就在于其在诉讼中的运用。在援用主体上，法院可以依职权主动适用占有权利推定，[①] 当然占有人也可以主动要求适用，一定情况下非占有人也可以要求适用。适用可能是为了占有人的利益，也可能构成对占有人的不利益。

甲占有某物，乙主张该物属于其所有，向甲请求返还时，甲即可援用占有权利推定主张自己为所有人，从而受到保护。乙无法提出证据反驳时，诉讼请求将被驳回而败诉。直接占有人受人请求返还占有物时，可以援用推定间接占有人为所有人而加以拒绝，如承租人占有的租赁物被第三人要求时，可以主张出租人推定为所有人而拒绝。第三人可以基于所有物返还请求权对间接占有人和直接占有人提出请求，但是仍然面临举证反驳占有推定的问题。甲占有某物被乙毁损，甲可援用自己为权利人的推定，

---

① 但是法院不能将占有人选择的占有诉讼，依据权利推定将其转为权利诉讼来处理。

要求乙进行赔偿。① 非占有人也可以援用占有的权利推定，如因为租金产生争议，出租人说自己不是所有人不能出租，反驳认为租赁合同无效，此时承租人可以推定主张间接占有的出租人为所有人，除非出租人提出其他证据反驳。债权人可以基于推定主张债务人占有的财产属于债务人所有，申请查封或执行。毁损他人占有物向占有人赔偿时，可推定主张占有人为所有人，从而发生赔偿效果。②

　　占有人占有的权利推定，不仅可以在权利争议的当事人之间适用，而且对于第三人来说，基于对占有权利推定的外观的信任，与占有人为相应的行为，而行为本身没有瑕疵的时候，应该认可行为的效果。这在占有人对物无处分权时显得特别重要。善意取得中，无权处分人的占有及处分人与受让人之间的交付是外观，基于占有权利推定的功能及对善意第三人的保护（总体可视为基于交易安全之故），认可行为的法律效果。我国《物权法》第 106 条突出的是交付，没有提及无处分权人的占有，似乎善意取得不依赖该"占有"条件。实际上，如果外观上没有这种体现，受让人

---

　　① 从"毁损他人占有物可援引权利推定而对占有人赔偿，使自己免除责任"反面推导，应该允许占有人提出该请求。占有人对赔偿利益的享有在该诉讼中并不最终确定，占有人能不能实际享有最终利益的归属，依据另外的权利诉讼解决。从中国《物权法》第 244 条的规定可以看出，占有人可以临时性地保留获得的赔偿，只不过在被权利人要求时应返还。占有人何以能暂时保留赔偿，是依据占有侵害的赔偿，还是依靠占有权利推定获得赔偿？ 前者是占有保护的诉讼，后者是（推定的）权利诉讼。二者可否选择？ 在后一种权利诉讼中，占有人提出赔偿主张时援引自己乃权利人，法院只要查明其占有，就可推定其为权利人而支持其主张。不过，由于是利用了权利推定，则对方可以通过举证证明其不能最终享有权利而加以反驳，使占有人的该推定的权利诉讼败诉。中国物权法的前述规定并未明确占有人因为"推定为权利人"才可以对第三人提出赔偿、补偿的请求，似乎是直接依据占有人的地位。所以，甲能否不直接援用权利推定，单独主张占有受侵害的赔偿，值得探讨。不过，就第三人而言，不管是因为占有人推定为权利人从而被要求赔偿，或者直接被占有人基于占有地位被要求赔偿，面对后来的同样围绕物的赔偿诉讼，他应可以获得免责对待，这样才显公平。在德国实务上，民法第 1006 条在以动产所有权为决定标准的情形中，都可以适用，占有人在依据民法第 823 条主张损害赔偿请求权时，就受损害动产上的所有权，即可依据该条为其占有人的利益进行推定。更为重要的是，作为一种"举证负担规范"，这种推定也可适用于公法领域中。参见［德］鲍尔、施蒂尔纳《德国物权法》（上册），张双根译，法律出版社 2004 年版，第 178、182 页。

　　② 参见王泽鉴《民法物权：用益物权·占有》，中国政法大学出版社 2001 年版，第 237 页。根据德国民法第 851 条的规定，义务人侵害占有物造成损失，因对占有人赔偿从而获得免责，除非明知第三人的权利或因重大过失而不知。

又怎么会去和他进行交易，而且所谓的"交付"又从何而来？对动产来说，显然"有处分权的外观"多体现的就是对物的占有（当然也可能存在其他"授权处分的外观"）。我国《物权法》的前述条文是包含了不动产善意取得的，就不动产来说，"有处分权"的外观，表现为无处分权人是登记的不动产"物权人"，或者他具有登记不动产物权人授权的"处分权外观"。总而言之，"外观是必需的"，这种外观是善意取得的构成要件。讨论占有的权利推定，把它放在"外观"的范畴中来观察，能获得对其功能的更深刻理解。

由可以援引占有推定的主体及其目的观察，占有推定一般用于被诉时防御他人提出权利要求，但是其也可以作为提出请求时主动攻击的手段使用。此外，占有的权利推定对于过去的占有人也可以产生效力，如甲占有的物被乙毁坏后，甲将其出售并交付给丙。甲现在即使并非当下的占有人，仍然可以援用在占有期间为权利人的推定，要求乙进行赔偿。权利推定对前占有人也有效力，在占有合并、时效取得、侵权损害赔偿等方面都有实益。①

从以上分析可以看出，占有的权利推定，大部分情况是为了占有人利益，但是也不排除对占有人不利益时也可以适用。② 如根据日本民法第313 条土地出租人就承租人的所有物拥有先取特权，可以推定承租人占有

---

① 根据德国民法第 1006 条第 2 项的规定，为了动产前占有人的利益，推定其随占有的取得也已取得其权利，并且其权利仍存续至今。这种推定的效果，一般在该条第 1 项为现占有人利益的推定被推翻时，或者现占有人为他主占有人而不能适用第 1 项为其利益而为推定时，得以显现。如原被告均主张为钻石项链的所有人，但所能确定的事实是，原告直至 1945 年自主占有该项链，后交由被告保管，被告称 1950 年原告写信给她说可由项链支付其付出的辛劳，但被告无法证明该项辩称，现原告提出返还之诉。法院认为，被告虽为自主直接占有人，但第 1006 条第 1 项不为其利益而推定，因为她不能证明其取得占有时已取得所有权，而后来被告已取得所有权也无法证明，由于第 1 项不能适用，于是适用第 2 项，为原告利益进行推定，即推定原告过去是所有人，且至现在还是所有人，因此支持了原告诉请。另外需要注意的是，如果他主占有人是直接占有人，则第 1006 条第 3 项结合第 1 项有适用余地，此时的推定是间接占有人的利益而做出。不过根据实务上的做法，在对第三人的关系中，直接占有人可以援引其为其上级占有人的利益所做出的推定效果。以上参见［德］鲍尔、施蒂尔纳《德国物权法》（上册），张双根译，法律出版社 2004 年版，第 178—179 页。

② 关于此点存在争议，如德国民法第 1006 条强调所有权推定是出于"为占有人利益"，相反第 891 条的土地登记簿上的权利推定，则可以是为了登记人的利益或不利益而被使用。

的物为其所有，这体现了"将物的现状视为正当的事实，并非单纯地以权利人个人的保护为目的"①。此外，因物的原因导致他人受损害而由所有人负赔偿责任的，以所有的意思行使权利的占有人，被推定为所有人而应对被害人进行赔偿。对被害人来说，往往不确知真正的权利人是谁，如果要求他查明真正的权利人再起诉，事实上难度颇大。因此，占有人为权利人的推定也可以适用。此时，由占有人提出反证，否则判决可注明，由于其占有该物而推定为权利人，应对被害人进行赔偿。

如果甲以行使所有权的意思占有某物，推定其为所有人，提出争议的乙如要主张自己是所有人，必须提出反证推翻推定。如乙不能提出相反的证明或者提出的证据不被采纳时，法院应该如何判决呢？对此，有学者认为法院应当做出"甲系所有人的判决"②。笔者认为，法院能否做出这样的判决，值得探讨。法院在判决中应该说明，由于乙不能提出反证证明甲非所有权人，则推定甲有此权利，应驳回乙的诉讼请求，不能当然地确认甲为所有人。因为一旦确认后，如果甲确实并非所有人，在以后的争议处理中，难以再确认他人为所有人。法院应当围绕原告的诉讼请求，严格依据推定规则行事，不能因反证不被认可即确认所有权。所有权的确认问题，应该围绕实际享有所有权的证据查明，不能因推定而确认。乙提出自己是所有权人请求甲返还的诉讼请求，甲不需要举证，因占有而推定享有权利，只要乙不能完成反证推翻推定，即可因其证据不足而驳回诉讼请求。如果甲在诉讼中主动提出所有权的证明，那么"推定"转为"确认"，则就不需依据权利推定规则，可以直接以查明确认甲为所有权人为由，驳回乙的诉讼请求。必须注意权利推定并非确认权利，诉讼处理应坚持当事人之间的相对性原则，重点关注当事人争议的解决，判断提出的诉讼请求能不能被支持，而不能超越这一限制。就上述案例而言，法院一旦因乙不能提出反证，即可依据推定规则驳回其诉请，完成纠纷解决，不能主动进行所有权确认证据的查明，或者因此而要求甲负担举证。至于甲主动提出确认权利的证据，要么可以不加处理，要么可以直接确认其为所有权人而驳回乙的请求。这种诉讼实际上要解决乙是不是所有权人从而可否

① ［日］我妻荣：《民法讲义Ⅱ·新订物权法》，罗丽译，中国法制出版社2008年版，第505页。

② 王泽鉴：《民法物权：用益物权·占有》，中国政法大学出版社2001年版，第234页。

要求返还的问题，一旦其提不出反证，证明过程即可完成，诉讼争议焦点即可以解决，不必进入确认所有权环节。

占有人只要证明自己有占有的事实，就可受到其在物上行为是行使权利的推定。除争议对方当事人有反证外，占有人不需再行举证。如果争议的对方当事人提出反证后，则占有人必须积极证明自己有占有的合法权源。根据学者的见解，① 取得对物的事实上的管领力，许多情况下并不困难。为避免占有人滥用推定的效力，争议对方当事人提出的反证，不应过于严格要求，否则权利的"推定"就变成了"视为"。"只须依据所有调查之结果与全辩论意旨，足以生推翻推定之心证，即为已足，或反证如能证明有某种与受推定之权利状态完全不相容之权利状态存在时，即足推翻该项推定。"② 反证推翻的是"推定"而不是"确认"，为避免推定被滥用，对足以推翻推定采取宽松确定的做法，较为可取。③ 占有的权利推定，面对真实权利人时，对方可提出反证推翻。而占有人在面临非真实权利人的争议时，由于对方提不出否定的反证，再加上诉讼相对性往往限制非权利人援引他人具有比占有人更优先的权利作为抗辩，这使得占有人实际上可获得强有力的保护。与占有请求权旨在保护占有事实相比，它实际上通过规则适用直接实现对推定权利的认可和保护，并间接起到保护占有事实的作用。

三 占有权利推定受到的限制

占有权利推定并不能绝对化，推定可能与真实情况不符，举出反证时，推定即被推翻。占有的权利推定受到诸多方面的限制。

（一）占有人不能通过权利推定请求确认权利或者进行权利登记

甲建造未登记的房屋，乙在甲离开时居住，并以所有人的身份将房屋出租给他人。乙享有间接占有，能不能提起确认房屋所有权之诉，在诉讼中如何举证？此外，乙能不能请求登记房屋为自己所有？

对于第一个问题，提起确认之诉，应该要求原告有受确认判决的法律

---

① 参见王泽鉴《民法物权：用益物权·占有》，中国政法大学出版社 2001 年版，第 240 页。

② 谢在全：《民法物权论》（下），中国政法大学出版社 1999 年版，第 965 页。

③ 关于日本民法中权利推定的否定着眼于动摇权利推定的事实还是着眼于完全否定占有人是本权人的争论，以及推定是就实体权利而言还是确定诉讼上分配举证责任而言的争论，参见〔日〕我妻荣《民法讲义Ⅱ·新订物权法》，罗丽译，中国法制出版社 2008 年版，第 504 页。

上利益，才能提起，如果没有权利的争执者（如甲）出面，那么当事人的法律地位并不处于危险状态，没有即受判决的法律利益，无保护的必要，不能提起确认之诉。当然，如果甲争执该项权利，乙可针对甲提起确认所有权的诉讼，学者认为，这时候可以利用占有的权利推定，从而由甲提出反驳的证据。① 能不能因为甲提不出反驳的证据，乙又不积极提出其他证据，从而就确认所有权归乙？前文已述，确认不是推定，为避免确认所有权给后续司法处理带来被动，应该在确认权利的诉讼中，要求权利主张者提出积极的证据加以证明，否则不能简单依据推定而确权。乙虽然具有占有的优势地位，但是如果其主动提出确权诉讼，应该举出享有权利证明的证据，否则法院将驳回其诉讼请求，从而形成乙仍然只能享有占有的事实。乙提出确权，目的或在于排除甲的干扰和争执。但是，不能因占有推定而直接确认所有权，乙在起诉时，应该慎重研究诉由并准备证据。即使乙提出排除干扰的诉请，也有到底是依据所有权还是占有提出主张的问题，乙应该斟酌诉由，相应完成权利或占有的证明工作。即使司法上对于乙基于权利提出排除妨害的请求，运用占有权利推定规则，不要求乙积极举证权利的话，也只能在判决中"推定"所有权存在，从而据此排除甲的干扰，不能做出"确认"所有权的结论。当然，如果甲提出确权之诉，乙因占有推定为所有权人，甲应提出反证，从而获得"确认"其为所有权人的判决。如果其不能提出反证的，也推定乙的所有权成立，甲的诉讼请求应被驳回。

对于第二个问题，占有人能否直接依据推定主张房屋登记，权利推定的目的在于便利诉讼、维持物的秩序，占有的权利推定总体上具有消极性，占有人如果利用该种推定作为所有权的"积极证明"，已超出法律保护占有的本意，将使得民法占有时效取得等规定徒具形式。② 笔者认为，不支持利用消极的权利推定方式来进行积极的权利登记，从而确认权利的最终归属，与在诉讼中避免将"推定"权利变为"确认"权利的道理是相通的。司法上不能因推定而确权，确权必须寻找权利证据，由此反射出诉讼往往具有相对性，司法活动应紧紧围绕诉讼的目的和请求来开展，不

---

① 参见王泽鉴《民法物权：用益物权·占有》，中国政法大学出版社 2001 年版，第 238 页。

② 同上书，第 239 页。

能超越当事人的诉求妄加增减。在前述的类似诉讼中，确权固然能排除干涉，但是不提出确权也能排除干涉。如乙坚持针对甲提出确权（实际上这不仅是针对甲而是属于具有对世性的确权），则占有仅仅是表面证据之一且不能作为唯一证据，只有存在乙享有权利存在的积极证据之时，法院才能在判决中加以"确认"，否则即需要驳回乙的诉请。如果乙排除干涉的其他诉请是建立在其要求确认权利的基础上，如果不能确认，则"皮之不存，毛将焉附"？当然，乙在无法完成权利确认的情况下，可以基于占有人的地位，主张推定自己享有权利（不是提出确认自己有所有权）从而排除干扰。在此诉讼中，法院可以基于权利推定，在判决中叙明，因为甲提不出有效的反证，"推定"乙享有权利，从而排除甲的干扰。确权之诉、涉及权利推定的诉讼都应该纳入权利诉讼的范畴，这与占有人单纯依据占有事实请求保护的诉讼是不同的。在此，应该充分尊重占有人的选择权。乙也可以主张自己的占有被甲侵害，要求排除妨害，从而获得占有的保护。法院仅仅在权利诉讼中可以依职权适用权利推定规则，如果是占有诉讼，则法院完全不用顾及权利推定的规则。总之，利用到权利推定规则的，应该属于权利诉讼的范畴，在围绕权利发生争执时起到一定作用，但是不能单纯依靠这一规则进行权利的确认。

（二）占有权利推定在物上和人上的限制

占有权利推定的范围即适用的物的范围，在各立法例上存在不同，有的规定适用于动产，有的规定适用于动产与不动产。不动产的公示方式在现代社会已经逐渐被登记制度取代，关于其状态、负担、权利转移等多通过登记的情况得到反映和公示，权利的推定也主要依靠登记来展现。[①] 在占有与登记发生冲突的，应以登记为准。[②] 但是，对于没有登记的不动产，仍然存在一个利用占有作为公示方法的问题。因此对没有登记的不动

---

① 在德国民法中，除了有动产的所有权推定的规定（第1006条），还有与土地登记簿相联系的权利推定（第891条），如在土地登记簿中为了某人登记一项权利的，则推定该人有此权利；如在土地登记簿中注销一项权利的，应推定该项权利不复存在。其他关于适用范围规定的立法，参见瑞士民法第930条、第937条等。

② 台湾地区民法第943条修正后，对于已登记不动产，排除了占有可以实行权利推定的情况。

产，也应该有占有权利推定的适用。①　在主物与从物占有权利推定的决定关系上，对于主物的权利推定也及于从物。

占有的权利推定，主要使得占有人对物上行使的权利不负担举证责任。在占有人面临使其占有之人以外的第三人提出争议时，可以援引该项规定。不过，当占有人行使所有权以外的权利时，能不能针对使其获得占有的人适用该项权利推定呢？出租人将物租赁给承租人，承租人享有直接占有，在与出租人争执如出租人主张返还占有物时，承租人可否因占有而主张自己为承租权利人的推定。或者限制物权的占有人在面临所有人要求返还时，能不能因占有而主张自己享有他物权的权利推定。如果使占有人获得占有的关系被查明，在这种情况下允许占有人援用占有权利推定来对抗使其占有之人，则会造成举证责任分配的不公平，出现对使占有人获得占有的人不利的结果。占有人占有某物时，对外推定其行使权利为合法，但是在内部关系上他人一旦证明是自己使占有人获得占有时，占有人即不能针对其获得行使所有权以外的权利推定，必须积极提出证据证明自己享有该项权利。乙主张租赁权而占有甲交付的某物，对于妨害甲所有权存在的障碍的事实，应该负举证责任。②

此外，在德国民法中，根据民法第 1006 条所有权推定的规定及其他条文，一般认为，通常情况下占有人在取得占有时，即发生所有权的取得。但是如果物并非基于前占有人的意思而丧失的，则现占有人的权利推定不适用于他们，而这种权利推定的例外又不适用于金钱或者无记名证券。③　根据德国民法实务，权利的推定仅对取得占有时的权利取得而做出，而不适用于占有人自称在占有取得前或占有取得后，已取得所有权的

① 中国物权法也未全部要求所有的不动产必须登记，见《物权法》第 9 条。在实践当中，不少应登记的土地、房屋都未完成登记，诸如宅基地使用权、承包经营权、地役权等不动产物权的设立依法也不需要登记。

② 参见王泽鉴《民法物权：用益物权·占有》，中国政法大学出版社 2001 年版，第 238 页。台湾地区民法第 943 条修正后，对行使所有权以外权利的占有人，也排除了对使其占有之人获得权利推定的情况。日本民法解释论上，也主张自所有人处取得权利的占有人，也不得对该所有人援用推定。参见〔日〕我妻荣《民法讲义 II·新订物权法》，罗丽译，中国法制出版社 2008 年版，第 503 页。

③ 这说明在善意取得的例外情形，如非基于权利人意思丧失占有的遗失物、赃物等"脱离物"，无权处分人占有上的权利推定受到限制，这应是基于主体间利益平衡的考虑。从另一个方面看，这也应该属于占有权利推定在动产物上的限制。

情形。①

第二节　动产物权善意取得与占有的关系概说

动产物权的善意取得要求条件较多，对于无权处分人占有并处分物的情况来说，无权处分者的占有及受让人通过交付取得占有，是善意取得的部分条件。虽然在不同的立法例中，善意取得适用的范围、要求的条件有所差异，但对动产而言，尊重占有及交付的信赖产生的公信力，维护交易安全，保护善意第三人利益，使其取得物权，都是基本考量的出发点。② 不过善意取得的法律效果，并非占有或其交付单独使然。我国物权法承认善意取得，但并未将其规定在占有章中，足以体现占有在善意取得中的"非充分"作用。台湾地区民法则在占有章中规定了占有的善意受让，并加以保护，结合物权中有关条文规定，一并构成物权的善意取得。从其条文的规范及表述看，善意取得与占有的联系似乎体现得更加紧密。

从善意取得的构成要件要求，可以观察占有在该制度中的地位和作用。以台湾地区民法为例，其着重突出第三人的善意与获取占有，占有表征权利及维护交易安全的功能表现明显。我国物权法中的善意取得，并未刻意突出受让人获得占有，而是突出获得"交付"（对动产），此外还有合理价格转让的要求（这与台湾地区民法上无偿转让也可以善意取得物权不同），注重交易安全和权利人利益保护之间、效率与公平之间的平衡。显然，我国物权法中的善意取得制度，可以不视为占有制度的构成部分来规定。台湾地区民法善意取得的条件没有大陆地区严格，说明其更突出占有的功能。不过深入分析的话，笔者认为，善意取得中最关键的条件应是取得者的善意，即不知无权处分者无权处分。这主要是因为无权处分者往往占有着物，被推定为权利人，受让人获得的交付（占有转移）作用力最终来源于无权处分人（有可能是无权处分人不实

---

① 参见［德］鲍尔、施蒂尔纳《德国物权法》（上册），张双根译，法律出版社 2004 年版，第 178 页。

② 参见中国《物权法》第 106 条，台湾地区民法第 948 条。

际占有该物，或者只是间接占有，通过辅助人或直接占有人对物实行管领）。对善意取得应该重点研究什么现象和表征造就了受让人的善意，这才是关键。这个问题可能又回归到占有上，不过应从无权处分人的角度来观察占有外观，如果从受让人的占有来观察，属于本末倒置。至于善意取得中一般需要受让人已经获得物的交付或取得占有，是主要从受让人已经完成了交易行为，实际控制了物，对物的权利已经形成了属于自己所有的合理预期，此时保护受让人的时点显得恰当。而如果受让人还未取得交付的，说明真正的权利人还有可能维护自己权利，受让人还未形成较为完整的权利预期，从公平的角度出发，以保护权利人为主，此时还不形成善意取得。而且，一般的交易行为，义务履行往往同时进行，未取得交付，一般而言也未为对待给付，此时不承认善意取得，对受让人也无不公。至于那些非一定要求付出合理对价的立法例，相比较而言更要严格控制善意取得的适用，在权利人与善意者保护的平衡上，①考虑前者的分量更重。

善意取得的核心是保护善意，而造就善意的核心，实际上是无权处分人体现出的处分权外观，"占有"不过是相对动产来说的主要的处分权外观形式，②且只是动产善意取得的其中一个条件而已。善意取得是一个系统性的重要制度，将其单独作为一项纯粹的占有效力来研究，其妥当性是值得探讨的。③在我国物权法的立法模式下，相较其他占有制度规定较为完善的立法例而言，善意取得离占有效力的距离，显得更为遥远。因此，在占有的基本法律效果问题中，本书不特别展开研究善意取得问题。就像取得时效一样，它需要占有为要件，它更需要特定类型的占有，而且它还

---

① 不支付对价者的善意，要做严格的考察，因为不需要支付对价的更容易引起怀疑，受让人主观上更应怀疑，从而对善意的形成有阻碍作用。

② 占有动产的公示产生社会公信力，第三人认为占有人有权处分，从而在交易领域克服其权利上的瑕疵，使第三人获得动产物权，可以将善意取得视为占有权利推定运用的结果。参见赵晓钧《论占有效力》，法律出版社2010年版，第140页。

③ 有学者认为，近现代善意取得制度是"以手护手"所体现的形式主义精神与罗马法的时效取得制度中的善意内核的结晶，再加上为保护交易安全的需要而综合打造。参见谢在全《民法物权论》（上），中国政法大学出版社1999年版，第219页。

涉及时间经过等诸多要素，也不将其作为占有的基本法律效果来加以研究。①

第三节 占有人与回复请求人之间的权利义务关系

一 概说

占有人占有他人之物的，其在占有物上可能进行使用收益，可能会造成占有物毁损灭失，还可能对占有物发生费用支出。可得请求物的回复的权利人与占有人之间，围绕上述方面可能会出现争议，由此需要确定他们之间的权利义务关系。按照民法制度规范与适用的一般逻辑，如果占有人是因合同关系有权占有且合同对以上问题有规定的，依据合同处理，合同没有规定的，依据法律规范这种合同关系的其他规定处理，如果再无规定的，依据发生的事项选择适用不当得利、损害赔偿、无因管理等制度处理。如果占有人是因法律的直接规定取得占有权且相关规定对以上问题有处理规范的，依据其规定，如果无规定的，则根据发生的事项选择适用不当得利、损害赔偿、无因管理等制度处理。即首先按照合同约定或法律规定围绕有权占有的法律关系处理，没有规定的再按照不当得利、损害赔偿、无因管理制度等处理。

而如果是无权占有引起上述问题的，由于当事人之间没有类似有权占有的约定或法定法律关系，似应直接依据不当得利、损害赔偿、无因管理

---

① 关于萨维尼将罗马法上取得时效作为占有主要法效果之一的论述，参见〔德〕弗里德里希·卡尔·冯·萨维尼《论占有》，朱虎、刘智慧译，法律出版社 2007 年版，第 8 页。对于取得时效，台湾学者谢在全主张，占有权利推定，"其间接效果却系此种受推定之权利状态，长时间继续存在之后，为保持社会之和平与安定，纵有反证亦不得推翻即确有其必要，于是取得时效制度之存在理由因而奠定。"参见谢在全《民法物权论》（下），中国政法大学出版社 1999 年版，第 962 页。从此论述中可以看到占有权利推定效果的强势影响。不过笔者认为，即使从单纯的占有角度观察，占有权利推定与取得时效条件的着眼点、适用的领域和制度宗旨不同，二者属于功能各异、互不取代的占有具体运用制度，不能简单认为权利推定奠定了取得时效存在的理由。需要指出，对于取得时效制度，中国多数学者都力主立法应明确规定。在实践中，存在过按照取得时效精神确定权利归属的做法和一些相关规范，如 1995 年国家土地管理局颁布的《确定土地所有权和使用权的若干规定》第 21 条中，就有"农民集体连续使用其他农民集体所有的土地已满 20 年的，应视为现使用者所有"等规定。

制度等进行处理。但对此情况，各民法立法例多区别了不同的占有形态进行特别的规范。而这些特别的规定，主要考虑在回复权利人与占有人之间平衡权益保护，区别对待善意占有人和恶意占有人。由于善意占有人的可责难性低于恶意占有人，立法在责任承担和请求权享有等方面适当照顾善意，"优惠善意占有人"①。这些特别规定，在内容上是可能与前述民法其他制度的规定存在不同的。如甲所有的物被乙盗窃出售给善意不知情的丙，后该物产生孳息，但原物后因照顾不周而灭失。对此，甲在两年内请求返还该物时，可按照所有权的返还请求权要求丙返还孳息，依据侵权损害赔偿的规定请求该物的赔偿。但是依据占有中的规定，丙是善意占有人，可取得孳息的所有权，而对该物灭失的损害赔偿，仅以灭失所受的利益为限，负赔偿责任。② 当然，这些特别规定的内容也可能与其他制度规定存在相同或类似之处，如特别规定中可能指明某一问题依据民法其他制度处理。

---

① 王泽鉴：《民法物权：用益物权·占有》，中国政法大学出版社 2001 年版，第 315 页。另参见［德］鲍尔、施蒂尔纳《德国物权法》（上册），张双根译，法律出版社 2004 年版，第 187 页。在德国民法中，不仅区别善意占有人与非善意（恶意）占有人（恶意占有人是取得占有时明知或因重大过失而不知无占有权利的人，或者是取得占有嗣后知道自己无占有权利的人，见民法第 990 条第 1 项、第 932 条第 2 项），而且提出了"诉讼占有人"，即为物的返还而被提起返还之诉的占有人，将其视同非善意占有人对待（民法第 989 条）。此外还规定了一类处于更不利法律地位的"侵权占有人"（民法第 992 条），对这种"有过错地"以禁止私力的行为或犯罪行为取得占有的人，行为无可宽恕，完全依据侵权行为法承担责任。这些不同的占有人，在其与所有人之间围绕占有物损害赔偿、收益偿还、费用支出补偿等问题处理上，受到的法律对待是不一样的。在实务的处理上，从善意占有人到非善意占有人再到侵权占有人，占有人的责任有"阶梯式"上升的特点。参见［德］鲍尔、施蒂尔纳《德国物权法》（上册），张双根译，法律出版社 2004 年版，第 188、190 页。对于德国民法中的规定，德国学者认为其在学术界被称为"黑暗、混乱的"，是"德国民法典中最不成功的部分"之一，这些规定抽象于社会真实情况，和债法中重要的请求权基础都有关联，同时它们又是十分具体的，令人不禁联想到这些规定更像是一个"普通的"侵权、不当得利法。参见周梅《间接占有中的返还请求权》，法律出版社 2007 年版，第 28 页。而中国台湾地区学者对其评价认为"条文繁杂，区别过于苛细，解释上适用争论甚多，颇滋疑义"，建议采行简明的立法。参见王泽鉴《民法物权：用益物权·占有》，中国政法大学出版社 2001 年版，第 314 页。

② 参见台湾地区民法第 952 条、第 953 条。中国物权法对盗赃物采取不适用善意取得的规定，对于遗失物、漂流物、埋藏物或者隐藏物，有介于完全的所有物返还与善意取得之间的特别规定。

　　与占有人围绕前述各方面发生权利义务关系的可得请求物的回复的权利人，依据理论上的见解，不限于所有权人，凡是基于物权或债权关系可以请求回复物的占有即可。① 由于回复请求人范围广泛，难以在每一回复请求关系中分别规定，加上围绕物的使用收益、费用补偿、损害赔偿等产生的各种权利义务关系，主要是基于占有的事实而生，且围绕无权占有的不同状态而不同，本质上也属于占有法律效果的范畴，可一并在占有中进行规定，体现对不同的无权占有人的不同保护。②

　　占有制度规定的占有人与回复请求权人之间权利义务关系，就性质而言，是一种依据法律产生的特别的债的关系，属于法定之债。③ 债的一般规定如债权的让与等，原则上可以适用。此外，这种权利义务关系是在权利人要求回复物时存在的，因此被认为从属于回复请求人的主请求权。言下之意，当回复请求人没有回复请求权支撑时，则占有人即不能享有作为该回复请求权附随的特别规范规定的处理与回复人之间关系的各项请求权。④ 如果规范回复请求人与占有人之间的是回复请求权之外的其他法律

---

　　① 参见王泽鉴《民法物权：用益物权·占有》，中国政法大学出版社 2001 年版，第 318 页。中国《物权法》第 243 条、第 244 条使用"权利人"的称呼。

　　② 有学者认为，试图在这些关系上保护无权限而占有他人物的占有人的立场，从现代法上占有所具有的社会作用来看，稍微有些遥远，主张像德国民法那样基于所有权返还请求权和占有人之间的关系进行规定可能更为妥当。不过学者也承认有像瑞士民法那样在占有章中进行规定的。参见 [日] 我妻荣《民法讲义Ⅱ·新订物权法》，罗丽译，中国法制出版社 2008 年版，第 501 页。德国民法中关于所有人对占有人的赔偿请求权、收益返还请求权以及占有人的费用偿还请求权等，是在民法第 985 条的"所有物返还请求权"以下通过不同的条文而做一般规定的。而用益权、质权、地上权等包含了对物的占有内容的，也可准用（民法第 1065 条、第 1227 条、"地上权条例"第 11 条第 1 项）。而这种返还请求权不适用于有权占有人，也就是说，以上方面主要适用在无权占有人与具有回复请求权的所有人（用益权人、质权人、地上权人可以准用）之间，并没有采取回复请求权人不论是基于物权还是债权可以请求回复占有物即可的宽泛标准。但无疑，作为具有物的返还请求权的所有权人，是不论哪种立法例下都无法忽视的主要"回复请求人"形态。

　　③ 参见王泽鉴《民法物权：用益物权·占有》，中国政法大学出版社 2001 年版，第 316 页。

　　④ 这里，只要是物一旦存在即有回复请求人对占有人的请求即可，不是说一定有回复人可实际最终行使的回复请求权才行，如当占有人因其过错使得占有物消灭而不可回复时，回复请求权消灭，但此时仍然有占有制度规定的适用，即适用占有物毁损灭失时的规范。参见 [德] 鲍尔、施蒂尔纳《德国物权法》（上册），张双根译，法律出版社 2004 年版，第 212 页。

关系，则这些附随请求权规范即不得适用。① 但是其中存在的请求权在理论上被认为是独立之债的请求权，可以独立于主请求权（如所有物返还请求权）作为处分的客体。所有权让与时，已经发生的这种从请求权并不随同转移。在诉讼上主请求权与该类请求权属于多数的诉讼标的。② 回复请求权的诉讼时效适用一般民法的规定。当然，对于占有人来说，在占有人与回复请求人之间的权利义务关系上，有的情况法律赋予了占有人请求权，有的情况法律则赋予了占有人在受回复请求人请求时以抗辩权。前者如占有人提出费用支出补偿请求，后者如占有人在被要求返还使用收益或者被要求予以赔偿时提出相关抗辩。③

在占有人与回复请求权人之间，除了回复请求权人回复物的主请求权以外，作为占有法律效果的其他具体权利义务内容如何，这些权利义务内容与民法其他制度规定之间在适用上是什么关系，值得研究。概括而言，在占有人与依法可要求回复其物的请求权人之间主要有 4 个基本问题需要解决，④ 一是关于占有物的使用收益及其返还问题；二是关于占有物毁损灭失的赔偿问题；三是关于占有人对占有物费用支出的求偿问题；四是关于以上方面权利义务关系的规范应用问题，主要涉及占有制度中特殊规定的适用范围，以及这些规定与民法其他制度适用的关系。

---

① 在德国民法中，作为占有人的附随请求权是以所有权人对其享有所有物返还请求权为一般规定前提的（用益权、质权、地上权等包含物的占有的可以准用），当占有人的占有来源属于有权占有时，所有权人是没有该项权利的，此时，占有人也不能提出相关的请求。所有人将拖拉机出租给承租人使用，租赁期间承租人将其交给维修人修理，对出租人来说，承租人是有权利或者有义务将机器交付他人修理的，由于承租人破产，修理人转而向出租人请求修理费用。联邦最高法院拒绝了修理人作为占有人依据民法第 994 条提出的费用偿还请求权，认为修理人基于承揽契约为有权占有，承租人基于租赁契约也为有权占有，故"所有物返还请求权之基础"不成立，修理人的权利仅限于针对承租人的工作报酬请求权。参见［德］鲍尔、施蒂尔纳《德国物权法》（上册），张双根译，法律出版社 2004 年版，第 197—198 页。

② 参见王泽鉴《民法物权：用益物权·占有》，中国政法大学出版社 2001 年版，第 316 页。

③ 德国学者黑克认为，按照债权债务关系中的类型进行总结，在关于所有权的保护问题上存在着附随请求权和相对请求权。在所有权人的返还请求权以外，可能发生其他一些情况导致利益冲突的产生，这些规定包含了对于债法相关条款的改动，属于债法上的问题。一方面所有权人的附属请求权包含返还收益和损害赔偿；另一方面占有人的相对请求权包含返还必要费用，这些问题也被归纳为基于非法占有而产生的附属问题。参见周梅《间接占有中的返还请求权》，法律出版社 2007 年版，第 26 页。

④ 参见王泽鉴《民法物权：用益物权·占有》，中国政法大学出版社 2001 年版，第 314 页。

二 关于占有物的使用收益的处理

对于占有物的使用收益问题，一般而言，占有制度区别无权占有中的善意占有人和恶意占有人而进行不同的规范。对于善意占有人，法律允许其在推定合法所有的权利范围内可以对物进行使用收益。如台湾地区民法第 952 条规定："善意占有人于推定其为适法所有之权利范围内，得为占有物之使用、收益。"其中"得为占有物之使用、收益"指善意占有人有权对物进行使用，保留因物获取的收益（如租金、孳息），即使将其消费也不需要返还。言下之意，即"使使用作为有权使用，使收益作为所有权标的而保留"，回复请求人在要求回复其物时，不可对善意占有人请求占有期间的使用收益。

这样规定的理由主要是，既然推定有合法的权利，当然应该使占有人取得物的使用和收益，取得的孳息不需要归还，如果历年取得的孳息都要求占有人全部返还，则"对占有人而言极其苛刻"，善意占有人会"蒙不测之损害"，这不是保护善意占有人的办法。① 实际上，法律这样规定，是保护善意占有人基本考虑的当然推导。当然，除了基本的善待善意占有人外，在具体方面各立法或会有一些差异。依据德国民法，对于善意（与未受起诉的）占有人，对已收取的收益不需返还，但占有人如为无偿取得占有（民法第 988 条）或收取过度孳息（民法第 993 条第 1 项）的，则负有依据不当得利的规定返还孳息给所有权人的义务。② 但台湾地区的立法就无此例外规定，而是更加注意保护善意占有人。依据台湾地区民法第 954 条，仅在占有人要求补偿在占有物上支出的必要费用时，才可因为占有人收取了孳息而有所折抵。这些规定折射出在权利人和善意占有人之间保持权益维护上的平衡，显得十分重要。

需要注意的是，因为是涉及使用及收益的归属问题，善意占有人依法推定合法享有的权利，在内容上应该能够包括使用和收益的权能，如地上权、租赁权、所有权等。如果占有人行使的权利无法包括这些权能时，即

---

① 参见［日］我妻荣《民法讲义 II · 新订物权法》，罗丽译，中国法制出版社 2008 年版，第 506 页；王泽鉴《民法物权：用益物权 · 占有》，中国政法大学出版社 2001 年版，第 319 页。日本民法规定了孳息，但解释上把使用也包括进去了。

② 参见［德］鲍尔、施蒂尔纳《德国物权法》（上册），张双根译，法律出版社 2004 年版，第 190 页。

使出于善意，也不能对占有物进行使用和收益，如保管寄托、动产质权、留置权等。这种情况下，应与恶意占有人做相同的处理。①

关于占有制度在占有物使用收益方面善待善意占有人的法律规定的性质，按照民法一般规定，取得使用收益没有法律上原因的，应该以不当得利返还。学说上认为占有制度中的规定是占有人享有物的使用收益的法律上原因，故不存在不当得利。实务上则认为占有中的规定是排除不当得利的特别规定。②

对于恶意占有人，各国民法都严格对待，但是法律规定的明确程度不一。如根据德国民法，非善意占有人（及诉讼占有人）必须返还全部已收取的收益（包括使用收益），补偿已经不存在的孳息及因过错而未收取的收益（民法第 990 条、第 987 条、第 100 条等）。③ 台湾地区民法占有制度中对恶意占有人对物的使用收益没有明确的规定，但第 958 条规定："恶意占有人，负返还孳息之义务。其孳息如已消费，或因其过失而毁损，或怠于收取者，负偿还其孳息价金之义务。"④ 由此看出，对于物的收益，恶意占有人并没有被承认有权取得。关于立法原因，主要是在恶意占有人占有之时，能够知道将来必须将孳息连同物一起返还，而即使将仍然存在的孳息或不存在的孳息的价款返还，"不至于因此而受不测之损

---

①　参见［日］我妻荣《民法讲义Ⅱ·新订物权法》，罗丽译，中国法制出版社 2008 年版，第 506、508 页。

②　参见王泽鉴《民法物权：用益物权·占有》，中国政法大学出版社 2001 年版，第 320 页。日本民法理论上通说解释为排除不当得利的适用，不过也有认为在无偿取得占有的，即使是善意，应该考虑作为例外的观点。此外还有关于不得援引该种规定以免除收取孳息、使用占有物等可能构成损害赔偿责任的意见和争论，不过，即使本权败诉后占有人被认为属于恶意占有人的，理论上也主张不得直接就认为具备了侵权行为的故意或过失条件。以上参见［日］我妻荣《民法讲义Ⅱ·新订物权法》，罗丽译，中国法制出版社 2008 年版，第 507—508 页。

③　而对有过错地通过禁止的私力或者犯罪行为取得占有的侵权占有人，根据侵权损害赔偿"回复原状"及其地位不得优于非善意占有人的原则，则应依据民法第 823 条的规定对所有权人承担损害赔偿责任，意味着他必须使得所有权人回复到"使其负赔偿义务之事由未发生时之状态"（民法第 249 条），必须赔偿所有应归属于所有权收益内容的为所有权人可能收取的利益，返还那些对于所有权人来说无法收取但他却实际已经收取了的收益。参见［德］鲍尔、施蒂尔纳《德国物权法》（上册），张双根译，法律出版社 2004 年版，第 191—192 页。

④　在日本民法中，还有对暴力占有者和隐秘占有者，在孳息问题的处理上视同恶意占有人。参见日本民法第 190 条第 2 项。

害"①。孳息消费在解释上包括将孳息出卖或者赠与。对以上法律条文，学者解释，孳息应该包括使用占有物获得的利益在内，恶意占有人因此应该负担返还价款的义务。② 但有学者认为，在结论上这种观点值得赞同，只是对于孳息，法律已经有了明确的定义，③ 在语义解释上难以将物的使用利益包括进去，因此考虑到第 958 条的立法目的，应该"类推适用"。笔者认为，占有制度中未明确规定恶意占有人返还物的使用利益和收益，确实值得检讨。但是依据台湾地区民法第 952 条规定的善意占有人可以在推定适法所有的权利范围内对物进行使用收益的反面推论，恶意占有人不能使用收益占有物，如果存在使用收益，自然应当依据不当得利的一般规定加以返还。

关于善意占有与恶意占有区别导致的使用收益处理上的差别，可借用以下例子加以说明。甲将所有的物出卖给乙，乙获得交付后又将物出租给丙。如果甲与乙的买卖合同不成立、无效或者被撤销，则甲有权依据所有物返还请求权要求返还该物。④ 在关于物的使用收益的返还问题上，乙是间接占有人，丙是直接占有人。乙或丙其中之一或为善意，或者两者都为善意或者都为恶意。在乙和丙两人都是善意的情况下，甲无权要求使用收益的返还，乙可以保有租金，丙可保有物的使用利益而不用返还物的使用价款；在乙和丙都是恶意的情况下，甲有权要求使用收益的返还，甲可以要求乙将租金返还自己，也可以要求丙返还物的使用价款，但是不能同时要求二人返还，否则违反公平原则而增利益（至于乙、丙之间由谁最终负担依两人间的关系来定）；如果乙是恶意而丙是善意，则丙可以享有物的使用利益，甲可以要求乙返还获取的租金；如果乙是善意而丙是恶意，则乙收取的租金不用返还，而甲可以要求丙返还物的使用利益的价款。

我国《物权法》第 241 条规定："基于合同关系等产生的占有，有关

①　王泽鉴：《民法物权：用益物权·占有》，中国政法大学出版社 2001 年版，第 321 页。

②　参见谢在全《民法物权论》（下），中国政法大学出版社 1999 年版，第 1004 页。

③　台湾地区民法第 69 条规定："称天然孳息者，谓果实、动物之产物及其他依物之用法所收获之出产物。称法定孳息者，谓利息、租金及其他因法律关系所得之收益。"

④　中国民法、物权法中也有类似的返还原物的规定，同时依据合同法中缔约过失责任，也可以要求返还并赔偿。中国物权法中也有不当得利的内容。实际上涉及物的使用利益或者收益的返还，所有人要求返还的基础在于不当得利，而并非所有物返还请求权。

不动产或者动产的使用、收益、违约责任等，按照合同约定；合同没有约定或者约定不明确的，依照有关法律规定。"对于占有物的使用收益，依据该条的规定精神，由于是有权占有，合同有约定的按照合同处理（台湾地区民法实际上也一样），如果没有约定或约定不明（应包括合同无效、不成立、被撤销等情况），依照法律的有关规定处理。实际上，该种"有关法律规定"除了包含能够直接处理有权占有关系中使用收益的法律规范外（比如按照法律规定的质权来处理）外，还包含了不当得利制度的规定。笔者认为，该条规定实际上针对的是合同产生的有权占有，并未对无权占有中的问题进行规范。如果依据《物权法》第243条中"不动产或者动产被占有人占有的，权利人可以请求返还原物及其孳息，但应当支付善意占有人因维护该不动产或者动产支出的必要费用"的规定，由于该条中提及了善意占有（反面也可推导出涉及了恶意占有），说明其针对的是无权占有人。就占有人对物的收益，基于该条中"孳息"应当返还的规定，不管是善意占有人还是恶意占有人都应当返还，从而体现与前述台湾地区民法不一致的地方。由此还可以看出，关于孳息问题的占有制度规范，与民法的不当得利制度并无实质区别。而如果将"孳息"像其他法例那样解释包含使用物的利益在内的话，则因使用而获取的利益似乎也应一并返还。不过，依据《物权法》第242条"占有人因使用占有的不动产或者动产，致使该不动产或者动产受到损害的，恶意占有人应当承担赔偿责任"的文义，"使用"问题是与"孳息"做不同规定的。从该条文中，似乎只能推导出使用占有物造成损害，善意占有人和恶意占有人在赔偿上受到区别对待的结论，尚不能推导出就占有物使用，善意占有人和恶意占有人一体有权保留使用利益，或者仅善意占有人受到优待的结论。如此而来，善意占有人和恶意占有人的使用利益问题，就只能借助于不当得利制度的一般规定加以解决了。由我国物权法的上述规定的分析可以看出，立法倾向于更重视保护回复请求人，而并不考虑在占有物使用收益问题上优待善意占有人，相关立法取向和制度规范内容仍值得进一步深思。笔者认为，其他民法立法例占有制度中区分了善意占有和恶意占有，给予不同的当事人不同的对待，注意权衡主体之间的利益保护，总体上是值得借鉴的。当然，如果我国不当得利制度的处理能实际起到区分返还义务人善意和恶意而有不同的效果，则从结果的实质上看，也是殊途同归，只是从占有制度的完整性方面来说有所欠缺罢了。

三 关于占有物毁损灭失的赔偿责任处理

对于占有物的毁损灭失赔偿问题，占有制度主要是区别善意占有人和恶意占有人而进行不同的规范，重点对善意占有人的赔偿责任进行限制。侵权责任中的损害赔偿，一般而言只有造成损害时存在多个过错原因力来源且程度不同时，才会影响主体赔偿责任的大小，而主体是属于故意还是过失的主观类型是不影响赔偿责任的。限制善意占有人赔偿责任的特别规定，并未着眼于造损时占有人的过错，而是把占有人是否明知对于占有无权利的主观状态与赔偿责任大小或范围联系起来，是适当照顾损害行为外主体主观状态而归责的范例。

以我国台湾地区民法为例，第 953 条规定："善意占有人就占有物之灭失或毁损，如系因可归责于自己之事由所致者，对于回复请求人仅以灭失或毁损所受之利益为限，负赔偿之责。"第 956 条规定："恶意占有人或无所有意思之占有人，就占有物之灭失或毁损，如系因可归责于自己之事由所致者，对于回复请求人，负赔偿之责。"①

首先，关于恶意占有人（及他主占有人）的规定，实际上与侵权赔偿责任的规定（参见台湾地区民法第 184 条）并无实质不同。恶意占有人和他主占有人都明知占有物属他人所有，当出现了可归责于自己的事由时，对物的毁损灭失承担赔偿责任是应当的。所谓可归责于自己的事由，实际上是指对于物的毁损灭失有故意或者过失，这也符合侵权赔偿的一般

---

① 在德国民法中，照应其处理所有人与占有人之间返还请求关系时对占有人的分类，在因物的灭失或毁损产生的所有人请求权上，善意占有人不负责任（民法第 993 条）；恶意占有人和诉讼占有人对有过错的物的毁损或有过错的物的返还不能，承担责任（民法第 990 条、第 989 条）；而侵权占有人则对任何损害，包括意外事故造成的损失，都应负责（民法第 992 条、第 823 条、第 249 条、第 848 条）。依据通说，德国民法第 985 条以下的规定适用于无权自主占有人以及无权他主占有人。不过，在物遭受损失时，根据民法第 989 条、第 990 条的规定，善意的无权的他主占有人对此不负责，但是有权占有人则可能根据契约法与侵权行为法负责，这一结果是不合理的。对此，学说上提出了"他主占有人超越占有权"的学说，即占有人对于所有权人，至少应负有假如他们之间存在一项契约关系时占有人应负的责任，依此，善意的无权占有人，在有过错地超越其假想的占有权限时，应依民法第 991 条第 2 项、第 823 条承担责任。参见〔德〕鲍尔、施蒂尔纳《德国物权法》（上册），张双根译，法律出版社 2004 年版，第 189—190、202 页。

条件。物的回复权利人可以自己做出法条依据上的选择。① 如果是不可抗
力或意外事故等不可归责于占有人的原因造成物的毁损灭失，则不承担赔
偿责任，由物的权利人负担，除非占有人返还占有物已陷入延迟。侵权责
任的一般规则，在此也可适用，如占有人对辅助人的故意过失，也负同一
责任。返还占有物出现延迟，因不可抗力造成物的毁损灭失的，也应负
责。对盗窃的赃物，盗窃者占有期间因为其故意或过失毁损灭失的，自然
应该承担赔偿责任，而盗窃者处分赃物给善意占有人，权利人超过 2 年的
期限而不能回复物的权利的（台湾地区民法第 949 条），属于第 956 条的
适用范围。② 也就是说，盗窃者应为这种权利人无法再回复占有物的损失
承担赔偿责任。③

　　其次，关于善意占有人，占有制度主要就是对其赔偿责任范围进行限
制，一定程度上保护善意的自主占有人，他只应在灭失毁损所受利益的范

---

　　① 对物享有回复请求权，可基于权利也可基于事实，如占有人的回复请求权。对物的毁损
灭失附随提出请求，并不一定要求对物或所获得的赔偿有最后权利上的归属。占有物的毁损灭失
请求与回复权利人相关，而不一定必须与最后的所有权人相关，因此回复请求及附随的赔偿在适
用范围上更加广泛，占有人和所有人都可提出回复请求并主张赔偿。基于权利的回复请求权提出
回复并主张损害赔偿的，需要证明自己权利（一般是物权等绝对权）遭受侵害出现损失。于此，
如果权利基础是债的，要想证明其支持回复其物，并证明债权因物的毁损灭失而遭受侵害，存
在一定难度。而对于有物的回复请求权的占有人来说，如果侵权损害赔偿请求能够在他身上适用
或者准用，则无疑将不仅解决债权人的尴尬，周延对占有的保护，而且为依据情况将赔偿损害从
侵害人手中获得，并待机转至最后权利人处，提供了另外的渠道。按照中国《物权法》第 244 条
规定的精神，似乎也是承认了占有人（非权利人）可要求获得赔偿、补偿及保险金，以作为交付
权利人的中间过渡。

　　② 参见王泽鉴《民法物权：用益物权·占有》，中国政法大学出版社 2001 年版，第 326 页。
台湾地区民法修正后，原占有人属于恶意占有的，民法第 949 条和第 950 条不适用，亦即被盗窃
者等非基于自己意思而丧失占有的，不适用该两条规范。

　　③ 德国民法中恶意占有人不仅对有过错的物的毁损负责，还要为有过错的其他原因造成不
能返还物的情况负责，参见德国民法第 989 条。中国《物权法》第 244 条规定："占有的不动产
或者动产毁损、灭失，该不动产或者动产的权利人请求赔偿的，占有人应当将因毁损、灭失取得
的保险金、赔偿金或者补偿金等返还给权利人；权利人的损害未得到足够弥补的，恶意占有人还
应当赔偿损失。"从条文含义理解，在权利人请求占有人赔偿时，善意或者恶意的占有人都应将
物因毁损灭失所受利益返还给权利人，实际上也是在损害赔偿中吸收了不当得利规定。不过恶意
占有人还应当赔偿不足额，实际上就是说不会给恶意占有人优待，他应该对物的损失负担完全的
赔偿责任。不过该条并未如台湾地区民法规定他主占有人的赔偿。

围内承担赔偿责任。实际上这是侵权损害赔偿采用了不当得利的原则加以限制，使占有人将受益数额返还回复请求人，如果不是这样，令其负担全部赔偿义务，未免过于严酷。① 由此，回复权利人固然可以依据侵权损害提出请求，但是善意占有人可以提出赔偿限额的规定作为抗辩。享受赔偿责任限制的善意占有人应该是自主占有人，不包括他主占有人，因为他主占有人明知占有他人之物，必须返还，应该负担更重的照顾物的注意义务，如果物出现毁损灭失，自然应该完全赔偿。根据民法第 956 条完全赔偿的责任适用于他主占有人，则民法第 953 条的限制赔偿当然应该排除他主占有人。比如承租人占有物，不知租赁契约无效，因自己的过失造成租赁物毁损灭失的，应当负担完全赔偿的责任。可归责于自己的事由，指占有人存在故意或者过失，占有人对辅助人的故意和过失，承担相同的责任。物的毁损灭失，根据学者观点，应该包括物的滥用或者不用造成的价值贬损。②

因毁损灭失所受的利益，包括获得赔偿金、补偿金或者保险金等。而关于该种规定是否扩张适用于因其他事由导致不能返还物的情形，尤其是善意占有人无权处分造成第三人善意取得的情形，存在争议。③ 多数学者主张应扩张适用，少数学者主张不适用，他们认为，多数学者虽然依据德国民法第 989 条的规定做出肯定的解释，但德国民法该条的规定与中国台湾民法第 953 条规定列举的范围不同，而且责任的轻重不同，难以做出相同的解释。因此，在这种类似的情形，回复请求权人可以依据侵权行为的

---

① 参见王泽鉴《民法物权：用益物权·占有》，中国政法大学出版社 2001 年版，第 323 页。

② 参见史尚宽《物权法论》，中国政法大学出版 2000 年版，第 583 页。需要指出，中国《物权法》第 242 条规定："占有人因使用占有的不动产或者动产，致使该不动产或者动产受到损害的，恶意占有人应当承担赔偿责任。"根据其反面解释，善意占有人不负担赔偿责任，实际上就是只在现存价值范围内进行物的返还。2005 年 7 月公布的《物权法》草案中，曾经有"善意占有人不承担损害赔偿责任"的明确规定，正式颁布时做了删除。笔者认为，对这一变化不能认为立法指导思想做了调整，从而要求善意占有人也应进行赔偿。

③ 参见王泽鉴《民法物权：用益物权·占有》，中国政法大学出版社 2001 年版，第 324 页。日本民法判例上也适用于丢失、让与第三人被善意取得等非单纯的物理性灭失或毁损的情况。参见 ［日］我妻荣《民法讲义 II·新订物权法》，罗丽译，中国法制出版社 2008 年版，第 509—510 页。日本大审院（1922 年 9 月 19 日评论 11 卷第 937 页）曾判决占有物被让与第三人而不能返还时，视为"灭失"。参见陈华彬《物权法研究》，金桥文化出版（香港）有限公司 2001 年版，第 649 页。

规定请求损害赔偿。① 王泽鉴先生主张应扩张适用，并说明：第一，德国民法与中国台湾地区民法的规定不同，确实不能依据德国民法的规定来解释；第二，灭失应该包括物理上和法律上的灭失，物理上灭失赔偿责任限于所受利益，法律灭失时依据侵权行为的损害赔偿，做出这种区别不合理；第三，扩张适用于法律上灭失的情形，主要实益在于使得请求权人可以依据这一规定向无权处分人请求返还所得的对价，如出卖所得价金。当然，无论如何其要求的赔偿额不得超过物的价值。如无权处分获得价款为1.5万元，但物的价值为1万元，只能请求1万元。在这种无权处分的场合，也可以适用不当得利的规定要求返还，二者发生竞合。至于将物赠与他人而未受利益，自然无须赔偿。②

台湾地区民法第953条和第956条，是处理善意占有人或恶意占有人"因可归责于自己之事由所致者"造成物的毁损灭失时所适用的规范。如果物的毁损灭失不是由于占有人的故意或过失造成的，则依据民法其他相关规定处理。例如，甲未出于过失而不知道占有物为他人所有，将物出售，第三人善意取得，此时，甲应该就他取得的价金，依据不当得利的规定返还给所有人。甲出借物给乙，乙投保后物意外灭失，甲可以依据规定向乙要求受领的保险金。而我国《物权法》第242条和第244条的规定，文义上包含了使用物造成毁损灭失的情况（没有说是滥用还是合理使用，合理使用时自难说有故意或过失存在），也包含了物获得保险金赔偿的情况（投保后保险事故发生造成物的毁损灭失，也难说占有人有故意或者过失）等。也就是说，占有人有过错和无过错引起损失的情况，都可以适用。从实际效果看，占有人是否有可归责的事由，似乎不会带来实质的

---

① 参见王泽鉴《民法物权：用益物权·占有》，中国政法大学出版社2001年版，第324页。

② 这种规定似乎对权利人有所不公，因为善意占有人要变为恶意占有人，从外观上难以判断，善意占有人在无权处分时不排除属于恶意，借助无偿赠与的方式将物处分，自己没有获益，可以规避要求返还。此时，如果不承认权利人可以对占有人提出侵权损害赔偿，似乎不公平。但是第953条的规定，如前面所说，也可以用来对抗侵权损害赔偿的请求。如此一来，权利人如何受到保护，由谁负担损失？同时，是否有修正台湾地区民法善意取得的必要？按照中国物权法的规定，善意取得需要受让人支付合理的对价，如果是无偿取得的，不适用善意取得，权利人可以要求返回。受赠人没有得到本来就得不到的东西，权利人得到了本来就属于他的东西，这样处理似乎才算公平。至于受让人在善意占有期间造成物毁损灭失，而其需对其他权利人回复物的，其赔偿责任自然受到以所受利益为限的保护。

区别。

我国《物权法》第 242 条规定："占有人因使用占有的不动产或者动产，致使该不动产或者动产受到损害的，恶意占有人应当承担赔偿责任。"第 244 条规定："占有的不动产或者动产毁损、灭失，该不动产或者动产的权利人请求赔偿的，占有人应当将因毁损、灭失取得的保险金、赔偿金或者补偿金等返还给权利人；权利人的损害未得到足够弥补的，恶意占有人还应当赔偿损失。"对于占有物的毁损灭失赔偿问题，根据第 242 条规定，占有人使用占有物造成损害的，恶意占有人有赔偿的责任。根据该条的反面解释，善意占有人对于使用占有物造成损害的，不承担赔偿责任。由于此处的使用受损并不要求占有人的主观过错，因此不仅对善意占有人来说，排除了侵权损害赔偿的适用，对恶意占有人来说，自然也不同于要求致损时存在过错的侵权损害赔偿的一般制度规定。根据第 244 条规定，不是因为使用占有物造成毁损灭失的（如第三人侵权、意外事故等），占有人有义务返还相关的赔偿金、补偿金和保险金给权利人；权利人未得到足够弥补的，恶意占有人还应当赔偿损失。也就是说在这种情况下，不论是善意的还是恶意的占有人，不论对毁损灭失是否有过错，对于因损害获得的赔偿金、补偿金或保险金的利益，都有返还给权利人的义务，但是对于与物的价值相差的不足额部分，恶意占有人应该负担赔偿责任。言下之意，对于善意占有人，虽然未使用台湾地区民法的"以灭失或毁损所受之利益为限，负赔偿之责"的字眼，但是使用了"权利人请求赔偿"的词语，因此本质上也属于侵权损害赔偿，只不过应以不当得利原则的运用，限制"赔偿"范围仅限于所得的赔偿金、补偿金和保险金。不过由于这种赔偿不以占有人有过错为要件，因此虽是损害赔偿，但与要求过错的一般侵权损害赔偿不同。就此问题，当然不用必须通过请求占有人"赔偿"的途径，权利人可以直接依据不当得利要求占有人返还所受利益，达到殊途同归的效果。而对于恶意占有人，条文规定也属于赔偿问题，只不过权利人要求的范围，除了"所受利益"以外，还包括与物的价值差额部分。由于这里的恶意占有人仍然不论其对致损有无过错，因此与一般的侵权损害赔偿自然不同。① 因为按照一般侵权损害赔偿，权利人

----

① 2005 年 7 月公布的《物权法》草案中，相关条文曾经有"恶意占有人还应当赔偿损失，但对损害的发生没有过错的除外"的明确规定，正式颁布时将过错要求做了删除。

必须证明占有人对致损有过错，在占有人有过错时，他完全可以直接要求其进行完全的赔偿，而不必通过先返还所受利益，再补偿差额部分的方式获得救济，言下之意，此时占有人完全不能以未受利益来作为抗辩。至于权利人借助何种规范基础提出赔偿，应由其进行选择。①

对于我国《物权法》第 244 条，以上是从权利人对占有人为请求，占有人的赔偿责任范围如何确定的角度阐释。而从该条文中，似能推导出善意或恶意占有人有暂时性请求和保有占有物的赔偿补偿的权利。即首先承认义务人对占有人的赔偿补偿，然后由占有人与权利人再行解决赔偿问题。如果不承认占有人享有暂时请求权的话，则占有物的侵权人或补偿人外观上不仅难以判断权利人，而且一旦支付占有人后又要以不当得利要求占有人返还，再支付给真正权利人，这种处理显得麻烦且不及时。不论如何，物权法的这条规定显然是占有制度不同于一般损害赔偿的特别规定。

基于侵权责任的规定，权利人当然可以直接要求侵权者赔偿，占有中的这种规定实际上赋予权利人可以直接选择占有人来获得损失的赔偿，应该说为权利人提供了额外的救济选择路径。而该条规定的物的毁损灭失，可能是因为保险合同的保险事故发生、征用等造成。赔偿义务人对占有人的清偿，在非明知第三人为权利人或非因重大过失而不知的情况下，可以免除责任。②

四　关于对占有物支出费用的补偿处理

占有的法律效果之一，涉及占有人对物支出费用时，占有人能否对此

①　《物权法》第 244 条规定从条文理解，似乎在所受利益问题上仅涉及占有人以外原因造成的占有物毁损灭失，如果是占有人本身的行为（非使用行为）造成毁损灭失的，对于恶意占有人，完全赔偿没有疑问。而对于善意占有人，如何处理？是准用第 242 条"使用"造损不赔，还是解释为占有人未能从赔偿义务人（自己）手里获得赔偿，所以对回复人也无从赔偿，还是解释为占有人自己为赔偿义务人时，不能主张所受利益的赔偿限制，从而直接依据侵权损害赔偿处理，值得思考。笔者主张占有人应承担损害赔偿责任。

②　参见德国民法第 851 条；王泽鉴《民法物权：用益物权·占有》，中国政法大学出版社 2001 年版，第 237 页。中国《物权法》的前述规定，既可以从为了赔偿人利益，使之对占有人支付后获得免责的角度观察（他可以从外观推定占有人是合法的受领权利人），也可以从占有人享有"请求权"为其利益的角度观察，他可以主张推定自己是权利人而享有赔偿请求权。在德国民法中，为了占有人的利益而做出的所有权的权利推定是由民法第 1006 条来规范的，而赔偿义务人因对占有人进行赔偿而免责，则是由民法第 851 条来规范的。

求偿、如何求偿，回复请求人与占有人之间相关的权利义务如何确定。为了既照顾占有人不使其因支出费用遭受损失，又能照顾回复请求人不使其遭受不必要的负担，占有制度通常包含相关的规范。对于支出费用的偿还，一般而言，占有制度区别支出费用的不同类型以及区别善意占有人与恶意占有人而进行不同的规范。①

台湾地区民法占有章中有三个规范涉及这一问题，即第 954 条："善意占有人，因保存占有物所支出之必要费用，得向回复请求人请求偿还。但已就占有物取得孳息者，不得请求偿还通常必要费用。"第 955 条："善意占有人，因改良占有物所支出之有益费用，于其占有物现存之增加价值限度内，得向回复请求人，请求偿还。"第 957 条："恶意占有人，因保存占有物所支出之必要费用，对于回复请求人，得依关于无因管理之规定，请求偿还。"

首先，支出费用类型不同，返还求偿的权利义务关系也不同。在台湾地区民法理论和实践中，对于支出费用的类型区别较细，有必要费用、有益费用、奢侈费用等区分。必要费用，是指对占有物管理保存所支出的不可或缺的费用。有在通常物的管理保存中支出的必要费用，如饲养费、税

---

① 日本民法中也基本上是以区别支出费用类型和占有人的善意和恶意来做规范的（参见日本民法第 196 条），不过其区别善意和恶意并不像台湾地区民法那样严格。对于费用的偿还问题，为保存物而支出的金额及其他必要费用都可以请求偿还（收取孳息的仅可请求特别必要费用）；为改良物而支出的金额和其他有益费用，可以依据回复人的选择，要求偿还支付的金额或增加的价值额。这些都是不区别占有人的善意与恶意而一体适用的。对于恶意占有人，除了其实际上不具有收取孳息的权利外，日本民法对其的例外规定，仅体现在其要求有益费用偿还时，法院可以依据回复者的请求，许以相当的期限。言下之意，即限定其仅得依回复人的请求在一定期限内提出有益费用偿还请求。参见［日］我妻荣《民法讲义 II・新订物权法》，罗丽译，中国法制出版社 2008 年版，第 510—511 页。德国民法也是基本如此，在占有人支出费用上将其分为必要费用（包括通常必要费用和特别必要费用）、其他使物的价值增加的费用和其他不使物的价值增加的费用。对于善意占有人，他可以请求必要费用的偿还，但其在保留收益期间对物的通常维持费用除外（民法第 994 条第 1 项、第 995 条），也可以请求其他使物的价值增加的费用的偿还（民法第 996 条），但不得请求其他不使物的价值增加的费用的偿还，对此他仅有民法第 997 条规定的取回权；对于非善意占有人和诉讼占有人，他们可以请求偿还必要费用，但仅以成立为所有权人利益的无因管理时为限（民法第 994 条第 2 项及民法第 683 条、第 684 条），对其他支出费用没有求偿的权利；而对于侵权占有人，按照非善意占有人的前述标准决定。以上各类占有人，还受到民法第 997 条规定的占有人取回权与其例外的规范。参见［德］鲍尔、施蒂尔纳《德国物权法》（上册），张双根译，法律出版社 2004 年版，第 192—194 页。

费、物管费、定期保养费、房屋通常修缮费用等，称为通常必要费用。另外，还有在特别的情形下为物的管理保存支出的临时必要的费用，如房屋因灾害毁损时的重大修缮费用、暴雨致使汽车被淹支出的修理费用等，属于特别必要费用。支出的费用是否必要，应依据支出费用时的客观情况判定。有益费用，是指对占有物利用改良所支出的增加占有物价值的费用。它不是管理保存物所必需的支出，如汽车改装音响、普通木质门窗改为铝合金门窗、画册的装裱等。奢侈费用，是指占有人为便利或者娱乐等原因所支出的超过物的保存、利用或改良所必要而支付的费用，① 如为宠物美容、改换汽车颜色、换装大功率的汽车发动机等。有益费用和奢侈费用，往往在客观上都能增加物的价值，至于二者的区别，主要考虑支出费用的程度、物的实际需求等，依据支出时的客观情况判断。关于必要费用和有益费用的划分，在无因管理的规定（台湾地区民法第 176 条）、契约效力规定（台湾地区民法第 259 条）中就可以看出。占有物返还时占有人对回复请求人提出费用的求偿，也因费用的种类不同而不同，可以请求返还的费用涉及必要费用和有益费用（受限于一定的条件），奢侈费用则不能得到保护。②

其次，占有人是善意占有还是恶意占有，在费用的求偿上也有不同。对于善意占有人而言，必要费用是管理、保存物所必需的支出，即使物在回复请求人自己的管领之下也是如此，因此对此有求偿的权利。但是在实践中，依据善意占有人得为物的使用收益规定，占有人可能已经实际收取了物的孳息，依法成为孳息的当然所有权人。如果要求回复请求人将所有的必要费用都返还，会造成占有人获得额外的不合理利益。因此，在收取孳息的情形下，通常的必要费用由占有人负担，他只能要求特别必要费用的求偿，这样处理才是公平合理的。当然，孳息与支出的通常必要费用在

<hr/>

① 关于台湾地区占有立法理由及相关判决对奢侈费用的界定，参见王泽鉴《民法物权：用益物权·占有》，中国政法大学出版社 2001 年版，第 329 页。

② 德国民法理论上认为占有人支出的奢侈费用（Luxver wendungen）也不得请求返还。参见王泽鉴《民法物权：用益物权·占有》，中国政法大学出版社 2001 年版，第 329 页。在德国民法中，如前所述，占有人在占有物上支出的费用，有一类"不使物的价值增加的费用"，对此，无论占有人属哪类占有人，除允许占有人依据取回权取回外（民法第 997 条），占有人并不能向所有人要求偿还。这种费用不属于必要费用，与能够增加物的价值的有益费用、奢侈费用也显然不同，因此也是应该加以规范的。

价值上并不一定是相等的，但通常情况下二者不会有太大出入，而且——计算二者之间的差额显得麻烦，故法律对于差额问题并不考虑。不论支出的通常必要费用高于或者低于孳息的价值，当事人之间都无须向对方做出补偿。而对于有益费用，一般来说，在占有物现存的增加价值限度内，由占有人向回复请求人请求偿还也是公平的，这样处理既考虑了占有人的利益，也不使回复人增加必要的负担。这种处理，与不当得利制度中受领人在不知无法律上的原因时仅在所受利益的范围内返还的精神相一致，都属于照顾善意者的规定。而关于奢侈费用的支出，完全超出了回复权利人的预期，为免于使其增加不必要的负担，避免占有人任意支出在前，要求补偿在后，故占有人不能向回复请求人求偿。

恶意占有人因主观上具有可责难性，自然不能像善意占有人那样受到法律的照顾。其在占有物上的各种费用支出，依据无因管理及其他制度规定解决，从实际效果看，其求偿范围比善意占有人要窄得多。

对于必要费用（无论是通常还是特别必要费用）的支出，依据无因管理制度处理。台湾地区民法上无因管理支出费用的求偿，可分为不同的情形，有必要进行区别说明。①

第一种情形，如果必要费用支出有利于回复请求权人，而且不违反其意思的，依据民法第176条第1项的规定，可以要求必要费用的返还，如医治生病的动物、修缮遮蔽漏雨的房屋。第二种情形，如果必要费用支出违反回复请求权人的意思，但是出于为其尽公益上的义务，或者履行法定扶养义务，或者回复请求权人的意思违反公共秩序善良风俗的，也可以依据民法第176条第1项规定要求必要费用的返还，如缴纳税费等。第三种情形，如果必要费用的支出不利于回复请求权人，或者违反回复请求权人的意思的，除了本人仍然享有管理所得的利益以外，

---

① 中国台湾地区民法第176条规定："管理事务，利于本人，并不违反本人明示或可得推知之意思者，管理人为本人支出必要或有益之费用，或负担债务，或受损害时，得请求本人偿还其费用及自支出时起之利息，或清偿其所负担之债务，或赔偿其损害。第174条第2项规定之情形，管理人管理事务，虽违反本人之意思，仍有前项之请求权。"第177条规定："管理事务不合于前条之规定时，本人仍得享有因管理所得之利益，而本人所负前条第1项对于管理人之义务，以其所得之利益为限。前项规定，于管理人明知为他人之事务，而为自己之利益管理之者，准用之。"相比之下，中国大陆地区民法中的无因管理规定条文单薄，需要借鉴理论和其他立法例以加以辅助说明与运用。

占有人可以要求偿还必要费用，不过应该以回复请求权人所得的利益为限，如占有他人准备拆除的房屋加以修缮重建，求偿时他人可以主张没有获得利益。回复请求权人也可以依据不当得利的规定，主张没有获利，从而免除返还的义务。

对于有益费用，如果允许恶意占有人求偿，则其很可能在占有物上多支出有益费用，从而给回复人增加不必要的负担。因此台湾地区民法占有制度未将其纳入无因管理的适用范围，而无因管理制度原本可适用于必要费用支出和有益费用支出的情形。对有益费用恶意占有人能不能另行以不当得利提出主张，存在争议。有观点斟酌占有立法理由，衡量当事人的利益，考虑不当得利的原则和德国学说，主张否定不当得利的适用。但是实践中有判决支持可以依据不当得利请求返还有益费用，不过不能在占有人返还使用物的代价时加以扣除，而是应该另外提出请求。① 笔者认为，基于以下理由，应该支持不当得利的适用。其一，占有物回复时费用补偿的规定，与不当得利制度的规范目的不同，二者并不排斥。前者是平衡占有人与回复请求人之间的利益，补偿占有人费用的支出；后者是消除无法律上原因的财产增加，返还的利益着眼于受益人所得或尚存的利益，而不在于占有人对物的费用支出。其二，排除适用不当得利会造成法律适用上的不公。占有物支出有益费用不能按照不当得利要求返还，没有占有物而对物支出了有益费用的，按照规定并不排斥不当得利的适用，如此一来会造成不公平的法律适用。其三，适用不当得利并不一定会使得回复请求权人负担增加。否定适用不当得利的主要理由是为了避免增加回复请求权人的负担，避免违背其意志的费用支出。但是适用不当得利的话，回复请求权人可以主张自己并未获益或者该利益对自己而言并不存在，从而避免出现不得不接受支出的有益费用。② 两种规范途径，并不会造成结果上的实质区别。

关于在占有物上支出的奢侈费用，善意占有人不能向回复请求权人求偿，举重以明轻，恶意占有人更不得就其提出求偿要求。而对此，台湾地

---

① 参见台湾地区 1972 年台上字第 1004 号判决。

② 也就是说，针对物而言，支出的有益费用能增加其价值，但是价值具有相对性和主观性，不同的主体对于物的价值看法不同。占有人从自身出发，他并不一定认为有益费用的增值对自己而言是有益处的。如虽然占有他人房屋支出有益费用，但其实房主对该房早有拆除重建的打算，对他来说在该房上支出的有益费用对自己根本毫无用处，也就谈不上什么得利。

区民法上的无因管理制度原本就未将管理人支出的奢侈费用作为补偿的对象，由此亦只能按照不当得利的规定处理。

占有人对支出费用的相关给付请求是在权利人要求回复占有物时存在的，理论上被认为是独立之债的请求权。与此相关的问题有：其一，占有人能否因为该费用求偿未能满足而留置占有物；其二，该费用请求与回复请求人请求回复占有物是否可以要求同时履行，占有人有无同时履行抗辩权；其三，对于因支出费用增加了可以分离的设备设施时，可否由占有人取回。

对于第一个问题，学者认为，不论善意占有人还是恶意占有人，在请求偿还的费用没有得到清偿之前，就占有的动产享有留置权。但是对于因侵权行为取得物的占有的，不能主张留置权。① 对于第二个问题，由于费用的求偿权与占有回复请求权，并不是因为同一个合同产生的互负债务的问题，因此不能主张同时履行的抗辩。占有人可以另行提出请求，不能将未受补偿作为拒不返还的依据。② 对于第三个问题，支出费用后对物增加设备设施的，本来回复请求权人应该补偿，以作为费用支出的对价。从公平角度考虑，将设备设施分离取回，一来弥补占有人自己支出的费用，二来也不需要回复请求权人补偿，处理较为公平。这种情况，主要针对的是支出有益费用、奢侈费用造成的结果，如果是必要费用则增加设备设施，属于物管理、保存所必需的，很少有取回的情况发生（也不能排除取回后，由回复人自己再行支出，体现对物自决的权利）。当然，当事人之间可以就是否取回达成协议。至于上述支出增添的设备设施，如果因为分离

---

① 参见王泽鉴《民法物权：用益物权·占有》，中国政法大学出版社2001年版，第332页。另参见中国台湾地区民法第928条。日本民法第295条也有类似的规定，而且恶意占有人要求偿还有益费用时，法院可以依据回复人的请求许以相当的期限，在此情形下，占有人不得以未返还有益费用为由留置占有物。参见［日］我妻荣《民法讲义Ⅱ·新订物权法》，罗丽译，中国法制出版社2008年版，第511页。在德国，根据民法规定及司法实务，对占有人来说，在未受到费用偿还时，对物有留置的权利（民法第1000条）；对所有权人来说，只有在获得物的占有或者他对费用已做认可时，才须对费用进行偿还（民法第1001条）；如果物的返还对于所有权人无意义，如偿还费用高于物的价值时，占有人可以从物上取得费用的清偿（民法第1003条）；此外，实务上还提出了差额理论可以准用于占有人的费用求偿请求权和所有人的收益返还请求权。参见［德］鲍尔、施蒂尔纳《德国物权法》（上册），张双根译，法律出版社2004年版，第194页。

② 参见台湾地区1980年台上字第696号判决。

会造成占有物的损害，自然不能要求取回。①

我国《物权法》占有章中有一个条文涉及占有人费用支出的补偿问题，第 243 条规定："不动产或者动产被占有人占有的，权利人可以请求返还原物及其孳息，但应当支付善意占有人因维护该不动产或者动产支出的必要费用。"对占有人支出的各类费用支出补偿，如果我国占有制度中没有规范，则用什么样的民法制度来规范解决，值得分析。已经规范的费用支出补偿，与无因管理、不当得利制度适用的关系，也需要厘清。在支出费用的类型上，该条仅规定必要费用的返还问题，这与我国民法规定无因管理仅涉及必要费用一脉相承，依据我国立法相关规定的解释，有益费用、奢侈费用一律不在无因管理支出费用可以返还之列。于是就应有借助民法上不当得利制度处理这些费用的考虑。具体地，对于善意占有人来说，借助占有制度中的规定或者无因管理的规定，都能达到请求返还必要费用的效果，可以由当事人进行法条上的依据选择。当然，占有人也可以选择利用不当得利制度的规定。由于善意占有人的返还请求未涉及其他费用，在仅适用于必要费用时，看不出两种制度适用效果上的区别，加上我国民法的无因管理制度规定单薄，所以难说占有中的规定属于无因管理制度的特别规定，或者说占有制度中的这一规定仅是无因管理制度适用的情形之一。而对于善意占有人支出的有益费用、奢侈费用，甚至是没有增加物的价值的费用，都只能借助不当得利制度来加以解决。至于恶意占有人支出的任何费用在占有制度中都没有规定，显然按照其属于必要费用还是其他费用，以及是否符合其他条件，有无因管理制度或不当得利制度的适用。如果说从《物权法》第 243 条规定的"善意占有人对于维护物支出的必要费用享有求偿权"的反面解释中，能够推导出"恶意占有人对于维护物支出的必要费用没有求偿权"的话，则就可以确定该规定属于无因管理制度的例外规定，因为无因管理制度一般而言也保护恶意占有人对必要费用支出的求偿。如果不做这种推导解释，则恶意占有人利用无因管理制度，其与善意占有人无论援引无因管理制度还是援引前述占有制度规定，所获得的对待是一样的，体现不出法律区别对待善意占有人和恶意占有人的精神。

---

① 参见史尚宽《物权法论》，中国政法大学出版 2000 年版，第 584 页。德国民法第 997 条有关于取回权的详细规定。

　　相比较其他法例占有中的规定而言，我国涉及占有人对费用支出的求偿的法律规定，显得十分简单，很多问题只能借助其他制度进行规范处理，总体而言没有明确体现出属于民法其他制度一般规定以外的特殊规范的特点。这种状况，有必要在完善占有制度中占有人与回复请求人权利义务关系时加以改变。

五　占有人与回复请求人权利义务关系的法律规范运用

　　占有人与回复请求人权利义务关系的法律规范运用，主要涉及占有制度中特殊规定的适用范围及这些规定与民法其他制度适用的关系。

　　首先，就占有制度中规定的占有人与回复请求人的权利义务关系的适用范围，根据其制度规范宗旨，它应适用于无权占有中，依附于某项权利人有占有物回复请求权的主法律关系。在台湾地区民法占有章中，关于占有人与回复请求人在使用收益、损害赔偿、费用求偿方面的权利义务关系，规范明确涉及的是善意占有人和恶意占有人。而善意占有人和恶意占有人两者都属于无权占有人。有权源的占有人，没有区别善意与恶意的必要，前述方面的问题依据占有权人与其他主体之间赋权的有效合同关系或者法律赋权的相关规定处理，① 如对于有权占有，有效赋权合同或法律赋

____

　　① 参见苏永钦《所有人与占有人关系》，载苏永钦主编《民法物权实例问题分析》，清华大学出版社 2004 年版，第 252 页。其认为台湾地区"最高法院"将占有制度中的特殊规定，适用于出租人与承租人之间的关系（1957 年台上字第 1648 号判决），是不正确的。关于有权占有依据基本关系处理权利义务的论述，参见王泽鉴《民法物权：用益物权·占有》，中国政法大学出版社 2001 年版，第 334 页。日本民法理论上也认为，首先依据占有人与回复人之间的正当法律关系处理相关权利义务，但是在这种关系完全不存在或者虽外观存在但无效或被撤销时，在一定情况下会适用侵权行为或不当得利的规定，但是仅此仍不足以充分解决问题，因此需要对无占有本权的占有人区分善意与恶意进行特殊规定。参见［日］我妻荣《民法讲义Ⅱ·新订物权法》，罗丽译，中国法制出版社 2008 年版，第 507—508 页。德国民法中，前述占有人与回复权利人的诸多关系被规定在所有物返还请求权以下（用益权、质权、地上权等包含物的占有的可以准用），作为其特别规范适用，而所有物返还请求权不能针对有权占有人（无论基于物权还是债权）行使，否则，可能会使所有权人违反其在具体法律关系中所承担的、使占有人获得并保持占有的义务，而且也是违反诚实信用原则的。有权占有不仅指该占有被占有人与所有权人之间直接成立的法律关系所包含的情形，也包含占有人的有权占有源于他人，而该他人针对所有权人又有将占有予以转让的权利的各种情形。有权占有作为一种抗辩，不是当事人主张援引才适用的抗辩权，而是法官可依职权援引的诉讼上的抗辩。参见［德］鲍尔、施蒂尔纳《德国物权法》（上册），张双根译，法律出版社 2004 年版，第 187、196、198 页。

权的规范没有规定的话，按照行为和责任的类型归属，当然有不当得利、侵权损害赔偿或无因管理等制度的运用。因此，应正确界定占有人在回复占有物当时是处于有权占有状态还是无权占有的状态。占有人的占有从外观上有可能保持持续，但中间或许包含有权和无权占有的情况。如依据租赁合同占有租赁物，承租人在合同期满后没有依约返还出租人，则以合同期满为界，前一阶段为有权占有，后一阶段为无权占有。需要确认使用收益、损害赔偿、费用支出发生在哪一阶段，选择适用恰当的规范。① 我国《物权法》占有章中，根据第241条"基于合同关系等产生的占有，有关不动产或者动产的使用、收益、违约责任等，按照合同约定；合同没有约定或者约定不明确的，依照有关法律规定"的规范意旨，基本即属于前述所谓的有权占有的处理规范。有效规范占有权关系的合同或者法律有规定的，依据其规定，如规定不明或者无规定的，适用一般不当得利、侵权责任、无因管理的规定处理。不过此处仅明确涉及"使用、收益、违约责任等"，是否包括损害赔偿、费用支出等方面，笔者认为该条规定仅为列举式规定，其"等"应做包括损害赔偿、费用支出在内的肯定解释。对于有权占有的情况，不能利用占有制度中区别对待善意占有人和恶意占有人的特殊规范来解决前述相关问题。

占有制度规定的占有人与回复请求人之间围绕上述方面发生的权利义务关系，依附于回复请求人有权回复占有物的主请求权，典型者如所有权人的所有物返还请求权。这种主请求权并不是产生有权占有关系中权利人的请求权，而是确定为无权占有时权利人的回复请求权。如依据有效租赁合同产生有权占有的，租赁到期后出租人行使的合同上租赁物的返还请求权，就不是这里所说的主请求权；而一旦承租人期满后拒不返还或者租赁合同被确认为无效的，承租人构成无权占有，出租人有所有物返还请求权，构成此处所说的主请求权，此时即可依附该项主请求权，按照占有制度的规定处理占有人与该回复请求人之间在物的使用收益、损害赔偿、费用支出补偿等方面的关系。

以下以买卖、租赁合同为例进行简单解说：在买卖合同与转移物的物

---

① 德国民法实务上及部分理论认为产生有权占有的法律关系结束时，有权占有已不存在，从而适用民法第987条以下所有权人——占有人关系规定，但理论上也有不同的见解。参见[德]鲍尔、施蒂尔纳《德国物权法》（上册），张双根译，法律出版社2004年版，第200页。

权行为独立的，买卖合同不成立、无效或被撤销时，如物权行为也存在同样的瑕疵时，则买受人的占有属于无权占有，此时有占有中规定的适用；如采取物权行为无因性，物权行为有效时，则买受人的占有属于有权占有，不过其取得属于不当得利，按照不当得利的规定处理，不适用占有制度中的规定。买卖合同解除时，买受人应该返还标的物，且遵守相关的权利义务规定（台湾地区民法第 259 条），此时适用该种一般规定，不适用占有中的规定。① 租赁合同有效的，承租人的占有属于有权占有，按照租赁合同和民法的一般规定处理；租赁合同不成立、无效或被撤销的，承租人属于无权占有，适用占有中的规定；租赁关系终止或租期届满的，承租人此后不返还占有物的，构成无权占有，适用占有中的规定。

其次，就占有制度中关于占有人与回复请求人的权利义务关系的规定，与民法不当得利、侵权损害赔偿、无因管理制度之间的适用关系，应依据占有制度相关规范的宗旨，权衡当事人之间利益的保护，按照法律适用的一般逻辑，解决占有制度中的规定是否属于排他性特殊规范，是否与不当得利、损害赔偿、无因管理制度等规定竞合而由当事人选择适用等问题。

以下结合前文主要谈及的台湾地区民法占有制度中的规范情况具体说明。

第一，关于占有物使用收益的法规范运用。对于占有物的使用收益，占有制度中规定善意占有人在推定适法所有的权利范围内，可以对物进行使用收益（台湾地区民法第 952 条）。这一规定是对善意占有人的优惠待遇，从规范目的看，应该排除不当得利的适用。对于恶意占有人，台湾地区民法占有章虽然没有直接的明确规定，但根据第 958 条"恶意占有人，负返还孳息之义务。其孳息如已消费，或因其过失而毁损，或怠于收取者，负偿还其孳息价金之义务"的规定，② 可认为恶意占有人并没有收益物的权利。对于物的使用利益，虽然有学者解释可以纳入"孳息"中，

---

① 参见王泽鉴《民法物权：用益物权·占有》，中国政法大学出版社 2001 年版，第 334 页。德国民法理论上有认为契约关系结束后，返还清算仍受契约法调整的观点，参见［德］鲍尔、施蒂尔纳《德国物权法》（上册），张双根译，法律出版社 2004 年版，第 201 页。

② 不过孳息被消费时需要返还价金，学者认为解释上包括将孳息出卖或者赠与。参见王泽鉴《民法物权：用益物权·占有》，中国政法大学出版社 2001 年版，第 321 页。

不过并没有太大的说服力。因此，只能说可以类推适用该条。① 此外，按照民法第952条的反面解释，恶意占有人也不能使用收益占有物。笔者认为，占有中未明确规定恶意占有人返还物的使用利益和收益，确实值得检讨。恶意占有人对占有物的使用收益，依照占有的规定应当返还，同时也不能排斥不当得利的运用。如在孳息因为出卖被他人善意取得，占有人获得价金的情形，或者恶意占有人使用物获得使用利益时，如果民法第958条解释涵盖上存在困难，则适用不当得利返还获取的价金或者使用利益的价额，则更为便利。当然，对于"过失毁损孳息"、"怠于收取孳息"造成损失的情况，如不能同时有不当得利的适用，也应有损害赔偿责任的请求权竞合。②

第二，关于占有物毁损灭失赔偿的法规范运用。物的灭失又分为物理灭失和法律灭失，使用、消费、添附、无权处分等都要考虑在内。对于占有物的毁损灭失，占有制度中规定，因为可归责于占有人的事由导致，善意占有人仅以灭失或毁损所受的利益为限，赔偿回复请求人（台湾地区民法第953条）。这一规定是对善意占有人的优惠待遇，从规范目的看，应该排除侵权损害赔偿的适用。③ 如甲出卖物给乙，乙不知甲无行为能力，买卖合同无效，物在被乙占有期间因为保管不善而灭失。甲向乙要求返还该物时，一般而论，原物不存在的应该返还相当的价额。但是，乙可以以

---

① 参见王泽鉴《民法物权：用益物权·占有》，中国政法大学出版社2001年版，第321页。
② 根据中国《物权法》第243条中"不动产或者动产被占有人占有的，权利人可以请求返还原物及其孳息，但应当支付善意占有人因维护该不动产或者动产支出的必要费用"的规定，就占有人对物的收益，基于该条中"孳息"应当返还的规定，对无权占有，不管是善意占有人还是恶意占有人都应当返还。且关于孳息问题的占有制度规范与民法的不当得利制度，可由当事人选择适用。如果将"孳息"像其他法例那样解释包含使用物的利益在内的话，则因使用而获取的利益似乎也应一并返还。不过，依据《物权法》第242条"占有人因使用占有的不动产或者动产，致使该不动产或者动产受到损害的，恶意占有人应当承担赔偿责任"的文义，"使用"问题是与"孳息"作不同规定的。从该条文中，尚不能推导出就占有物使用，善意占有人恶意占有人一体有权保留使用利益，或者仅善意占有人受到优待的结论。如此一来，善意占有人和恶意占有人的使用利益问题，就只能借助于不当得利制度的一般规定加以解决了。
③ 能否排除其他规范的适用，如民事行为无效或被撤销的责任、缔约过失责任、所有物返还请求权等，从规范目的而论，应该做肯定的解释。

占有的规定主张物灭失没有获得利益，从而免除赔偿责任。① 对于恶意占有人，占有制度中规定，因为可归责于占有人的事由导致占有物毁损灭失的，恶意占有人应当赔偿回复请求人（台湾地区民法第 956 条）。这种规定，实际上与侵权损害赔偿的一般规定并无不同，回复请求权人当然可以依据侵权责任或者占有的该项规定要求赔偿。亦即，占有制度的这一规定并不排斥侵权损害赔偿的适用。② 在占有物上，还可能出现消费使用、添附或者无权处分造成的物理或法律上的灭失，从台湾地区民法占有制度中第 953 条和第 956 条的规定看，此时并不排除不当得利的运用。从选择适用不当得利的效果看，与占有制度的规定并无实质不同。关于物被消费，并非物的使用收益，但应作为占有人受有利益，因为无法律上的原因，显然应可以依据不当得利返还。而无论按照台湾地区民法第 953 条的"所受利益为限"还是第 956 条的"损害赔偿"看，原物的价值即所受的不当

①　这在中国的司法实践中似乎难以接受，如果相互间都有占有物的要求返还，但是物在自己占有期间因为自己过错灭失的一方，不用承担赔偿价款的义务，但对于善尽了保管义务的仍然还保留自己交付的物的另外一方，却还可以要求其返还占有物，明显存在不公。不过，按照中国《物权法》第 244 条"占有的不动产或者动产毁损、灭失，该不动产或者动产的权利人请求赔偿的，占有人应当将因毁损、灭失取得的保险金、赔偿金或者补偿金等返还给权利人；权利人的损害未得到足够弥补的，恶意占有人还应当赔偿损失"的反面解释，善意占有人没有获得物的毁损灭失利益的，不需要承担赔偿责任。上述例子确实也可能存在，并会有不公的现象。在司法实践中，不论是依据所有物返还请求权还是合同无效的法律效果处理，基本上都是物不存在的，返还其价额，没有上述善意占有人的责任限制的运用。这种状况，到底应该如何理解、运用法律规范，值得思考。

②　能否排除其他规范的适用，如民事行为无效或被撤销的责任、缔约过失责任、所有物返还请求权等，从规范目的而论，应该做否定的解释。依照中国《物权法》第 244 条的规定，恶意占有人的赔偿责任与一般侵权赔偿责任规定相同。如甲所有的物被乙盗窃，乙在使用中因自己过错导致物完全毁损，乙按照恶意占有人的规定或者侵权责任的规定，都应该完全赔偿。中国《物权法》还有第 242 条"占有人因使用占有的不动产或者动产，致使该不动产或者动产受到损害的，恶意占有人应当承担赔偿责任"的规定。该条涉及的是"占有人使用占有物受损"，与第 244 条规定的第三人原因、保险或意外事故等非占有人使用受损的情况不同。依据前一规定，善意占有人使用造成占有物受损的情况，根本不承担赔偿责任，无所谓赔偿责任限额的问题，也就是说排除侵权损害赔偿的适用。但是使用收益的价额，在善意占有人，依据台湾地区民法不用返还，大陆地区民法因占有章无规定，只能适用不当得利；在恶意占有人，依据台湾地区民法可以按照占有规定或者不当得利处理，大陆地区民法因占有章无规定，只能适用不当得利。这里显见两个法例之间的差别。

得利。关于物被添附而取得所有权的，也可以认为存在物的价值相当的得利，应可以依据不当得利返还。无权处分导致他人善意取得，占有人获得价金的，权利人可以主张不当得利。当然，适用占有制度规定时，如占有物视为"法律上灭失"，则善意占有人在得利范围内应当返还，这与不当得利规定处理结果并无实质区别。而如适用恶意占有人的民法第956条时，则物的价值可能与处分价金存在不同，权利人可以做出选择，如果处分价金不足弥补的，权利人当然可以要求额外的赔偿。①

第三，关于占有物支出费用补偿的法规范运用。善意占有人对于支出的必要费用，可以请求偿还，但是已经收取了孳息的，不能请求通常必要费用的偿还；对于支出的有益费用，在占有物现存的增加价值限度内，可以请求偿还（台湾地区民法第954条、第955条）。这些规定，是针对善意占有人的特别规定，从规范目的看，应该排除不当得利的适用。恶意占有人对于支出的必要费用，可以按照无因管理的规定请求偿还（台湾地区民法第957条）。在法规范的运用上，应该是该条结合无因管理规定一起适用，法规范本质在于无因管理制度。对于支出的有益费用，从民法第957条规定的反面解释，不能按照无因管理处理，但是由于占有章没有明确规定，可以按照民法中不当得利的规定进行处理。②

关于民法占有制度中涉及使用收益、损害赔偿、费用支出补偿等问题的规定，与不当得利、损害赔偿、无因管理等民法一般规定的适用关系，台湾地区学说上有的认为原则上属于请求权竞合，例外情况下占有制度的

---

① 中国《物权法》第244条原则上可以借鉴此种理解。

② 中国《物权法》第243条规定："不动产或者动产被占有人占有的，权利人可以请求返还原物及其孳息，但应当支付善意占有人因维护该不动产或者动产支出的必要费用。"对于善意占有人来说，借助占有制度中的规定或者无因管理的规定，都能达到请求返还必要费用的效果，可以由当事人进行法条上的依据选择。当然，占有人也可以选择利用不当得利制度的规定。中国无因管理制度仅解决必要费用的偿还，对于善意占有人支出的有益费用、奢侈费用，甚至是没有增加物的价值的费用，都只能借助不当得利制度来加以解决。至于恶意占有人支出的任何费用在占有制度中都没有规定，显然按照其属于必要费用还是其他费用，以及是否符合其他条件，有无因管理制度或不当得利制度的适用。如果说从《物权法》第243条规定的"善意占有人对于维护物支出的必要费用享有求偿权"的反面解释中，能够推导出"恶意占有人对于维护物支出的必要费用没有求偿权"的话，则就可以确定该规定属于无因管理制度的例外规定。

规定具有排他性。① 有的则赞同采用绝对的请求权竞合说，得由当事人自由选择。② 笔者认为，如果占有制度规定的适用总体上体现不同于后者一般规定适用的结果，但又为后者的适用留下部分余地的话，不妨认为占有制度的规定原则属于排他性规范但部分情况下允许请求权竞合。如果占有制度规定的适用总体上与后者一般规定的适用并不排斥，但个别地方又体现占有制度规定的不同的话，则不妨认为占有制度的规定与后者一般规定原则上属于请求权竞合，例外情形下体现一定排他性，或者说属于有限制的请求权竞合。区别的关键在于占有制度规定体现的特色程度及其与民法其他一般规定适用的异同程度。从此标准出发，笔者认为台湾地区民法占有制度的规定与民法其他一般制度规定的适用关系，总体而言前者原则属于排他性规范但部分情况下允许请求权竞合。③ 按此，如果占有制度中的规定属于照顾善意占有人或否定恶意占有人的，则应依其规范目的排除不当得利、损害赔偿或无因管理等一般规定的适用。除此之外不排除民法一般规定适用的，请求权可以发生竞合关系，由当事人进行选择。就我国《物权法》占有一章中的规定来看，在法律规范的运用上，占有人与回复权利人之间就使用收益、损害赔偿、费用支出求偿产生的权利义务关系，主要运用于无权占有中，而且本着对善意占有人与恶意占有人区别对待的原则，作出了一些特殊规定，总体上应看做是民法不当得利、侵权损害赔偿、无因管理制度以外的特别规范。但由于占有制度规定单薄，因此适用民法一般制度规定的可能性特别大，往往是后者中的规定才是处理占有人与回复权利人之间关系时可以利用的明确规范。当然，其中也并不排除有请求权竞合适用的情况。总体来说，我国物权法中占有制度处理前述问题的规范适用不如其他法例复杂，不过随着占有制度的完善，可以预见不同法规范适用之间的竞合、冲突等情况将越发显现出来。

---

① 参见王泽鉴《民法物权：用益物权·占有》，中国政法大学出版社 2001 年版，第 334—335 页。

② 参见倪江表《民法物权论》，台北正中书局 1982 年版，第 428 页；郑玉波《民法物权论》，台北三民书局 1999 年版，第 400 页；谢在全《民法物权论》（下），中国政法大学出版社 1999 年版，第 1005 页。

③ 德国司法判例和理论通说认为，原则上民法第 987 条以下规定为排他性特别规范，但同时也例外地承认对该原则存在一些突破。参见［德］鲍尔、施蒂尔纳《德国物权法》（上册），张双根译，法律出版社 2004 年版，第 203—207 页。

第三章

占有保护论

第一节　占有制度的功能及占有保护的理由

占有保护是占有法律效力的集中体现，是占有最基本的效力。对占有进行保护，也是占有其他诸多法律效果得以实现的前提和保障。不区分具体样态和类型，只要构成占有，不论合法与非法、有权与无权、善意与恶意，都获得占有制度中规定的法律保护。这体现出占有被视为一种法律事实而非权利的典型特点。对占有法律事实径直提供法律保护，这种实体法上的规定，直接构成了程序法上占有诉讼展开的基础。

一　关于占有制度功能及占有保护理由的不同见解

占有保护首先需要解决的是占有保护的理由问题，这实际上也涉及占有制度的功能、机能或者说占有法律制度追求的价值目标问题。关于占有制度的法律价值和法律功能，王泽鉴先生介绍，① 目前通说认为占有制度有保护、继续和公示三大功能。这三种功能都是基于一种基本认识，即"占有背后通常存在着某种特定权利，尤其是所有权，保护占有，实际上就在保护此种权利"。

就占有的保护功能，王泽鉴先生认为，占有一旦存在就应该受到保护，以维护社会平和与物的秩序，这是占有制度的"基本功能"。正因如此，民法中规定了占有的自力救济权和占有保护请求权，这对于占有被侵

---

① 参见王泽鉴《民法物权：用益物权·占有》，中国政法大学出版社 2001 年版，第 173—174 页。德国民法学说上的类似论述，参见［德］鲍尔、施蒂尔纳《德国物权法》（上册），张双根译，法律出版社 2004 年版，第 105—110 页。

夺者而言,享有"绝对的保护"。从该功能可以发现"任何人不能以私力改变占有的现状"的基本法律原则。就占有的继续功能,王泽鉴先生认为,占有人对占有物有继续使用的利益,并引用德国学者黑克常举的例子加以说明:甲的衣服被乙盗窃,甲在寒冬于路上发现乙穿着该衣服,如果甲迫使乙返还衣服的话,将使乙陷入痛苦的困境,据此占有人对物有继续使用的利益。他还举出"买卖不破租赁"、承租人有权对无权占有的他人行使占有物返还请求权来说明该种"继续功能"。对占有达到一定期间可以取得占有物上行使的权利的时效取得制度,他认为是在于促进占有继续的功能。就占有的公示功能,王泽鉴先生认为,占有为了表彰本权,具有公示功能,并发生三种效力:一是权利转移的效力,即动产物权的转移以交付物为生效要件;① 二是权利推定的效力,即占有人在物上行使的权利,推定适法有此权利;② 三是善意取得的效力,即动产物权转移中善意受让动产占有的,即使让与人无让与的权利,占有也因此受到保护,并取得动产物权。③

作为自然事实的占有,容易被另一管领事实所取代,本来没有保护何者的问题,一切都依据主体的实力决定支配状态与范围。一旦占有上升为法律事实,法律必然要对两个支配冲突加以调整,保护其中的一个占有支配。占有诉权历来被认为是占有保护制度的核心,考察围绕占有诉权存在基础提出的一些观点,可以了解占有获得民法保护的理由。

观点一:所有权(本权)保护说。这种观点主张占有是所有权的事实反映,如不加以保护,所有权保护就不完全。证明所有权存在不容易,被称为"恶魔的证明",而占有事实容易证明,通过占有诉权可以保护所有权。占有诉权也保护了一些不应该保护的人是正常的现象。德国法学家耶林提倡此说。④ 随着占有背后权源的拓展,以后演变为本权保护说。法国法理论上认为,占有的专门诉权目的首先还是为了"保护真正的所有权人",占有诉权的优惠待遇如果说"给窃取财产的人带来了利益",那也

---

① 参见台湾地区民法第761条,中国《物权法》第23—27条。

② 参见台湾地区民法第943条。

③ 参见台湾地区民法第801条、第886条、第948条,中国《物权法》第106条。二者关于善意取得的条件有很大的不同,但就善意要求、必须已经获得了物的交付来说,则是相同的。

④ 参见周枏《罗马法原论》(上册),商务印书馆1994年版,第455—456页。

仅仅是极个别情形。① 观点二：债权的利用权人保护说。这种观点主张占有诉权的存在意义为对占有物的债权利用权人进行保护，认为物的利用多借助债权关系进行，一般不具有对抗第三人的绝对效力，赋予占有诉权可使债权人排除第三人对占有物的侵害。② 观点三：社会秩序维护说。这种观点认为，占有物的事实状态有自身合理性，即使与法律抵触，也不应该用私力加以干扰，而应该依照合法途径来排除。禁止私力扰乱某种已经存在的事实状态是一般公共利益的要求，占有诉权目的在于维护社会平和与秩序。德国学者德恩堡（Dernburg）、科勒（Kohler）等主张此观点。占有事实与本权一致的盖然性会带来占有诉权对本权的保护，不同的是，以往保护占有只是保护本权经由的途径，而现在保护占有的理由首先存在于占有自身，保护本权只是附带的作用。法国法理论上即使坚持占有诉权的主要目的是保护所有权人，但也不否认，对占有的侵害往往伴随着危害公共安宁的行为，在这种情况下赋予诉权本意上更多是制止"行为人的妨碍行为"，其次才是出于"有利于占有人"的想法。③

对于占有诉权，有学者还从占有主体寻求较为抽象的基础。德国法学家萨维尼认为侵害占有是侵害占有人的人格，保护占有的目的在于保护占有人的人格，防止发生侵权行为。德国 18 世纪的不少学者同意这种观点。法学家温得沙伊德（Windsheid）等更进一步主张占有为占有人意思的表现，侵害占有就是侵害占有人的意思，保护占有的目的是保护占有人的自由意思。④ 还有学者借鉴这两种观点，批判了占有保护平和秩序和连续性理论等说法，认为占有保护是为了保护占有人的占有免受私力的干扰，私力是对他人意愿的侵犯，同时也是对人格的侵犯。⑤ 萨维尼还提出了保护

① 理论上认为，保护占有可以用于保护所有权、共同所有权（共有权）以及所有权的各项派生权利。参见 ［法］让·文森、塞尔日·金沙尔《法国民事诉讼法要义》（上），罗结珍译，中国法制出版社 2001 年版，第 135、140 页。

② ［日］川岛武宜：《所有权法の理论》，第 158 页以下，参见刘得宽《民法诸问题与新展望》，中国政法大学出版社 2002 年版，第 364 页。

③ 参见 ［法］让·文森、塞尔日·金沙尔《法国民事诉讼法要义》（上），罗结珍译，中国法制出版社 2001 年版，第 135 页。

④ 参见谢在全《民法物权论》（下），中国政法大学出版社 1999 年版，第 936 页。

⑤ 参见周梅《间接占有中的返还请求权》，法律出版社 2007 年版，第 75、79 页。

占有在于反对暴力的观点，① 这实际上是从秩序的维护角度看待占有保护。意思说和人格说都带有理性法学和古典道德哲学的痕迹，萨维尼就曾受到康德和黑格尔思想的影响。

二　观点分析及本书所持的见解

对于学者主张的占有制度的保护、继续和公示功能，在德国民法理论上也得到了相应的阐述。这些论断无疑照应到了近现代民法占有制度受到日耳曼法影响的一面，从中不难窥见日耳曼法占有作为权利外衣的痕迹。但是对于此外的非权利层面上的占有最为基本的成分和基本功能的认识，却存在一些混淆和模糊不清的地方，以至于往往在权利论说的语境中出现了不甚严谨的判断。王泽鉴先生认为，占有的三大功能都是基于"占有背后通常存在着某种特定权利，尤其是所有权，保护占有，实际上就在保护此种权利"的"基本认识"。德国学者也认为，这些功能基于同一根源或认识，即占有在任何时候都是一定权利或利益的外在体现，对占有进行保护，也就是对站立于"占有"背后的利益进行保护。依生活经验看，占有通常体现着一物属于某一人财产的归属秩序，因此法律将权利推定与一定的占有状态联系起来，并要求物权的变动以占有关系的变动为条件。②

对此"基本认识"本书不敢苟同。这种认识，简单将占有保护的理由界定为占有具有保护本权尤其是所有权的功能，必将使得占有脱离不了权利思维的藩篱，不符合占有在起点上属于事实的定性。占有在罗马法中是和所有权清楚区别的。由于占有与权利并存的盖然性，占有保护在大多数情况下无疑会起到保护本权的作用，作为"第一道防线"，但是现代社会规定占有制度并不单纯着眼于权利，保护占有的起点甚至也不是权利。物的事实秩序的维护、私力的限制本身就是很好的理由，法律的价值追求处于不断的变化和丰富过程中。

在具体的占有制度功能上，学者在说明占有保护功能时，一方面坚持上述错误的"基本认识"，另一方面却又认为占有一旦存在就应该受到保

---

① 参见［德］弗里德里希·卡尔·冯·萨维尼《论占有》，朱虎、刘智慧译，法律出版社2007年版，第8页。

② 参见［德］鲍尔、施蒂尔纳《德国物权法》（上册），张双根译，法律出版社2004年版，第105页。

护，以维护社会平和与物的秩序，这是占有制度的基本功能。两种认识明显存在矛盾。从物权法的规定看，秩序与社会平和的维护应当是首要目的。① 对于该项功能是占有制度的基本功能，本书后面再行分析。此处需要指出的是前述认为占有保护具有"绝对性"的错误。诚然，就侵夺他人获得占有的人面对第三人的侵夺也享有占有保护，不问权源基础是否合法，取得对物事实上的管领即受到保护而言，占有具有绝对性。但是，考虑到占有维护的秩序不能对抗终局的权利秩序（表现在占有的相关请求面对权利请求时处于劣势地位），占有人自力救济和公力救济不能对抗自己所由侵夺的原占有人或权利人，可以说，占有保护对于物的秩序维护也不是绝对的。

就前述学者说明的占有继续功能及所举例子，本书认为，在衣服被盗一例，对衣服的使用收益，根据占有制度，仅仅为善意占有人推定在适法所有的权利范围内行使。② 对于此例，由于甲行使占有自力救济权的条件已经不具备，③ 只能行使占有物的返还请求权。在此期间，显然乙将能够实际保留对衣服的占有，因此不至于陷入痛苦的境地。而对于恶意占有人乙所实际享有的占有使用，不能说甲在要求保护时不可以请求损害赔偿或者使用收益不当得利的返还。这些结果，是占有制度根据占有被侵害的不同情况区别应对，平衡主体间利益或照顾弱者所致，不能简单说对所有的占有都一体赋予"对物继续使用的利益"，个别情况不能说明占有的一般功能。就租赁物买卖后承租人租赁不破，对此，在租赁关系存续中，承租人有继续占有物而为使用收益的权利，租赁关系对于物的所有权被让与的第三人继续存在，并非是"占有"体现出来的功能，而是租赁权的行使

---

① 王泽鉴先生在介绍占有制度的三大功能之后，在占有物权法保护论述中，主要强调占有维持物的秩序与社会平和的价值。他认为民法规定占有人的自力救济权与占有保护请求权，立法目的在于维持物的秩序与社会平和，占有人或侵害人是否具有本权，在所不同。例如德国法学家耶林在《占有论》中所说，强盗与小偷亦受保护。参见王泽鉴《民法物权：用益物权·占有》，中国政法大学出版社 2001 年版，第 340 页。德国民法学说在阐述占有保护功能时，强调在占有自身的法律制度中，占有的本体并不考虑权利基础关系而受到自力救济和占有诉讼的保护。而且在占有的债权法保护方面，也难以看出其与权利的紧密关联。参见 ［德］鲍尔、施蒂尔纳《德国物权法》（上册），张双根译，法律出版社 2004 年版，第 106 页。

② 参见台湾地区民法第 952 条。

③ 自力救济要求就地或追踪取回，实际上类似于"即时"的要求。

使然，或者是法律为强化对承租人的保护而使得租赁权具有物权特性的效果。承租人有权对无权占有的他人行使占有物返还请求权，也不是占有的"继续功能"所致。而对占有达到一定期间可以取得占有物上行使的权利的时效取得制度，认为是在于促进占有继续的功能的说法过于牵强，这是由于法律考虑到需惩罚物的权利人消极行使权利，以及照顾物的事实管领秩序向权利秩序转化以获得最终稳定性的需求，并不是占有什么"继续功能"使然。德国民法第 268 条中占有人对于债权人强制执行时为自己的利益代偿债务的消除权，也主要是利益平衡所致。简单说，我们可以认为在债权性法律关系中的占有人、消除权行使的占有人、时效取得的占有人，他们对能否尽可能长地保持对物的占有，有时也有重大的利益。① 但是，法律所赋予的诸种效果，一定不是简单地从占有的角度出发思考的。占有的状态要继续下去，要维护占有人对物的继续使用利益，必须有占有基本事实以外特定的理由支撑，比如占有人的善意、时间的经过、主体利益的平衡等。②

　　而学者所谓占有具有权利转让、权利推定、善意取得等方面的公示功能，③ 实际上是因为（动产）权利在行使、转移问题上，多以占有或者占有的转移来表彰表现之故，占有使得公众能认识到权利。不动产及特殊动产的相关功能已经由登记来代替，加上这是占有基于表彰本权而具有的功能，所以其仍然脱离不了权利思维的限制，具有局限性。

---

　　① 参见 ［德］ 鲍尔、施蒂尔纳《德国物权法》（上册），张双根译，法律出版社 2004 年版，第 106 页。

　　② 德国民法理论上与占有的此项功能相联系的占有保护理论有"连续性理论"，认为和所有权一样，占有是为了满足人类生活的需求，占有人一般来说有利益保持对物的占有，占有人仅仅在他人能够证明自己对物拥有比占有更强势的权利时才必须放弃他的占有。但是这种理论被学者批判在解说如何要保护窃贼问题上是不能令人信服的，对此理论只能提出德国民法第 1007 条来作为解释。参见周梅《间接占有中的返还请求权》，法律出版社 2007 年版，第 79 页。苏永钦先生就否认占有持续功能的价值，认为占有人不享有占有物的"组织价值"或"秩序利益"，占有在当代社会的功能仅在于它在物权秩序形成过程中的特殊作用：在使本权争执集中于法院（私力禁止）的同时借占有来维持因权利推定所构成的物权秩序外观。参见苏永钦《侵害占有的侵权责任》，载苏永钦《私法自治中的经济理性》，中国人民大学出版社 2004 年版，第 78 页。当然，将占有的功能仅限于维持因权利推定而构成的物权秩序外观，似仍未脱离权利思维的限制。

　　③ 德国学说中的论述，参见 ［德］ 鲍尔、施蒂尔纳《德国物权法》（上册），张双根译，法律出版社 2004 年版，第 61—65 页。

　　而围绕占有诉权提出的各种学说，不少仍然脱离不了权利导向的局限，没有从更为基础性的层面来思考问题。对于本权保护说的观点，通过占有诉权可以保护所有权，如果从罗马法占有对所有权诉讼的程序价值，特别是可以确定举证责任负担的作用来看，这种见解并无不妥。但在受日耳曼法占有影响的法律制度之下，占有具有推定本权存在的效果，只要证明占有事实，本权就因推定而存在，因反证而否定。本权保护说蕴含了占有与本权同属一人的理论前提，占有被包容在权利范畴当中。而民法除了要关注权利外，还要发掘维护占有事实本身的价值，将占有从本权中分离出来进行保护。占有事实与本权一致的盖然性，使得保护占有客观上也能起到保护所有权、他物权和债权等的作用，不过，就占有诉权的存在基础来说，本权的保护不应成为其制度设计的初衷。对于债权的利用权人保护说的观点，笔者认为，占有诉权会增强对债权的保护效果，弥补保护手段上的不足。不过，除了占有诉权外债权人仍然享有一些排除第三人对占有物侵害的救济途径，特别是当债权具有物权化特征时，如物权化的租赁权、预登记的不动产债权等；债权侵权学说也可以提供排除第三人侵害的支撑；而根据代位权的理论，也可考虑债权人代位行使债务人（所有人）对第三人的请求权。另外，占有事实也不一定只依附于债权，产生占有的基础很多，债权利用权人保护说显得狭隘。而且债权利用权人保护说实际上也没有脱离本权保护说的大框架，因此，不能以该观点来说明占有诉权存在的基本理由。至于占有保护在于保护主体人格或自由意思的学说，过于抽象，带有明显的个人主义色彩，是面向内部、面向主体的说明。作为法律制度的占有，必须具备外向视角，面向社会需求出发来说明应受保护的理由。① 而且，占有主要是指物的支配制度，将其与主体制度过于紧密联系，并不妥当。

　　对占有诉权在于社会秩序维护说的观点，甚或对占有诉权的价值，存在一些质疑，以下进行分析。

　　质疑一：被干扰的事实状态与法律抵触，即本权人干扰无权占有人时，虽然占有人能在占有之诉获得胜诉，但法律会最终保护本权人，此时，由于占有人最终得不到实在利益，一般来说他并不会提起占有之诉。

---

　　① 如人格保护说在 19 世纪尚有市场，但后来也逐渐不再被学术界所接受。参见周梅《间接占有中的返还请求权》，法律出版社 2007 年版，第 79 页。

笔者认为，占有本身就构成主体的一种利益，是保护的对象，最终权益归属不影响暂时归属所蕴含的秩序价值。特别是针对第三人时，占有更有值得保护的必要，无权占有的瑕疵具有相对性，不应扩展至占有人与第三人之间。即使面对本权人，无权但善意的占有人仍然享有孳息收益的最终归属权。何况，占有人诉讼追求的目标不一定是看重利益归属。

质疑二：非法取得的占有被干扰时，占有人也不会提起占有诉讼，因为一旦提起，非法取得行为就有暴露而受公法惩处的危险。笔者认为，占有取得还有其他方式，如拾得遗失物，对其不能随意加以惩处。占有人提起占有诉讼时，确证围绕的是一个现实的占有事实是否存在和受到侵害，而并不必然要去揭示获得占有的途径和原因。而且占有在私法上的效力不能随意以公法上的理由来否定，公私法不分不可取。

质疑三：非法取得的占有被侵夺时对其给予保护，使占有归于无权占有人，这一结果无异于以私法维护违反公法的不法行为，恰恰破坏了社会秩序。笔者认为，占有事实状态本身构成法律应该保护的秩序，法律秩序不能简单地用抽象权利秩序来说明和取代。这正如在诉讼法中谈到程序价值和实体价值的关系一样，不能用简单的某一价值高于另一价值来判断，程序公正带来了实体的不公仍然会被认为维护了法律的价值。占有取得非法，出于维护权利人的需要，在私法和公法上都有机制对其加以制裁，而占有保护针对的主要是第三人，在他们之间保护占有，无疑会维护社会秩序。

质疑四：占有诉讼简易、迅速，但是假处分等制度也可达到该目的，即无须先对实体权利进行判断，提供担保后可以直接进行法律救济，占有诉权制度实际上已作用甚微。笔者认为，假处分等需要提供担保，增加了很多麻烦，程序法上的制度毕竟与实体法上径直提供保护请求权不同。而且对占有的保护，已经扩展到允许一定限度的私力对抗私力侵害的程度了。

前面介绍的各种观点，要么围绕占有事实本身或占有中的某种绝对性因素来寻找保护理由，要么在此之外寻找依据，由此有相对主义与绝对主义说法的区别。相对主义不是围绕占有事实本身或占有中的某种绝对性因素来寻找保护理由，而是在此之外寻找依据。本权保护说与债权的利用权人保护说等可属此，保护占有的依据在于所有权以及债权等外部因素。绝对主义则围绕占有事实本身或占有中的某种绝对性因素来寻找保护理由，不在此之外寻找依据。人格保护说、意思保护说和社会秩序维护说（又称客观主义）属于绝对主义，占有人围绕占有表现的意思自由、占有人的人格以及占有事实本身，被作为占有保护的出发点。只不过前两者着眼于占有主体或其意思，并非直接着眼于物的控制支配事实。①

占有的制度机能在现代社会的体现不是单一的，对占有保护的理由也不是唯一的，其根据存在于各个方面。从主体角度、占有与本权关系角度、占有与社会关系角度来考量，都有其可取之处。但当我们将占有从本权中独立出来，发掘其事实价值并以此为基础构建独立的占有制度时，社会秩序维护显然构成基本的出发点。绝对主义中的客观主义理论应受到特别的重视。"特定物如已有某人之事实支配存在，纵令仅为事实支配状态，甚至实际上与法律上应有之状态相左，亦不许私力擅加侵害，而应加以保护，惟有如此，方足以维持社会之和平与秩序（是为保护社会和平与秩序说）。"② 胡长清先生所指的占有保护理由在于"以重公益"③，应理解为包含了上述意思。法国法将保护真正所有权人作为占有保护的优先基础，与其将占有首先定位为自主占有，在占有传统上"自主"要素具有强大力量紧密相关。由于占有与权利一致的可能性，且财产权利的完整形态是所有权，法国法将保护真正所有权作为首要理由自有其基础，对占有保护给窃取人带来利益仅是极少数的判断是正确的。随着对占有理解的扩大化及占有共性的发掘，有必要将处于次要地位的占有保护基础（或理由）上升为主要方面。从侵害往往属于危害公共安宁的行为角度出发，认为"制止妨碍行为"的出发点又优先于"有利于占有人"，有利于占有人的目的是保护真正权利人，那么在保护权利与维护安宁之间，又到底何为优先基础呢？从逻辑上来说，维护权利已经有了权利保护体系，占有的目的首先是为了维护安宁，制止行为人的妨碍。学者在总结近代受到罗马法占有和日耳曼法占有共同影响的占有制度的统一社会作用时，主张占有是保护物的事实性支配的外观的制度。这种"保护"就即时取得而言是对该外观作为表象具有的公信力（交易安全）的保护，就占有诉权而言是

---

① 关于德国法上不同的占有保护的相对理论（私力禁止与维护公共安宁）和绝对理论（和平理论和连续性理论）的介绍，参见周梅《间接占有中的返还请求权》，法律出版社 2007 年版，第 77—80 页。

② 谢在全：《民法物权论》（下），中国政法大学出版社 1999 年版，第 936—937 页。

③ 胡长清：《民法物权》，商务印书馆 1939 年版，第 105 页。

基于该外观的社会和平与秩序的保护，就权利推定而言是保护社会和平的同时保护交易安全，就孳息取得和费用求偿而言是对占有人个人的保护。① 可以看出，占有所具有的保护功能无疑是其功能和作用的核心，但是这些保护又是以物的支配事实秩序的保护为基本的出发点的，只有现存状态的秩序维护做到了，才能进一步谈论其他。占有制度以保护为基本功能，保护占有又是以事实秩序维护为直接指向。德国学者在探讨占有保护的基本思想时认为，在占有中蕴含有一种法律欲保护的价值（黑克认为保护的法益是"占有的组织价值"），而这种保护所产生的结果则是法律和平的保障。②

法律秩序可以分为因事实状态而形成的事实秩序，以及以抽象的权利义务加以建构的权利秩序。前者是对已经存在的事实状态的被动维护，是实然基础上的现实秩序。就法律对其作用力来看，可以称为消极承认的秩序。后者则是依法律的抽象理性价值为有目的的主动创造，是应然性基础上的抽象秩序，体现了更高层次上的合理性。就法律对其作用力来看，可以称为积极调整的秩序。两种秩序的维护都是法律的价值目标。法律有对社会关系调整的内在扩张性，总是倾向于将触角延伸到社会生活的各个角落。它既然以权利义务为基础，则就以抽象的权利秩序构建为重点。而消极秩序的维护最终也是要借助权利义务的分配来完成的，③ 只是此时其多为实然状态本身的内容。事实秩序有向权利秩序进化的必要，但该进化又是循序渐进的，在特定时空下存在两者的不一致，而这时维护事实秩序的价值就凸显出来。占有是一种事实状态，从绝对主义的立场出发，保护占有主要体现了法律对事实秩序的维护。

有学者对法律秩序有不同理解，将其与权利联系起来，但是在占有维护"既存支配状态"和所有权、他物权维护"当为之支配状态"上也是做了区分的，两者维护的秩序不同。例如，德国学者科勒就认为占有不是

---

① 参见［日］我妻荣《民法讲义Ⅱ·新订物权法》，罗丽译，中国法制出版社2008年版，第472页。

② 参见［德］鲍尔、施蒂尔纳《德国物权法》（上册），张双根译，法律出版社2004年版，第157页。

③ 占有事实秩序的维护也主要是通过赋予占有人某些具体权利的方式来进行的，这就是占有事实的法律效果。

法律秩序制度而是平和秩序制度。① 还有学者认为，"罗马法占有是平和秩序的保护手段，立足于社会现存秩序；而日耳曼法上占有是法律保护，其立足于应为的社会秩序。"② 日耳曼法将占有事实向权利转化的趋势直接理解为两者的一致性，没有看到转化过程的渐进性和在某个时段上两者的非一致性。而此时单独关注作为事实的占有是必要的，也是法律的任务，占有制度的基本价值主要并不在于维护应为的社会秩序。

康德在论述财产权时，关注的重心是"理性占有"而非感官感知的"感性占有"，理性占有是纯粹的法律占有，能为理智所理解，占有者与实物有着所有权的关系。"假如我是一物的持有者，以一种物理的方式和它联系，若有人未得我的同意而干扰它……就影响了和损害了我固有的自由。"③ 萨维尼受康德个人主义哲学的影响，认为占有的保护是法律对于依其意愿对财产行使权利的私人尊重的表现，从而在人类的尊严中找到了占有存在的依据和价值。④ 而耶林受黑格尔哲学思想的影响，认为是物所包含的经济利益先验地论证了对占有人的保护，占有的保护独立于所有权本身。他在与萨维尼论争时认为："占有是所有权的实现。占有是事实，所有权是权利，占有是事实上行使某种请求，而所有权是在法律上确认、实现的权利。当物为我所有时，我对物的请求是通过表达在法律中的国家意志来实现的；当物为我占有时，我对物的请求是通过我自己的意志实现的。所有权是通过法律做出保障的，占有是通过事实关系来保障的。如果可能的话，两种形式都应处于安全的状态。"⑤ 保护占有常常被认为是对占有公示和公信原则的承认，体现了对交易安全的尊重。其实，即使权利表现形式被证书、登记等方式代替，当事实占有与权利不一致时，事实占有也有保护的必要。权利的效力可以通过定位占有事实保护的"暂时性"以及确认其对权利诉讼不具最终对抗性来体现。无论怎样去论证占有保护的合理性，为了维护一种安全的事实秩序，民法应该将占有及其保护作为自己有机的组成单元。

法谚有云："不公正胜于无秩序。"从权利思维角度观察，也许保护无权的占有人对于权利人来说是不公正的，但是就秩序之于法律价值目标追求

---

① 参见刘得宽《民法诸问题与新展望》，中国政法大学出版社 2002 年版，第 360 页。

② 黄宗乐：《论占有制度之机能》，载《台大法学论丛》1981 年第 11 卷第 1 期，第 161 页。

③ ［德］康德：《法的形而上学原理——权利的科学》，商务印书馆 1991 年版，第 60 页。

④ 参见尹田《法国物权法》，法律出版社 1998 年版，第 160—161 页。

⑤ 参见王利明《物权法论》，中国政法大学出版社 1998 年版，第 810 页。

中的地位而言，私力限制的现代法律基本原则，也决定了秩序的基础性地位。现代法治社会需要构建的是实现了公正的法律秩序，但是占有制度本身首要在意的正是事实秩序的维护，秩序胜于公正。更高地位的公正维护和公正秩序的最终形成，靠权利诉讼来完成，占有保护、占有诉讼维护秩序的"暂时性"特征，占有诉讼对本权诉讼没有终局的对抗力，展现了包含占有的民法制度体系，真正强调的是体现现代社会法治特色的公正秩序理念。①只有如此，我们才能消除困惑，真正理解耶林"强盗与小偷同受保护"的名言，理解占有保护强盗与小偷的目的所在，也会坚信强盗和小偷在完善的法律制度体系面前，不可能获得最终的法律保护。②

主要就占有本身寻找对其保护的理由，并不代表可以任意夸大占有保护在现代法制中的作用。目前我国权利本位思想欠缺，法制建设的重心在于完备对权利的保护。物权法的核心概念仍然是所有权，一切物的归属和利用都是围绕它来建立的。占有制度不能随意扩张，占有权的设计和保护必须注意与现有物权制度协调。明白了这一点，会使我们不去夸大占有制度的功能，明确占有保护的从属地位，正确处理占有诉讼与权利诉讼的关系。对占有保护的关注使我们在加大对权利保护力度的时候不要忘记，权利之外也有法律需要留意的东西，法律的价值追求始终是多元化的。

正确认识保护占有的规范功能，还必须消除一种认识误区，即占有诉讼案件少说明占有保护并无多大意义，前述所说的几种质疑就涉及这个问题。笔者认为，一个法律制度的功能及社会作用不能简单由案件多少来评判。实践中占有的案例较少，这与占有制度的独特性和理解运用占有制度的程度不足等有关。占有法律效果往往具有暂时性，最终需要靠本权的确定来稳定法律关系。暂时性法律效果可以通过诉讼中某些机制完成，诉讼

---

① 有学者认为，占有诉权并不将社会上所存在的事实状态是否属于应有状态作为问题，而作为占有均被暂时保护并承认其排除妨害的权利。参见［日］我妻荣《民法讲义Ⅱ·新订物权法》，罗丽译，中国法制出版社 2008 年版，第 513 页。

② 这一名言，在中国的语言和法制环境中可能难以接受，这也是占有规定薄弱的原因之一。强盗与小偷都要保护，可能会导致对法律价值取向产生困惑，这实际上折射出法制中有许多值得深入思考的问题。分析法律的价值，不可受到单向思维限制，搞"权利万能"。中国法制在补权利之课的同时，恐怕还需要具有超越权利的视角，要正确认识占有保护所具有的积极意义，且占有无权利毕竟是少数与例外，不会影响法律体系重于权利保护、"为权利而斗争"的大局，我们的法制补课是创新式的补课，需要有新的时代视野。

中的假处分、保全制度等也有暂时确定某个法律关系或法律事实的功能，请求权或诉讼上救济途径的可选择性，当事人受权利观念影响习惯于从权利角度考虑争议解决，法官也习惯于从避免讼累、维护权利秩序角度接受和处理案件。不过，实践中的确存在没有本权而占有他人物的情况（如购买他人违章建筑）、有本权（如物的租赁权）但是不能对第三人进行权利主张的情况，此时占有保护仍然有实际意义。不能因为实务上的案例较少就低估一个法律制度的社会功能。如果坚持前述错误的逻辑，则法律往往有威慑功能，当事人基于威慑而守法，致使诉讼争议较少，能否就此认为法律无用呢？也就是说，要有超越诉讼法的视角，在诉讼外的机能上去加以观察，才能正确理解法律制度的本质。①

　　总而言之，民法占有制度的功能是多样化的，保护占有的理由也是多样化的，单纯从某一方面解说都不可取，占有的各种功能和目标需要协调。"我们的历史经验告诉我们，任何人都不可能根据某个单一的、绝对的因素或原因去解释法律制度。"② 不过，在各种占有制度功能和占有保护理由上，必须分清主次。这需要我们不仅要看到占有与权利的联系，更重要的是要理解占有的基本含义和基本特性。从这一立足点出发，我们应该突破法律保护权利的思维局限，坚持占有制度维护物的秩序与社会平和的首要功能和价值，法律秩序的维护是占有保护、占有诉权的直接主要目的。

第二节　占有保护法例的概括梳理

一　罗马法及日耳曼法对占有的保护

　　罗马法将占有的现实存在状态在真实权利诉讼以外单独进行保护，③

---

　　① 参见王泽鉴《民法物权：用益物权·占有》，中国政法大学出版社 2001 年版，第 341 页。
　　② ［美］E. 博登海默：《法理学：法律哲学与法律方法》，邓正来译，中国政法大学出版社 1999 年版，第 198 页。日本学者舟桥谆一指出，不能单一地考察占有诉权存在的基础，对既得利益的保护和对静的安全的保障都是占有诉权的基础。参见［日］舟桥谆一《物权法》，有斐阁 1992 年版，第 267 页。本书认为，静的安全的保障实为法律秩序之内涵，而由此出发应该承认占有人有值得保护的法益存在。
　　③ 关于占有保护的起源论述，参见［德］弗里德里希·卡尔·冯·萨维尼《论占有》，朱虎、刘智慧译，法律出版社 2007 年版，第 141—147 页。耶林的不同观点，参见周柟《罗马法原论》（上册），商务印书馆 1994 年版，第 455 页。

罗马法最初对占有的保护，是在普通的诉讼之外，借助裁判官颁发命令或禁令的"占有令状"的方式进行。双方当事人在场时，如被告承认原告的请求，则整个争议结束；如被告否认或者提出抗辩，则裁判官将指定审判员或仲裁员对案件进行裁决。令状与普通诉讼的区别在于形式的表达而非实质内容，但是形式差别无疑会带来实际结果的不同，在令状案件中，一个简单的命令能够更经常地使事情结束。当然，这不是说令状程序是最简单的，只有当被告立即遵从令状，令状程序才是最简单的，不需要进入下一步程序；如果程序不得不进行下去，那么令状程序一点也不比诉讼程序更为简单。①

　　关于罗马法中占有令状包含哪些具体类型后世存在不同的观点，但以既存的法律占有作为确定保护占有令状种类的条件和基础，受到大多数学者的赞同。"获得占有令状"等一般不作为占有保护诉讼来论述，为保护占有而发布回复或保持占有令状成为讨论罗马法占有令状的重点。为收回被剥夺的占有，裁判官可以发出占有回复的令状。乌尔比安在《论告示》中介绍，"裁判官说：如果你或你的奴隶以暴力驱逐某人，那么我将发出一个在一年内有效的令状，使其重新获得因暴力驱逐而失去占有之物；在一年之后将发出一个令状，使暴力驱逐者返还其因暴力占有而获得的利益。"② 回复占有令状旨在排除普通暴力或武装暴力对占有的剥夺，此处的暴力指的是使占有的持续成为不可能的行为，与占有保持令状针对的暴力相比，都是对占有人的意志施加外在限制，干涉了当事人的自由，不过它更多地体现对人的暴力。该令状最初只适用于不动产，对动产是借助盗窃之诉、暴力抢劫财产之诉以及出示之诉进行保护，不过这几种诉讼包含了占有诉讼中不需要的额外条件，该令状以后也扩张用于对动产占有的保护。

　　另外，为排除对占有的侵扰或侵扰危险，维护占有状态，裁判官可以发出占有保持的禁止令状。例如，乌尔比安在《论告示》中介绍，"裁判官说：同另一个人相比你未以暴力、未秘密地或未不确定地占有争议之房屋，我便禁止他人为占有它而对你使用暴力。我将允许在一年之内适用此

　　① 参见［德］弗里德里希·卡尔·冯·萨维尼《论占有》，朱虎、刘智慧译，法律出版社2007年版，第316页。
　　② ［意］桑德罗·斯奇巴尼选编：《物与物权》，范怀俊译，中国政法大学出版社1999年版，第183页。

令状，时间从能适用该令状时起算。"① 除了适用于不动产以外，这种令状也适用于奴隶，在帝政后扩张适用于其他动产。该令状对于不动产主要是保护现实的占有人不受干扰（因此实际上是"现状占有令状"），而对于动产则在于保护最近一年内占有该动产时间最长的占有者，不一定是现占有人（因此实际上是"优者占有令状"）。对于动产，如果原告不是现时占有人，则侵扰占有的形式便是当前拒绝归还占有物，令状的适用因此可以发生对某一当事人"回复占有"的作用，解决占有的归属，排除侵害，其在一定程度上可被作为暴力占有令状的代替。②

在罗马法对占有的保护上，有关的救济手段只针对侵害占有的人行使，也即是说要求暴力必须是被告亲自实施的。如果甲的占有被乙剥夺，乙随后又被丙剥夺占有或者自愿交付占有，甲此时不享有针对丙的救济手段。③ 此外，一般而言受到保护的占有要求不是用暴力、欺诈方式取得的，不是秘密占有或不确定的占有，如因为临时请求获得占有或使用许可而取得的占有就是不确定的。这主要是被使用在原被告当事人之间，如原告占有存在上述情况，其请求就会因被告的"瑕疵占有的抗辩"所驳回。④ 关注占有事实本身意味着承认"以瑕疵方式获得"占有的可能。"有瑕疵的占有对于外人却通常是有效的。"⑤ 但在原占有人与通过上述方式获得占有人之间，则要考虑这种瑕疵。这一方面使得占有保护立足于事实状态，同时又避免陷入"循环侵夺"之类的怪圈。在前例中，丙不能以乙的占有存在"瑕疵"进行抗辩，乙的占有对外体现出绝对性。而如甲侵害乙获得的占有，乙提请保护时，甲即可以提出这种抗辩，乙的占有对内体现出相对性。除了原告占有存在瑕疵的抗辩外，占有令状还受限于时效的抗辩，被告而不是原告在这些情形下获得胜诉。在罗马法对占有的保护上，除了维护或恢复占有本身的状态以外，还可能会出现要求责任人

---

① ［意］桑德罗·斯奇巴尼选编：《物与物权》，范怀俊译，中国政法大学出版社1999年版，第187页。

② 参见［德］弗里德里希·卡尔·冯·萨维尼《论占有》，朱虎、刘智慧译，法律出版社2007年版，第350页。

③ 例外的情况，同上书，第359—360页。

④ 包括普通暴力占有令状都受制于该种抗辩，但武装暴力占有令状的回复占有当事人之间不考虑这种瑕疵，体现对武装暴力夺取占有的绝对排斥。

⑤ ［英］巴里·尼古拉斯：《罗马法概论》，黄风译，法律出版社2000年版，第113页。

承担赔偿损失或提供担保的情况。当然在涉及赔偿占有人应获得的利益或遭受的损失时，应区分其与占有物本身的价值。例如，占有奴隶的价值并不必然等于奴隶本身的价值，占有奴隶或是为了审问他，或是为了取得遗产，或是为了证明某事。

在保护占有上，对物是否享有权利不是考虑的内容，是物的所有人之类的言辞不能作为主张或抗辩理由。原告需要证明自己享有占有，占有在发生暴力剥夺时或者在提起诉讼时的特定时段是存在的。当然不像返还所有物之诉那样，只要原告证明之前任何一个时间取得了所有权就足够了，推定那个时间以后的所有权是一直存续的，被告反驳的话应该提出所有权丧失的证据，曾经取得占有不能构成现在享有占有的推定，占有的持续取决于对占有标的物的连续不断的持久事实关系。当然，在后世法国民法典中，占有如果在两个时点上被确定，那么假定在此间隔期内占有也仍然持续。①

正是由于令状是相当形式化的命令，是对于程序和审判员的指示，当这种程序和审判员不再被使用时，其不再具有任何意义。② 在帝政后期，非常程序诉讼逐渐成为唯一通行的诉讼程序，占有令状逐渐变更并失去本来面目。到优帝一世时，占有保护令状已被改革为普通的诉，占有纠纷由法官直接审理，不再另行颁布令状，程序简单而迅速。在占有令状的改革过程中，不少方面发生了变化。例如申请保护人的占有必须存在事实上的侵害，如果只是侵害的危险则不允许寻求保护；帝政前回复占有令状包含的普通暴力占有令状与武装暴力占有令状被合并，被告不得提起原告占有存在瑕疵的抗辩；③ 动产占有令状改为由现占有人享有，即优者占有令状和不动产的现状占有令状几乎完全相同等。④

---

① 参见［德］弗里德里希·卡尔·冯·萨维尼《论占有》，朱虎、刘智慧译，法律出版社2007年版，第325页。

② 同上书，第315页。

③ 在此种情形下，循环侵夺或者双重剥夺行为，即一人因为另一人的暴力失去占有，他立刻通过暴力重新取得占有，则在侵占人提起的占有诉讼中，原占有人就不能使用这种抗辩。如何将前占有人的行为界定为合法，萨维尼解释道，此时应认为原占有人从来没有丧失占有，不被认为是双重剥夺行为，只能被认为是一个不可分的行为，在其中原占有人通过暴力维护了他的占有，这是一般自卫权的简单结果。同上书，第362页。

④ 相关内容，参见周枏《罗马法原论》（上册），商务印书馆1994年版，第462—463页。

在日耳曼法上，Gewere 是物权的表现形式，Gewere 的保护也就是权利的保护。占有的诉讼一直是依据是否存在真实权利进行解决，因此不存在与本权无关的独立占有保护制度。只是在决定本权争讼时，首先有决定Gewere 归属的方法，以作为审判的准备行为。在两人就土地主张 Gewere 时，以现有的收益人为占有主体，使其立于被告地位；如果都为现在收益人时，以时间较长者享有占有，时间长短不明时可召集附近居民判定，如仍不能决定时则将土地占有分割隶属两人，各自就所分得的部分立于被告地位。① 中世纪末期后，罗马法中的占有制度再行受到重视。而按照萨维尼的说法，罗马法之后至他所处的时代为止，虽然出现了一些罗马法所没有的法律规定，但罗马法理论的整体并没有因此被打破；相反，这些规定本身只能作为罗马法理论的补充，罗马法理论的有效性同样得到了非常明确的承认。② 学者认为，现代占有制度秉受日耳曼法影响最少的，为占有的保护。③

二　现行主要立法例对占有的保护

法国自 1975 年 7 月 9 日颁行第 75 - 596 号法律以来，以物权享有人的名义进行的自主占有及持有都受到了保护，有了民法典的第 2282 条和第 2283 条。第 2282 条规定："不论权利的实体如何，占有均受保护，使之不受干扰与威胁。对占有的保护，同样给予持有人，使之免受其他任何人的干扰；但给予其行使之权利的人除外。"第 2283 条规定："平静占有或持有财产的人，得依《法国民事诉讼法》规定的条件享有占有诉权。"民事诉讼法典继承了罗马法传统，规定了与本权之诉相对的占有之诉，而且该法第 1265 条规定："保护占有与权利实体在任何情况下均不竞合。但是，法官可以对各种凭据进行审查，以核实是否具备保护占有的各项条件。各项审前预备措施不得针对权利的实体实施。"占有人或持有人据此可以提出占有之诉，该诉讼简捷迅速，目的在于对占有或持有的确定及保

---

① 参见李宜琛《日耳曼法概说》，中国政法大学出版社 2003 年版，第 63 页。
② 参见［德］弗里德里希·卡尔·冯·萨维尼《论占有》，朱虎、刘智慧译，法律出版社 2007 年版，第 454 页。更详细的论述，参见该书第 427—453 页。
③ 参见李宜琛《日耳曼法概说》，中国政法大学出版社 2003 年版，第 67 页。

护，但只适用于不动产。① 它包括排除妨害之诉、保持原状之诉（请求制止第三人在他人不动产上进行的任何工程以预防可能侵犯）和回复占有之诉。排除妨害之诉从习惯法派生而来，回复占有之诉来源于教会法，而保持占有原状之诉是借自罗马法。根据法国新民事诉讼法，平静占有或持有财产至少 1 年的人，在发生干扰占有的 1 年内，得提起前两项占有诉讼，而后一种诉讼则不要求占有或持有期达 1 年以上。②

日本民法对占有保护也采用公力救济即赋予占有诉权的方式，③ 占有诉讼被分为保持占有之诉、保全占有之诉和回复占有之诉三类，分别适用于占有被妨害、占有有被妨害之虞及占有被侵夺之时。占有诉讼不仅包含物权法意义上占有本身的维护，也包含本质上属于债法范畴的占有受到侵害时的损害赔偿及其担保的处理。④ 保持占有之诉应在妨害期间，或妨害停止后 1 年内（仅涉及其中的损害赔偿）进行，且排除工事对占有物造

---

① 法国民法第 2279 条第 1 款规定，涉及动产物品时，占有即等于所有权证书。这被用来作为在动产上，不存在所谓的本权诉讼与占有诉讼划分的理由。但关于占有保护是否适用于动产在理论上是存在争议的。参见尹田《法国物权法上的占有制度》，《现代法学》1997 年第 5 期，第100—112 页，注 56。否定性的意见，另见［法］让·文森、塞尔日·金沙尔《法国民事诉讼法要义》（上），罗结珍译，中国法制出版社 2001 年版，第 135 页。

② 回复占有之诉无疑具有比其他两种诉讼更广的适用范围，它的占有并不需要具备民法典第 2229 条要求的各项特征，即不要求以所有人的身份持续、不断、平静、公开、毫不隐晦地占有，而只需要具备"平静"与"公开"的两项特征即可。法院判例甚至对仅仅以"不确定的名义"占有不动产的任何人均给予回复占有之利益，如承租人、佃农，只要他们受到暴力而被剥夺占有。正是由于保护主体的扩大，有学者质疑，回复占有是否已经失去了其物权性质，而成为一种类似于由民事侵权行为所产生的诉权那样的"对人诉权"或者"债权诉权"。参见［法］让·文森、塞尔日·金沙尔《法国民事诉讼法要义》（上），罗结珍译，中国法制出版社 2001 年版，第 148 页。笔者认为，也正是从"受到占有诉讼保护了的东西"实际上被扩大了这个角度看，法国法中的"占有"在外延上已经被扩张了。

③ 参见日本民法第 197—202 条。学者认为，在日本民法中虽然不存在占有自力救济的规定，但是类推适用民法及刑法的正当防卫和紧急避险的规定，承认一定范围内的自力救济也是正当的。参见［日］我妻荣《民法讲义 II·新订物权法》，罗丽译，中国法制出版社 2008 年版，第513 页。

④ 占有的诉讼还包括了损害赔偿及其担保的处理，其与占有本身的维护都受到相同期间的限制。瑞士民法也有类似规定，但是在具体适用上损害赔偿请求权与占有的物上请求权不同，在成立要件、效果、相对人等方面，二者应该区分开来，如涉及赔偿时妨害人的过错是不可少的。参见［日］我妻荣《民法讲义 II·新订物权法》，罗丽译，中国法制出版社 2008 年版，第 516、518 页。

成妨害但已经着手 1 年以上或者工事已完竣的情形；保全占有之诉应在妨害危险存续期间内提起，因工事造成妨害之虞的也受上述限制；回复占有之诉应在侵夺起 1 年内进行。占有之诉与本权之诉互不妨碍，占有之诉不能基于有关本权的理由来裁判。日本民法未对占有之诉的主体、对象加以更多限制，仅在实体法而未在诉讼法中规定占有之诉，这是受德国民法的影响。而且，在民法中规定占有诉权，只是出于习惯考虑，实际上突破了占有诉权属于单纯程序上诉权的限制，与德国民法所述的占有保护请求权一样，强调实体请求权的属性。但是在诉讼救济途径、诉权类型及损害赔偿的结合等方面，日本民法则采纳了法国法模式。

德国民法对保护占有规定了自力救济权（民法第 859 条），占有人对侵夺或妨害可以用自己的力量进行防御，而且对完成的侵害，可以及时以实力取回或恢复。自力救济权对外也可由占有辅助人行使。此外，民法还有公力救济即占有保护请求权的规定：占有被侵夺时占有人可以请求返还占有物，占有被妨害时可以请求除去妨害，占有有妨害之虞时可以请求防止妨害。① 占有保护请求权以占有的侵害排除为目的，是实体法上的请求权，可以通过诉讼或非诉讼的方式行使。当以诉讼方式行使时，即存在占有诉权，可分为占有回复之诉、基于妨害占有之诉（包括除去妨害之诉与防止妨害之诉），请求权在紧急情况下可以通过假处分措施而获得保障。关于行使请求权期间，民法典规定自受暴力侵害后经过 1 年而消灭，已经以诉讼方式行使请求权的不受这一限制。总体而言，德国法的占有保护较多地沿袭了日耳曼法的传统，没有全盘接受罗马法中的纯粹的占有诉讼。② 我国台湾地区民法中有类似德国民法的自力救济权与公力救济权的规定（民法第 960—963 条）。

---

① 参见德国民法第 861 条、第 862 条。在德国民法中还有一类不符合占有保护请求权条件下的特殊的占有物返还请求权，即民法第 1007 条规定的基于前占有或基于"更优的占有权"而产生的占有物返还请求权。如现占有人取得占有时为恶意，或者物系非基于前占有人的意思而丧失，则前（合法的或善意的）占有人享有针对现占有人的占有物返还请求权。这种规定所贯彻的思想，是在上述前提条件下，为了前占有人的利益，使民法第 1006 条规定的权利推定继续发挥作用。参见［德］鲍尔、施蒂尔纳《德国物权法》（上册），张双根译，法律出版社 2004 年版，第 165—167 页。

② 关于法国民法与德国民法对占有保护的区别的总体论述，参见宁红丽《物权法占有编》，中国人民大学出版社 2007 年版，第 172—174 页。

　　瑞士民法也规定了占有人的自力救济权，占有人可以采取适当实力进行防御、恢复或夺回占有（民法第926条）。另外还规定了基于不法私力的占有诉讼，占有人可以请求除去妨害、停止妨害或返还物并要求损害赔偿（民法第927条、第928条）。关于提起诉讼的期间限制，民法第929条规定："基于不法私力之诉，仅于占有人知悉妨碍及行为人后，立即请求物之返还或除去妨碍时，始得提起之。提起前项诉讼之权利，自侵夺或妨碍时起1年间不行使而罹于时效；纵占有人嗣后始知妨碍及行为人时，亦同。"

　　就占有保护的形式来说，大陆法系各立法例有仅承认公力救济方式的，有同时承认公力救济和自力救济方式的；在诉讼救济上，有着眼于占有状态的恢复与维护的，也有对于损失赔偿同时进行规定的，涵盖了物权法和本质上属于债法范畴的救济方式。虽然采用的概念不同，但所表达的内容有很大的共通性。就保护的核心方式来说，主要立法都承认了占有保护请求权及其所生的各种占有诉讼。一般认为占有诉权的用语，不过是从罗马法经由法国诉讼法典沿袭而来，也称占有保护请求权。而且一般也被看作物上的请求权，因此又称为占有的物上请求权。但学者也认为，程序法上的用语和实体法上的用语存在一定的差别，如对日本民法中的占有诉权，学者认为"作为民法上的用语，应该称占有请求权才是准确的"①。笔者认为，从民法实体法的角度而言，占有的保护请求权是核心，着眼于占有状态的恢复与维护，而占有保护请求权可以通过诉讼或非诉讼的方式行使，当通过诉讼的方式行使时，可以称为占有诉权。不过占有的诉讼保护，也可能是着眼于本质上属于债法范畴的损失赔偿等问题，占有诉权可以有广义的理解。

　　英美法中的占有，已经演变为一项重要的财产权利，并长期作为财产法的一个独立分支获得发展，其意义和价值甚至在所有权之上。英美法不承认有占有保护诉讼程序。有英国学者说，"在当今普通法中，已不再有诉讼类别之分，但每一项旨在索回动产的诉讼都是因占有或占有权而引起

———————
　　① ［日］田山辉明：《物权法》，陆庆胜译，法律出版社2001年版，第146页。我妻荣先生认为，占有诉权是排斥对占有权的侵害并回复完全占有状态的权利，是一种物上请求权，日本民法之所以称为占有诉权，只不过是基于沿革而已。参见［日］我妻荣《民法讲义Ⅱ·新订物权法》，罗丽译，中国法制出版社2008年版，第515页。

的。原告无须强调所有权，尽管他通常必须提供证明所有权的事实以支持其请求，但任何一项占有本身就足以对抗非法侵占者。"① "从深层意义上看，英美法对占有的确认主要着眼于占有人对标的物的使用和收益，而非财产归属。"② 依照英国现代财产法理论，占有分为事实上的占有与法律上的占有，前者不涉及任何法律权利的问题。对财产的控制是占有的基础，而占有权须由法律予以确认。法律更多的是保护占有的权利，直到或除非其他权利请求人能够证明其权利比财产占有人的权利更优越。③ 可见，占有是作为财产权利来保护的。在不能对抗更优先权利的前提下，占有人继续和平占有的权利受到保护，他可以索回被侵占的财产，还可以要求侵权人承担赔偿责任。如果甲捡到的珠宝被乙盗走，其可以起诉恢复占有，因为他有优于乙的权利，而珠宝的原主人发现珠宝被甲占有，他又可以起诉要求收回。同样，在美国法中，获得遗失物的发现人有权利对抗除真正的财产主人以外的任何人（符合一定条件时甚至能对抗前所有人）。④ 虽然没有类似中国大陆法那样单独的占有保护程序，但由于占有保护不需要追究所有权，简单迅速的占有"禁令"的适用往往比程序复杂迟滞的物权诉讼更受到青睐，保护占有诉讼的进行实际上也体现出类似大陆法系独立于本权诉讼的占有诉讼的便捷性。⑤

第三节　占有在物权法上的保护

一　概说

在民事生活中，可能会出现以下一些与占有有关的案例。

---

① W. W. Buckland, F. H. Lawson, *Roman Law and Common Law*, Cambridge University Press, 1974, pp. 66—68.

② 温世扬：《占有制度与中国民法》，《法学评论》1997 年第 5 期，第 26 页。

③ 参见［英］戴维·M. 沃克《牛津法律大辞典》，邓正来等译，光明日报出版社 1988 年版，第 703 页；［英］G. D. 詹姆斯《法律原理》，关贵森等译，中国金融出版社 1990 年版，第 155—160 页。

④ 参见［美］迈克尔·D. 贝勒斯《法律的原则———个规范的分析》，张文显等译，中国大百科全书出版社 1996 年版，第 148 页。

⑤ 相关的论述，参见李红梅《早期普通法中的权利诉讼》，《中外法学》1999 年第 3 期；刘智慧《占有制度原理》，中国人民大学出版社 2007 年版，第 47 页。

案例一：甲订立买卖合同将某物出卖给乙，乙付款后甲未将物按约交付乙，乙自己强行将物取回占有。在此，乙是买卖合同的债权人，请求交付物的债权是否支持其强行获得该物，乙的行为是否构成侵权，甲能否阻止乙，在阻止乙时是属于权利正当防卫还是基于"占有"物享有某种自力救济，在乙强行取走物后是否可以就地或追踪取回，乙将物强行取走后甲能否依据所有物返还请求权、占有物返还请求权、侵权责任要求返还？

案例二：甲有某物被乙侵占，此后甲准备以自己的力量强行夺回。在此，甲在强行取回该物时，乙能否实施正当防卫，抑或基于"占有"物而享有某种自力救济，甲取回该物后，乙能否基于曾"占有"该物而主张占有物返还？

案例三：甲有某物被乙盗窃后，丙又将该物从乙处盗取。在此，丙盗取物时乙能否正当防卫，抑或基于"占有"物而有针对丙盗取的自力救济，乙能否在丙盗窃该物后请求占有物返还？

以上案例，第一个涉及债权能否支持自行强占债的标的物，债务人针对债权人的侵占能否获得占有的救济等；第二个涉及权利人强行夺回被侵占的物时，侵权人针对权利人能不能获得占有救济；第三个涉及侵权人与侵权人相互之间，是否可以存在占有救济。这些案例中存在权利与占有事实重合、占有有无权源支撑等各种情形，争议的核心问题是占有能否得到民法保护，民法如何保护。而民法中有无占有制度的单独规范，在处理方式和结果上来说，区别很大。

有学者认为，在占有制度中存在三类重要的请求权基础，[①] 第一类是盗赃的受害人和遗失物的遗失人向占有人提出的回复请求。第二类是占有人在占有被要求回复的权利义务关系中，拥有的涵盖使用收益、损害赔偿及费用求偿等方面的请求权。这属于附随请求权或从请求权，即在被要求回复占有的基本请求权为所有物返还请求权、占有物返还请求权或债法上的租赁物返还请求权等适用时，因对抗而由占有人提出的主张。第三类是占有保护请求权或占有人物上请求权。这是占有制度的核心机制，与占有人的自力救济权一道，起到维持社会平和及物的秩序的作用。

对占有赋予的各种请求权是占有法律效果的重要组成部分，也是占有诉讼的基础。占有人的物上请求权（占有保护请求权）是各种请求权的

---

① 参见王泽鉴《民法物权：用益物权·占有》，中国政法大学出版社2001年版，第153页。

核心，狭义的占有诉讼是基于此发生的占有物返还、排除妨碍、消除危险三类物上请求权诉讼。占有制度还为占有人提供了物上请求权以外的其他请求权，如为了平衡请求人与占有人利益而在占有被要求回复时，占有人所享有的涉及费用支出弥补等方面的附随的请求权，这是债法性质的请求权，由此产生的诉讼为广义的占有诉讼所包括。广义的占有诉讼，还可能基于性质上属于债法请求权、旨在保护占有的占有人享有的不当得利请求权或占有损害赔偿请求权而产生，这种诉讼的规范基础主要并不在于物权法的占有制度。不过，也仍然有法例在占有制度中涉及了这种请求权，如瑞士民法、日本民法和我国物权法都规定了占有受损时的损害赔偿。

　　占有是对物的实际控制与支配，直接体现为主体与物的关系，法律首要解决这种控制支配状态能否保持、恢复、排除干扰等问题，类似于对物权的保护，相关的规范主要由物权法来进行。前述的主要法例中，对于这种保护，有的仅承认公力救济的物上请求权方法，如法国民法和日本民法；有的在公力救济之外还承认自力救济的方法，如德国民法和我国台湾地区民法。无疑，占有在物权法上的保护主要应关注占有的物上请求权方法。不过，笔者认为，除了这种公力救济的方式以外，还应该承认一定限度内占有人对占有的自力救济。虽然限制私力救济是现代法治社会的主要特色，但是维护权益的自力救济历史悠久，其具有公力救济不可取代的优势。作为事实状态的占有，其法律制度如果首先是为追求物的事实秩序的稳定和社会平和的话，就必须承认一定限度内的自力救济。只有这样，占有的保护手段才能够系统完整。① 虽然占有是事实，但产生的效果则是法律赋予的一系列具体权利。占有保护的自力救济和公力救济是通过法律赋予占有人防御权、取回权、物上请求权等来发挥作用的。

二　占有冲突进程的分析——不同占有保护方法的理论前提

　　占有受到侵害，大多数情况是由于他人意图形成另外的占有引起，表现为新的控制支配事实对旧的控制支配事实的干扰，是两个主体管领实力

---

　　① 日本学者我妻荣认为，不承认自力救济会使正当权利的保护不充分，对占有来说，从某种程度而言，没有禁止通过私力维持社会平和与秩序的理由，从占有制度的目的要求出发，在日本民法中也应该承认类似于德国、瑞士民法所规定的占有自力救济。参见［日］我妻荣《民法讲义Ⅱ·新订物权法》，罗丽译，中国法制出版社 2008 年版，第 513—514 页。

的抗争。法律要对两个支配冲突加以规制，而选择的方式必然与占有事实性质的理解和支配冲突的矛盾运动有关联。两种支配冲突的矛盾运动过程，依照事实支配效力的强弱可分为旧占有事实的受扰期、旧占有的衰弱期（新占有的暂定期）以及旧占有的消灭期（新占有的确定期）。实践中各期间界限并不明显，上述划分只是期间内占有特性的大致确定。这种划分可以帮助了解占有的保护功能在新旧占有之间的取舍趋向，认识占有的保护手段因为各期间大概特性的不同而不同的逻辑性和合理性。占有制度以保存现有支配状态为目的，"现有状态"是时间上的判断，但不是一个孤立静止的时间段（点），而是一个逐渐前移的状态。这种前移趋向在两种占有实力的对抗中表现得尤为明显，占有的保护相应地有逐渐前移重心的趋势。

从另外的角度看，上述冲突进程可以看成由新占有侵害的现实性和对旧占有保护的紧迫性阶段，以及新占有侵害的非现实性和对旧占有保护的非紧迫性阶段构成。旧占有处在受扰期时，其受侵害具有现实性和保护的紧迫性，法律为维护原有社会秩序，使旧占有完整，应赋予占有人自力救济权。旧占有处在衰弱期，新占有逐渐确立时，应不允许以私力维护旧占有，以免损害社会秩序与平和。由于旧占有并未消灭，为了在这一阶段使旧占有恢复，法律赋予占有人公力救济权，即通过占有物上请求权实现保护。而对于旧占有已经消灭、新占有已经确定，[1] 形成新的对物管领秩序时，对旧占有不再保护，法律保护的着眼点又转移到新占有上。由此反复往进，构成缜密的对占有保护的螺旋图景。[2]

对某个占有事实进行保护，自力、公力保护手段有各自存在的合理期间。如果超越了各自期间，行为不仅没有保护占有的法律效果，甚至会构成违法。一般来说，自力保护手段作用期间内，也可以采用公力救济手段保护占有（这可以从公力保护的法律期间涵盖了行使自力救济的期间上看出来）。而仅允许公力救济占有的期间内，自力保护手段是不允许存在的，否则构成违法。

---

① 由于占有侵害的实际进程界限不明，对于新占有是否确定，法律拟制一定期间，期间经过后，新占有被视为已经确立，旧占有及可以请求保护的权利消灭，以便操作。

② 类似的论述，参见刘得宽《民法诸问题与新展望》，中国政法大学出版社 2002 年版，第358 页；谢在全《民法物权论》（下），中国政法大学出版社 1999 年版，第 1006 页。

占有保护方法还与侵害占有行为的演化和表现形态有关，侵害行为从酝酿、初现端倪、力量展现到力量消隐，对占有影响的力量逐渐变化，形态表现不一。大致上，对占有的侵害可以有妨害的危险、妨害和侵夺等几种表现形态，对占有的保护方法相应地有自力防御、自力取回、请求防止妨害、请求排除妨害和请求回复占有等。

三　占有保护的要件

对占有进行物上保护，概括而言，主要是由于存在法律禁止的对占有的侵害。①

（一）对占有存在侵害

对占有的侵害在类型上包含对占有存在妨害危险、对占有产生实际妨害以及对占有实行侵夺。从程度上看，几种侵害对占有的侵害力度依次由弱渐强。对占有侵害程度最弱的侵害类型是对占有形成了妨害的危险，即给占有人对物的占有带来了将来产生妨害的现实危险，它不是现时的正在发生的妨害，而是一种可能的侵犯。相邻人在自己不动产上建造工程，一旦完工将会对他人占有造成现时侵害；相邻人在不到法定距离范围内在自己土地上栽种树木或在土地负担"视野地役权"的情况下打墙基，树木一旦长成或墙壁一旦建成，将阻挡相邻人的视野，这些栽种和建造行为即构成对他人占有的妨害危险。是否给占有带来危险应该结合物的事实进行客观的判断，危险应该对占有物而言是现实而具体的，假想的危险、抽象意义上的一般危险或者仅仅是产生危险可能性，都不足以认定为对占有物存在妨害危险。在危险判断上应该依据社会观念按照一般人的认识进行，不能依据占有人个人或者承担责任者的主观意思进行。例如，一般人认为雨天水塘垮塌难以发生，邻地的占有人不能以他认为有垮塌可能性而要求排除危险。当然，这种危险的现实性判断往往会存在占有人起诉的保护占有的案件审理过程中。危险是一种事实状态，可能是由于责任人的行为造成，也可能是由于自然原因或第三

---

① 本书仅是概括说明主要的一般条件。实际上各立法例对于占有保护条件的规定都有自己的特色，如法国法对占有的保护，主要只适用于不动产，而且根据法国新民事诉讼法的规定，还要求占有（包括自主占有和持有）必须达到一定的期限才能受到保护。如提起排除妨害之诉和保持原状之诉都要求"平静占有或持有财产至少1年"，而回复占有之诉则无此要求。意大利民法中规定的占有保持之诉（而非占有回复之诉），也有拟保护的占有要不间断持续1年以上，而包含对占有危险排除的有关诉讼，却被放置在占有章之外的其他章节中。

人原因造成而在法律上应由责任人负责。危险事实出现后，只要责任人在法律上应负责即可，不能以危险的出现不是出于责任人的意思、责任人对危险产生没有过失等进行抗辩。例如，相邻的围墙历经多日风雨快要倒塌，在邻地开凿储存物品的大型地窖等，都可构成对占有的妨害危险。一旦在占有人提出保护请求时对占有的妨害危险依然存在，责任人就负有义务消除该种危险，以恢复占有物的正常和安全状态。

对占有产生实际妨害是指以侵夺以外的方法，使占有人虽然不丧失占有，但不能实现对物自由的控制与支配。[①] 妨害多针对不动产占有而言，如倾倒垃圾、停车阻挡、排放废物、发出噪声、树木倒塌妨害他人等。谢在全先生认为，"亦即其结果将成为新占有与旧占有并存而使旧占有趋于衰弱之状态"[②]。占有因受到妨害而对物的控制力出现衰弱可以理解，但是妨害某些情况下并不必然造成新旧占有并存的结果，如在他人土地上丢弃垃圾，相邻人在噪声、采光通风等方面的妨害。妨害必须是当下客观存在且可能消除的，且该种妨害不在法律要求主体应容忍的范围之内。首先，妨害必须是当下存在的，与有产生妨害危险或者妨害已经消灭的情况不同。其次，妨害必须是客观的。假想的妨害不是妨害，妨害的客观性还在于占有妨害客观上存在即可，不论是否出于妨害人意思或其是否有故意过失。此外，妨害还应该不在法律要求容忍的范围内。现代社会主体之间生活联系紧密，生活空间存在公共化趋势，对物或事的处理常常需要获得他人的一定容忍，所以一定限度内影响他人的，并不成立妨害。这不仅可以从相邻关系的权利限制角度看待，对占有人适用也是理所当然的。[③] 对占有的妨害包括有妨害行为和妨害结果，学者认为属于动的妨害和静的妨

---

① 德国实务上也存在将占有人遭受的内心不安宁（如对其占有的否认、禁止、胁迫等）视为妨害行为的情况，不过比较而言，如同对所有权保护一样，实务上更多的是不承认精神上的不可量物的侵入为占有妨害。参见［德］鲍尔、施蒂尔纳《德国物权法》（上册），张双根译，法律出版社 2004 年版，第 163 页。在罗马法上，占有保持令状的适用条件，除了需要与自然持有关系相对的法律占有被实际取得以外，还要求占有受到了"暴力侵扰"但并未被终止，这种暴力侵扰在解释上是宽松的，只要对占有物的自由使用被妨碍，就认为存在暴力因素。参见［德］弗里德里希·卡尔·冯·萨维尼《论占有》，朱虎、刘智慧译，法律出版社 2007 年版，第 333—334 页。

② 谢在全：《民法物权论》（下），中国政法大学出版社 1999 年版，第 1009 页。

③ 参见［日］我妻荣《民法讲义Ⅱ·新订物权法》，罗丽译，中国法制出版社 2008 年版，第 519 页。

害，可结伴而生，可单独存在。① 如在他人占有土地上倾倒垃圾的行为及垃圾倾倒完毕后的妨害结果，对二者采取的占有保护措施不同。妨害本质上是对占有的一种限制状态，② 它可能由于妨害人的行为引起，如丢弃垃圾、土地放牧；也可能由于须由义务人对结果负责的自然力或第三人所引起，如暴雨或第三人致围墙倒塌妨害他人；也可能由于前述原因力所共同作用引起。当行为对占有构成妨害时，妨害行为是事实行为，行为的主体情况、主体有无过失、妨害是否出于其意思都不需要考虑，故未成年人、精神病人的行为也可对占有构成妨害。对此，自力救济的防御权应针对该类主体实施，而如运用公力方式以请求权除去妨害，则应针对未成年人、精神病人的监护人行使。毁损他人的物是否属于妨害占有，有肯定说的观点存在。不过，由于侵害人对于损害只有在具有故意或过失时才负担赔偿责任，因此应否定这种观点，否则受损害方将会只以排除妨害的方式去请求损害赔偿，损害赔偿的主观要求将徒有其表。③ 他人对占有人是否有占有权的争执，可因占有权确认之诉获得确定时，不认为是对占有的妨害，但如以暴力胁迫妨害占有行使时则有妨害存在。占有不必然包含使用的内容（如保管占有），但占有是使用的前提，对他人占有物进行使用时可认为有妨害占有的存在。

占有与所有权不同，可以针对物的组成部分而成立。对物的一部分占有如何确定侵占或妨害，有时难以判断但又必须判断，因为因侵夺妨害不同而有取回权、防御权的区别适用。笔者认为，如对物的一部分可成立占有的，是否构成侵夺或妨害一般只就该部分进行判断。如对于该部分占有来说是侵夺占有，但对于物的整体占有来说，构成对该物占有

---

① 参见谢在全《民法物权论》（下），中国政法大学出版社 1999 年版，第 1019 页。

② 法国学者认为，对不动产占有妨碍的侵害并非普通的侵害，必须是实行这种侵害的行为人通过此种侵害，对不动产的某项权利表明某种主张。对占有的侵害是一种"包含着对此占有持对立主张"的"故意行为"（acte volontaire）。因此，某一猎人，由于正在追赶一猎物，经过他人的田地，可能会在田地里造成损害，但他却不是实行"侵害占有"，该田地的所有权人仅能依据侵权行为规定对猎人提起损害赔偿之诉。而如果某人多次到属于邻人的土地上获取沙子，而且该邻人还听到他说，他之所以要这样做，是因为他认为自己对该土地享有地役权。这时，可以说该人的行为已经构成对占有的侵害，该土地的所有权人可以提起占有排除妨碍之诉。参见［法］让·文森、塞尔日·金沙尔《法国民事诉讼法要义》（上），罗结珍译，中国法制出版社 2001 年版，第 146 页。

③ 参见王泽鉴《民法物权：用益物权·占有》，中国政法大学出版社 2001 年版，第 359 页。

的妨害。当两个占有属于同一主体时，主体可以选择保护；当两个占有分属不同的主体时，由于行为人的一个侵害行为不应同时受两种制裁，此时因物的占有人已将部分占有让出，应视为他放弃了对该部分占有的保护。墙壁上悬挂招牌，如占有主体是同一人，构成对墙壁占有的侵夺和对房屋占有的妨害，主体有选择权，因选择而丧失其他权利；如果不属于同一主体，则解释为对墙壁占有的侵夺。物的部分在性质或观念上不得单独占有的，只成立对物整体占有的妨害，如在他人门上贴广告。土地的任何一部分可单独占有，每部分占有都有独立价值，所以越界建筑可解释为侵夺部分土地的占有或妨害对整块土地的占有。侵夺一般有较为固定和继续的特点，而妨害大多是暂时性的。土地上堆放临时草垛、放牧等，对整块土地或部分土地都只构成妨害占有，修建围栏排除占有人进入则构成侵占。

　　对占有侵害程度最强的侵害类型是对占有实行侵夺。指违背占有人的意思而排除占有人对物事实上的管领力，包括对占有物采取旨在获得占有的侵夺行为及侵夺后获得占有的侵占状态。对于侵夺的行为，占有人可以当下或即时采取自力防御或取回的救济方式保护占有。而对于侵夺行为的后续占有，即侵占，则可以通过要求返还占有物的方式保护占有。对于侵夺后形成的占有，一般而言是侵夺行为人自己占有，也可能是使第三人取得占有。侵夺行为以客观的违法性存在为已足，故不问主体为谁，不以行为人是否存在过失为要件。① 未成年人和精神病人的行为可以构成侵夺。侵夺一般是外表可见的积极行为，比如占有的动产被盗、被抢，不动产被霸占等。遗失、借用、走失等不是侵夺。②

---

　　① 参见史尚宽《物权法论》，中国政法大学出版社 2000 年版，第 589 页；王泽鉴《民法物权：用益物权·占有》，中国政法大学出版社 2001 年版，第 343 页。

　　② 王泽鉴先生认为占有辅助人擅自丢弃管领的物，也属于对占有的侵夺。参见王泽鉴《民法物权：用益物权·占有》，中国政法大学出版社 2001 年版，第 342 页。占有此时已经由于辅助人对物事实上的管领消失而灭失了，但是否属于辅助人侵夺的灭失值得商榷。占有的侵夺属于瑕疵，获得占有的承受人应该承受该种瑕疵，从而受到占有保护请求权的作用。但是在丢弃占有物的情况下也认为属于侵夺，则该物的拾得人是不是也要承受该种瑕疵？拾得人在善意的情况下，不仅不能先占取得所有权——他善意认为抛弃了的就是物权消灭了的可以先占的，还要承担占有返还的责任，他怎么知道你们之间的内部关系呢，他也不知道是一个辅助人抛弃的物。可见，以上相关问题都值得探讨。虽然定性为占有非基于占有人的意思受到损害是准确的，但是涉及第三人的情况，还有平衡善意信赖外观表现者的保护问题。

  侵夺可以通过实施积极的侵害行为来表现，也可能因为之前事实上控制着某物而只表示出某种意思表示行为而构成。在共同占有中，不管是通常共同占有还是公同共同占有，共同占有人在客观上都具有管领物的事实，比如使用公共浴室，或者分别持有一把须共同使用才能打开某保险柜的钥匙。共同占有人之间对物的使用范围一般由本权决定，不适用占有的保护，由此出现的"侵害"不属于可以获得占有保护针对的侵害，发生争议的，不得互相请求占有的保护。所以共有人涉及使用范围时对其他占有人的干涉不构成侵夺或妨害，其他占有人没有私力或公力救济权。而如果占有人行为表现为排除其他共有人对物客观上的支配，如拒绝让其他占有人使用公共浴室，或者强行打开共同占有的保险柜换为单独控制，则可以构成侵夺。[①] 单纯表示出某种意思表示行为，构成侵夺的情况，如在客观上完全控制管领物的占有辅助中，占有辅助人表示具有占有的意思（如转为自主占有）而成为占有人，纵然客观上已经事实支配占有物，也构成侵夺。当然，也可以把客观上的对使其占有之人或者指示人为意思表示的行为看成是表现出侵害行为，辅助侵占有时候通过行为的客观方面即可以看出侵夺的意思，比如辅助人以自己的名义发布出卖占有物广告。不过，对辅助人的各种违背占有人意思的侵夺或其他妨害行为，在占有人寻求保护而言，占有保护请求权的利用仅得相对于第三人进行（仍然存在保护善意第三人的平衡）。而在针对辅助人的救济方面，应该依据指示法律关系进行。[②]

  侵夺占有是主体对占有的侵夺行为及后续形成的侵占状态。妨害占有除了责任人的妨害行为以外，还可能因第三人或者自然原因对占有形成妨害状态。就侵害原因力来源而言二者存在不同，在侵害程度上二者更是存在本质区别。侵夺行为旨在完全排除占有人对物的管领，或者实际上形成了侵占状态。妨害行为则干扰和影响占有人对物的正常占有，占有人并未完全丧失对物的管领力。比如使占有人的单独占有变为共同占有，就应该

---

  ① 共同占有不是两人同时处在一物上，共同占有人在未直接实际接触物期间的管领力超越了人与物的物理联系，也就是说在其他共有人实际占有期间也并不丧失共同占有。当共同占有人完全排除其他共同占有人的占有而侵夺时，即使侵夺人保持实际上对物的管领，也可以恢复为共同占有。因此共同占有人侵夺占有时，不采用取回的救济，共同占有人的行为可以构成返还请求权针对的侵占，但不构成自力救济取回权中的侵夺。

  ② 参见［德］鲍尔、施蒂尔纳《德国物权法》（上册），张双根译，法律出版社 2004 年版，第 137—138 页。

归入妨害占有，如配置他人浴室的钥匙而进行共同占有。①

占有可以在物的组成部分上成立，因此侵夺占有也应该围绕客观上可以形成"某个对物的占有"来判断。例如，占有人占有全部楼房的某间房屋，被他人侵夺的话，客观上占有人并未失去对整个楼房的占有，从整体判断，该间房屋被侵占形成对整个楼房占有的"妨害"，但是由于该间房屋本身事实上可以构成一个占有标的物，所以应该作为该房间的占有被侵夺。当然，这种区分不是绝对的，有时候是"流动的状态，乃量的问题"②。例如，房屋外墙可以打广告，擅自张贴永久性广告（临时性广告构成妨害）时，对于整体墙面而言属于妨害占有，但从对外墙实际可以单独划分区域发布广告而言，张贴广告形成对该部分墙面的侵夺占有。不过，无论是因此区别而采用不同的占有救济手段，结果都不会存在实质差异。就整体外墙占有请求排除妨害，就该部分外墙区域请求回复占有，都需要"去除广告"。③ 将车停在他人车库门前，属于侵夺占有还是妨害占有，也有不同的观点。④ 笔者认为，就车库占有而言，车库门前不是车库

---

① 相反的意见，参见王泽鉴《民法物权：用益物权·占有》，中国政法大学出版社 2001 年版，第 342 页。

② 王泽鉴：《民法物权：用益物权·占有》，中国政法大学出版社 2001 年版，第 342 页。

③ 德国学者认为，占有侵夺和占有妨害不易区分，有时候区分并无极其重要的意义，因为两种情形下的法效果都是"侵害的排除"，但是在自力救济权中二者也有区分的意义，如对侵夺的占有取回特别强调有时间限制，要求尽快依据当时情势行使。参见 [德] 鲍尔、施蒂尔纳《德国物权法》（上册），张双根译，法律出版社 2004 年版，第 156 页。中国台湾地区学者王泽鉴先生认为，占有侵夺或占有妨害区别的实益在于占有自力防御权适用于两者，而占有自力取回仅适用于占有侵夺。参见王泽鉴《民法物权：用益物权·占有》，中国政法大学出版社 2001 年版，第 343 页。这种区别实益需要结合不同的立法例进行判断，如中国物权法没有自力救济权的规定，因此不存在以上所说的区别实益。即使在如台湾地区民法规定自力救济的立法例中，笔者也认为自力防御的要求应较自力取回的要求宽松，因为防御毕竟针对正在进行的侵害行为，而取回乃是实际上侵害已经构成了新的占有，只不过在"即时或追踪"的时间限度内，法律可以承认一定的自力取回救济罢了，其紧迫性显然不如前者。从紧迫程度由侵害正在进行——侵占暂时状态——侵占稳定状态的下行变易，从立法基本倾向是限制私力的角度，对于部分区域张贴广告，是否可以考虑将它解释为妨害整体占有。如做这样的解释，即能限制占有人在新的占有暂时状态下"自力取回"，鼓励其寻求公力的救济。持不同结论的，参见王泽鉴《民法物权：用益物权·占有》，中国政法大学出版社 2001 年版，第 342 页。

④ 参见王泽鉴《民法物权：用益物权·占有》，中国政法大学出版社 2001 年版，第 342—343 页。

占有标的，整个情形判断属于妨害占有人对车库的占有（造成不能正常使用）；如就车库前的地面占有而言，是另一占有，如停车长期不动有据为己有之意，则属于对地面的侵夺占有，如图一时方便或偶尔为之，且并不拟完全排除占有人对该地面的使用，则属于妨害占有。[①]

占有人自力救济中防御权的行使以存在侵夺或妨害行为为前提，但自力救济中取回权和公力救济中的占有物返还请求权则以侵夺后形成占有状态为前提。前者的相对人是侵夺行为人或妨害行为人，后者的相对人是侵占人以及特定的承受人，或应对返还负责的其他人。

间接占有人、有辅助人的占有人等观念化占有人可因直接占有或辅助人的实际管领受到侵害而侵害，此时，需要根据自力救济权和公力救济权设置的宗旨在主体间分配救济权利。此外，对破坏间接占有与直接占有之间法律关系的行为，或者破坏占有人与辅助人之间指示关系的行为，由于侵害的都是抽象联系，因此破坏行为只能构成妨害，不构成侵夺。[②] 不过一些学者似乎不承认单纯侵害间接占有的情况存在，主张"对于直接占有人无禁止的私力存在者，对于间接占有人亦无禁止的私力之成立"。[③]

（二）对占有的侵害违背了占有人的意思且被法律所禁止

对占有存在妨害危险、对占有产生实际妨害以及对占有实行侵夺，都违背了占有人的意思。但如经占有人同意时，不构成占有可获得保护所针对的侵害。基于占有性质上属于事实而非权利的判断，占有的取得、消灭、占有人同意的意思都不从法律行为能力角度判断，有自然的意思能力即可。占有人的同意，可以用语言或行为等方式表示。侵夺或妨害时占有人的不作为，不能视为其放弃自力救济权和占有保护请求权，但不作为可

---

① 这种分析，对于在他人地面上白天摆摊夜间撤回等情况也适用，根据判例见解，获得执照的白天摆摊夜间撤回的占有人，夜间的收摊不意味着放弃占有，此时应该认为继续占有并不间断。因此，夜间他人利用该地面的，应判断为妨害占有。参见王泽鉴《民法物权：用益物权·占有》，中国政法大学出版社 2001 年版，第 157 页。

② 此时对于前者来说属于妨害间接占有，尚难说构成对直接占有的妨害。间接占有人的公力救济请求权，应该可以针对直接占有被侵害或者间接占有被侵害，因为一旦直接占有被侵害，间接占有人的间接占有也必然发生侵害性的改变。而对于后者来说，不管是由于妨害辅助人对物的实际管领的，还是破坏占有人对辅助人的指示关系，都可构成对占有的妨害。需要指出，从自力救济的宗旨出发，以上这些单纯破坏法律关系、指示关系的行为，并不是对于物的直接管领的侵害，因此间接占有人和有辅助人的占有人不能享有占有的自力救济权。

③ 王泽鉴：《民法物权：用益物权·占有》，中国政法大学出版社 2001 年版，第 343 页。

能会使占有人错过某些救济的时间要件而无法获得相应保护。侵夺或妨害发生时占有人同意的意思，不因事后反悔受到影响，但以前同意的意思可在侵害发生前随时撤回。① 侵害发生后同意的，视为自侵夺或妨害时同意。因错误、受欺诈或胁迫而丧失占有，不属于违背占有人的意思。② 占有人的意思表示即使被撤销，不管是从意思表示与自然意思互不影响的角度看，还是从事后被撤销的是自然意思的角度看，都不影响丧失占有不违背占有人意思的认定。同意的意思不受意思表示中时间界限的限制。因债的关系占有物而在期间届满后仍然占有的，或者债的关系无效或被撤销，因为当初转移占有是出于原占有人的意思，事后占有虽然与原占有人的意思相悖，也不构成侵夺占有。③ "如果 A 把自己的东西随意交给 B，而后即使 B 违反了 A 的意思侵害了 A 的占有，A 也不能对 B 行使占有诉权（如租赁合同结束时）。"④ 单纯获得间接占有人同意而直接占有人未同意的，对物的管领进行侵夺或妨害，仍然构成对直接占有的侵害。间接占有

---

① 参见 [德] 鲍尔、施蒂尔纳《德国物权法》（上册），张双根译，法律出版社 2004 年版，第 156 页。

② 王泽鉴先生认为，占有人的意思纵被撤销仍不构成对占有的侵夺。参见王泽鉴《民法物权：用益物权·占有》，中国政法大学出版社 2001 年版，第 343 页。结论上是正确的，但是既然从自然意思角度观察，就应该无所谓意思撤销问题。

③ 罗马法中的占有回复令状的适用，即要求占有因"暴力"而丧失，如果占有因为交付而转移，不存在令状保护，即使交付是因为恐惧而发生。参见 [德] 弗里德里希·卡尔·冯·萨维尼《论占有》，朱虎、刘智慧译，法律出版社 2007 年版，第 361 页。

④ [日] 田山辉明：《物权法》，陆庆胜译，法律出版社 2001 年版，第 147 页。中国台湾地区 1993 年台上字第 2276 号判决认为不构成侵占的主要理由在于："租赁物原系基于出租人之意思而转移占有于承租人，其后承租人纵有违反占有人意思之情形，既非出于侵夺，出租人尚不得对之行使占有物返还请求权。"出租人原本享有基于媒介法律关系的间接占有（如单纯因为租赁关系无效，但出租人尚有侵权行为、无因管理、不当得利等请求权的，足以构成媒介关系，只要直接占有人仍然还有为间接占有人占有的意思，则间接占有并不消灭，参见王泽鉴《民法物权：用益物权·占有》，中国政法大学出版社 2001 年版，第 186 页），但是直接占有的承租人拒绝返还，或者不再为原出租人保留占有，则出租人的间接占有消灭。此时否定出租人的占有返还请求权，就使得返还问题转而依据本权诉讼。当然，提出权利要求者应证明权利基础，从逻辑上看，如果出租人一时证明不了自己有所有权或行使其他请求权向承租人要求返还存在困难，就会造成承租人保留占有物。不过，直接占有人对于所由取得占有的人没有权利适法的推定，而且参照德国民法第 1006 条第 2 项和第 3 项的规定，反而是间接占有人在所有权推定上存在优势，因此，如果都无法证明权利时，作为间接占有人的原告显然会因为推定规则的适用而胜诉。

人将自己的间接占有返还请求权转让给第三人而不必征求直接占有人的同意，这不构成对直接占有的侵夺或妨害。但该种转让的同意并不是此处研究的针对直接管领物侵夺或妨害的同意。占有辅助人的同意未经占有人认可的不生效力。占有辅助人原本控制占有物是出于占有人的意思，其以后改为为自己占有或为他人占有的意思，也可构成侵占，因为虽然是依照占有人意思实际控制该物，但占有人并未将占有转移给他，其实际管领期间占有人并未脱离对物的控制。言下之意，你本来没有占有而他人享有占有，因为你的行为致使他人丧失了占有，显然违背了占有人的意思。不过，对辅助人各种违背占有人意思的侵夺或其他妨害行为，对占有人而言，占有保护请求权的利用仅得相对于第三人进行，在针对辅助人的救济方面，应该依据他们之间的指示法律关系进行。①

违背占有人的意思进行侵夺或妨害，基本上被法律禁止。但也有违背占有人的意思而法律不作为禁止的侵害的情况，此时不能给予占有保护，如因正当防卫、紧急避险、自助行为、强制扣押、依照法律进行占有防御和取回以及相邻关系上的容忍义务等各种违法阻却事由引起的侵夺或妨害。② 行为客观上违法即构成法律禁止的侵害，不必要求行为人有过失。③另外，权利的存在并不当然抵销法律禁止。虽然有债权、物权或其他权利基础，维护权利方式不被法律允许或超出法定限度的，也可构成法律禁止的侵害，因为"可以侵夺占有或者使占有人容忍侵害的物权性或债权性权利，并不包含不借助于法院即可独立实施权利实现行为的权限"④。买卖关系成立但未交付标的物，买受人不能因有请求交付物的债权存在而侵夺

①　这有点类似于间接占有人对直接占有人不得寻求占有保护的情况。直接占有人最初的占有源于间接占有人的意思，辅助人最初的事实支配本质上也源于作为主人的占有人的意思，即使直接占有人或占有辅助人后来的侵害行为违背了间接占有人和主人的意思，也不能寻求占有的保护。这两组占有都存在某种媒介法律关系或指示法律关系，间接占有人和主人可以利用其来确定对方责任。

②　参见王泽鉴《民法物权：用益物权·占有》，中国政法大学出版社2001年版，第344页。

③　参见［德］鲍尔、施蒂尔纳《德国物权法》·（上册），张双根译，法律出版社2004年版，第156页。

④　［德］鲍尔、施蒂尔纳：《德国物权法》（上册），张双根译，法律出版社2004年版，第157页。如K基于买卖契约而向V要求物之交付时，他不能径直以强力自V处取走该物，而必须获得一项给付判决。

占有。租赁关系的租赁期届满，出租人不能强迫承租人搬家或直接进占。① 有占有返还请求权但不依照法定程序寻求保护而采用夺取时，对方可以获得占有保护。例如，自己的占有物被他人侵夺，超过自力救济的追踪或取回的"即时"要求，在应采取占有保护请求权时采用强力夺回时，对方仍有占有自力防御权。超过行使占有自力救济权期间而进行侵夺或妨害的，反过来可以作为他人占有自力救济针对的对象。

（三）侵害占有瑕疵的承继

对占有存在妨害危险、对占有形成妨害状态或者侵夺占有形成侵占时，可能会出现概括承继或者特定承继的情况，为保护占有人的利益，法律赋予占有保护一定的追及性，使得侵害占有发生瑕疵承继，占有人从而可以向其他主体要求占有保护。需要指出，妨害行为或者侵夺行为本身及其加害人，即没有构成妨害状态或者侵占时，不存在瑕疵由其他主体承继的问题，因为占有人的自力救济权仅仅针对这些行为和加害人，不涉及其他人。

"侵夺或妨害他人的占有者，具有所谓的瑕疵。"② 也就是说侵害他人占有是有瑕疵的，侵害占有瑕疵的承继和占有上瑕疵的承继是不同的。妨害占有时，原占有仍然存在，只是不能正常的行使，妨害并不构成新的占有，因此不能简单称为占有的瑕疵承继或者瑕疵占有的承继。最好使用侵害占有瑕疵的承继，以包容侵夺占有时的瑕疵承继、妨害他人占有瑕疵的承继及造成妨害占有危险的瑕疵的承继。但无疑，侵害占有瑕疵的承继，重点是侵占瑕疵的承继。③

一般认为，侵害占有的瑕疵应由概括承继人和恶意的特定承继人承继，承继人因此成为占有保护请求权针对的相对人。对占有存在妨害危险或者存在妨害状态的，如果发生概括承继，应对除去危险或者妨害状态负责的被承继人死亡后的承继人承继时，危险或者妨害仍然存在的，可以视为侵害占有瑕疵的承继而由承继人对危险或妨害负有除去责任。而对侵夺

---

① 台湾地区 1963 年台上字第 1446 号判决认为：第 962 条之规定，乃为保护占有而设，故虽对于占有人有返还请求权存在，如不依合法程序而夺取占有人之占有时，则占有人仍得请求返还其占有物。

② 王泽鉴：《民法物权：用益物权·占有》，中国政法大学出版社 2001 年版，第 344 页。

③ 在罗马法中，针对暴力侵占的占有回复令状一般要求暴力必须由被告实施，在涉及继受人时，根据情况的不同而有一些例外，参见［德］弗里德里希·卡尔·冯·萨维尼《论占有》，朱虎、刘智慧译，法律出版社 2007 年版，第 360 页。

后形成侵占的，如果发生概括承继，也发生占有瑕疵或者说侵害占有瑕疵的承继。如在承继和法人解散后的财产概括转移中，承继人所承继的占有依照承继时的状态确定，瑕疵占有此时随同承继，承继人承继瑕疵而成为请求权针对的相对人。而特定承继，一般是指从侵夺占有形成侵占者那里再行获得占有的人，对侵害占有瑕疵的承继，或者说发生占有瑕疵的承继。此时，为了保护交易安全，且不过分干预承继而来的新的占有状态，平衡主体之间的利益，排除占有保护请求权对善意承继人的适用。① 承继人不知道或不应当知道瑕疵时，不当然承继瑕疵，因此有善意取得制度的规定。继受取得人确信他将获得一个无瑕疵的占有，这种确信应当获得保护，占有状态侵占性质的瑕疵失却连续性，承继人取得的占有不能被请求。学者认为，设置这种物上请求权例外的理由在于，"通过保护暂时的事实状态为目的的占有诉权而害及善意承受人的利益，不仅是不妥当的，而且，当移转至善意承受人占有时，倒应该视其为是占有侵夺的扰乱状态平静地得到了回归"②。而对于恶意特定继受人，学者认为，其占有"实无异于对该侵夺之继续，而有碍于社会秩序之维护，故不应受法律之保护"③。

侵夺占有的瑕疵具有相对性，只存在占有人与行为人及一定范围内的承继人之间，对第三人来说，不应该考虑占有的来源，不能主张瑕疵的存在而随意侵害。言下之意，侵夺及侵夺后承继而来的占有，也可以针对第三人获得占有保护。为更好地保护占有人利益，占有瑕疵的承继，不以占有的继受取得为限，在占有原始取得的场合，也可以存在瑕疵的承受。例如转让占有无效，新占有人获得原始取得，不能以获得原始取得为理由而不负担原占有上的瑕疵。在特定承继中，只要客观上占有由有瑕疵的人而来时，就可考察承继人主观上是否有恶意即是否明知或应当知道占有存在瑕疵。

关于对善意的特定承继人的保护，德国民法第 858 条第 2 项规定：占有

---

① 有时虽然主体并无恶意，但依照法律的规定也存在占有瑕疵的承继，如台湾地区民法第947 条合并占有的瑕疵承继。

② ［日］我妻荣：《民法讲义Ⅱ·新订物权法》，罗丽译，中国法制出版社 2008 年版，第523 页。

③ 郑冠宇：《占有物之返还关系》（一），载苏永钦主编《民法物权实例问题分析》，清华大学出版社 2004 年版，第 266 页。

以暴力取得者，具有瑕疵。因承继而继受占有，或关于取得占有，在取得时明知其前占有人之占有具有瑕疵者，不得就此瑕疵而为抗辩。日本民法第200条第2项规定：占有回收之诉，不得向侵夺人之特定承继人提出之，但其承继人知侵夺之事实者，不在此限。意大利民法第1169条也规定了占有回收之诉可以向恶意的受让人提起。台湾地区民法没有明确的规定，关于这个问题，理论界形成了保护善意的共识，但是对这种善意保护的具体运用却有不同认识。有一种观点采取宽泛的善意保护，认为只要不知道或者不应当知道前占有存在瑕疵，善意承继人就不用承担占有的瑕疵。另外一种观点认为，只有符合物权法中善意取得的条文规范时，善意承继人才能受到保护。也就是说，依据台湾地区民法第948条的规定，只有以设定或转移物权为目的的承继人，才不用承继瑕疵。而承租、借用、保管等都不是为了物权转移的目的而存在，因此应当承继瑕疵，此时主体可以成为占有返还被请求的对象。[1] 笔者认为，相比之下，第一种意见较为可取，这种理解更重视保护善意，维护交易安全。当一个第三人新的占有秩序形成后，在维持其状态与保护受侵夺人之间，就存在一个利益平衡的问题。就占有制度重在维持事实秩序而不在于权利归属的解决而言，在第三人善意的情况下，不宜破坏其占有状态。而且一旦善意特定承继人获得了无侵夺瑕疵的占有，则此后的特定承继占有人即使属于恶意，知道此前的占有为侵夺而来，也不能对其要求返还。[2] 占有的瑕疵一旦因前善意而不再存在，即丧失承继性。按照台湾地区民法第947条的规定，占有瑕疵的承继，是在于占有人将前占有与现占有合并主张时发生，现占有人根据自己利益判断可以单独主张现占有，那么只要其在获得占有时是属于善意的，那么他可以主张该无瑕疵的占有。而其在获得占有时知道侵夺事实的，则现占有本身就属于恶意占有，自可不必保护，应受被侵夺人的占有请求追及。

需要指出的是，前述分析只是针对占有保护的请求权而言，从侵夺占有之人而来的占有特定承继人，因善意或恶意是否受到占有请求权追及而

---

① 参见王泽鉴《民法物权：用益物权·占有》，中国政法大学出版社2001年版，第345—346页；谢在全《民法物权论》（下），中国政法大学出版社1999年版，第1015页。

② 学者认为，自侵夺人或恶意特定承继人处承租或接受寄存变为直接占有人的，也属于特定承继人，对他们仅在其恶意的情况下可以提起占有回复之诉。当然，侵夺人出租物而保留间接占有的，对之可以提起占有回复之诉。参见［日］我妻荣《民法讲义Ⅱ·新订物权法》，罗丽译，中国法制出版社2008年版，第524页。

有不同。但是，如果不从占有而从权利角度思考，则结果不同。例如受侵夺人依据所有物返还请求权提出要求，则不论特定承继人是善意还是恶意，只要其属于无权占有，都要受到追及，负有返还所有物的义务，这是物权的追及性应有之义。

第三人不能主张占有有侵夺而来的瑕疵存在而随意侵害，侵占及侵占后承继而来的占有，也可以针对第三人获得占有保护。从侵夺人手中再侵夺占有的，后侵夺人不是基于他人意思取得占有，不属原占有的继受取得，前侵夺人可以获得占有保护。关于前占有人对后侵夺人是否有返还请求权，笔者认为，后侵夺人也存在善意恶意的问题，该善意恶意不是指他的侵夺行为违法与否，或是否有权力做出该行为，而是指他对侵夺物在前侵夺人的占有状态性质的认识，即对前侵夺占有是否明知或应当知道。如果他是善意的，前占有人可以通过行使所有物返还请求权，也可在前侵夺人依照占有返还请求权请求后侵夺人返还后（恢复原有的侵夺占有，瑕疵仍然存在）再行使请求权来获得保护。如果前侵夺人怠于行使占有返还请求权，前占有人能否代位行使，笔者认为，这种请求权基于对物的控制事实产生，一般只就事实考察，前占有人代位行使的基础，在于属于权利性质的返还请求权，没有对物管领控制的公示事实，代位行使的话，难免要在占有诉讼中涉及返还请求权的权利证明，这不符合占有保护设定的宗旨。

四 占有人的自力救济权——及时型救济方式

占有人的自力救济权指占有人为保护占有，得以自己的实力对抗法律禁止的对占有的侵害，所针对的行为人有无过错在所不问。① 占有人的自力救济权目的在于在占有遭受侵夺或者妨害时采取防御措施或采取即时取回措施，以维护或恢复占有的正常状态。② 占有人的自力救济属于私力救

---

① 参见［德］曼弗雷德·沃尔夫《物权法》，吴越、李大雪译，法律出版社 2002 年版，第 78 页。

② 对于给占有造成妨害危险的状态，似乎由于妨害未实际发生，不具有现实的救济必要，不允许自力排除而必须请求消除危险。台湾地区民法等承认自力救济的法例也未规定自力除去危险。但有的危险现实而迫切，如果不允许占有人采取自力措施消除，则一旦妨害发生，就可能难以弥补或获得救济，故立法应考虑赋予占有人一定的自力救济权。不过，危险的自我消除应该满足一定的条件，如首先要求责任者消除危险，在采用合理方式提出合理的要求后仍不消除的，可以采取自力消除。

济措施的一种。①

　　法治社会的内在要求和程序价值的追求决定了法律秩序的维持与保护，主要依靠公力按一定的程序来实现。② A 的所有物，现在被 B 占有的话，A 是否可以以自己的力量拿回？"A 的所有物在 A 处才是健全的法律秩序，但是该动产处于 B 的稳定占有状态，如果这就是法律要保护的事实状态，也不允许凭借实力去取回它，这称为禁止自救行为。"③ 笔者认为，占有遭受正在发生的侵夺行为或妨害行为时，或者遭受侵夺并不久，未形成稳定的秩序，从而可以靠个人的实力采取措施恢复占有的（如抢夺但是正被占有人追及中），如不允许占有人以自己力量保卫占有，似乎对占有人不公，且难以对抗和威慑侵害人。占有遭受侵夺或妨害行为时，进行自力的救济是一种本能的反映，救济的紧迫性要求采取自力措施，赋予该种权利是用自己力量保护自身传统的延续和法律认可。占有在性质上属于法律事实，也决定了利用事实上的个人实力维护对物的管领支配的正当性。在新旧占有的矛盾运动过程中，在新的占有事实状态未稳定之前，承认一定严格受控的自救行为是可取的。在"循环侵夺"中所有人夺回自己的东西，不认可盗贼的回复占有诉讼，实际上也形成了对前述所谓"禁止自救行为"的突破。

　　我国物权法对占有保护采取赋予占有人公力救济请求权的方式，未如德国民法和我国台湾地区民法那样规定占有人的自力救济权，占有遭受危险、受到妨害或者被侵夺时，依据占有制度仅能请求消除危险、排除妨害或者返还原物。虽然我国民法承认了正当防卫，民法实践中也承认保护自己权利的自助行为，但是由于占有的事实定性特殊，加上正当防卫与自助

---

　　①　有的私力救济措施，如正当防卫，不仅可包含防卫自己权益时的自力救济，也可以包含第三人防卫他人权益而采取力量的救济。

　　②　当满足私力救济的条件时，也可能满足公力救济的条件。比如物的占有被侵夺可以采取自力取回救济的，占有人完全可以放弃转而采用行使公力请求权的方式。但是仅能采取公力救济时，是排除自力救济措施的，比如侵占已经形成较稳定的状态时。

　　③　［日］田山辉明：《物权法》，陆庆胜译，法律出版社 2001 年版，第 146 页。日本民法未规定占有自力救济权，而理论界对此存在肯定说、有条件肯定说及否定说等观点，对此参见［日］舟桥谆一《物权法》，有斐阁 1992 年版，第 317 页；［日］北川善太郎《民法讲要Ⅱ·物权》，有斐阁 1993 年版，第 145 页；［日］铃木禄弥《物权法讲义》（修订版），创文社 1994 年版，第 66 页。

行为有其各自的适用条件，使得利用它们来进行私力保护占有存在严重的不足。明确规定占有保护的自力救济方式，是我国占有制度应予完善的一个方面。

当然，私力救济方式不能占据主导地位，它只有在维护或回复秩序的要求迫切、迅速时，才有发挥作用的空间。私力救济由于私人实力的难以把握和本身对秩序有潜在威胁的特点，必须受到法律的严格约束。占有人的自救措施也不例外。[①]

占有人的自力救济可以表现为消极的自力救济和积极的自力救济两种形态。

（一）占有人消极的自力救济——对妨害行为或侵夺行为的防御权

占有人消极的自力救济指在占有受到侵夺或妨害时，占有人以自己的实力加以防御，即享有防御权。例如我国台湾地区民法第 960 条第 1 款规定："占有人，对于侵夺或妨害其占有之行为，得以己力防御之。"[②] 因为是在侵夺行为或妨害行为发生时被动采取的维持占有状态的行动，所以属于消极的自力救济。

民法上一般有正当防卫的规定，为保护自己或他人的权益，面对正在发生的侵害行为，可以采取对侵害人进行抵御或施加必要损害的行为，在造成侵害人损害时，排除防卫人的民事责任。[③] 正当防卫也属于私力救济的范围，占有人的自力防御权与正当防卫的关系如何值得分析。

正当防卫的保护对象是权利或合法权益，而占有属于一种非权利性质的事实，当有权源支撑占有时，显然可以进行正当防卫。当无权源支撑时

---

① 在部分德国学者中，占有保护和平理论的观点受到他们的质疑，他们认为德国民法第859 条规定的关于占有人的自救权利，对于法律状态的和平并没有什么促进作用；而且对侵犯公共秩序的行为而言，一般说的惩罚应该是一些刑法或者公共安全警察所采取的相关措施，而不存在将一些违法的状态（如窃贼的占有）恢复原状的理由。参见周梅《间接占有中的返还请求权》，法律出版社 2007 年版，第 78 页。本书认为，严格受限的占有人自救行为，针对的正是破坏占有平和秩序的禁止的私力行为，其维护平和秩序的作用不言自明，而且公法上维护社会秩序的措施不能排除在私法上也可以采取必要手段来促进这一目的的实现。

② 另参见德国民法第 859 条第 1 项。

③ 如中国民法通则第 128 条规定："因正当防卫造成损害的，不承担民事责任。正当防卫超过必要的限度，造成不应有的损害的，应当承担适当的民事责任。"台湾地区民法第 149 条规定："对于现时不法之侵害，为防卫自己或他人之权利所为之行为，不负损害赔偿之责。但已逾越必要程度者，仍应负相当赔偿之责。"

能不能进行正当防卫，即单纯占有能否正当防卫的问题，对于第三人保护他人的正当防卫来说，基于权利存在的盖然性和占有公示对第三人产生的公信力，一般来说在紧急的情况下他只能通过占有的客观事实来判断，不能要求其查明占有人有权利后再行使正当防卫，防卫时要求第三人了解是否存在权利再决定是否防卫，显然与排除紧迫和现实侵犯的宗旨不符。因此，无论占有人事实上有无权源支撑占有事实，对第三人而言都应该构成正当防卫。对第三人应该从外表所显示的情况判断，引入过失标准，来确定其因防卫对侵害人造成的损害应否负责。而对占有人来说，如没有权源支撑，或实际上占有属于侵夺而来，则其是否能够针对他人的侵害行为获得"防卫权"，如果将防卫单纯限定在防卫权利时（如台湾地区民法），则显然不可防卫。但如认为占有也是值得法律保护的权益，则应认可占有人的防卫权。只不过占有人防卫维持的是物的事实管领的状态与秩序，而不是权利的状态与秩序。简言之，物的事实秩序有维护的必要，如不允许占有人防卫，则占有制度的功能将大打折扣。民法赋予占有人遭受侵害时的防御权，学者认为这种特别规定，是扩张私力救济的范围以维护社会秩序，就与民法正当防卫权二者之间的关系而言，是属于"正当防卫的特殊情形"[1]。

此外，在民法立法例的明确规范中，赋予占有人自力救济的防御权与取回权，着眼点在于占有事实状态的维持与恢复，并没有规定防御或取回时可能造成的侵害人的损失责任分配问题，而正当防卫规范则一般规定了造成侵害人损失时防卫人的免责。占有制度中没有规定这一问题原因值得思考。立法是否考虑将致损责任分配问题结合物的权益最终归属来进行，或者是不排除占有人致损时按照一般规定承担责任，以作为限制占有防卫的条件，难以揣测。但是如果认为自力防御权是正当防卫的特殊规定，则在防御必要限度内给侵害人造成损失的，也不应承担赔偿责任，即使防卫过当时也不实行完全赔偿的原则。不过，当占有人在物被侵占后行使的是

---

① 洪逊欣：《中国民法总则》，第674页，转引自王泽鉴《民法物权：用益物权·占有》，中国政法大学出版社2001年版，第347页。另参见［德］鲍尔、施蒂尔纳《德国物权法》（上册），张双根译，法律出版社2004年版，第158页。日本民法由于没有规定占有的自力救济，因此学者强调，类推适用民法和刑法的正当防卫和紧急避险的规定，赋予占有一定范围内的自力救济是正当的。参见［日］我妻荣《民法讲义Ⅱ·新订物权法》，罗丽译，中国法制出版社2008年版，第513页。

自力救济的取回权时，这显然不在正当防卫的范畴之内，占有人不受防卫造损免责的保护。但是自力的取回权行使，显然又会在必要的时候需要对侵害人实施限制，可能会造成损失。此时若要求按照侵权责任进行赔偿，又可能不符合赋予自力取回权的立法初衷。占有人的防卫往往出现造成侵害人"实质权益"受损，这种受损状况往往难以恢复和弥补。用免责支撑占有人造成侵夺方实质权益受损的结果，而最后占有人还不一定是"实质"的权利人。可见种种利益平衡，的确值得立法思索，给出必要的明确态度。①

关于行使占有消极防御权的主体，防御针对的是现存的当下的侵害行为，而间接占有人往往是通过法律关系与占有物发生联系，要求其采取自力救济来保护占有，既不可能也不必要。因此，通说认为，占有自力救济权中的占有人不包括间接占有人。这也体现了占有事实状态自力维护与本权自力救济的不同，在行使主体等方面前者无疑受到更多的限制。而民法为及时有效排除对占有的侵害，还赋予占有辅助人自力救济权作为特殊的规定，"否则于保护占有人之道，仍未完备也"②。不过有辅助人的占有人是否因此而被排除了自力救济权，仍然值得研究。占有是通过对物的事实支配来公示的，有辅助人的占有人往往是通过指示等与占有物发生联系，侵害人无法预料到侵害的不是辅助人的占有而会有现实支配物以外的人来进行防御。③ 从自力救济权的立法宗旨看，似乎应该比照间接占有人来做同一解释，赋予了直接占有人和占有辅助人以自力救济权的话，就没有必要赋予间接占有人和辅助人的占有人该项权利。至于第三人对侵害他人占有的行为进行防御的，应适用正当防卫的规定，不属于占有自力救济。④

---

① 有盗窃嫌疑的顾客再次进入商店拒不退让，店主抓其手强行拖出门外致使顾客受伤。对此，关于是否存在顾客违背店主意思侵害占有的行为，开门营业是否意味存在同意占有的一般意思，店主的同意是否可以任意撤回，是否存在占有自力防御而排除顾客的赔偿请求权等诸多问题，在德国实务中和理论中存在不同的判断与见解。参见［德］鲍尔、施蒂尔纳《德国物权法》（上册），张双根译，法律出版社 2004 年版，第 159 页。

② 王泽鉴：《民法物权：用益物权·占有》，中国政法大学出版社 2001 年版，第 343 页。

③ 如果认为占有公示是由事实上的指示关系来表现的，则占有人进行防御就是合理的。照此理解，破坏占有人与辅助人之间的占有指示关系，可以构成对占有的妨害。

④ 如间接占有人或者有辅助人的占有人被排除占有自力救济的话，其有关防御的行为只能纳入正当防卫范畴考虑。

　　按照占有人防御权的目的，防御针对的对象是现存的侵夺行为或妨害行为及其实施主体，不针对过去的侵害行为或者已经完成的侵害行为，也不针对他人。已经完成的侵害行为，如构成侵占或者造成妨害状态，符合积极取回占有物的自力救济条件的，采用取回权进行自力救济，符合占有保护请求权条件的，只能采用占有保护请求权进行救济。例如，在土地上倾倒垃圾时可以行使防御权，但倾倒完毕对占有构成妨害状态时不能防御，只能请求除去妨害。针对的侵夺行为或妨害行为也不能是假想的，对误认或者假想的侵害行为进行防御造成损失的，应该依据过错责任进行赔偿。占有自力防御针对的侵害行为，如来源于原占有人行使法律允许的救济行为的话，则不能行使，以免陷入"循环防卫"的怪圈。原占有人依法进行的防御行为、取回占有物的行为等，不能认为是侵害占有的行为。当然，如果原占有人行为超过必要限度和范围，可以对其进行防御。从占有事实秩序维护最终不能对抗终局的权利秩序、占有人救济不能对抗自己所由侵夺的原占有人等方面，可以发现，占有制度对物的事实秩序维护也不是绝对的。

　　法律赋予占有人自力防御权后，防御行为具有合法性，占有人可以根据防御的客观需要选择合适的手段，[①] 如对于抢夺财物可以抵抗，对霸占房屋可以驱逐，对倾倒废物可以制止。防御手段有多种选择方式的，应该选择影响最小的方式，且应控制在必要的限度内。如果方式选择不当，或者防御超过必要限度，则防御具有不法性，对方对此不法行为可以展开正当防卫，且如造成侵害人损失的，应承担赔偿责任。[②]

---

　　① 德国民法理论上认为，与正当防卫一样，原则上不要求在受危险的法益与使用防卫手段所生后果之间进行价值的权衡。参见［德］鲍尔、施蒂尔纳《德国物权法》（上册），张双根译，法律出版社 2004 年版，第 158 页。

　　② 德国民法似乎对自力防御采取宽松判断，占有受侵害威胁或侵害正在持续时，都可以采取防卫（防御）手段，且并未区别侵害行为与侵害结果状态而在能否防御上有所不同，其强调防御无时间限制，因而实际上允许的防御手段有时会带有排除、进攻、取回等"积极"特点。例如他人将车停在出入口致堵塞的情形，不认为是占有侵夺而认为是占有妨害，防御无时间限制，对此允许的"防御"手段是占有人通过自己的行为将车拖走，并可以依据无因管理等请求费用偿还。参见［德］鲍尔、施蒂尔纳《德国物权法》（上册），张双根译，法律出版社 2004 年版，第 158 页。笔者认为，从自力救济行为必须严格控制、遵循防御防卫用语的一般含义、权衡各种救济方法与实际效果等方面考虑，应坚持对当下"行为"进行"防御"的基本要求，不应随意扩大防御的范围和采取的防御手段。对前述行为，如解释为妨害占有行为，似应不允许采用自力拖车的防御手段，而采用公力救济方式为妥。

（二）占有人积极的自力救济——被侵占时对占有物的及时取回权

占有人积极的自力救济指占有人以自己的积极行为，在占有物被侵夺以后及时排除加害取回，即享有取回权。例如台湾地区民法第 960 条第 2 款规定："占有物被侵夺者，如系不动产，占有人得于侵夺后，实时排除加害人而取回之；如系动产，占有人得就地或追踪向加害人取回之。"①因为是在侵夺行为发生并形成占有状态后主动采取的恢复占有的行动，所以属于积极的自力救济。自力救济在占有遭受行为侵害时只表现为消极的防御权。

民法上保护权利的私力救济方式，还有权利人的自助行为。指为保护自己的权利而在无及时的公力救济时，以自己的积极行为对他人的自由或财产采取适当限制而不负赔偿责任的行为。②占有人的自力取回权，也是一种以实力积极保护自己的方式，与自助行为的关系如何值得分析。

自助行为的保护对象是权利或合法权益，而占有属于一种非权利性质的事实，当有权源支撑占有时，可以采取自助行为。对于占有人来说，如果没有权源支撑，或者实际上占有属于侵夺而来，则其是否能够针对他人的侵害行为获得"取回权"，如果将自助行为单纯限定在保护权利时（如台湾地区民法），则显然不可行使取回。但是，如果认为占有也是值得法律保护的权益时，则应认可占有人的取回权，只不过占有人取回维持的是物的事实管领状态与秩序，而不是权利的状态与秩序。简言之，物的事实秩序有维护的必要，如果不允许占有人在一定条件下有取回权的话，则占有制度的功能将大打折扣。

就取回权与自助行为之间的适用关系，依某些学者的观点，其一，自力取回权不以不及受法院或其他有关机关援助，并非于其时为之，则请求权不得实行或其实行显有困难者为限。其二，自力取回的期间经过以后，

---

① 另参见德国民法第 859 条第 2 项和第 3 项。

② 台湾地区民法第 151 条规定："为保护自己权利，对于他人之自由或财产施以拘束、押收或毁损者，不负损害赔偿之责。但以不及受法院或其他有关机关援助，并非于其时为之，则请求权不得实行或其实行显有困难者为限。"第 152 条规定："依前条之规定，拘束他人自由或押收他人财产者，应实时向法院声请处理。前项声请被驳回或其声请迟延者，行为人应负损害赔偿之责。"另参见德国民法第 229 条。中国民法中没有类似的明确规范，但实践中也认可权利人必要的自助行为。

占有人仍然可以为自助行为。① 德国学者认为，占有物取回权是自助行为权的"一种特别构造情形"②。笔者认为，虽然规范表述不一致，但是自力取回往往也是以情况紧迫、难以及时获得公力救济为前提，这与自助行为类似。但是自助行为除了可以"即时"采取以外，也可以在"即时"以外因来不及寻求公力救济而采取。例如受盗窃一个月后占有人发现小偷正将失窃物让与第三人，该急迫情形时占有人可行使自助行为。③ 实施自助行为，必须是来不及寻求公力救济，自己不及时做出行为，请求权以后就无法行使或行使有困难。占有人来不及寻求公力救济往往是采取自力取回的原因，但是占有人实际上有选择权，他也可以直接通过公力救济请求返还侵占物。其实，从规范条文理解，两者最大的相同点就是"自我实力救济"，最大的不同就是行为和手段不同。④ 一个是针对被侵夺的占有物展开取回行为，一个是对他人的财产、自由施加拘束或者押收，或者毁损。自助行为针对的对象与要保护的权利标的没有必然的联系，也不是同一法律关系所包容，而占有自力取回的对象和要保护的事实关系标的同一，为同一个法律关系所包容。

对于行使取回权的主体，取回针对的是刚刚完成的侵夺，要求即时进行，间接占有人和有辅助人的占有人，往往是通过法律关系或指示等与占有物发生联系，要求他们采取自力救济来保护占有，既不可能也不必要，难以符合即时要求。因此，通说认为，行使占有自力取回权的占有人不包

---

① 参见王泽鉴《民法物权：用益物权·占有》，中国政法大学出版社 2001 年版，第 349 页。

② ［德］鲍尔、施蒂尔纳：《德国物权法》（上册），张双根译，法律出版社 2004 年版，第 157 页。但也有学者认为这属于"正当防卫范围的一种扩大"，参见［德］迪特尔·梅迪库斯《德国民法总论》，邵建东译，法律出版社 2001 年版，第 134 页。

③ 参见谢在全《民法物权论》（下），中国政法大学出版社 1999 年版，第 1007 页。德国学者以自行车失窃为例，认为失窃后 4 个星期发现窃贼在街上骑车时，此时不能行使占有自力取回权，如符合来不及请求官署援助等条件时可以实施自助行为。自助行为也可以对从窃贼处购得自行车的现占有人行使，当然如果是善意购买人则其占有不具有瑕疵，不适用占有物自力取回权。参见［德］鲍尔、施蒂尔纳《德国物权法》（上册），张双根译，法律出版社 2004 年版，第 158 页。

④ 权利保护和作为一种利益的占有保护也不是实质区别，自助排除损害赔偿责任承担，自力取回规范条文虽未明确表达，但是也应解释包含此意。否则一方面得为取回，另一方面又要对取回必要附带的损害负责，如依据侵权责任赔偿，忽略了私力行为的特点和法律规范的旨意。

括间接占有人，① 而为了完备保护占有人，也应赋予占有辅助人该种权利以做特殊考虑。② 至于第三人对占有人取回行为进行协助的，如受占有人请求，视为达成合同关系，在其他情形，则原则上适用无因管理的规定。③

　　按照占有人取回权的目的，取回针对的是因侵夺行为刚刚形成的占有及其标的，此时，新占有还处于不稳定期。在时间上，自力取回必须"即时"，也就是在合理的最短时间内进行。德国学者韦斯特曼支持对取回做"立即"时间限制，认为回复占有不应当给"把业已固定的占有状态做再一次变更"的行为提供可乘之机。④ 这需要围绕具体事实结合社会观念客观判断。对侵夺不动产占有的，可以即时排除取回占有。动产具有可移动性，可以"就地"或"追踪"取回。"就地"是在占有人支配力所能及的空间范围内，"追踪"时加害人虽离开该支配范围但是仍处于占有人追蹑跟踪当中，⑤ 二者实质上也是要求即时进行。因此，超过"即时"时间要求，新的占有秩序已趋于稳定，此时要回复占有，不能使用取回权而应借助公力救济的方式。⑥ 超过即时要求的取回已不是法律保护的取回权利，具有违法性，"沦为不法之占有侵夺行为"⑦，对此侵害人反而享有防御

----

　　① 德国民法理论上认为，间接占有人的保护请求权应就直接占有遭受侵害来进行判断，由于民法没有明确规定间接占有人的自力救济权，有的学者认为基于对占有全面保护的要求，应该准用民法第 859 条的规定。例如 E 将自行车借给朋友 F，E 看到一窃贼正骑上他的自行车要跑，他可以强力夺回自行车。但是，理论上也存在反对的观点。参见［德］鲍尔、施蒂尔纳《德国物权法》（上册），张双根译，法律出版社 2004 年版，第 164 页。

　　② 参见王泽鉴《民法物权：用益物权·占有》，中国政法大学出版社 2001 年版，第 350 页。另参见德国民法第 860 条。

　　③ 参见王泽鉴《民法物权：用益物权·占有》，中国政法大学出版社 2001 年版，第 351 页。如间接占有人或者辅助人的占有人被排除占有自力救济的话，其取回行为只能纳入无因管理范畴考虑。

　　④ 参见［德］迪特尔·梅迪库斯《德国民法总论》，邵建东译，法律出版社 2001 年版，第 134 页。

　　⑤ 参见谢在全《民法物权论》（下），中国政法大学出版社 1999 年版，第 1011 页。

　　⑥ 侵占停车位的情形，德国实务上认为停车后 4 小时采取排除措施，但是如果停车后立即拖吊，不加等候，属于占有物取回权的滥用。参见［德］鲍尔、施蒂尔纳《德国物权法》（上册），张双根译，法律出版社 2004 年版，第 160 页。

　　⑦ ［德］鲍尔、施蒂尔纳：《德国物权法》（上册），张双根译，法律出版社 2004 年版，第 159 页。

权、取回权和正当防卫权，取回给他人造成损失的，负侵权损害赔偿责任。当然，超过即时要求但符合行使民法自助行为条件的，可以采取自助措施。

侵夺人侵夺后如由其形成占有的，即时或就地、追踪取回没有疑问。但是，如果侵占人抛弃占有物的，此时无法再对其行使取回权。而如果占有物被第三人获取的，此时不仅是在时间上一般超过了"即时"的限制，而且如果允许依个人实力直接向第三人取回，则影响他人权益甚巨。对此，只有通过占有保护的公力请求权，考虑占有瑕疵的承继及取得占有人的善意与恶意区别处理。

既然占有人的自力取回是法律赋予的权利，侵占人对符合法律要求的取回行为就不能抗拒，不能实施所谓的对自己占有的防御或者正当防卫，也不能实施被占有人取回后的"再取回"，否则将会陷入循环自力救济的怪圈。自力救济权的行使只有包含能够排除侵占人进行的反抗，才有法律意义。有学者认为，侵夺人抵抗时占有人可行使正当防卫权和占有自力防御权。① 自力取回是原占有相对于新占有的力量，占有相对另一个占有有优先效力或许不好理解，但如果超越事实对抗事实，可以看作是占有的法律效果对抗另一占有事实。原占有产生了自力救济的"权利"，权利的行使当然可对抗侵夺的占有事实，这是"循环侵夺"被截断的基础。循环侵夺链条截断中的一个"侵夺"，必然包含于自力救济权的行使当中。侵夺人的再侵害不仅表现为侵夺，还有妨害，所以学者所说的禁止"循环侵夺"只是避免占有侵害循环的一种表现，不仅要禁止侵夺人在占有人夺回后的再侵夺，还要禁止侵夺人的再妨害。

为平衡主体利益的保护，占有人的自力取回应该用足以取回占有物但

---

① 参见王泽鉴《民法物权：用益物权·占有》，中国政法大学出版社 2001 年版，第 349 页；谢在全《民法物权论》（下），中国政法大学出版社 1999 年版，第 1009 页。在台湾地区 1940 年台上字第 2397 号刑事判决中，侵害人在占有人欠债时，不具备自助行为的条件，擅自侵占占有人的物抵债，占有人在行使自力取回中，侵害人抗拒并武力斗殴，占有人为防卫自己的权利起见，用力量排除侵害行为，属于正当防卫，对产生的结果依据刑法规定不予处罚。这一判决对民事争议而言也有参考价值。在自力取回当中，如果占有人遭受抗拒且其人身或财产权利遭受侵害的，当然可以行使正当防卫。但是，是将该种排除抗拒甚至侵害的行为包含在"必要的取回行为"当中，还是另行成立正当防卫，值得探讨。不过，如果取回行为造成损害时，由于法无明文规定对此的赔偿或免责问题，似乎应借鉴正当防卫理论说明为妥。

影响相对人最小的手段进行。如果针对的对象超越了侵占及占有物本身，或者取回手段明显不合理的，侵害人可以行使防卫与防御，造成损害的占有人要承担赔偿责任，如撬门砸屋、翻箱倒柜取回价值甚微的书本，有加害取回的嫌疑，他人合法利益遭受损失，应当允许获得保护。在行使自力取回等救济权时，可能会发生费用的支出，如花钱雇佣他人移除妨害、支出费用运回占有物、支付费用拖吊侵夺或妨害车位占有的汽车等。这些费用支出并非是在占有被侵害的过程中产生，难以用侵害占有的侵权责任来解决。但费用产生是因侵害人而引发，本应由其支出，如利用侵害人费用本该减少但实际未减少从而成立不当得利来处理，侵害人可能会主张其无所得利的抗辩。比较之下，依据无因管理规定处理较为可取。费用本该由侵害人支出，可看成占有人代其支出从而成立无因管理，可以要求侵害人加以返还。①

五 占有人的公力救济权——主导型救济方式

（一）概说

占有人的公力救济权指占有人为保护占有，得直接向相对人行使请求权（往往通过诉讼方式进行）以维护或恢复其占有。占有的公力救济是占有效力的核心体现，②普遍被各立法例所承认，即便是出于顾忌而排除自力救济方式的立法例，基本上都通过不同方式规定了占有的公力救济。

与私力救济相比，公力救济方式是法治社会权益救济的主导方式，占有保护也不例外。在占有自力救济不必要或不可能的情况下，公力救济是有效的救济途径。就从原占有到新占有的完全演化形态看，在新占有秩序确立期间，侵害占有已经形成了占有状态但还未完全稳定（法律往往通过规定侵害后的一定期间来拟制表现这种未完全稳定状态），为救济原占有人，法律赋予其在一定期间内享有公力救济请求权。对超过自力救济"即时"要求期间后的妨害，以及对占有存在妨害的危险，也只能通过公力救济手段获得保护，此时公力介入对防止滥用个人实力是必要的。

---

① 依据无因管理处理的观点，参见王泽鉴《民法物权：用益物权·占有》，中国政法大学出版社 2001 年版，第 352 页。

② 学者认为，在罗马法中占有诉权就是占有效力中最为重要的内容。参见［日］我妻荣《民法讲义Ⅱ·新订物权法》，罗丽译，中国法制出版社 2008 年版，第 512 页。

　　需要指出的是，满足占有自力救济的条件时，也可能满足公力救济的条件。占有遭受侵夺或者妨害行为侵害之时，占有人除了可以行使防御权外，当然也可以使用公力救济加以排除和制止。妨害行为完成形成妨害状态时，不能进行自力防御，但是可以请求公力除去。如果侵夺行为结束形成占有状态，符合即时要求的，可以行使自力取回权，占有人也可以借助公力的占有物返还请求权来救济；如果超过"即时"期限，则只能请求公力救济。占有遭受妨害危险时不具有现实的救济必要，一般不允许自力排除而应请求公力消除危险。但对某些紧迫性危险如不及时采取措施一旦出现妨害后难以挽回的，在满足一定的条件后，应允许占有人采取自力消除危险，在这方面立法有斟酌完善的必要。

　　占有人获取公力救济具体是通过占有人的占有保护请求权来实现的，也称为占有人的物上请求权、占有人的请求权、占有物上请求权、基于占有产生的请求权等。① 从更广义的角度出发，只要是保护占有的请求权都可以纳入其中。例如日本民法第 198 条、第 199 条和我国《物权法》第 245 条分别规定有占有妨害的损害赔偿请求权、占有妨害危险时的损害赔偿担保请求权、占有损害（包括侵夺或妨害造成）赔偿请求权。但是，理论上认为这些损害赔偿请求权可归入侵权之债等的请求权，属于债权法上的保护方法，习惯上仅将占有物返还请求权、占有妨害排除请求权、占有妨害防止（占有妨害危险消除）请求权等作为占有保护请求权来对待。这种请求权来源于罗马法上的占有诉权，有观点直接称为占有诉权，这是出于法制史上的渊源且占有保护主要通过诉讼进行而考虑。该请求权虽不因权利而来，但属于实体法上的请求权，可以在诉讼外行使，不能因沿袭传统占有诉权的称呼就认为只能通过诉讼行使。② 占有诉权是占有保护请求权通过诉讼行使的表现，也是其通常表现。

　　多数学者和立法例将占有保护请求权分为占有物返还请求权、占有妨害排除请求权及占有妨害防止请求权。德国民法第 862 条则将妨害除去请求权与妨害防止请求权合并为占有妨害的请求权，这与罗马法中的"占有保持之诉"是一脉相承的。我国《物权法》第 245 条规定了占有物返还

---

　　① 参见姚瑞光《民法物权论》，台北海宇文化事业有限公司 1995 年版，第 424 页；梁慧星主编《中国物权法研究》（下），法律出版社 1998 年版，第 1136 页。
　　② 参见谢在全《民法物权论》（下），中国政法大学出版社 1999 年版，第 1012 页。

请求权，对于妨害占有的行为的请求权在表述上与占有物返还请求权并列，但同时指明其包含排除妨害和消除危险请求。我国台湾地区民法第962条则将三类请求权并列。相比较而言，笔者认为采用三分法更为清晰，更易于操作。法国法传统上占有诉权包括排除妨害、保持原状①和回复占有（指赋予占有不动产的任何合法占有人恢复被第三人侵夺的占有的诉权）三种，这些诉权可以上溯到古代法律。学者认为，排除妨碍从习惯法派生而来，回复占有来源于教会法，而保持占有原状是借自罗马法，罗马法是采用"令状"形式来保护占有的。这些诉权有过混同的倾向，相关法令和法律中统一规定过"占有诉权"，法律发展的趋势是确认并逐步扩大自由精神，这就使得三类诉权的区分是一个微妙而棘手的问题。虽然三种诉权的各项条件都是共同的，但是它们却有自己的规则，相互间有一定的独立性，不过这种自治的独立性也在消失之中。② 笔者认为，随着令状与诉权的界限与区别逐渐被打破，就现代诉权本质观察，这种所谓的区别仅仅是形式上的。在罗马法那里，无非令状保护显得不是那么正式，体现出灵活性罢了。就法国民事诉讼的占有诉讼演化而言，存在是否需要将诉权分类或者合并为统一的占有诉权的斟酌。其实只要是三种诉权涉及的对占有的侵害都被纳入救济的范围，是否统一运用一个诉权还是分为三个不同诉权，都没有实质上的不同。③ 从现代诉讼案由理论及法律适用与指导等多方面考虑，将占有诉讼根据占有受到的侵害不同加以分类，赋予占有人不同的请求权，是具有意义的。

---

① 法文字面意思是"揭露实施新的工程"，该种诉权的实质含义是：请求制止第三人在他人不动产上进行的任何工程，即使该行为尚未造成任何损害。这是一种预防可能侵犯的防御权，"保持原状"取意于罗马法的"占有保持令状"。参见［法］让·文森、塞尔日·金沙尔《法国民事诉讼法要义》（上），罗结珍译，中国法制出版社2001年版，第136页注1。

② 参见［法］让·文森、塞尔日·金沙尔《法国民事诉讼法要义》（上），罗结珍译，中国法制出版社2001年版，第136页。

③ 需要指出，有学者认为罗马法后来在谕令中引入了一个关于占有的一般法律救济，即"临时占有之诉"，这样统一诉权后，古老的令状权利已经变得多余。对此，以萨维尼为代表的学者进行了反驳，萨维尼认为构成令状基础的占有规则在优世丁尼法典中并没有被改变。参见［德］弗里德里希·卡尔·冯·萨维尼《论占有》，朱虎、刘智慧译，法律出版社2007年版，第391—396页。

物上请求权还包括物权人的物上请求权，其基础在于主体享有物权。[①]
以所有人物上请求权为例，占有保护请求权与这种请求权存在的类似点和
相互联系有：

其一，从包含的类型划分、行使方式、法律效果等看二者具有类似
性。所有权与占有都可能发生物被侵占、遭受妨害或妨害危险。占有人物
上请求权包含占有物返还请求权、占有妨害排除请求权、占有妨害防止
（占有妨害危险消除）请求权三类，而所有人物上请求权包含所有物返还
请求权、所有权妨害排除请求权、所有权妨害防止（所有权妨害危险消
除）请求权三类，二者具有类似性。二者都属于实体法上请求权，主要通
过诉讼行使，但是也不排除在诉讼外进行主张。从法律效果上的物被返
还、妨害或危险被排除消除上看，二者也具有类似性。

其二，二者可能发生重合。由于宗旨和法律基础不同，二者互相并不
排斥和妨害，可以发生竞合。占有保护请求权可以单独提起或者与所有权
保护请求权同时提起。[②]

其三，二者可能会相互影响。占有请求中解决了占有存在、侵害的事
实问题后，由于权利推定的存在，诸多确定事实会被作为权利诉讼中的有
力证据或推定证据使用。所有权诉讼中可能会涉及外在侵夺行为、妨害行
为、妨害危险的认定，诸多确定事实也能被使用在占有诉讼中。

但是，与所有人物上请求权旨在维系"应有状态"的权利秩序不同，

---

① 关于物上请求权与物权请求权的名称使用、物权请求权与占有人物上请求权的不同等，
参见李太正《物上请求权与物权请求权名称之辨正》，载苏永钦主编《民法物权争议问题研究》，
清华大学出版社 2004 年版，第 39—47 页。

② 一个物上存在多种物上请求权的情形可能包括：第一，两种请求权属于同一个人。如所
有人甲占有的物被乙侵夺，甲对乙享有所有物返还请求权和占有物返还请求权。第二，相对的请
求权分别属于两人。如甲在乙处发现遗失已久的自行车而夺回时，乙对甲的侵夺行为有占有妨害
排除请求权，甲夺回后乙对其有占有物返还请求权，当物的占有在乙处时，甲对乙有所有物返还
请求权。第三，相向的请求权分别属于无联系的两个人。如甲的遗失物被乙拾得后又被丙侵占，
甲、乙二人对丙分别有所有物返还请求权与占有物返还请求权。第四，相向的请求权分属于有合
同关系的两人。如作为出租人的所有人甲与承租人乙有租赁合同关系，当物被丙无权占有时，甲
对丙有所有物返还请求权及基于间接占有人身份的占有物返还请求权，而无论租赁合同是否有
效，乙对丙都得享有占有物返还请求权。由于承租人的有权占有并未被上升到物权高度，因此其
并不因此享有物权请求权。这说明如不赋予其占有保护，则其将只能在被侵害时行使占有自力救
济或者正当防卫来加以救济，一旦侵害完成后，则只能借助作为所有权人的出租人进行救济。

占有保护请求权从占有的事实定性出发，其目的在"把社会的事实支配状态乃至物的现实支配原样不动地保护起来"①，实现现实存在状态的复原。基于宗旨各异，二者的区别主要体现在：

其一，保护的主体与保护的对象不同。占有保护请求权保护的主体为作为物的事实支配主体的占有人，保护对象为占有。学者认为，占有保护请求权一定程度上是对不能以所有权或一项物权为支撑的"弱小地位者的法律保护"（如使用承租人、用益承租人）。② 所有人物上请求权保护的主体为作为物的完全权利支配的所有人，保护对象为所有权。③

其二，行使要件不同。如占有物返还请求权以占有被侵夺占有为要件，所有物返还请求权则以他人的无权占有为要件。④ 所有权因可脱离物的实际接触而存在，对妨害或妨害危险的判断带有抽象性，而占有则无此种抽象判断。对占有物具有合法的权源但是没有形成占有事实上管领的，一般不能享有占有物返还请求权。⑤ 占有被侵夺（侵占）时，不论是否享有所有权，都可获得占有保护请求权的救济。⑥ 反之，占有非因侵占而失去，不能获得该种救济。例如租赁合同结束后拒不返还租赁物的，有观点认为，原本基于出租人意愿获得占有，拒不返还也不构成侵占，不能依据

① ［日］田山辉明：《物权法》，陆庆胜译，法律出版社 2001 年版，第 146 页。另参见［日］我妻荣《民法讲义 II·新订物权法》，罗丽译，中国法制出版社 2008 年版，第 512 页。

② 参见［德］鲍尔、施蒂尔纳《德国物权法》（上册），张双根译，法律出版社 2004 年版，第 160 页。

③ 参见曾荣振《民法总整理》（增订新版），台北三民书局 1992 年版，第 604 页。

④ 台湾地区民法第 767 条规定请求返还所有物针对的是"无权占有或侵夺所有物"。这里，如果"侵夺"指的是强力所致的无权占有的，则没有必要和无权占有并列表述；如果是指与无权占有并列的话，则只能是有权占有，而有权占有的显然不能要求返还。有权占有但是采取了侵夺手段的，造成损失应该赔偿，但是对返还所有物来说却不必负责。如果"侵夺"仅仅是指一种事实行为不问有权无权，则在逻辑上也不能和无权占有并列表述。单纯从事实角度考虑的"侵夺"，只能是属于占有保护涵盖的范畴。权利用权利的思维，事实用事实的逻辑，台湾地区民法的上述规范用语值得完善。关于该条"无权占有"界定为系本来有占有，但后来被无权占有的观点，参见李太正《债之关系与无权占有》，载苏永钦主编《民法物权争议问题研究》，清华大学出版社 2004 年版，第 62 页。相比之下，中国《物权法》第 24 条"无权占有不动产或者动产的，权利人可以请求返还原物"的规定较为科学。

⑤ 参见台湾地区 1975 年台上字第 2026 号判决。

⑥ 台湾地区 1958 年台上字第 701 号判决中认为，占有被侵夺请求返还，与所有权争执迥异。侵夺人不能以被侵夺人取得物的所有权是否合法存在疑问，作为拒不返还的借口。

占有物返还请求权提出主张，但是可以依据所有物返还请求权（或基于租赁合同要求返还租赁物的请求权）提出主张。

其三，诉讼上行使的程序设计不同。事实秩序的维护需要迅速进行，这体现在占有自力救济迅捷及时的要求上，还体现在占有公力救济应在较短期间内提出请求、不寻求权利基础的证明、诉讼适用简易的程序等方面。占有诉讼应从证据展示、事实调查、辩论、审限、终审审级等方面充分体现简便迅速的要求，这与所有权物上诉讼不同。以诉讼中证明责任和审查对象为例，一个是围绕占有享有和占有被侵害的事实来开展证明活动，要证明占有存在的事实、占有被侵占或遭受妨害或存在妨害危险，证明时限在保护的除斥期间内，不用进行权利归属的证明。另一个则是围绕权利归属来开展证明活动，要证明所有权权利归属，证明被告无权占有或所有权遭受妨害或存在妨害危险。在审查对象上，一个是重点围绕占有事实是否存在、占有是否被侵害、请求是否在期限内来审查，另一个则是重点围绕权利归属、权利是否被侵害来审查。就举证责任来说，主张占有保护请求权较为便利。但是实践中，主张所有人物上请求权更为常见，因为其除了时效限制不甚严格以外，还在于其能够提供终局与确定的保护。① 笔者主张，应将占有保护诉讼的案件受理、审理、执行等程序单独集中立法，以体现占有事实争议和普通权利争议处理的不同，宣扬超越"权利至上"的理念，拓展民事诉讼指导理念与思维，丰富民事诉讼的制度体系结构。从台湾地区占有诉讼的实践看，占有保护请求权的诉讼展开适用简易程序。

其四，请求权保护期限的长短、性质和期限经过的效果不同。民法一般规定了占有保护请求权的较短保护期间，如台湾地区民法第963条规定占有保护请求权自侵夺或妨害占有或危险发生后，1年间不行使而消灭。我国《物权法》第245条第2款规定，占有人返还原物的请求权自侵占发生之日起1年内未行使而消灭。而对于所有人物上请求权，则适用消灭时效或诉讼时效，时限较长，如台湾地区一般为15年。② 在期

---

① 参见王泽鉴《民法物权：用益物权·占有》，中国政法大学出版社2001年版，第354页。

② 中国大陆相关司法解释仅对债权请求权适用诉讼时效做了明确规定（法释〔2008〕11号），对于物权请求权是否适用诉讼时效并未明确，致使对物权请求权是否适用诉讼时效存在不同的看法，持否定说的观点较普遍。

限性质上，普遍认为所有人物上请求权保护期限为消灭时效或诉讼时效，期限经过后，一般消灭的是强制获得公权力保护的权利或者消灭胜诉权，其实体上的请求权并不消灭。而占有保护请求权的保护期限虽然有观点认为是消灭时效，但实际应界定为除斥期间为妥，期间经过请求权不行使的，请求权（实体权）消灭。而期限经过后，占有物"返还"的，在占有来说不是占有物返还请求权的问题，不是占有恢复，而是一个新占有的取得。而时效经过后所有物返还的，由于存在类似自然债权的自然物权，① 因此属于原所有权的恢复，不是另行取得新的所有权。另外，占有人物上保护请求权除斥期间的经过无需当事人主张，法院可依职权适用。所有人物上请求权诉讼时效的经过，必须由当事人主张，法院不得依职权适用。

（二）占有物返还请求权

在成立条件上，占有物返还请求权的基础在于占有被侵占。提出该项请求的主体须证明自己的占有事实、占有被侵占且对方应负责的事实。当然，如果占有物在物理上或法律上无法返回的，则只能请求其他救济。

侵占是侵夺行为形成的占有状态。"占有之侵夺，占有人已丧失占有，而侵夺人已取得占有。"② 对于尚未形成占有状态的侵夺行为，可以行使自力救济中的防御权。对于符合"即时"要求的形成的侵占，可以行使自力救济中的取回权，此时也可以放弃自力救济而直接主张公力救济的占有物返还请求权。对超过"即时"要求的侵占，则只能主张公力救济的占有物返还请求权。学者认为，"暴力剥夺占有"是侵犯占有的最高程度的表现，回复占有之诉是对暴力剥夺占有的一种制裁，可以对妨害公共秩序的行为进行惩处，教会法就曾规定"实施侵夺行为必须恢复原状"。③

侵占在性质上违背了占有人的意思，学者和判例多认为，只要占有最

---

① 参见覃远春《自然物权略论》，《贵州师范大学学报》（社会科学版）2007 年第 4 期，第 61—65 页。

② 谢在全：《民法物权论》（下），中国政法大学出版社 1999 年版，第 1019 页。

③ 参见［法］让·文森、塞尔日·金沙尔《法国民事诉讼法要义》（上），罗结珍译，中国法制出版社 2001 年版，第 147 页。

初的取得来源是出自占有人意思的，即使后来的占有状态违背占有人意思的，也不属于侵占。① 占有人因为自己的意思丧失占有，即使存在欺诈、胁迫，也不能主张侵占。拾得遗失物，租赁、借用期限届满，不返还物的，不构成侵占。占有的取得来源于直接占有人的，间接占有人不能以其不知或不同意等认为属于侵占。台湾地区1988年台上字第1299号判决确定的基本事实中，出租人将摊位出租给承租人，第三人从承租人处取得摊位的使用。判决认为，出租人与第三人之间并无租赁关系，就不能以租赁关系结束为由提出请求。出租人依据占有物返还请求权请求第三人迁离摊位，但是第三人的使用是从承租人处经交付而占有，并非不法，出租人的该项请求不可取。占有返还请求权行使的条件，必须有占有人的占有被侵夺。第三人经由承租人的交付而取得摊位占有，难说属于侵夺出租人的占有。出租人虽然提出，前租赁合同经终止后，第三人的占有便成为无权占有，但占有人物上请求权与所有人物上请求权的规定不同，占有人不能主张第三人无权占有而请求返还。②

在请求权行使的当事人上，占有物返还请求权的享有者属于占有人，包括占有被侵占的共同占有人、直接占有人、间接占有人、有权占有人、无权占有人等。有权源但没有对物占有的人不享有这项权利。甲出卖土地给乙，已经交付，但未办理所有权转移登记，丙侵夺占有时，甲没有这项请求权，不能获得占有的保护，但可获得权利的保护。在买卖关系中，物如果没有交付，此时出卖人有权利和占有的保护，买受人不能以有可以请求占有的权利要求获得占有的保护；物如果被交付后，则买受人可获得权利与占有的双重保护。租赁关系存续期间，承租人在占有被侵夺时可以享有占有物返还请求权；租赁关系结束后，承租人虽无继续使用收益占有物的权利，属于无权占有，但是其对于侵夺占有的人，也可以主张占有物返还请求权。③ 他人对占有人主张权利的，应该依据合法途径救济而排除占

---

① 参见［日］我妻荣《民法讲义Ⅱ·新订物权法》，罗丽译，中国法制出版社2008年版，第518页。

② 参见王泽鉴《民法物权：用益物权·占有》，中国政法大学出版社2001年版，第355页。关于承租人获得租赁物后未返还不属于占有侵夺的司法处理，参见台湾地区1993年台上字第2276号判决。

③ 参见台湾地区1954年台上字第716号判决。

有，违背占有人的意思侵夺或妨害的，占有人可以实施防御，无权源的占有人也可以主张占有保护请求权。如果占有被不法侵害，占有人可以依据侵权行为的法则，请求赔偿所受到的损害。[①]

占有物返还请求权的相对人或者被请求者，为占有侵占人，即通过侵夺行为占有物的人，或者为承继侵夺瑕疵的现占有人，包括仍然保留间接占有人地位的占有人（如将侵占物出租、出借），占有人可以要求其返还占有物。有学者认为，此时占有人也可以要求间接占有人让与其对直接占有人的返还请求权。[②] 应该说此时间接占有人本身无向他人交付占有物、设置直接占有的权利，涉及直接占有人与间接占有人之间的占有物返还请求权，属于权源的范畴，占有人本属于无权处分或者是故意的侵权（如故意出租获利），如果要求转移返还请求权，前提一定是间接占有人对直接占有人有法律认可的返还请求权关系（小偷出租盗窃物给恶意第三人，此时小偷对第三人并无有效的物的返还请求权，因为合同可能无效、自己不是所有人、第三人又不是侵夺小偷的占有、不当得利的归属又不属于小偷），如果可以采取要求转移请求权来进行保护，实际蕴含了对间接占有人对物的处分或者设置直接占有的追认。侵占物的瑕疵由概括的承继人和具有恶意的特定承继人承担，这两类主体也属于占有物返还请求权的相对人。在一定条件下，也可以有共同的被请求人，如侵占人通过出租出借等将直接占有转移给恶意第三人时，如果占有人未追认转移行为的（此时不要求间接占有人转移对直接占有人的返还请求权），可以对保留间接占有的侵夺者和恶意承继的直接占有人一并提起诉讼。

在法律效果上，占有物的返还请求权目的在于回复物的占有，而并非回复物的原有状态，因此占有物存在毁损灭失的，应该依照占有中占有物毁损灭失的赔偿规定（如中国台湾地区民法第956条、中国大陆《物权法》第242条、第244条、第245条）或者一般侵权损害赔偿的规定（如中国台湾地区民法第184条、中国大陆《侵权责任法》相关条文）要求

---

① 参见台湾地区1985年台上字第752号判决。
② 参见王泽鉴《民法物权：用益物权·占有》，中国政法大学出版社2001年版，第356页。

赔偿。在占有人通过行使该项请求权重新获得占有物时，应视为占有连续进行（参照台湾地区民法第 771 条、第 964 条），这在取得时效的连续计算上颇有价值，认为占有人占有继续存在的话，还可以排除交互侵夺者中侵夺人的占有返还请求权。

涉及占有物返还请求权适用的一个特殊问题是，连续交互侵占、循环侵占，即占有物被侵占人侵占，占有人再行侵占从而获得占有物的，如何处理二者相互间的保护关系。①

对于占有人被侵占人侵夺占有，占有人又夺回占有的交互侵夺，侵占人能不能对占有人行使占有物返还请求权的问题，从请求权保护占有的事实而不问权利，以及关于占有保护请求权的规范文义（如中国台湾地区民法第 962 条、中国大陆《物权法》第 245 条）看，似乎不能排除侵占人的权利。不过，如果占有物返还侵占人后，占有人仍然可以主张占有返还请求，如此就造成循环返还的怪圈。学者认为，这样一来，诉讼上不经济，而且侵占人取得的占有具有瑕疵，扰乱了物的秩序，更值得非难。②德国民法第 861 条第 2 项规定：被侵夺的占有对现占有人或其前占有人具有瑕疵，并且是在侵夺前 1 年内取得的，排除占有物返还请求权。中国台湾地区对是否应该采取此类立法存在争议。③ 考虑到诉讼经济原则和衡量当事人的利益，似乎应该肯定该种立法。如此理解和立法的话，占有人只要是在除斥期间内夺回占有的视为侵夺前的占有继续存在，排除侵夺人的

---

①　早在罗马法中，就存在占有令状诉讼中允许被告人提出原告方占有瑕疵的抗辩，从而使得占有可以被回复到被告手中。参见［德］弗里德里希·卡尔·冯·萨维尼《论占有》，朱虎、刘智慧译，法律出版社 2007 年版，第 342 页。

②　参见王泽鉴《民法物权：用益物权·占有》，中国政法大学出版社 2001 年版，第 358 页。

③　参见黄宗乐《占有保护请求权》，《辅仁法学》1983 年第 2 期，第 64 页；王泽鉴《民法物权：用益物权·占有》，中国政法大学出版社 2001 年版，第 358 页；谢在全《民法物权论》（下），中国政法大学出版社 1999 年版，第 1018 页；郑冠宇《占有物之返还关系》（一），载苏永钦编《民法物权实例问题分析》，清华大学出版社 2004 年版，第 267 页。依瑞士民法第 927 条规定，被不当地剥夺了占有的人有权起诉返还占有物并请求损害赔偿，即使被告对该物有较优的权利，不过如果被告能立即证明其有较优的权利并基于此可以请求从原告处再返还该物，则被告有权拒绝返还占有物。而依第 928 条的规定，在占有遭受妨害时，被告即使主张对物有权利的，也不能对抗占有人提起除去妨害、停止妨害和请求赔偿的诉讼。

占有物返还请求权。① 不过，按照这种逻辑与类推，在此之外，似乎也应该考虑排除占有人侵夺回复占有后侵占人的自力取回权。

对侵夺或者妨害占有的行为可以防御，对侵占可以"即时"取回。符合即时要求的取回，侵占人不能进行防御抗拒，对已经行使取回的，原占有视为继续，被取回人不能以自己的占有被侵夺接着行使取回权，或者行使返还请求权。这在法律上没有任何问题，因为此时享有占有保护具体权利的主体，仅仅是原占有人，其反射效果必然是不承认侵占人的占有保护权利。言下之意，此时并不存在原占有人的侵夺，不属于交互侵夺问题。而对超过"即时"期限的侵占，原占有人已经没有自力救济权，仅可以通过物的返还请求权要求返还。原占有人如果自行强力取回的，事实

---

① 参见倪江表《民法物权论》，台北正中书局1982年版，第451页；黄宗乐《占有保护请求权》，《辅仁法学》1983年第2期，第65页；史尚宽《物权法论》，中国政法大学出版2000年版，第592页。日本民法判例上肯定被盗人在可以提起占有回复诉讼的期间内，夺回被盗窃物品时，盗窃者可以提起占有回复诉讼，不过我妻荣等学者提出应参照德国民法第861条予以否认，主张应认为夺回者最初的占有仍在继续，夺回是原秩序的回复，而且也出现了采取这种观点的实际判例。参见［日］我妻荣《民法讲义Ⅱ·新订物权法》，罗丽译，中国法制出版社2008年版，第523页。王泽鉴先生是同意这种观点的，不过在谈到本权诉讼和占有诉讼的对立时，他则认为如果权利人夺回占有物，在占有人主张占有返还时，如果认可权利人提出所有物返还的反诉，结果将造成有本权的人先以私力实现权利在先，以反诉维护权利在后，与禁止私力的原则不合。参见王泽鉴《民法物权：用益物权·占有》，中国政法大学出版社2001年版，第364页。既然对交互侵夺的情况赞同侵占人在前占有人可以行使占有物返还的期间内，没有返还请求权或者不能提出回复，则所有人如之前占有物的，自然不必提出所有物返还的诉讼来反抗，因为一旦查明符合上述条件，则侵占人提起的占有物返还请求就被驳回，所有人无须提出所有物返还的反诉。不过，根据王泽鉴先生在该书第358页的讨论，这是在前占有人和现占有人之间的交互侵夺情况。如果权利人根本没有占有物，他径直去夺回自己尚未占有的物，或者对方根本不是侵夺人（如承租人不返还占有物不认为是侵夺人，在此情况下，承租人的占有物返还请求权是不能被否定的），或者权利人根本没有前占有，无法排除侵夺人的占有返还请求权时，如何处理二者之间的关系，如果按照王泽鉴先生该书第364页所指，否定提出所有物返还的反诉（以有所有权或者有返还请求权作为抗辩不在占有诉讼考虑之列，不能对抗占有诉讼，由此推论，自然也不得提起本权的反诉。但是占有诉讼败诉不等于不能随后提起本权返还诉讼），禁止了私力，但是又和诉讼经济原则不合。两者如何平衡，颇值得思量。萨维尼关于罗马法中原占有人被侵夺占有后对现占有人的侵夺不被认为是剥夺行为的论述，以及回复占有中被告关于原告占有瑕疵抗辩的演变的介绍，参见［德］弗里德里希·卡尔·冯·萨维尼《论占有》，朱虎、刘智慧译，法律出版社2007年版，第362、373—376页。

上属于侵夺行为，侵占人应可以行使防御权甚至取回权，[①] 从逻辑上看也可行使占有物返还请求权。不过，超过"即时"期限后，原占有人虽然无自力救济权，但是仍可以行使占有物返还请求权。超过"即时"期限，原占有人强行取回而其又未超过占有物返还请求权的除斥期间，如其受到侵占人提起占有物返还请求诉讼败诉而返还占有物，[②] 但随即又行使了自己的占有物返还请求权，这将使得侵占人的返还请求权没有实际效果，物将保持在原占有人处。

按照前述观点，应该在原占有人的保护除斥期间内否定侵占人的返还请求权，以截断循环侵夺循环请求的链条。在此，如果否定了侵占人的返还请求权，就会造成原占有人的任意夺回，不管有无超过"即时"期限，都将取得保持占有的效果，如此一来，自力夺回的行为将会受到鼓励，法律对原占有人自力取回的"即时"限制将成空文。而且，如果对超过"即时"期限的侵占，不一并否定侵占人自力取回权的话，则会出现任由主体相互间实力决定占有的尴尬局面。通过超过"即时"期限自力取回造成他人损失的，应当承担侵权赔偿责任的方式，本质上并不能解决限制占有人超期强力取回的问题。笔者认为，应该坚持在占有保护上合理分配公力救济与私力救济，在此基础上通盘考虑当事人间利益平衡、行为的可非难性、诉讼经济要求等，以决定保护何种主体为优。

而如果在超过"即时"期限原占有人强力取回，不是否定侵占人返还请求权而是反过来否定原占有人返还请求权的，则同样可以起到截断循环请求的效果。这种思考在理论上是可行的。如果认为原占有人夺得占有，而侵占人通过返还请求权获得返还后，其此时获得占有不是基于以前的侵夺行为而是属于返还请求权行使的结果，不存在侵夺行为，因此否定原占有人享有返还请求权也是符合逻辑的，结果将是侵占人由于占有人的违法侵夺而将获得最后的占有。衡量之下，似乎对原占有人不公，不过这可以说是对原占有人可以选择公力救济时却选择了个人强力

---

①　学者认为，甲侵夺乙占有之物，其后乙又向甲夺回，在这种交互侵夺中，乙或甲可以行使自力救济权。参见王泽鉴《民法物权：用益物权·占有》，中国政法大学出版社 2001 年版，第358 页。这种见解似乎显得过于简单。比如乙的夺回符合规定的占有自力取回权时，甲是不能行使所谓占有自力防御权或者取回权的。

②　在此种诉讼中占有人不能提出自己享有返还请求权来进行抗辩，因为此时自己占有着物，没有要求返还物的现实条件。

侵夺的惩罚，将更好地表现限制私力的法律宗旨。且由于原占有人原本具有多种救济选择途径，仅在此特殊情况下否定其返还请求权，难说显失公平。

以上两种处理方式，是考虑采取保护在先占有而被侵夺者，还是考虑仅保护合法维护占有者，确实是立法面临的选择难题。

（三）占有妨害排除请求权

在成立条件上，占有妨害排除请求权的基础在于占有被实际妨害。提出该项请求的主体必须证明自己的占有事实、占有被妨害且对方应负责的事实。

妨害必须是当下客观存在并可能消除的，而且该种妨害不在法律要求主体应容忍的范围之内。不能针对假想存在的妨害要求救济，妨害已经结束或尚未产生的，没有本项请求权。有产生妨害危险的，不能行使该项请求权，但可以行使妨害防止请求权（妨害危险消除请求权）。妨害在客观上存在即可，不论是否出于妨害人意思或其是否有故意过失，可以针对法律上应负责的人提出请求。① 行使该项请求权必须是妨害可能消除，如果妨害难以消除或不能消除的，不能行使该项请求权（可以寻求赔偿等其他救济）。对于法律要求容忍范围内的"妨害"，即使给自己造成影响，也不能请求排除。对占有的妨害包括有妨害行为和妨害结果，对于正在发生的妨害行为，可以针对妨害者实施自力防御，或者请求公力制止排除；对于妨害行为结束造成妨害结果状态的，此时妨害行为已经完成，客观上已经不能采取自力防御的措施，而只能请求公力除去妨害的结果状态。例如，对于在土地上倾倒垃圾的行为，可以行使自力防御权或者行使妨害排除请求权请求公力制止，而对垃圾倾倒完毕后则只能行使妨害排除请求权

---

① 按照日本民法第 198 条规定的占有保持之诉，占有受到妨害除了可以请求停止妨害以外，还可以请求损害赔偿，对此是否必须要求相对人具有故意或者过失，在学说上有争论。有学说认为与物上"停止妨害"的救济相同，不需要该条件。我妻荣先生认为，按照侵权行为的一般原则，必须要求相对人具有故意或者过失，因为占有制度的目的是试图谋求维持社会和平与秩序，因此如果要求停止妨害就已经足够充分，没有必要承认相对人的无过失责任。可见这种观点是符合将损害赔偿作为债权法上救济方式的基本出发点的。不过对于日本民法第 199 条规定的损害赔偿担保的提供，则只需要有妨害之虞即可，不要求相对人有故意或者过失，但如果后来发展造成实际损失而要求赔偿时，则过失应成为要件。参见［日］我妻荣《民法讲义Ⅱ·新订物权法》，罗丽译，中国法制出版社 2008 年版，第 519、521 页。

请求公力排除妨害。

在请求权行使的当事人上，占有排除妨害请求权的享有者属于占有人，包括占有被妨害的共同占有人、直接占有人、间接占有人、有权占有人、无权占有人等。共同占有人超越自己占有的范围利用物时，其他占有人不能请求除去占有妨害，占有的使用范围此时与本权有关，应通过本权诉讼来解决。

占有排除妨害请求权的相对人或者被请求者，是对排除妨害负有义务的人，通常指行为妨害占有人的本人，学说上被称为行为妨害人。另外，在妨害由第三人或者自然力等造成的情况下，也包括对此负有义务的人，学说上认为其属于意思容许妨害占有状态存在之人，被称为状态妨害人。① 如第三人或自然力造成自己围墙倒塌，对邻居形成妨害，本人即负有排除妨害义务。妨害行为可能由未成年人、精神病人引起，此时监护人有排除妨害的义务。② 乙租住甲的房屋，制造噪声妨害，是行为妨害人，而甲是状态妨害人，两人都可以成为相对人。相对人还可能包括承继占有妨害瑕疵的概括承继人或特定承继人。受他人指示进行侵夺、妨害的，可以针对其进行防御，行使排除妨害请求权时则可以以指示人和被指示人作为相对人。占有辅助人违背占有人指示而利用或许可第三人干涉时，为非基于占有人意思对占有的妨害，对第三人而言，占有人可以请求除去，对辅助人行为而言，依据指示法律关系进行处理。

在法律效果上，占有妨害排除请求权旨在请求妨害人以其费用除去妨害而使对占有的行使不再受有限制，③ 如停止倾倒、清除垃圾、移除倒塌树木等。这项请求权并非损害赔偿的请求权，但是在效果上可能会达到与后者行使时恢复原状的同样效果（如运用台湾地区民法第213条也可恢复原状）。不过，排除妨害不应涉及金钱代替赔偿的问题（参见台湾地区民法第214条、第215条）。妨害由被请求人负责，妨害排除产生的费用也

---

① 参见王泽鉴《民法物权：用益物权·占有》，中国政法大学出版社2001年版，第359页。

② 但对妨害的自力防御不能针对监护人而应针对妨害行为人行使，正如正当防卫也可对未成年侵害人、精神病人行使一样。

③ 关于费用由妨害人还是由占有人负担在日本学说上存在争论，特别是在因不可抗力产生妨害的情形。我妻荣等学者倾向由妨害人负担。参见［日］我妻荣《民法讲义Ⅱ·新订物权法》，罗丽译，中国法制出版社2008年版，第520页。

应由被请求人负担，在受害人以自己的费用除去妨害时，① 可以依照不当得利或无因管理请求返还所支出的费用。② 受害人行为使妨害扩大时，不影响相对人的地位，但费用负担上应减轻相对人的责任（此时类推与有过失的规定，参见台湾地区民法第 217 条）。此外，相对人不能以放弃妨害物的所有权为由免除责任，如自己的树倾倒入邻地，不得以放弃树木所有权为由而不除去妨害。

该项请求权的行使可能与相邻权的法律效果竞合，但不同的法例竞合情况不同。史尚宽先生认为，台湾地区民法相邻权在租赁权人之间及租赁权人与土地所有人及地上权人永佃权人典权人之间，无准用的明文规定。③ 我国民法通则、物权法则扩大相邻权的适用，用"不动产相邻各方"、"不动产的相邻权利人"涵盖各类型主体，按此规定，占有妨害排除与相邻关系处理的竞合范围较大。

（四）占有妨害防止请求权

在成立条件上，占有妨害防止请求权的基础在于占有存在被妨害的危险，提出该项请求的主体必须证明自己的占有事实、占有存在被妨害危险且对方应负责的事实。这种诉讼是"以纯粹的可能利益作为向法院提起诉讼之依据的极少数情形的一个典型例子"④。

一般来说，对于给占有造成妨害危险的状态，毕竟不同于遭受实际的妨害，没有赋予现实自力救济的紧迫性，如台湾地区民法等承认自力救济的法例也未规定占有人可自力除去危险。此时，占有妨害防止请求权成了占有人可以依赖的救济方式。不过，有时候危险紧迫需要占有人及时采取措施消除，一旦发生妨害后无法再挽回损失，一概不承认自力消除危险的

———————————

① 占有遭受妨害行为时，占有人可以防御，可能因此支出费用。受害人可以以自己的费用除去妨害，不是反推承认占有人有自力排除妨害的自力救济权利，而是请求获得胜诉后因执行排除妨害时占有人先行支出的费用。

② 参见王泽鉴《民法物权：用益物权·占有》，中国政法大学出版社 2001 年版，第 360 页。在德国民法中，对于因排除妨害而支出的费用，占有人可以依据侵权损害赔偿提出请求，也可以依据无因管理提出请求，从而出现请求权竞合。参见［德］鲍尔、施蒂尔纳《德国物权法》（上册），张双根译，法律出版社 2004 年版，第 170 页。

③ 参见史尚宽《物权法论》，中国政法大学出版 2000 年版，第 593 页。

④ ［法］让·文森、塞尔日·金沙尔：《法国民事诉讼法要义》（上），罗结珍译，中国法制出版社 2001 年版，第 146 页。

规定也有商榷余地。对占有妨害的危险不论是由于责任人的行为造成，还是由于自然原因或第三人原因造成，都是一种客观事实，是否出于被请求人的意思、被请求人是否有过失在所不问。妨害危险并非妨害本身，妨害此时尚未发生，但是依其正常发展定会发生。因此，一方面有必要在妨害未发生前采取行动，另一方面又必须严格判断危险是否存在。就此问题，应该依照社会观念，结合物的事实进行客观判断。非现实的假想的危险、一般抽象意义上的危险、危险的可能性等都不是请求除去的对象。占有妨害的危险必须在请求保护时仍然存在，如果危险因各种原因在此前消除的，则该请求权因丧失请求对象而消灭。一旦请求保护时对占有的妨害危险存在的，责任人就负有义务消除该种危险，以恢复占有物的正常和安全状态。在自己的信箱上贴上标签"请勿投递广告、传单之类物品"，但是某公司照投不误，对此占有人可以提起占有妨害防止之诉。①

在请求权行使的当事人上，占有妨害防止请求权的享有者属于占有人，包括共同占有人、直接占有人、间接占有人、有权占有人、无权占有人等。如果危险是由占有人的原因造成，占有人无该项请求权。而如果危险的原因力来自他人和占有人，占有人在他人负担范围内有该项请求权。该请求权的相对人或者被请求者，是造成危险或对危险有除去支配力（义务）的人。

在法律效果上，该项请求权行使旨在防止妨害或者消除妨害的危险，维护占有的安全状态。相对人应以自己的费用完成妨害防止或危险消除。如果危险的原因力来自他人和占有人，原因力无法截然分开的，占有人也有该项请求权，只是应相应减轻他人所应承担的除去妨害费用。消除妨害危险由被请求人负责，由此产生的费用也应由被请求人负担，在受害人以自己的费用除去妨害时，② 可以依照不当得利或无因管理请求返还所支出的费用。

（五）占有保护请求权的行使期间

各民法立法例多为占有保护请求权确定了行使期间，一方面是为了鼓

---

① 参见［德］鲍尔、施蒂尔纳《德国物权法》（上册），张双根译，法律出版社2004年版，第163页。

② 前文已说明，在紧急情况下占有人应该有自力排除危险的权利，可能因此支出费用。此外，受害人请求获得胜诉后因执行排除妨害时的费用，也可能先行支出。

励和督促享有该项请求权的占有人及时行使权利，以免成为权利上的睡眠者；另一方面是为了迅速确定物的秩序，消除不确定状态，维护社会安宁。前文论及的新旧占有秩序之间的演进和博弈，也要求拟制确定一个期间内的旧占有状态是值得维护的，超过这个期间即转而维护新占有。①此外，规定期间也能够强化占有保护的权利赋予，给占有人一个确定的保护，其预期在此期间内会获得法律的强制保护，给其提供是否维护权利的选择。

关于占有保护请求权行使期间的性质，立法例上有不同的规定，学说上也存在争论。有观点认为该期间是除斥期间，有观点则认为属于消灭时效。德国民法第864条第1项规定："第861条及第862条所定之请求权自受暴力侵害后经过1年而消灭，但已以诉行使其请求权者，不在此限。"通说认为该1年属于除斥期间。②日本民法第201条中规定，占有保持之诉，应于妨害存续期间内或妨害停止后1年内为之；占有保全之诉，得于妨害之危险存续期间内提起；占有回复之诉，应自侵夺之时1年内提起。③对该1年期间，通说认为是除斥期间，"这被称为除斥期间，因为对于以事实上的管领为核心的占有权，像通常的物权那样认可长时期有物上请求权是不妥当的。"④中国台湾地区民法第963条规定："前条请求权，自侵夺或妨害占有或危险发生后，1年间不行使而消灭。"中国台湾地区学者

---

① 学者以侵夺占有为例，认为经过一定时期，占有侵夺状态会原封不动地转换为社会的平静状态，对此予以回复，则反而应视为扰乱和平与秩序，因此从这种宗旨出发，在经过一定期间后即使通过起诉方法也不允许回复原状，这与占有制度的理想相符。参见［日］我妻荣《民法讲义Ⅱ·新订物权法》，罗丽译，中国法制出版社2008年版，第524页。

② 参见王泽鉴《民法物权：用益物权·占有》，中国政法大学出版社2001年版，第361页。

③ 日本民法的占有之诉中包括了有关损害赔偿请求或提供此种损害赔偿担保请求的内容，这些请求权也同时应受到规定的期间的限制。第201条第1项中的"停止后1年"主要针对提出损害赔偿请求；第2项中的"危险存续期间"则既针对提出保全占有状态的请求，也针对提出损害赔偿担保的请求；而第3项中的"侵夺时起1年内"，除了针对回收占有请求以外，也针对因侵夺而请求损害赔偿。参见［日］我妻荣《民法讲义Ⅱ·新订物权法》，罗丽译，中国法制出版社2008年版，第520、524页。瑞士民法中期间效果也及于占有之诉中的损害赔偿。德国民法第861条、第862条的占有请求权规定中没有关于损害赔偿及其期间的内容。

④ ［日］田山辉明：《物权法》，陆庆胜译，法律出版社2001年版，第147页。除斥期间的观点，另见［日］我妻荣《民法讲义Ⅱ·新订物权法》，罗丽译，中国法制出版社2008年版，第520、525页。

通说却认为该期间属于消灭时效，① 并引用 1964 年台上字第 2636 号判决作为支撑理由。该项判决中认为："如占有人同时有实体上权利者，自得提起本权之诉，纵令回复占有权请求之 1 年短期时效业已通过，其权利人仍不得依侵权行为法律关系回复原状。"学者认为，此项判例一方面肯定了 1 年期间为消灭时效，而非除斥期间；另一方面肯定占有保护请求权可以与其他请求权发生竞合关系。② 笔者认为，该项判决的重心在于确认占有保护请求权并不排除本权的请求权。就文义上看，民法第 963 条规定"请求权消灭"用语明确，而消灭时效在台湾民法上也规定请求权消灭，但实际上通行的观点是民事权利本身并不消灭，只是不能通过诉讼强制得到保护，否则就不会出现民法第 144 条"时效完成后，债务人得拒绝给付。请求权已经时效消灭，债务人仍为履行之给付者，不得以不知时效为理由，请求返还；其以契约承认该债务或提出担保者亦同"的表述。消灭时效并不涉及蕴含请求权权能的本权问题，而对占有来说，占有本身不是一项权利，所被承认的权利就只是后续产生的占有保护请求权等，当说请求权消灭，则占有蕴含的这一权利就消灭，并不能做其他解释，它不像一般消灭时效那样还涉及有本权与请求权的分离问题。

相比之下，我国《物权法》的规定较为明确，第 245 条规定："占有的不动产或者动产被侵占的，占有人有权请求返还原物；对妨害占有的行为，占有人有权请求排除妨害或者消除危险；因侵占或者妨害造成损害的，占有人有权请求损害赔偿。占有人返还原物的请求权，自侵占发生之日起 1 年内未行使的，该请求权消灭。"我国民法通则规定的诉讼时效，是从知道或应当知道权利受侵害时起算，时效完成消灭的是胜诉权或者失去法院的强制保护，或者说丧失强制权能或效力，权利本身并不消灭，从而变成自然权利。③ 物权法规定的是请求权消灭，请求权是占有人保护的法律形式，其下再无其他权利基础，而且期间是从侵占行为发生时起算，

---

① 姚瑞光：《民法物权论》，第 424 页；郑玉波：《民法物权》，第 411 页，以上参见王泽鉴《民法物权：用益物权·占有》，中国政法大学出版社 2001 年版，第 362 页。另参见史尚宽《物权法论》，中国政法大学出版 2000 年版，第 596 页。

② 参见王泽鉴《民法物权：用益物权·占有》，中国政法大学出版社 2001 年版，第 362 页。

③ 关于民法上的自然权利论述，参见覃远春《民法上自然权利初论》，《当代法学》2007 年第 1 期。

可见属于除斥期间。如果规定为诉讼时效，则文字表述不应如此。①

笔者认为，期间起算时点、消灭的权利种类、能否中断中止等是区别消灭时效和除斥期间的关键。不管规定为诉讼时效还是除斥期间，都不能脱离占有的基本性质和占有保护的基本宗旨。占有是事实而非权利，事实秩序的维护需要迅速进行，占有的保护往往不是终局保护。从这个基本判断出发，笔者主张，将权利的行使期间作为除斥期间更为合理。② 如果确定将其作为消灭时效来规定，该时效可中止、中断，且以占有人知道或者应当知道受到侵害为起算点，该期间实际上就会延长。这无疑将使得物的秩序长期处于不稳定状态，明显与占有保护请求权意在迅速解决纠纷稳定物的秩序的宗旨不符。通常情况下，即使适用较严格的除斥期间，占有物返还请求权消灭后，占有人还可以依据其他基础进行请求。

就占有保护请求权包含的三类不同请求权，各立法例在是否规定确定的期限加以限制、规定期限的长短等方面，有所不同。德国民法第 864 条第 1 项涵盖的请求权，涉及第 861 条的侵占（占有物返还请求权）、第862 条的妨害的除去和继续妨害的不作为要求（占有妨害排除与防止请求权），要求在侵害行为后 1 年内行使请求权。按照其文义，如果侵占或者妨害等在行为发生 1 年后仍然存在的，也不得行使请求权。法国是在新民事诉讼法而不是民法中规定占有诉讼的期间限制的，其第 1264 条规定："除遵守有关公有财产之规则外，平静占有或持有财产至少 1 年的人，在

---

① 也有学者认为，由于传统上除斥期间仅适用于形成权，而占有保护请求权并非形成权，故该期间是并非诉讼时效，也非除斥期间的一种特殊期间。参见刘智慧《占有制度原理》，中国人民大学出版社 2007 年版，第 345 页。笔者认为，除斥期间性质关键在于其确定了某项权利的预定存续期间，是不变的期间，虽然一般主要适用于形成权，但实际在某些支配权和请求权上也可以适用，如建设用地使用权的 70 年期间、占有保护请求权的 1 年期间等。

② 即使是规定为消灭时效，也必然是短期时效，适用与一般消灭时效不同的规则。如一般诉讼时效从知道或应当知道权利受损时起算，而该"时效"则从侵害行为出现时起算。瑞士民法第 929 条"仅于占有人知悉妨碍及行为人后，立即请求物之返还或除去妨碍时，始得提起之。提起前项诉讼之权利，自侵夺或妨碍时起 1 年不行使而罹于时效，纵占有人嗣后始知妨碍及行为人时，亦同"。从该条的前段看似乎是诉讼时效，但该条中的时间段限制重点是在后段。从前段受后段约束看，从侵夺或妨害时起的 1 年期限有绝对效力，不会因为前段占有人"始知"的时间受影响。而消灭的虽然是提起诉讼的权利，但是由于瑞士民法明确规定占有的请求权通过诉讼完成，所以即使解释为诉讼时效，但与除斥期间经过的效果没有差异。

发生干扰占有的 1 年内，得提起占有诉讼。但是，即使被剥夺占有的受害人占有或持有的时间不足 1 年，对采用殴打手段剥夺其占有或持有的行为人，亦得提起回复占有之诉讼。"占有诉讼要获得受理，必须在发生干扰或剥夺占有起 1 年期间内提起。发生连续干扰的情况时，期间从第一次发生干扰时起算，但是法官对于发生干扰的事实或行为的准确时刻可自主判断。学者认为，对占有诉讼施加期限要求是正常的，如果占有受到干扰等了 1 年才提起诉讼，或许是因为针对的行为并不严重；如果被剥夺占有过了 1 年才提起诉讼，或许是因为真正享有法律保护的人并不是该受害者本人而是对方当事人。① 日本民法第 201 条规定的占有保持（不含相关的损害赔偿）和保全之诉一般情况下分别是在妨害存在期间和妨害危险存在期间内提起，占有回复之诉则在侵夺之日起 1 年内提起。对占有保持之诉和保全之诉，如果妨害继续存在或者危险继续存在的话，那么就可以提起请求，当妨害或妨害危险不再存在的话，也就没有了提起保全和保持之诉的必要，请求权即消灭。简单说，请求权伴随着妨害和危险存在的始终，无所谓期间限制问题。至于说工事对占有产生妨害和妨害危险的特殊情况，包括物上的请求权和债法上的请求权（损害赔偿或其担保）都不得在工事着手 1 年后或工事竣工后提起，这是考虑到了工事施工耗时耗资耗力的特性，因工程造成的现实状态能比较迅速发展为获得认可的新的社会状态，不如此规定，则可能出现不符合经济原则的情况。② 台湾地区民法第 963 条规定了占有保护请求权自侵夺、妨害占有或危险发生后 1 年内不行使而消灭，总体上类似于德国法的规定。③ 在对占有有动的妨害行为和静的妨害状态时，如甲倾倒废土在乙的土地上，倾倒行为是动的妨害，废土在土地上是静的妨害。虽然二者判断标准和存续时间不同，相对于二者可行使的权利也不同，但由于对妨害行为可以自力救济也可以请求除去，因此物上请求权存续期间应该从妨害行为出现时起算。

① 参见［法］让·文森、塞尔日·金沙尔《法国民事诉讼法要义》（上），罗结珍译，中国法制出版社 2001 年版，第 140 页。

② 参见［日］我妻荣《民法讲义Ⅱ·新订物权法》，罗丽译，中国法制出版社 2008 年版，第 520—521 页。中国《物权法》颁行前的学者建议稿中也有类似规定，参见梁慧星等《中国物权法草案建议稿》，社会科学文献出版社 2000 年版，第 862 页。

③ 另参见意大利民法第 1168—1172 条的规定。

我国《物权法》第245条中，对三种占有保护请求权只规定了占有物返还请求权的除斥期间。排除妨害请求权与消除危险请求权是否适用除斥期间，还是该两种行为客观上不存在保护请求权的期间限制，还是适用诉讼时效，值得研究。此外，第245条第1款后段规定"因侵占或者妨害造成损害的，占有人有权请求损害赔偿"，该损害赔偿请求权是否有期间限制，如不适用除斥期间，是否应适用诉讼时效。在借鉴其他立法例基础上，将该条结合民法通则关于诉讼时效的规定看，应该是返还请求权适用除斥期间，妨害排除请求权与危险消除请求权则是伴随着妨害和危险始终，在妨害和危险存在时显然可以提出请求，如妨害和危险不存在时显然请求权消灭，所以没有规定除斥期间。对此，没有采取从妨害或危险发生时起计算一定期间的做法。而对于损害赔偿请求权，则应适用一般诉讼时效（这点与日本民法的占有损害赔偿请求权及损害赔偿担保请求权与占有保护请求权，一并受除斥期间制约又有不同）。可见，对于占有妨害的排除和占有妨害危险的消除，在期间限制上有两种立法选择方式，一种是日本民法和我国物权法的请求权在妨害期间或妨害危险期间一直存续的方式，没有对请求权进行确定的期间限制，或者说不规定除斥期间；① 另外一种是从请求权产生或者妨害行为和妨害危险产生时起计算一定期间予以限制的方式。后一种情况下可以督促占有人及时行使权利，迅速确定秩序，更突出对效率的追求。前一种情况，妨害状态和危险就是当下存在的，不让提出请求对占有人不公平，从效率与公平比较而论更讲究公平。我国《物权法》颁行以前，学者提出的物权法建议稿和最初的物权法草案比较突出效率，规定了类似德国民法、台湾地区民法的条文，而正式颁行的《物权法》没有规定两者的除斥期间，从解释上应较突出公平。笔者认为，如果是权利保护上的妨害排除和危险消除，可以从公平角度考虑不规定一定期间限制，只要有危险或妨害存在都要保护，这是可以理解的，权利秩序的维护是法律的最终追求，应不对权利人施加严苛限制。但是，占有是一种事实，请求权保护不问权源，实践中有本权支持的占有人单纯采取占有保护毕竟较

---

① 但日本民法对于"工事"问题却确定请求权适用明确的除斥期间，因工事对占有物产生妨害时，不得于工事着手1年后或工事竣工后提起占有保持之诉，而因工事对占有物有产生妨害之虞时，准用这一规定。

少，占有保护对于无本权的占有而言更具有意义，从性质角度判断，妨害或者危险状态的形成也是一种事实状态，也有过了一定期间后维护其秩序的必要，保护与排除需要尽速采取措施，像权利保护那样赋予较长保护期间毕竟不妥，规定在一定期间内进行保护，应该是兼顾了公平与效率。故而，笔者主张采用德国民法、中国台湾地区民法的类似规定。不过，不管采取哪种立法取向，我国《物权法》对于这两种请求权缺乏明确条文规范其保护期间的表述，是值得商榷的。

总体来看，与权利保护的时效期间相比，占有保护请求权的期间更短。各法例多以 1 年期间加以限制，这除了有罗马法传统的承继、不同法例之间的借鉴照应外，更多的是从占有秩序的及时维护和侵害行为的及时制止等方面做实体考虑。期间不宜过长，以督促受害人及时寻求保护，维护占有秩序。占有的侵害经过一定的期间后已形成稳定状态，如果占有随时都可获得保护，不利于维护社会秩序与平和，不符合占有制度的宗旨。自力救济要求即时进行，占有保护请求权则有法律规定期间的限制。占有保护的规定虽然旨在保持占有现状，维护社会秩序，但毕竟只是一种物的事实上秩序，与法律重点维护的权利归属秩序相比，后者更加稳定。期间过后，当事人只能依据本权来寻求救济。占有保护请求权的期间一般从新旧秩序发生冲突时，即侵夺、妨害行为发生或妨害危险出现时起开始计算。确定期间和起算时点是合理的，但不考虑侵害行为的特点以及私力对新旧秩序影响力的不同，不分别确定各请求权存在期间的长短却值得商榷。禁止的私力侵害在影响占有发展到新占有的过程中，表现出不同的影响力。稍弱的影响力持续和进一步演化可发展为较强的影响力。妨害比侵夺对旧秩序的影响轻，妨害危险的影响又更轻。应该根据这一特点分别确定救济手段和存续期间，维护旧秩序的必要性随着侵害影响力的加强而降低，权利保护的期间也变短。由此，因妨害产生的请求权期间似应比因侵夺产生的请求权期间长，因妨害危险产生的请求权期间应更长。

在期间的效果上，占有保护请求权期间经过的效果依据期间的性质决定。作为消灭时效或者诉讼时效适用的，即使在起算时点和期间长短上实行特殊规定，但若无排除性规定，其仍然适用期间的中止、中断等，在期间经过后，强制请求的权利消灭，但仍然可于诉讼外要求，"请求权"的本权并不消灭。但若作为除斥期间适用的，则不适用期间中止、中断的规定，期间完成后，占有保护请求权绝对消灭，不管在诉讼内外皆不得行使。当然，期间完成后占有保护请求权消灭，而依照本权（如相邻关系）或侵权责任制度等还可继续行使的相应权利不受影响。①

另外，有的国家还对能提起占有诉讼的占有，在形成占有的期间上进行限制。根据法国新民事诉讼法第 1264 条的规定，针对干扰占有提起"保持占有原状"之诉与"排除妨碍"之诉的，必须是占有人"真正地占有"或"平静持有"已经满 1 年，而对于回复占有之诉，则并不要求原告占有的时间必须达到 1 年以上，只要求原告在起诉的时刻"现时占有"即可。②

（六）占有保护请求权在直接占有、间接占有上的运用

由于直接占有与间接占有同时存在，使得占有遭受侵害、占有保护请求权的享有和行使等问题显得较为复杂。直接占有与间接占有，一是对物有事实上的直接管领力，二是在直接占有人有为间接占有人他主占有意思之上，依靠媒介关系和物的返还请求权对物享有间接的管领力。关于直接占有和间接占有受侵害的问题，可分为间接占有人对直接占有的侵害、直接占有人对间接占有的侵害、第三人对直接占有的侵害（也当然侵害到间接占有），以及第三人对间接占有的侵害。③

首先，关于间接占有人对直接占有的侵害问题。例如，间接占有人违反直接占有人的意思强行取回占有物，此时直接占有人的直接占有被侵夺（当然也使得间接占有消灭，转为原间接占有人自己的直接占有），基于占有人地位，其可以获得法律上的占有保护，除了自力救济外，还可以行

---

① 有学者认为中国《物权法》规范的占有是排除了基于合同关系等产生的占有之外的无本权占有，因此如占有返还之诉未能在 1 年内提起，则占有人也不能再提起本权之诉。参见赵晓钧《论占有效力》，法律出版社 2010 年版，第 211 页。笔者认为，从文义看，《物权法》第 241 条排除的是在占有人与所由取得人之间涉及使用、收益、违约等方面的物权法占有相关规则的适用，尚不能得出其他扩展解释。此外，笔者还认为，因合同产生的占有不仅可为支配性弱的债权性占有，也可为物权性占有。债权性占有是否应区分由一时性合同或持续性合同产生，对体现对物较强支配性的占有予以特别对待，值得研究。

② 参见［法］让·文森、塞尔日·金沙尔《法国民事诉讼法要义》（上），罗结珍译，中国法制出版社 2001 年版，第 141 页。

③ 笔者认为，单纯对媒介关系返还请求权的妨害，是权利侵害，不属于侵害占有讨论的问题。

使占有保护请求权。① 直接占有人与间接占有人之间，尚存在媒介关系和返还请求权。该媒介关系可以是有效的合同关系，如租赁合同。此时，直接占有人是否可以选择适用合同关系要求回复对租赁物的占有，或者选择占有保护，从一般法律的规定，以及本权诉讼和占有诉讼独立并存的理论观察，并不排斥直接占有人做此选择，没有合同关系优先于占有制度的问题。但依据我国《物权法》第 241 条"基于合同关系等产生的占有，有关不动产或者动产的使用、收益、违约责任等，按照合同约定；合同没有约定或者约定不明确的，依照有关法律规定"的规定，一旦合同对出租人违约侵占占有物的情形做出规定，那么合同关系就优先适用。而如果合同对此没有约定或约定不明的（这是实践中的大多数情况），则"依据有关法律规定"应该解释为包括占有制度中的占有保护在内，显然此时占有保护请求权可以为直接占有人提供保护。

其次，关于直接占有人对间接占有的侵害问题。直接占有人如改变了为间接占有人他主占有的意思，如拒绝返还而自主占有，或明确为另外的他人保留间接占有，或直接抛弃占有物等，都会对间接占有造成侵害。② 间接占有人此时如何获得保护，对此，以租赁期间届满后，承租人拒绝返

---

① 法国民法中的"不确定持有人"（simple détenteur précaire）不得针对所由取得权利的人提起占有诉讼。民法第 2282 条第 2 款确认了在"回复占有"范围内已经明确确定的判例，"不确定持有人"可以针对第三人提起占有诉讼，但是不能针对给予其行使之权利的人提起诉讼，即不得对出租人、所有权人提起占有诉讼。参见［法］让·文森、塞尔日·金沙尔《法国民事诉讼法要义》（上），罗结珍译，中国法制出版社 2001 年版，第 138 页。这涉及直接间接占有人之间、有合同关系的人之间的占有保护问题。占有人对"所由取得占有的人"有一些特殊的规则，比如在权利推定排除上（参见中国台湾地区民法第 943 条），但是否就得排除占有诉权，值得探讨。根据中国台湾地区 1963 年台上字第 1446 号判决，虽对于占有人有返还请求权存在，如不依合法程序而夺取占有人之占有时，则占有人仍得请求返还其占有物。而 1928 年曾有判决认为：占有人对于占有物被侵夺时，除自现占有人或前占有人侵夺而来者外，得请求返还。学者认为应以前一判例旨意为准。参见张立中《占有制度之近代化》，硕士学位论文，台湾政治大学，1984 年，第 86 页。日本民法判例上肯定在租期届满后出租人夺回租赁物时，承租人可以提起占有回复诉讼。参见［日］我妻荣《民法讲义Ⅱ·新订物权法》，罗丽译，中国法制出版社 2008 年版，第 523 页。德国民法中直接占有人对于间接占有人的禁止的私力行为，可以用全部的占有保护权利进行防卫。参见［德］鲍尔、施蒂尔纳《德国物权法》（上册），张双根译，法律出版社 2004 年版，第 164 页。

② 需要指出，如合同等占有媒介关系无效，但是直接占有人仍然基于所有物返还请求权、不当得利请求权等为间接占有人保留他主的占有意思的，间接占有并不消灭。

还租赁物为例，有三个问题需要厘清：其一，直接占有人的行为是否构成对间接占有人"占有"的侵害；其二，间接占有人能否基于"占有"是侵权行为的保护对象，依据侵权行为规定请求损害赔偿；其三，间接占有人可以获得的救济方式如何。

对第一个问题，一般理解，侵害占有应是违反占有人的意思的行为。如果行为（如获得占有）本是依据占有人的意思而进行的，即使以后违背占有人的意思而占有的，也不能认为属于侵夺占有或者妨害占有。本于租赁关系而交付租赁物，承租人既没有侵夺出租人的占有，也无妨害可言，因此不能寻求占有保护请求权的救济。① 在租赁关系中，承租人往往为直接占有和他主占有，有观点认为，只要是根据台湾地区民法第 945 条占有变更的规定，承租人没有向"使其占有之人"即出租人表示变更占有的意思，那么出租人的占有也没有发生变化，不存在对他的侵夺，他仍然还是原来的占有人。② 笔者认为，只要直接占有人没有把变更占有的意思表达出来，那么不能认为间接占有受到影响，这种判断是正确的。单纯的心理活动而非意思表示不具有法律意义，但是这种意思变化在实践中有诸多方式可以表现出来，不需要直接正式地向间接占有人表达变更，如间接占有人要求返还时拒绝返还，转卖、出借、出租占有物而为间接占有人所知等。不过，这里强调的是获得占有只要是出于占有人的意思，即使后来违背了原占有人的意思的，也不属于占有保护所针对的侵害。并不是解决在直接占有人与间接占有人之间，直接占有人变更占有需要什么条件、意思如何表达的问题。③ 简单地说，直接占有人的行为可能对间接占有人的利益带来损害，不过由于最初的直接占有源于间接占有人的意思，即使后来"背离间接占有人的意思"，也不宜认为构成占有保护所针对的侵害占有的行为。

---

① 参见台湾地区 1989 年台上字第 326 号判决。日本判例上的类似做法，参见［日］我妻荣《民法讲义Ⅱ·新订物权法》，罗丽译，中国法制出版社 2008 年版，第 522 页。

② 台湾地区"司法院"意见，参见王泽鉴《民法物权：用益物权·占有》，中国政法大学出版社 2001 年版，第 369 页。

③ 学者认为，台湾地区民法第 945 条的变更占有要求意思表示，只适用于变更者仍然占有的情形，所以它不适用于那种将物出卖的情形。当然，如果是出租、出借则仍然还保留占有人地位，应该可适用第 945 条。参见王泽鉴《民法物权：用益物权·占有》，中国政法大学出版社 2001 年版，第 370 页。

对第二个问题，承租人既然没有占有保护制度所针对的侵夺或者妨害占有的行为，加之占有作为事实与占有的本权存在区别，占有本身不属于侵权行为的保护对象，因此不能够依据侵权行为的规定以占有受侵害为由请求损害赔偿。① 原德国联邦最高法院曾做出判决（BGH 32，194），明确表示："间接占有人就直接占有人因故意或过失所致之损害，不得依德国民法第 823 条第 1 项规定，主张占有是本条所称其他权利，而请求损害赔偿。"②

对第三个问题，出租人虽然不能依据占有被侵害而享有占有保护请求权，或者依据占有受侵害要求侵权损害赔偿，但是由于所有权的存在、相互间租赁合同之债关系的存在等，他可以行使所有物返还请求权，可以依据合同债的关系行使租赁物返还请求权，可以依据侵权行为规定的权利受损请求损害赔偿，还可以依据不当得利的规定请求返还无权使用他人的物获得的利益。③ 此外，如将占有本身视为一种利益而要求返还占有物的不

---

① 台湾地区 1989 年台上字第 326 号判决认为："尚不发生占有被侵害之侵权行为问题，此与主张占有受第三人侵害之情形，固不相同。"

② 王泽鉴：《民法物权：用益物权·占有》，中国政法大学出版社 2001 年版，第 366 页。德国民法通说认为有权占有可以依据民法第 823 条第 1 项规定请求损害赔偿。但是实务上认为有权的间接占有虽然是"其他权利"，但是在与直接占有人的关系中不得被视为其他权利，两者之间预防性的及返还性的权利保护都依据占有媒介关系而确定，间接占有人不能享有占有保护请求权，也不能依据民法第 823 条第 1 项主张损害赔偿。参见〔德〕鲍尔、施蒂尔纳《德国物权法》（上册），张双根译，法律出版社 2004 年版，第 164、169 页。需要指出的是，依据学者通说观点及台湾法院的判例，占有受到侵害，虽然不能以其是权利为由主张侵权损害赔偿，但并非不能依据"违反保护他人法律的规定"请求侵权损害赔偿。参见王泽鉴《民法物权：用益物权·占有》，中国政法大学出版社 2001 年版，第 378 页。前述中国台湾法院判例和德国法院判例都没有明确涉及这种侵权损害赔偿的可能性，这些问题实际上属于占有在债权法中的保护范畴。中国《物权法》第 245 条并未排除侵害占有的损害赔偿请求权。不过，就占有受到侵害来说，是否应该把单纯的"占有物返还"作为损害，还是着眼于占有中不能获得使用收益的损害、支出费用的损害等，值得研究。

③ 德国民法中否认间接占有人针对直接占有人的占有保护权利，认为他的权利被限定在作为占有媒介基础的法律关系范围内。E 将果园用益出租给 P，P 将果树作为柴火，E 没有占有的自力救济权和占有保护诉权，但是可以根据用益出租人的地位获得假处分措施；如 E 对 P 采取强力措施则构成禁止的私力行为，P 反而享有占有自力救济权和公力救济权；如 P 正打算砍伐果树，E 可以依据民法规定的正当防卫和自助行为加以制止。参见〔德〕鲍尔、施蒂尔纳《德国物权法》（上册），张双根译，法律出版社 2004 年版，第 165 页。

当得利，① 他可以行使不当得利返还请求权。如将拒不返还占有物视为"违反保护他人的法律致损"，还可以主张占有的侵权损害赔偿。②

依我国《物权法》第 241 条"基于合同关系等产生的占有，有关不动产或者动产的使用、收益、违约责任等，按照合同约定；合同没有约定或者约定不明确的，依照有关法律规定"的规定，一旦合同对承租人违约侵占租赁物的情形作出规定，那么合同关系就优先适用（这是实践中的大多数情况）。而如果合同对此没有约定或约定不明的，则"依据有关法律规定"，应该解释为包括所有权保护制度、不当得利制度、侵权责任制度、占有保护制度等。不过，适用该等制度规定，仍然会出现是否应认定为违背占有人的意思侵害占有而受到占有保护请求权的保护、是否适用占有中关于侵害占有损害赔偿的保护、是否被认定为民事权益而受到侵权行为法的保护、占有本身能否作为不当得利而获得保护等诸多争论和选择问题。

再次，关于第三人侵害直接占有（也当然侵害到间接占有）的问题。直接占有人除了有自力救济权以外，还享有占有保护请求权。他不需要经由间接占有人对侵害人行使请求权，也没有代位间接占有人的必要。而间接占有人虽然也是占有人，但由于其并不实际直接管领物，是一种观念控制，因此在占有面对第三人的侵害时也实行特殊的规则。这种特殊性决定的规则，中国台湾地区民法立法例和中国大陆物权法中都没有规定，所以应该基于占有保护规范的目的和宗旨，借鉴理论和其他立法例来确定。

占有的侵夺或妨害，是针对直接占有而言，间接占有的被侵害应该围绕直接占有认定。就占有的自力救济来说，它针对的是直接对物的事实管领受到迫切紧急的侵害，中国台湾地区的通说认为，关于自力救济的权利只能由直接占有人享有，间接占有人并不能享有该种权利，间接占有人防御直接占有的行为，应该适用正当防卫的规定。③

而就占有保护请求权来说，德国民法对间接占有人的请求权，并未与

---

① 参见王泽鉴《民法物权：用益物权·占有》，中国政法大学出版社 2001 年版，第 374 页。这与前述的无权使用他人的物获得利益不同。

② 同上书，第 378 页。

③ 同上书，第 367 页。关于德国民法理论上的不同意见，参见［德］鲍尔、施蒂尔纳《德国物权法》（上册），张双根译，法律出版社 2004 年版，第 164 页。

直接占有人一并规定，而是在保护直接占有人占有的第 861 条（侵夺占有请求权）和第 862 条（妨害占有请求权）之外，单独于第 869 条规定。该条明确肯定间接占有人在占有人受到暴力时也有第 861 条和第 862 条的救济，在占有被侵夺时可以请求向原占有人回复占有，原占有人不能或不愿受领的，可以请求向自己回复占有。且在具备上述条件时，并符合民法第 867 条的情况下可以请求许可其寻查取回占有物。可见，原则上间接占有人只能请求将原物回复给直接占有人，只有这样，直接占有和间接占有才是同时得到了维护的。如果直接请求返还自己，则实际上就是使自己取得直接占有的地位，消灭了原有的间接占有与直接占有，与直接占有和间接占有的区分不符。在直接占有人不能或不愿受领的情况向自己返还，实际上可以判断出直接占有与间接占有的关系此时发生了变化，间接占有人取得了直接占有人的地位。甲所有的房屋出借给乙，被丙侵占，对甲来说，他可以请求丙将房屋返还给乙，从而使得自己与乙之间的直接占有和间接占有关系回复正常。台湾地区民法未如德国民法一样单独规定间接占有人的占有保护请求，但是在解释和适用上，也认为民法第 962 条的占有保护请求权同等适用于直接占有人和间接占有人。我国《物权法》中占有一章没有明确规定直接占有与间接占有的分类，但是间接占有已经实际被法律所认可。在保护问题上，《物权法》第 245 条规定的占有保护请求权应该同等适用于直接占有人和间接占有人。不过，对于受到侵害如何判断、请求时应该向谁回复等问题，应该参酌前述其他立法例和理论来加以解决。

在判断间接占有是否受到第三人侵害问题上，应该坚持围绕直接占有是否被侵害来判断。[①] 且该问题也与间接占有人的占有是否受到直接占有人侵害有关，如承租人违约转租或出借占有物，第三人是否有侵害间接占有的行为，与直接占有人是否侵害间接占有关联。以下借用台湾地区的两则案例加以说明。

案例一：甲将未登记的违章建筑出卖给乙并交付其使用，乙因外出将房屋出借给甲居住，但甲后将房屋再行出卖给丙并交付占有，乙返回后即将房屋紧锁，丙依据占有保护请求权请求乙去锁并不得妨害自己使用该

---

① 参见［日］我妻荣《民法讲义 II · 新订物权法》，罗丽译，中国法制出版社 2008 年版，第 522 页。

房。对此，司法研究意见认为，① 不动产以登记为公示方法，受让人受让占有不动产，即使让与人没有转让所有权的权利，也不能像动产物权那样受到善意受让的保护。丙受让甲无权处分的不动产，不能受到善意受让的保护，研讨结论同意了以下意见：甲将违章建筑出卖交付给乙，甲的所有权虽然没有丧失，但是事实上的处分权已经不再存在。乙将房屋借给甲使用，甲因为借用关系而占有，属于他主占有，根据台湾地区民法第 945 条的规定，在甲未通知"使其占有之人"即乙的情况下，擅自将占有物出卖，乙的占有并不因此丧失。另外，乙就物的占有被侵夺的占有物返还请求权，尚未经过 1 年消灭时效，乙仍然是合法的占有人，丙自然没有对抗乙的权利，所提请求没有理由。

学者认为，"司法院"第一厅关于是否存在善意受让的保护的结论是正确的。该案中甲的占有属于直接占有和他主占有，乙的占有则属于间接占有和自主占有。对于乙是否因为甲出卖房屋而失去间接占有，研究中采纳的否定意见值得商榷。因为，台湾地区民法第 945 条的变更占有要求意思表示，只适用于变更者仍然占有的情形，不适用于那种将物出卖的情形。甲已经丧失了对物的管领力，直接占有消灭，乙的间接占有也无所依附而不复存在，不再是所谓的"合法占有人"。② 在此，丙取得房屋的占有是基于甲的交付，就甲或者丙而言，都不构成侵夺乙的占有，不能适用占有保护请求权。直接占有人擅自出卖占有物给第三人，不是侵害间接占有的问题而是权限问题，此时间接占有人向直接占有人主张的不是占有保护，而是基于占有媒介关系或者其他法律关系产生的权利。③ 笔者认为，甲或者丙不构成侵夺乙占有的行为，本质上的原因在于甲的最初获取是基于乙的意思，甲的后续行为并不构成对乙占有的侵夺。而丙因为其占有自甲而来，并没有侵害甲的直接占有，因此也不能认为侵害了间接占有人。

案例二：甲承租乙的土地耕作，后乙向其借用其中一部分做其他耕种，约定收成后归还，而后乙又将该部分土地转租（转借）于丙。甲以丙霸占土地为由诉请返还，但丙以其是向乙租赁（借用）而来不应返还

---

① 参见台湾地区"司法院"第一厅 1992 年 11 月 6 日（1992）厅民一字第 18571 号函复台高院的意见。

② 参见王泽鉴《民法物权：用益物权·占有》，中国政法大学出版社 2001 年版，第 370 页。当然如果仅是出租、出借的，则仍然还保留占有人地位，应该适用第 945 条。

③ 同上书，第 371 页。

作为抗辩。对此，法院最后判决认定，在这种情形中，乙没有另行出租或转借的权利，否则属于侵害甲的权利，应允许甲基于该理由要求丙返还。法院在判决中否定了以下说法：甲并未经乙将该部分土地交付而占有，只能向乙请求交付租赁物或返还借用物，不能直接向丙请求交还。归纳而言，法院认为甲是物的占有人，丙侵夺了甲的占有，因此甲有占有保护请求权。① 笔者认为，甲作为间接占有人，也属于占有权请求权的享有主体，这种判断是正确的。但认定丙侵夺了间接占有人甲的占有是值得商榷的。侵夺指的是非基于占有人的意思排除其对物的管领，违背占有人的意思是判断关键。直接占有人（如承租人、借用人等）在期限届满后未将物返还间接占有人，虽然成立无权占有，但是由于其原来的占有是基于占有人的意思而来，并不构成对间接占有人的侵夺。直接占有人将物转租、转借的情况，是否成立对间接占有人的侵夺呢？如前一案例，直接占有人出卖占有物的不构成对间接占有人的占有侵夺。举重以明轻，在转租、转借的情形，由于直接占有人又变成了转租、转借中的间接占有人，因此成立多层次的占有关系，不发生侵夺原出租人或出借人占有的问题。违约转租、转借，有无权限，是由当事人之间依据合同责任等解决的问题，与占有事实上的管领被侵夺的问题不同。学者认为，对直接占有人无禁止的私力存在的，对间接占有人也不成立禁止的私力，如承租人侵占租赁物或让与第三人，违反约定进行使用等，出租人不受占有的保护。②

总体而言，如对间接占有的侵害围绕直接占有来判断，那么直接占有人对占有的物拒不返还、出租、出卖、出借等种种行为，由于本身并未对自身的直接占有造成侵害，则一律不认为侵害间接占有。而第三人基于直接占有人的意思获得占有，也不认为是侵害直接占有，这种情形下也否定对间接占有的侵害。间接占有人的占有保护请求权，由此观察是与直接占有人的目标相一致的，都是为了通过维护直接占有来维护间接占有。如认定不存在侵害间接占有的情形时，间接占有人只能依据合同关系、侵权责任、物权关系、不当得利等制度来寻求保护。

① 参见台湾地区 1954 年台上字第 176 号判决。
② 参见王泽鉴《民法物权：用益物权·占有》，中国政法大学出版社 2001 年版，第 373 页；史尚宽《物权法论》，中国政法大学出版 2000 年版，第 598 页。

第四节　占有在债权法上的保护

占有的特性和其具有的功能意义，是民法对其进行保护的基础。占有在物权法上获得的保护，其核心是占有保护请求权，包含占有物返还、排除妨碍、妨害防止（妨害危险消除）三类物上请求权。此外，占有制度还包括了其他请求权，如为了平衡请求人与占有人利益而在占有被要求回复时，占有人所享有的涉及费用支出弥补等方面的附随的请求权，以及在使用收益、损害赔偿等方面的权利义务关系，这是旨在确定相对人之间为特定行为的债的关系，其中的请求权属于债法性质的请求权。

此处探讨的债的性质的关系，仅针对占有受侵害时，保护占有及占有人而言的债法请求权关系。占有除了在物权法上享有自力救济权和物上请求权的保护以外，在债权法上能否受到保护，债权法保护占有的什么方面，可以利用的制度有哪些，具体保护如何进行，这些都值得研究。由于占有是一种事实，债法制度的构建又是以权利维护为基本出发点，往往没有明确的规范处理占有保护。值得庆幸的是，不管是立法上还是理论上，都一定程度上注意到了这个问题，占有的债权法保护方式并未受到漠视。

占有在债权法上的保护，主要涉及占有及其相关的占有使用利益能否作为法律认可的利益加以保护，从而适用不当得利，以及占有本身可不可以成为侵权行为的对象，从而适用侵权损害赔偿等两个方面的问题。简言之，也就是承认占有人不当得利请求权和损害赔偿请求权的问题。这些请求权引发的诉讼，也包括在广义的占有诉讼中，诉讼的规范基础主要并不在于物权法的占有规定，而在于民法不当得利和侵权责任等债的制度。[①]本质上属于债权法范畴的一些保护方法，有时候基于体系安排考虑，被规定在物权法中，如瑞士民法、日本民法、我国物权法中都有占有被侵害的损害赔偿规定。这种类似的安排在物权的保护上也存在，如我国物权法中规定物权保护时，除重点规定物权请求权外，还规定了性质上属于债权法保护方法的损害赔偿。

---

① 需要指出，在占有的债权法保护诉讼中，也不得提出关于权利的抗辩，因为不管是不当得利还是侵权损害赔偿，都是基于占有的事实来讨论的。参见王泽鉴《民法物权：用益物权·占有》，中国政法大学出版社 2001 年版，第 377 页。

一旦确立了占有的债权法保护方式和规则，由于法律基础不同，它可以与物权法上的保护产生竞合，从而给予当事人以选择权和完整的民法保护。

一　关于占有保护的不当得利适用

不当得利制度是民法中运用债的方式解决有因果联系的当事人之间因为给付、侵害、外在力等多种原因造成利益失衡的机制。不当得利之债是债的重要类型之一，各民法立法例多加以规定。我国《民法通则》第92条规定："没有合法根据，取得不当利益，造成他人损失的，应当将取得的不当利益返还受损失的人。"最高法院《关于贯彻执行〈民法通则〉若干问题的意见》中第131条规定："返还的不当利益，应当包括原物和原物所生的孳息。利用不当得利所取得的其他利益，扣除劳务管理费用后，应当予以收缴。"中国台湾地区民法第179条规定："无法律上的原因而受利益，致他人受损害者，应返还其利益。虽有法律上的原因，而其后已不存在者亦同。"德国民法第812条中，有给付型不当得利返还和侵害型（"以其他方式"型）不当得利返还的规定。不当得利往往作为恢复利益平衡的最后救济机制被加以利用，可适用于多个领域。学者认为其类型不是闭锁、固定不变的，它是开放的，随时可以调整、容纳新的不当得利类型。①

不当得利制度能否在非权利的占有领域内获得运用，主要是观察该领域内是否存在法律上应保护的利益及相关联的利益失衡问题，还需要研究是什么原因或什么方式造成了该种利益失衡。一旦确定了利益失衡缺乏法律上的原因，则就有不当得利返还的债的适用。既然是作为占有的保护方式来研究不当得利，那么就应该重点从占有人享有的利益、以什么样的方式遭受利益损失、获益方是谁等角度来思考。

首先，关于占有人享有什么样应受法律保护的利益问题。占有人享有的被法律认可且可能受到侵害的利益，在占有人是有权占有并有使用收益权能时，侵害人侵害占有人的使用收益的，由于占有人明显享有该等权益，则侵害人获得的该项利益应当返还，无法返还的应当返还价金。如侵占承租人依法取得占有权的场地用于停车，获得了使用该场地的利益，使

---

① 参见王泽鉴《法律思维与民法实例》，中国政法大学出版社2001年版，第142页。

得有权占有的承租人受到损害，对该项使用利益应当作价返还。在占有人是无权占有时，要区分占有人的善意与恶意，善意占有人往往被承认在推定适法享有的权利范围内具有获得占有物使用收益的权利，[①] 如果侵害获得了该项使用收益的利益的，如同有权占有一样处理，侵害人应当返还不当得利；如占有人是恶意占有的，依法不享有对物的使用收益权，则侵害获得了占有物的使用收益的，可由有权享有该使用收益利益归属的人提出不当得利的请求，但那已经不属于占有人获得不当得利保护的范畴了。[②]

前面所说的利益，通常发生在不是出于给付目的的侵害他人权益的情况，主要着眼的是占有本身包含的具体利益，占有人是不是有权享有该利益，解决受到侵害时保护占有人与否。[③] 此外，占有本身是不是也属于一种利益，从而在占有物给付行为当中，存在将占有作为不当得利返还的运用呢？

笔者认为，占有虽然是一种事实，但深入去看，占有事实实际上赋予了占有人诸多好处及优势地位，甚至是权益归属。比如可享有权利推定、善意取得、取得时效、使用收益赔偿等，其中很多方面难以单独作为利益来提起返还，如丧失了权利推定的优势地位、丧失了取得时效的可能等，难以确定利益如何，所以不能提起不当得利返还。[④] 采用合并归纳的方式，确认占有本身也是一种利益，从而适用不当得利的返还，不失为一种弥补。简言之，占有能为占有人带来诸多益处，应该看作是一种利益，从而作为不当得利的客体。在这里，并不需要占有人必须是占有物的所有

---

① 如台湾地区民法第952条。从所有权权能划分看，使用收益本身不是占有权能所能包括，占有制度承认善意占有人的使用收益权，从这个意义上来说，就善意占有人而言，占有这种事实包含了物的使用收益的权能。

② 在德国民法实务上，认为占有作为侵害型不当得利的客体，仅以占有通过物权性或债权性占有权，而获得特定的"归属性"收益为限。承租人承租他人商业房屋，第三人未经授权使用该房一面墙做广告，承租人在不除去广告的限度内（民法第862条），可依据民法第812条向第三人请求补偿。参见［德］鲍尔、施蒂尔纳《德国物权法》（上册），张双根译，法律出版社2004年版，第171页。这里，似乎不像侵权损害赔偿某些"激进"观点主张的那样，认为无权占有中某些情况下占有人也享有收益权，从而支撑提出不当得利请求，而仅强调有权占有的支撑。

③ 参见王泽鉴《民法物权：用益物权·占有》，中国政法大学出版社2001年版，第375页注1。

④ 这方面出现损失的，也不能提起损害赔偿。参见王泽鉴《民法物权：用益物权·占有》，中国政法大学出版社2001年版，第379页。

人，或者必须是有权占有，无权占有人也可以请求受给付人返还无法律原因获得的"占有"。① 如果甲占有的房屋出租给乙，此后因为意思表示错误而撤销租赁合同，乙的受领即丧失了法律上的原因，甲可以依据不当得利要求返还房屋的占有。此时，甲失去的占有为所损失的利益，乙获得的占有为所获得的利益，两者间有因果关系。如果乙将房屋转租或出借给第三人，则其获取的利益为间接占有，甲可以要求乙将该间接占有让与自己（通过让与对第三人的返还请求权），并由此要求第三人返还占有。

其次，关于占有人以什么样的方式遭受利益损失、获益方是谁的问题。不当得利可分为给付不当得利和非给付不当得利，前者调整欠缺给付目的的财产变动。凡是依照当事人的意思使他人财产发生增益的都有一定的目的，如果目的自始欠缺、目的达不到或目的消灭时，财产变动（交付）就会失去法律上的原因，财产的受领人应当返还。占有作为一种利益，随着给付由原占有人转移到现占有人，由于占有转移的法律行为无效或被撤销，占有转移不能完成，现占有人即获得原始的占有取得，但欠缺法律上的原因并导致原占有人失去占有，两者之间存在因果关系，所以应该依照不当得利返还。不当得利既然以保护和恢复占有为目的，则不论原占有人是否有权无权、是否是所有人或其他有权占有人，都可以要求现占有人返还。当着眼点在于占有包含的具体利益归属时，比如善意占有人的使用收益，如果因为占有人的给付而发生交付，原因不存在，也会出现诸如获得使用利益或者孳息等的主体返还使用利益作价费用和孳息等"利益"的情况。

给付以外事由产生的不当得利，因为行为、法律规定或特定事件等非由于受损害人的给付而发生。因为行为而发生的不当得利还可以分为受益人的行为、受损人的行为和第三人的行为引起，其中受益人的行为最重要。非给付不当得利除了有费用支出不当得利、求偿不当得利的分类外，最重要的是侵害他人权益的不当得利。当然，在涉及费用支出等返还的问题时，一般情况下似应适用不当得利，但是占有制度里面的很多规定实际

_____

① 德国民法实务上，无法律上的原因，因他人的给付而获得占有时，占有可以作为不当得利的客体。非所有人将物出卖给买受人并进行了交付，但未达成所有权让与合意（德国民法上采用物权行为与债权行为区别说），如买卖契约因某种原因无效，出卖人因为不是所有权人，不能请求所有物返还，但是他能请求占有的不当得利返还，以获得占有物。参见［德］鲍尔、施蒂尔纳《德国物权法》（上册），张双根译，法律出版社2004年版，第106页。

上对"返还"进行了不同的规范，可以看作是占有的特别规定或者不当得利的特殊规范。总体而言，权益一定要属于法律上作为占有人的归属主体，才有占有获得不当得利的保护可言。侵害他人权益的，如果从不当得利观察，则要注意得益的问题，比如因为侵害而获得使用利益，现存的利益是什么。如果从侵权损害赔偿角度观察，则要注意损失的利益是什么。甲承租的卖小吃摊位场地被乙侵占用于停车，属于侵害占有行为，从不当得利考察，关注乙获得的场地用于停车的使用利益，按此标准估价，从而甲可以提出返还该得益的请求。如果从侵权损害赔偿考察，关注甲不能使用场地期间卖小吃摊的收入损失，按此标准要求赔偿。另外，需要指出的是，考察具体利益的归属来确定在这些方面有没有不当得利的适用，不能脱离占有本身也是一种利益的出发点。在无权占有的恶意占有人，由于没有使用收益物的权利，因此不能像善意占有人一样提出使用收益方面的不当得利返还，但是其可以以占有的利益被侵害而要求返还占有。如王泽鉴先生举例说明，甲占有车辆，乙侵夺后，丙又从乙处侵夺使用。就乙能不能主张不当得利，他认为乙是恶意占有人，对该车无使用收益的权能，欠缺权益归属内容，丙没有侵害应归属乙的权益，不成立不当得利。当无权占有人属于善意时，依照推定其适法所有的权利中包含占有物的使用收益，对侵夺占有的人，可以依不当得利规定请求返还所获得的利益。① 对此，笔者认为，其一，依照占有即是利益的理解，"占有利益"不应该区分有权无权。乙虽然是无权占有人，但毕竟是占有人，对"占有"利益受到丙无法律上原因的侵夺而受到损害时，应该可以根据不当得利要求返还对车的占有（虽然不能要求返还车的使用利益）。其二，使用收益等和作为一种整体利益的占有都可产生不当得利，不管占有人有权无权及是否善意恶意，都可以适用不当得利，这种适用不一定确定利益的最终归属，最终利益的归属一定要寻找法律承认的财货归属者。②

二　关于侵害占有的赔偿责任

侵权赔偿责任是民法中运用债的方式解决加害他人（主要是出于过

---

① 参见王泽鉴《民法物权：用益物权·占有》，中国政法大学出版社2001年版，第375页。
② 如使用收益归属于善意占有人，不属于恶意占有人，后一情况只能寻找拥有使用收益归属的其他权利人；占有作为利益，其归属属于占有人，不问有权与无权。当然，如果结合所有物返还来看待占有返还的话，可能还要继续寻找权利人。

错）使其权利和利益受损的赔偿机制。侵权赔偿之债是债的重要类型之一，各民法立法例多加以规定。依据我国民法通则和侵权责任法的相关规定，侵害他人财产、民事权益造成损失的应当赔偿（包括返还财产、恢复原状、赔偿损失等）。[①] 中国台湾地区民法第 184 条规定："因故意或过失，不法侵害他人之权利者，负损害赔偿责任。故意以背于善良风俗之方法，加损害于他人者亦同。违反保护他人之法律，致生损害于他人者，负赔偿责任。但能证明其行为无过失者，不在此限。"德国民法第 823 条中，有致损他人权利和违反保护他人法律致损他人应承担损害赔偿责任的类似规定。

对于非权利的占有事实，不少立法例承认在保护上有损害赔偿请求权的运用。关于占有损害赔偿的保护，存在不同的规范形式，有在物权法或民法物权编中规定，如我国《物权法》第 245 条后段规定："因侵占或者妨害造成损害的，占有人有权请求损害赔偿。"日本民法物权编第 198 条、第 199 条、第 200 条规定的占有保持之诉、占有保全之诉、占有回复之诉中，涵盖了占有人可对损害赔偿（或损害赔偿担保）提出请求的内容。此外，还有虽未在物权法或民法物权编中特别规定，但通过解释或推导认为可适用损害赔偿的债法规定的。严格来说，侵害占有的损害赔偿请求权在性质上属于债权法的保护方式，不因其在何处规范而有不同，其是纯粹的债权而不是物上请求权。[②] 坚持体系独立而运用债权法的制度规范的，往往不会对性质上不属于权利的占有做出特别的规定，因此就需要在解释论上下工夫，把侵害占有事实的行为容纳到侵权行为中去。而在物权法中规定占有损害赔偿的，主要是考虑占有保护方法的完整或者方便而言，并且可以明确为损害赔偿请求提供规范基础。但是，即便如此，也必须结合债权法的规范与理论来加以理解、运用。

侵权损害赔偿制度能否在非权利的占有领域内获得运用，主要是考察运用侵权损害赔偿保护占有人的规范基础，以及在该领域内是否存在法律上应该保护的权益受到侵害而造成损失。一旦确定了权益受损与侵害人行

---

① 中国大陆《侵权责任法》第 2 条明确使用"民事权益"，在文义上应该解释为包含民事权利和利益。

② 参见［日］我妻荣《民法讲义 II·新订物权法》，罗丽译，中国法制出版社 2008 年版，第 516 页。

为之间的关联，则就有侵权损害赔偿之债的适用。既然是作为占有的保护方式来研究侵权损害赔偿的适用，那么就应该重点从占有人享有的权益遭受侵害造成损失来思考。

首先，对于运用侵权损害赔偿保护占有人的规范基础问题，就单纯的占有而言，理论上普遍认为，占有并非权利，但仍然属于财产法益。民法中关于占有自力救济和公力救济等规定，属于侵权损害赔偿规范中所说的"保护他人的法律"。虽然不能利用侵权损害赔偿规范中的"侵害权利造成损失"的规定作为规范基础，但是可以利用"违反保护他人的法律造成损害"作为规范基础。"占有因为事实，并非权利，但究属财产之法益，第 960 条至第 962 条且设有保护之规定，侵害之，即属违反法律保护他人之规定。侵权行为之违法性'非'非具备，自应成立侵权行为。至占有人对该占有物有无所有权，则非所问（1982 年台上字第 3748 号判决）。"① 中国台湾地区民法第 184 条第 2 项规定"违反保护他人之法律，致生损害于他人者，负赔偿责任。但能证明其行为无过失者，不在此限"，这被认为是独立的侵权行为种类，以在权利之外还有受法律保护的其他利益或事实为基础，不囿于只从权利受侵害角度理解侵权行为。在权利受侵害之外，以客观的保护他人的法律规范被违反造成损失作为侵权行为构成要件，采用了推定过失，这样能够将其他领域法律规范的作用引入侵权行为法，使侵权行为及责任立法简便化、合理化，保护客体扩大到权利以外的利益。占有虽不是权利，但受到占有法律规范的保护，而且可能遭受损害，可以被该种规定吸纳。即是说，虽然不适用侵害"权利"的规定，但也仍然是一类独立的侵权行为类型。② 在司法实践中，这种观点也受到支持。③ 根据"保护他人法律"进行保护可以带来责任构成要件和归责原则上的便利操作。德国民法理论上的通说认为，可以将民法第 858 条视为保护性法律（民法第 823 条第 2 项），则其可以适用损害赔偿规定，不过其在赔偿法上的保护范围，须依在民法第 823 条第 1 项中发展起来的

---

① 谢在全：《民法物权论》（下），中国政法大学出版社 1999 年版，第 1022 页。关于台湾地区民法学说上肯定与否定占有可作为侵权行为客体的不同主张，肯定说中应以民法第 184 条第 1 项还是第 2 项为规范基础的不同主张，参见王泽鉴《民法学说与判例研究》（3），中国政法大学出版社 1998 年版，第 244—245 页。

② 参见苏永钦《私法自治中的经济理性》，中国人民大学出版社 2004 年版，第 67—83 页。

③ 参见台湾地区 1982 年台上字第 3748 号判决。

标准予以限定。①

　　当占有属于有权占有，主体依其权源得对占有物为特定的使用收益，这种在使用收益等方面的支配性权能，与占有结合时，则占有的地位得到强化，使占有人处于类似物权人的地位，具有权利的性质而受侵权行为法保护。② 占有权利有帮助确定最终赔偿归属的作用，占有权人可以根据权利内容的支配性，选择依照不同类型的侵权行为请求赔偿。我国的侵权责任法中，将侵权行为的侵害对象确立为"民事权益"，在解释上包括民事权利和利益，自然，在法律保护的利益受到侵害之时，与权利受到侵害一样，适用该统一的规范基础。而我国《物权法》第245条后段规定的"因侵占或者妨害造成损害的，占有人有权请求损害赔偿"，即属于侵权损害赔偿责任范畴。

　　笔者认为，总体上考虑占有被侵害运用侵权损害赔偿加以保护的基础，可以按照前述学者分析推导。但如果分解来看，那么，单纯保护恢复

---

　　① 参见［德］鲍尔、施蒂尔纳《德国物权法》（上册），张双根译，法律出版社2004年版，第170页。不过梅迪库斯等学者否认德国民法关于保护占有的规定属于保护他人的法律。参见王泽鉴《民法学说与判例研究》（3），中国政法大学出版社1998年版，第249页。

　　② 参见王泽鉴《民法学说与判例研究》（3），中国政法大学出版社1998年版，第247页；［德］迪特尔·施瓦布《民法导论》，郑冲译，法律出版社2006年版，第245页。笔者认为，需要注意第三人侵害债权在理论上受到不同认可的影响，并且需要区别侵害债权和侵害法律认可的使用收益的支配权益，如侵害承租人的债权性质的请求权和侵害承租人使用利益造成损失是不一样的。对前者可能涉及能否运用侵权责任的争论，对后者则应可直接运用侵权责任规定处理。对"占有的物权化"，德国民法实务上和理论上的通行见解也认为，占有不是民法第823条第1项规定的作为绝对权的"其他权利"，但是在占有因一项占有权而获得强化时，则占有在本项规定的意义上至少可同视为一项绝对权，故有过失地侵害合法占有时，也会导致赔偿义务的产生。如原告在楼上开诊所，被告在楼下施工制造超出容忍程度的噪声导致诊所收入下降，原告除了可以依据民法第862条提起占有妨害之诉（包含相关的假处分）外，也可以因被告未尽要求的照顾义务而存在过错，依据民法第823条第1项请求损害赔偿。而对出租人将车间出租给承租人后，承租人又转租给次承租人，出租人对承租人有效地终止了租约，根据民法第556条第3项规定该终止权效力及于次承租人，因此次承租人不再享有使用的权利，即使出租人以禁止的私力取回出租物时，次承租人也不得因使用消灭而主张损害赔偿。参见［德］鲍尔、施蒂尔纳《德国物权法》（上册），张双根译，法律出版社2004年版，第167—168页。中国台湾地区学者苏永钦认为，只有当占有与一定的权利结合，才能将其视为中国台湾地区民法第184条规定的"权利"加以保护。此时应注意的是，有物权、人格权或无体财产权为基础的占有被侵害时，宜解为该本权受侵害；以债权为基础的占有被侵害时，应将债权区分为物权化的债权（如租赁权）和一般债权两种类型，在前者可认为债权受到侵害，在后者可认为占有受到侵害，并认为中国台湾地区法院和德国法院都有此倾向。参见苏永钦《私法自治中的经济理性》，中国人民大学出版社2004年版，第71页。

占有事实或者毁损占有物赔偿请求的规范基础，也可以是"利益说"、"违反保护他人法律说"等规范基础支持侵权损害赔偿；而法律本身赋予占有人有权享有的那些利益（如支出费用、使用收益），实际上已经被认可为法律上占有人的权利，该部分受到侵害出现损失的，完全可以依据"权利受到侵害"提出侵权损害赔偿的主张，只不过此时不宜笼统地说占有受到了侵害，而应该说占有人的某某权利受到了侵害。当然，在占有本身就受到占有权支持的情况下，则直接就可以按照权利内容的支配性，选择依据权利受到侵害要求损害赔偿。

其次，就占有领域内是否存在法律上应该保护的权益受到侵害造成损失，或者说占有人可以就哪些利益损失提出赔偿保护的问题，可做如下分析。

占有可能受到侵害造成损失的情况，主要包括：占有物被侵占（如房屋被进驻居住）、占有物毁损灭失而受赔偿[①]、占有物价值减损、占有物使用收益的损失[②]、支出费用的损失[③]、取得时效中断的损失[④]、权利推定优势地位的丧失（占有物被侵夺致使无法在权利诉讼中占据权利推定的优势地位）等。这些损失中，有的可以确定或者估定，但有的难以确定损失额或者仅仅是取得某种权利的希望（如取得时效）落空，或者是程序上的优势地位（如权利推定）丧失，对于不可量化者，不能请求损害赔偿。[⑤]

[①]　这里包含占有人为所有人时的所有物灭失或毁损损失，以及占有人为非所有人时需要对回复请求人承担的损害赔偿损失，后者被有的学者称为责任损害。参见王泽鉴《民法物权：用益物权·占有》，中国政法大学出版社 2001 年版，第 379 页。

[②]　这是最为常见的，如不能使用收益车位、房屋、汽车等的损失，占有商店造成营业上收入的损失等。不过学者认为侵害所有权或租赁权等本权产生的损失，应不在侵害占有产生赔偿的损害范围内，如善意占有人孳息收取权受到的损害，以无本权善意占有人占有建筑物为例，因占有受侵害的损失不是营业上的损失，而仅限于建筑物使用权的对价即房租相当额的损失。参见 [日] 我妻荣《民法讲义 II·新订物权法》，罗丽译，中国法制出版社 2008 年版，第 516 页。

[③]　如对占有物支出的费用因为占有物毁损灭失而不能向回复请求人请求，以及为排除妨害后果而支出的费用（此时会与无因管理请求权竞合）等。

[④]　占有被侵夺导致取得时效中断不能取得所有权，参见王泽鉴《民法物权：用益物权·占有》，中国政法大学出版社 2001 年版，第 379 页。

[⑤]　关于取得时效的不适用，参见王泽鉴《民法物权：用益物权·占有》，中国政法大学出版社 2001 年版，第 379 页。就罗马法中占有人的取得时效中断应否赔偿，以及占有回复令状适用后应赔偿哪些损害的论述，参见 [德] 弗里德里希·卡尔·冯·萨维尼《论占有》，朱虎、刘智慧译，法律出版社 2007 年版，第 370—372 页。

此外，占有人可就哪些损失提出赔偿请求，关键是要区分占有人的类型，看占有人是有权占有还是无权占有，在无权占有中是善意占有还是恶意占有。

占有人享有的权益归属有权源支持，可以分为两种情况，一种是占有本身是权利，权益归属的来源在于占有权；另一种情况是占有本身不是权利，那么占有的事实是否支持权益归属，有必要在无权占有中区分善意占有与恶意占有（德国民法中无偿占有人也没有收益权），因为在这种情况下，由于占有人对于支出费用、使用收益的权限不同，则受到侵害时能否提出请求也不同。① 而且还要思考的问题是，没有最终权源的，能否由占有人提出请求作为保护过渡，先行提出请求的基础是什么。还有，占有本身被侵占能否看成是受到损失，从而可以有占有保护请求权和占有损害赔偿的返还原物的竞合。

对于有权占有人而言，属于权利受到侵害，对前述各种受到权利包容的利益损失可以提出请求。在占有物被侵占被看成是一种损失的情况下，② 存在占有保护请求权的物权保护与此处的侵权损害赔偿的竞合。对于第三人的侵害获得侵权损害赔偿请求权保护没有疑问，不过，根据我国《物权法》第241条"基于合同关系等产生的占有，有关不动产或者动产的使用、收益、违约责任等，按照合同约定；合同没有约定或者约定不明确的，依照有关法律规定"，在有权占有人与权利所来源的人之间，权利义务应首先依据合同关系来确定，只有在合同无约定或约定不明的情况下，才可能存在侵权损害赔偿。因此，在此并不能简单看成占有人有侵权行为与违约行为请求权的竞合选择。

对于无权占有中的善意占有人而言，法律承认他享有的权利和利益一

---

① 在德国民法理论上，除了前述所说的有权占有可支持侵权损害赔偿的通说外，还有一种更为激进的观点，即认为在无权占有中，如果法律赋予了无权占有人收益权的（民法第987条以下），其占有均可视为民法第823条第1项的"其他权利"，从而可以请求损害赔偿。如出租人对使用承租人终止住房租赁契约，并以禁止的私力将承租人赶出租住房，如承租人对此能申请执行保护（民诉法第721条、第765a条），则就执行保护期间产生的损害（如临时租房多付的费用），有损害赔偿的请求权。参见［德］鲍尔、施蒂尔纳《德国物权法》（上册），张双根译，法律出版社2004年版，第168—169页。

② 如中国台湾地区民法中损害赔偿以回复原状为原则，包括返还财产等在内，参见民法第213条。中国大陆民法把赔偿损失和返还财产、恢复原状并列，参见《侵权责任法》第15条。

般有：占有的利益、使用收益的权利①、费用求偿的权利（区别不同的费用种类和是否扣除孳息收取等而有不同）、在因可归责自己致使物毁损灭失时赔偿以所受利益为限（赔偿责任受限利益）。对这些损失，善意占有人可以提出赔偿请求。不过，对于其中的受限损失的赔偿，有两方面问题值得分析。第一个方面，在善意占有人与回复占有人关于物的损害赔偿关系中，占有人只在灭失或毁损所受的利益范围内赔偿。在此，占有人的要求赔偿显然是先行获得解决的问题。而占有人相对于致使物毁损灭失的侵害人来说，他受到的损失怎么来确定呢，显然其应该可以要求物毁损灭失的赔偿，当然这里的先行要求可能会因为责任限制等多方面的原因造成可能不能获得等值赔偿，此时获得的赔偿额与物的价值额之间的差额就出现了，正是在这个时候，善意占有人对回复权利人而言的赔偿责任限制才对他具有意义。立法的规范含义（如台湾地区民法第 953 条、中国大陆《物权法》第 244 条）确定了占有人享有先行赔偿请求权。② 第二个方面，在物毁损灭失的情况下，真正的权利人同时提出了侵权损害赔偿请求的怎么处理。这时，要求侵害人同时赔偿两个主体是不可能的，是否可考虑以先行开始的赔偿请求为准，提起一个赔偿另一赔偿就不得提起。③ 但在本权为基础的赔偿中，侵害人不得以无权占有人的原因作为抗辩；在占有为基础的赔偿中，占有人有无本权不论，不得以占有人无权利提出抗辩，仅

---

① 参见王泽鉴《民法物权：用益物权·占有》，中国政法大学出版社 2001 年版，第 380、380 页注 2。

② 当然不能认为回复权利人不能直接向对毁损灭失有责任的占有人直接提出赔偿，此时占有人的赔偿受限方面的利益不能体现，他只能在诉讼中同时提起追加侵害占有的第三人为当事人，一并解决赔偿限额问题。或者其在完全赔偿权利人后对于超出自己以后针对第三人获得赔偿的部分，以不当得利为由，或者以占有制度的赔偿限额规定为由，请求返还。

③ 在德国民法理论中，认为关于损害赔偿，如果存在所有权人的请求权与占有人的请求权竞合时，在动产中民法第 851 条可予以救济（侵害人利用对占有人进行赔偿获得免责），而在其他情形，侵害人要么在标的物修复后才为支付，要么类推民法第 1281 条的规定，对所有权人与占有人共同为支付，从而保护自己的利益。参见［德］鲍尔、施蒂尔纳《德国物权法》（上册），张双根译，法律出版社 2004 年版，第 169 页。台湾地区民法学说上认为，第一，要准确区分权利人与占有人可得请求损害赔偿的对象；第二，可以利用占有人权利推定的规范，保护其受领赔偿权，赔偿义务人可因对占有人赔偿而免责，而在权利人与占有人之间可以利用不当得利规定处理。参见王泽鉴《民法学说与判例研究》（3），中国政法大学出版社 1998 年版，第 253 页。

得在占有人与侵害人之间围绕占有关系寻找抗辩。①

　　至于占有本身被侵占是否作为一个损失来提出，如果占有作为利益的话，既然占有保护请求权的方法都可以一体保护所有的占有人，那么在这方面，也存在侵权损害赔偿请求权为基础的请求"回复原状"，并可以与占有保护请求权发生竞合。② 需要指出，出现第三人从侵占人手里取得占有的，请求权相对人的判断，与适用占有物返还的物权保护时考虑瑕疵承继而确定相对人不同。物被侵占人转移给第三人，无论该转移关系有效无效、第三人善意取得与否，此时侵权赔偿请求相对人只能是侵占人，除非第三人与该人共谋，而第三人的恶意并不使其成为该种请求的相对人，虽然他可以成为占有物返还请求的相对人。

　　对于无权占有中的恶意占有，占有人对使用收益损失能否提出赔偿，在利益归属上法律不承认他享有使用收益物的权利，由此逻辑应不能提起关于使用收益损失的赔偿请求。强盗与小偷同样享受保护，应该体现在占有在物权法上的自力救济和公力救济中，目的在于维护社会秩序。但是社会秩序维护的出发点，不能支持这些占有人对取回占有物的所有人，也可以请求对于盗赃物使用收益产生的损害。是否可以像前述占有物毁损灭失的赔偿一样，对第三人侵害而言，先行赋予占有人该种请求权，最后再由对使用收益有最终归属权的人取得。③ 或者说在涉及该种使用收益的损害

---

　　① 关于占有受到侵权损害赔偿保护、占有人的侵权损害赔偿请求权不受本权的影响等，参见台湾地区 1982 年台上字第 3748 号判决。关于有本权人侵占无本权人占有并造成营业损失时占有人可寻求侵权损害赔偿，有本权人侵占行为不属于权利正当行使，参见台湾地区 1985 年台上字第 752 号判决。但围绕恶意占有人是否享有请求使用收益损害赔偿，存在争论。该案的概要事实是：甲占有争议房屋，法院因执行除去租赁关系进行拍卖，乙取得房屋及土地的所有权后，搬走甲储存物并将房屋上锁，甲遭受营业上的损失。

　　② 如果根据物上请求权获得了占有物的回复的，此时提出的损害赔偿就不应该根据占有物的价格而是物的占有价格来决定，通常是按照物的使用价格来算定。参见［日］我妻荣《民法讲义Ⅱ·新订物权法》，罗丽译，中国法制出版社 2008 年版，第 524 页。

　　③ 在占有物毁损、灭失是第三人行为引起时，如果认为因占有人无权益最终归属而不能请求第三人赔偿时，占有人对回复请求人的赔偿由谁负担？难道不允许占有人在向回复请求人赔偿以前或以后向侵占人要求赔偿而由自己负担？这样明显对占有人不公平。而在占有人与实施侵害的第三人之间，有可能还要形成回复请求人与占有人的赔偿关系，当侵害人实行的行为使其成为占有人时，有占有制度中的这种赔偿关系与侵权损害赔偿的竞合。侵害行为还可能形成第三人未侵夺占有物的其他损失，如毁损侵害行为使占有物消灭、占有物使用价值的部分灭失等，这时占有人依照侵权行为赔偿请求权要求第三人赔偿就显得相当必要了。

赔偿请求时，应该运用于占有人和第三人之间，而不适用于所有人等有权最终享有使用收益权的主体与无权占有人之间。① 这不像善意占有，因为善意占有无论是对第三人还是本权人，他都是有使用收益的归属权的，因此可以面对各种主体，运用损害赔偿请求权。

　　而对于因为占有物被侵害而丧失对回复请求权人必要费用的求偿的，可以作为损失提出赔偿。与善意占有人相比，恶意占有人提起的费用求偿范围明显受限。而关于占有物毁损灭失的赔偿请求，与前述解释善意占有人权利一样，恶意占有人应该可以要求侵害人损害赔偿。他是不是像善意占有人那样受到责任限额的保护，解决的是他对真正权利人负担的问题，不适用在其针对侵害占有的第三人提出赔偿请求的关系中。而关于占有本身被侵占，如前所述，如果承认所有占有人的占有本身是利益的话，就存在一个依据侵权损害赔偿请求权要求回复返还与占有保护请求权的竞合

---

　　① 日本民法规定占有为一种权利，关于侵害占有权的损害赔偿问题也存在争论。多数意见认为，没有本权或者不能证明本权的单纯占有，就占有权本身受到的侵害，不能请求不法行为损害赔偿。参见王泽鉴《民法物权：用益物权·占有》，中国政法大学出版社 2001 年版，第 381 页注 2。一般认为，明知无权源仍然占有的或者本权败诉判决送达后占有的，为恶意占有人。对此，依据台湾地区 1985 年台上字第 752 号判决，恶意占有人可以对其营业损失依据侵权损害赔偿提出请求，该营业收入实际上为占有物的使用收益。围绕恶意占有人是否享有请求使用收益损害赔偿，存在争论。以 1983 年台湾高等法院法律座谈会上提出的一个案件为例（1983 年 2 月 22 日 1983 厅民一字第 0119 号函复台高院）：甲无权占用乙的土地种植树木，丙擅自砍伐出售，甲是否可以依据侵权损害赔偿对丙提出要求？一种意见认为，无权占有他人的土地进行使用收益，只能由该被侵害人依法排除侵害，第三人不能对其使用收益加以干涉，甲可以提出赔偿请求（参照 1981 年台上字第 83 号判决）。另一种意见认为，甲种植的树木依据规定（没有分离的不动产产出物是不动产的组成部分）不属于甲所有，甲不能基于侵权行为要求丙赔偿（参照 1980 年台上字第 3114 号判决）。最后讨论认为，占有受到法律的保护，从民法第 943 条、第 962 条即可明确，因此采取第一种肯定意见。可见，在台湾的司法实务上，采用的是肯定的见解。德国学者黑克从经济学的观点，认为无权占有人也有保护的必要，如无权占有机器从事生产，已成为企业的一部分，有继续占有使用的经济利益，所有人强行取回机器导致生产停顿时，应当承担损害赔偿责任。王泽鉴先生持有反对意见，认为所有人强力取回被侵占物时，如果无权占有人可以向所有人请求不能使用其无权占有物的损失，"衡诸占有保护之规范目的、情理、正义感情，是否妥适，尚值研究"，参见王泽鉴《民法物权：用益物权·占有》，中国政法大学出版社 2001 年版，第 380—381 页。对以上类似问题，按照德国实务界和理论界从民法第 823 条第 1 项"其他权利"分析占有赔偿可能的通行观点看，也持否定立场。参见 ［德］鲍尔、施蒂尔纳《德国物权法》（上册），张双根译，法律出版社 2004 年版，第 168 页。

问题。

笔者认为，从归属上探讨是否允许保护违反了占有制度设立初衷。占有的自力救济或公力请求权保护，都未最终确定权益走向，不能认为侵权损害赔偿请求需要最终归属者出面才可。强调占有人可以提出请求，在于占有的公示性和及时维护占有物的价值状态的需要。就真正权利人外的侵害占有人来说，谈论这种归属因而影响是否可以请求，不必要也不可取，不能因为占有人没有权益归属权就可以随意侵害占有。如果真正享有该种权益最终归属的权利人不在或来不及提出请求，占有人坐视却不能采取措施，不利于保护真正权利人。对所获得的侵权赔偿，有权益归属的有权占有人自然可享有赔偿利益。而赋予无权益归属的占有人请求权，并不当然肯定他是最后的赔偿利益归属人。占有人无非是为真正的权利人做了暂时的保护，维持了原占有物的价值，并可以因为对占有物有时效取得而将这种收益一并时效取得。占有人的赔偿请求权不影响他与真正有此权益归属者之间的返还、求偿等法律关系。占有人与权利人有时也存在着占有的事实推定和权利推定问题，反证由权利人来举。对此可以提出赔偿利益的保有与所有的区分，占有人的保有推定为所有，权利人的所有经证明可以对抗保有。占有人依照占有侵权损害赔偿维护了占有物价值完整，还使权利人不必在占有人以外向侵害人为权利请求。权利人向侵害人请求时要负担权利及侵害事实证明的困难，这时不借助占有人对事实陈述和举证等的帮助，难以获得保护。权利人通过占有人对侵害人请求、本人对占有人请求，即可以从占有人处寻求占有物的完整价值。

总而言之，法律确定的利益归属者可以提起该种利益遭受损失的赔偿请求。而关于利益没有最终确定的，从占有本身可看成是一种利益出发，可以考虑认可关于占有物的回复也适用侵权损害赔偿，关于占有物的毁损灭失也可以适用侵权损害赔偿。① 这些都是一种占有物的状态的变相恢复，或者说是利益归属的暂时确定，并不解决最终这些利益由谁来享受的权源问题。实际上，一旦承认所有的占有人都可以以侵权损害赔偿提出占有物被侵夺的原状回复，那么基于毁损灭失实为占有物被侵夺而无法返还的替代状态（如台湾地区民法上的毁损灭失赔偿是作为因为无法回复原状

---

① 即先行请求权，针对占有物毁损灭失的赔偿，是否可以看成占有人提起保护，是因为有一个他原本占有的物的形态变化的物上代位思考。

的替代），占有人也可以提起相关的赔偿请求。

　　占有人受到侵权损害的赔偿保护，不一定解决该种赔偿是否最终归属占有人，那么侵权损害赔偿实际上包含两部分：一部分是不依赖权源的占有人本就可以享受的赔偿，一部分是该赔偿的最终归属有待后续根据权源确定，但是占有人却可以先行对侵害人提出该项请求。①

　　对于无权占有，谢在全先生认为占有人物上请求权与侵权行为损害赔偿请求权、不当得利返还请求权可能竞合，但是上述侵权赔偿请求权、不当得利返还请求权的消灭时效等，比占有人物上请求权的消灭时效长，是否应该依照各自的规定？他认为，民法上占有制度重在对占有事实上的管领力进行保护以维持社会秩序的和平，假设对已经没有事实上管领力的占有，在经过漫长期间后仍然赋予回复占有的请求权，与占有制度的本旨不符合。由此，各请求权的期间应该都解释为受到占有人物上请求权1年短时效的限制。② 民法的法例是采用占有诉讼包含损害赔偿及其担保问题一并受除斥期间限制。其他法例中无规定，则需要利用解释论推导，或适用一般诉讼时效，或适用特殊的短时效期间，或适用占有保护请求权的除斥期间。我国《物权法》虽于占有中规定损害赔偿请求权，但是明确规定的仅是占有物返还请求权的1年除斥期间，解释上应适用债权保护的普通诉讼时效。基于前述分析，占有的债权法保护方式，虽然不直接与占有物的状态关联而多表现为费用赔偿形式，但实际是由于占有物状态被破坏所变化衍生，不能脱离占有物的事实秩序维护的基本出发点，因此对于这种债法的请求权，应该规定受限于物权法保护方式的请求权除斥期间为妥。

---

　　① 这好比内外关系的区分处理。在占有不当得利返还保护的问题上，如侵害型不当得利返还，学者认为恶意占有人不享有使用收益权因此不得提出请求。参见王泽鉴《民法物权：用益物权·占有》，中国政法大学出版社2001年版，第375页。但是否可以考虑暂定效果的请求权呢？中国《物权法》第244条在赔偿补偿保险金等问题上蕴含承认该种先行请求的可能。需要指出，德国民法第851条中有"因侵夺或者损坏动产而负有损害赔偿的义务人，在向于侵夺或者损坏当时的占有人赔偿时，即使第三人为物的所有权人或者对物有其他权利，赔偿义务人的责任仍因给付而免除，但赔偿义务人明知第三人的权利或者因重大过失而不知的除外"的对无权利的占有人赔偿的规定，从赔偿义务人的角度来说，他可以援引这一条。如果说这里含有占有人权利推定因素的话，这也是为了义务人利益的推定，使占有人成为合法的赔偿给付受领人。参见［德］鲍尔、施蒂尔纳《德国物权法》（上册），张双根译，法律出版社2004年版，第179页。

　　② 参见谢在全《民法物权论》（下），中国政法大学出版社1999年版，第1023页。

第五节 准占有及其民法保护

对物实施事实上的管领被称为占有。行使占有物上权利的人既可能是权利人，也可能是非权利人。主要基于维护物的事实秩序与社会平和的考虑，民法承认单纯管领物的占有人不问权源，可以享受物上的某些利益与好处，并可以在占有受到侵害时行使自力救济权、公力救济权，甚至享有债权法上的保护请求权。而主体行使某项财产权利的事实，可能并不需要依赖对某个特定物的占有。这种外观上行使不以占有为前提的财产权的状态，被学说和立法称为"准占有"，如债权、地役权、抵押权、商标权、专利权、著作权等财产权的权利事实行使，可以成立准占有。[①] 而对于地上权、租赁权、典权、留置权、质权、永佃权、所有权等而言，权利的成立及行使与占有物结合，依靠占有制度就可以进行保护，不必承认准占有。[②] 依附于债权、物权合同存在的撤销权、解除权等，由于不能与基本权利分离，不是独立的财产权，因此不能成为准占有的标的。[③]

在立法例上，罗马法承认占有的同时，也承认人役权、地役权及地上权的准占有，这些准占有被普通的占有令状或一些特别的令状所保护。[④] 法国民法采用概括主义，占有包括权利占有在内（第2228条）。日本民法、中国台湾地区民法将占有限定在物上，而在民法中对于行使财产权的准占有，有概括的表述并准用占有的规定（日本民法第205条、中国台湾地区民法第966条）。中国台湾地区民法关于准占有的立法理由提及：查

---

① 法国民法扩大权利占有将身份关系包括在内，也有"身份占有"，如第311-1条、第320条等。

② 参见［日］我妻荣《民法讲义Ⅱ·新订物权法》，罗丽译，中国法制出版社2008年版，第534页。

③ 参见王泽鉴《民法物权：用益物权·占有》，中国政法大学出版社2001年版，第385页。我妻荣先生则认为，如果存在事实上被认可的某人是包含这些权利在内的法律地位的承受人的情形下，也可以承认在撤销权、解除权等上成立准占有。参见［日］我妻荣《民法讲义Ⅱ·新订物权法》，罗丽译，中国法制出版社2008年版，第533页。实际上，关于在所有权、所有人的物上请求权、地役权、债权、附属于主权利的从权利等上是否能成立准占有，学理上也都一直存在不同的观点。

④ 关于罗马法准占有的详细论述，参见［德］弗里德里希·卡尔·冯·萨维尼《论占有》，朱虎、刘智慧译，法律出版社2007年版，第399—423页。

民律草案第 1316 条理由谓占有无体物（权利是也），应准占有有体物之例保护之。如占有地役权、抵押权等，不必占有某物，亦得行使权利之财产权是也。此本条所由设也。①

在日耳曼法特别是寺院法中，即使在对于物的支配以外的关系，也承认了同样的制度，因此在德国普通法时代，在相当广泛的范围内，占有制度得到了扩张。② 德国民法制定时围绕是否存在权利占有发生争论，后来一致观点认为不设一般规定，只设地役权、人役权的"权利占有"的例外，③ 主要理由在于权利占有不具实益。民法物权的起草人约豪（Johow）在其所提的民法草案第 84 条规定"对于权利不得为占有"，认为权利占有属于多余，殆无实益。而关于地役权占有也存有批评意见。④

笔者认为，权利行使的很多状况借由占有来表征，因此占有及其保护具有基础的意义。但是，有的不以占有为成立条件的财产权利的行使并不借助占有来表现，即只构成"权利行使的外观事实"。行使权利的事实多与权利的享有重合，在权利行使的外观背后，准占有人享有权利的盖然性高度存在，保护准占有能作为保护权利的第一道防线。即便因为权利享有与权利行使不合，当事人也可以借由本权诉讼加以救济。而如果从更基础的与占有相同的维护"事实秩序"的法价值出发，不管行使权利人是否真权利人，对准占有更有进行保护的必要，使得行使权利的事实秩序不受干涉，维护社会平和，禁止私力滥用。有学者就主张，"保护社会事实性支配关系的理想，不应局限于物的支配关系之内。即使在并未伴随物的支配的事实性支配关系，在社会承认其外观并信赖其外观的情形下，对此暂时予以保护，这对于维护社会和平与秩序而言极其重要。"⑤ 我国物权法中没有准占有的明确规定。准占有的运用虽然不如占有那样广泛，但是从

---

① 参见方令《民法占有制度研究》，重庆出版社 1996 年版，第 214 页。有学者认为，台湾地区民法第 966 条的规定不够准确合理，提出了修改意见。参见黄茂荣《债法总论》（第 2 册），中国政法大学出版社 2002 年版，第 291 页。

② 参见［日］我妻荣《民法讲义Ⅱ·新订物权法》，罗丽译，中国法制出版社 2008 年版，第 532 页。

③ 参见德国民法第 1029 条、第 1090 条；另参见瑞士民法第 919 条第 2 项。

④ 参见王泽鉴《民法物权：用益物权·占有》，中国政法大学出版社 2001 年版，第 383 页。

⑤ ［日］我妻荣：《民法讲义Ⅱ·新订物权法》，罗丽译，中国法制出版社 2008 年版，第532 页。

法体系完备的角度思考，应该加以规范。

从准占有与真权利的联系看，准占有的权利行使要获得保护，并借此保护真权利，逻辑基础是权利的行使事实是真权利人的合法权利外观。从此出发，如果权利行使合法与否的外观已经由登记制度表现的，权利行使事实的外观似乎就不应该保护，因为权利行使人和第三人明确地知道权利有没有登记。不论法律规定登记作为成立要件还是对抗要件都是如此。依此，抵押权中的不动产抵押或者特殊动产的抵押都要求登记作为成立或者对抗要件，只有一般的动产抵押权在合同签订时成立，因此有抵押权行使事实外观的保护。[①] 而就地役权来说，虽然性质上不要求占有物，但是我国法律规定了登记后才能对抗善意第三人，因此也没有需要保护外观行使地役权的必要。[②] 商标权、专利权、著作权等由于登记制度的存在，也无外观行使权利保护的必要。这样看来，债权行使的外观事实借助准占有来保护最有意义。[③]

诚然，权利行使事实的不少功能被登记取代，使得准占有的法效果在需要登记的财产权利上表现不完整，那些不需要登记的财产权的准占有更值得重视。犹如不动产一样，多由登记制度表彰其权利的行使、转移，而占有制度还要保护不动产，其理由在于：一方面是由于登记制度不完善，占有保护可以弥补登记制度的缺陷，[④] 而更为主要的方面则是基于事实秩序的维护。这样，超越了权利行使的外观事实与真权利表现外观的联系，更主要地从权利行使的事实秩序维护来观察的话，则不论是否有登记的要求，权利行使的事实都是存在的，都有保护的必要。从此出发，登记权利人与事实行使权利人不论是否一致，要求登记而未经登记即事实行使权利，或者并未要求登记权利而事实行使权利等各种情形，都有赋予准占有

---

① 但在实践中将因为质权的存在而较少被使用，因而权利行使事实外观的保护似乎不值一提。

② 中国《物权法》第158条规定："地役权自地役权合同生效时设立。当事人要求登记的，可以向登记机构申请地役权登记；未经登记，不得对抗善意第三人。"

③ 但是这种准占有不因为准用占有而享有占有的诸多效力，或者它自己就有一些特别的效力。债权的行使享有的效果，要具有债务清偿效果的，必须附加一些条件，比如债务人的善意或经过必要审查。

④ 中国目前连土地所有权的登记都未完成，物权法中占有效力规定主要体现在占有保护上，因此登记与未登记的不动产在占有制度上来说并没有什么实质区别。

保护的必要。准占有的保护,直接与财产权利行使相连即可,不必去查询权利登记。①

构成准占有,同样需要作为心素的财产权行使支配意思和作为体素的财产权处于准占有人事实上行使支配的客观事实。这种"行使"即只要存在被认为归属于该准占有人的财产权的情况就可,不能认为"实现了权利内容"才开始成立准占有。② 在占有中对物的管领,要求从时间、空间关系上结合社会观念判断,主体对物的管领在时间上具有一定的持续性。对于权利行使的准占有而言,是否应该以权利得继续行使为要件,存在争议。本书认为,只要有外观可以认识财产权归属于某人即可成立准占有,持续性接受给付的,固然可以表征权利的行使,一次偿付就消灭的债权也可以成为准占有的标的。③ 财产权行使的外观,依据各个财产权内容的不同而不同。对于债权来说,体现为债权人向债务人请求履行债务。对于地役权,因为有积极地役权和消极地役权的区别而有所不同,积极地役权的行使体现为积极的行为,如铺设管道、通行他人土地;消极地役权的权利行使,学说上存在争论,但是从萨维尼以来,通说认为只要负有义务的所有人履行不作为义务时,就足以构成权利行使,④ 供役地所有人不为约定的行为时即可,如不修建遮光的建筑。准占有的消灭也由不再有权利行使的事实表现来判断,准占有人的自己放弃,如将债权人存折及图章加以返还,可消灭债权准占有。准占有消灭也可以基于其他事实,如地役权的准占有因为地役权的涂销而消灭。⑤

准占有的权利行使与占有物是分离的,难以包容在占有内涵中,但是关于准占有的效力,占有立法一般都规定准占有概括准用占有的规定。就

---

① 登记的外观事实与占有或准占有的外观事实不同,登记的外观事实保护与占有、准占有的外观事实保护也不同,后者主要是事实秩序维护,附带维护权利秩序,而前者只涉及权利确定秩序,即使登记的权利人不是真权利人,由于登记在证据效力上的优势性,登记人直接依据登记就能够要求权利的保护,相对人完全可以信赖登记对于权利变动的公信力。

② 参见[日]我妻荣《民法讲义Ⅱ·新订物权法》,罗丽译,中国法制出版社2008年版,第533页。

③ 参见王泽鉴《民法物权:用益物权·占有》,中国政法大学出版社2001年版,第385页;[日]我妻荣《民法讲义Ⅱ·新订物权法》,罗丽译,中国法制出版社2008年版,第534页。

④ 同上书,第386页。

⑤ 依据德国民法第1029条的规定,地役权的准占有以土地所有人将地役权登记为要件。

准占有来说，因为其是财产权利行使的事实而非是直接占有物，因此除在性质上仅与占有物有关的效力或者准占有的性质决定不能适用以外，都适用占有的规定。占有的事实样态推定、权利推定、保护等都可以适用于准占有，而善意取得以占有动产物为必要要件，因此不能适用。对于时效取得，准占有的标的属于继续行使的权利的，可以发生所有权以外财产权的时效取得（台湾地区民法第772条）。关于占有人与占有物回复请求权人之间的费用支出、赔偿损失、使用收益等权利义务关系是否适用，要与准占有性质结合判断，权利行使中的费用支出、赔偿损失等规定在权利回复人要求回复权利时应该适用，而使用收益规定与占有物直接相连，不宜在准占有中适用。而除此之外，准占有还有特别的效力，如对于债权的准占有而言，债务人善意所为的清偿具有清偿的效力。①

　　在财产权的准占有中，债权的准占有往往受到特别关注，而这又与债权准占有的一项特别效力——债务人善意清偿有效相关。债权的准占有人持有债权证书或者具有其他享有债权的表象。在实际生活中，债权的行使人并非真正的债权人，债务人尽到合理注意后发现债权行使并无瑕疵，加上债权并非登记以表征外观，因此就会出现债务人善意向该债权行使人清偿债务的情况。此时，如何平衡三者之间的利益，清偿是否有效，往往值得关注。比如持有真正的银行卡及密码（如劫匪），在自动柜员机上取走现金，银行有无责任的问题。对此，台湾地区民法中有对债权准占有人清偿的效力规范，其第310条第2款规定："受领人系债权之准占有人者，以债务人不知其非债权人者为限，有清偿之效力。"台湾地区"司法院"1986年10月司法业务研究会讨论意见认为，活期存款户与银行之间是消费寄托关系，第三人持真正的存折并在取款条上盗盖存款户真正印章，向金融机关要求提款，金融机关不知道冒领情况而给付的，是善意地向债权的准占有人清偿，依照第310条第2款的规定对存款户有清偿的效力（1984年度第11次民事庭会议决议）。对于以上提款卡的案件，研究认为，提款卡和密码是存折和印鉴的代替，是为了自动柜员机的需要而设立，他人窃取提取存款，因为是自动提款，由机器判读给付，无从知道属

---

①　参见台湾地区民法第310条第2款、法国民法第1240条、日本民法第478条。在占有中，他人侵害占有后赔偿了占有人的，针对真权利人可以获得免责，于此也有外观、表象受到尊重的考虑。

于冒领，和第三人持真正的存折和印鉴领取存款的情况相当，都属于善意地向债权的准占有人清偿，依照前述法律规定对存款人有清偿的效力。当然，在这样的案例中，债务人应该是"善意清偿"，也就是说难以从权利行使的外观观察出准占有人不是真正的权利人。这种善意应做广义理解，不仅包括"不知"准占有人不是真正权利人，也包括清偿时"无过失"，尽了合理的注意义务后仍然从外观难以辨别。① 这样，对存款人有清偿效力的话，其不能向银行请求返还被清偿数额的金钱，银行不承担侵权责任或者债务不履行的责任，存款人可以根据侵权损害赔偿或者不当得利的规定另行向冒领人提出要求。如果将存款看成是消费寄托关系（如台湾地区民法），银行不是出于善意而清偿时（如明知不是权利人或者怀疑不是权利人但仍然支付），对存款人不发生清偿的效力，存款人仍然可以依据寄托物返还请求权要求银行履行债务，此时，也不发生侵权责任或者债务不履行的问题，除非银行对存款户要求清偿的要求加以拒绝。在我国，实践中发生了不少储户因银行卡被盗刷、被克隆卡取走存款而要求银行赔付的案例，法院往往围绕取钱所使用的卡是真卡还是克隆卡、密码失窃的责任在银行还是储户等来做区别对待，在证据负担上要求不一，往往考虑储户或银行的过错情况来下判决，致使结果千差万别。债权准占有及善意清偿效力等制度如被立法借鉴，无疑将会为正确处理类似案件提供有益指导。②

另外，较为典型的准占有类型是地役权的准占有。按照德国民法第1029 条的规定，地役权已被土地所有人登记在土地簿册中，土地占有人行使该项地役权受到妨害的，可以准用占有保护的规定，但妨害发生之前1 年内应行使权利 1 次以上。如甲土地所有人将通行地役权设定给乙土地所有人，后者将土地出租给第三人使用，此后发现地役权设定无效，甲土

---

① 日本民法第 478 条仅规定债务人清偿时为善意，但是理论通说和判例都要求债务人清偿时善意且无过失。参见日本最判昭和 37 年（1962 年）8 月 21 日民集 16 卷 9 号第 809 页。

② 笔者认为，银行或客户因为过错造成了非权利人行使权利的外观，与银行在清偿时是否善意且无过失，是不同的问题，债权准占有的有效清偿，一般与前者无关。如他人持遗留的银行卡及窥得的密码取款，从密码及银行卡皆为真实出发，难以否认银行付款是善意且无过失的，具有清偿效力。但是，如果经查明密码的被窥与银行取款机上按键未设必要遮挡保护有关的话，可以判断在造成他人行使储户权利的外观上，银行是存在一定过错的，因而对储户的损失应承担相应赔付责任。

地所有人以此为由阻碍第三人通行。该案例中的地役权已经登记，至于该地役权设定行为是否有效，地役权是否实际存在，并不影响地役权的准占有。① 乙土地所有人与第三人之间分别取得间接准占有人和直接准占有人地位，都属于无权准占有。甲地所有人阻碍第三人通行的，构成对准占有的侵夺或者妨害，第三人可以行使自力防御权或者准占有妨害排除请求权。当然，依据地役权准占有的成立以地役权登记为要件，如果甲地所有人成功注销地役权登记，则地役权的准占有消灭。

---

① 参见王泽鉴《民法物权：用益物权·占有》，中国政法大学出版社 2001 年版，第 388 页。地役权准占有以地役权登记为要件，一定程度上制约了权利行使的事实外观所具有的本来意义。

第四章

占有诉讼论

第一节　占有诉讼的含义及意义

占有诉讼可以从以下几个方面进行理解。

一种是最广义理解的占有诉讼，即依据民法占有制度的规定，围绕占有发生的各种诉讼，它不仅包括保护占有的物权法上占有保护请求权行使发生的诉讼，保护占有的债权法上请求权行使发生的诉讼，还包括占有人与回复请求权人在受请求关系上，在使用收益、费用补偿、损害赔偿等方面适用占有制度特殊规定而发生的各种诉讼，占有人行使自力救济违法致损产生的诉讼等。也就是说，凡是涉及占有制度中民法赋予的法律效果可能引起诉讼的，都包含在内，占有诉讼不限于单纯保护占有的诉讼。

另一种是广义理解的占有诉讼，即出于保护占有宗旨，因占有人行使物权法上占有保护请求权、债权法上不当得利请求权和侵权损害赔偿请求权发生的诉讼。

再一种是狭义理解的占有诉讼，即占有人因保护占有而行使物权法占有保护请求权而发生的诉讼。

以上各种理解的诉讼都主要以占有中的请求权为基础，通过诉讼行使是占有中请求权的主要行使方式。但是广义和最广义理解的占有诉讼的展开基础，往往是借鉴传统既有的实体法、程序法理论和制度。如占有诉讼的第一种理解中包含的使用收益、费用补偿、损害赔偿等方面的诉讼，实际上实体法适用基础是民法既有的不当得利、无因管理、侵权损害赔偿的一般规则修正基础上的例外规则，并不存在分别从权利角度或者纯粹占有事实的角度同时观察，从而需要解决多个并存的不当得利、无因管理或损害赔偿的关系问题。程序法上也只是查明占有人为谁后按照传统权利争议诉讼进行。而占有人债权法上的保护方法，在具体运用上也离不开传统民法的不当得利制度和侵权损害赔偿制度。① 而占有保护的物上请求权，虽然在具体的类型内容上涵盖了物的返还、妨害排除和妨害危险消除等方面，类似于物权请求权，但是它实际是完全独立于物权请求权的独特制度。这种请求权以占有事实为出发点，其诉讼行使在程序法上不属于权利争议，与传统本权诉讼在程序、性质、宗旨、效果、期限等方面都不一样。而且由于占有事实和物权等本权可能重合，也可能相对，占有保护的诉讼可能与本权诉讼交织、重合、对立，就产生了占有保护请求权或占有诉讼与本权请求权或本权诉讼的关系如何处理、协调的问题。因此本书研究的重点在于狭义理解的占有诉讼，由此出发考察占有诉讼不同于传统民事诉讼，特别是权利争议诉讼的地方，研究其和权利争议交叉纠葛时关系的处理。当然，在以上各种理解的占有诉讼中，基本上都要涉及占有事实的查明、占有人资格的确定，在有关请求权赋予占有人时，往往并不需要查明占有人有权利支撑占有的证据。

由此，占有诉讼是占有保护请求权通过诉讼方式行使的表现，该请求权可以在诉讼外行使，② 但诉讼行使是更常见的方式。通过诉讼方式行使占有保护请求权，形成占有诉讼，在类型上它包括占有物返还诉讼、占有妨害排除诉讼、占有妨害防止诉讼（占有妨害危险消除诉讼）。2007 年10 月 29 日我国最高人民法院通过的《民事案件案由规定》中，在"物权纠纷"的一级案由下确立了"占有保护纠纷"的二级案由，又在此下将其细分为"占有物返还纠纷"、"占有排除妨害纠纷"、"占有消除危险纠纷"和"占有物损害赔偿纠纷"4 个三级案由。这些案由涉及占有保护的各项请求权行使，不过损害赔偿请求本质上应该属于债权法范畴的保护方法。

此外，关于物权的诉讼，根据我国《物权法》的规定，有确认物权是否存在的"确认之诉"，《民事案件案由规定》中也相应规定了所有权、

---

① 占有制度中往往没有对债权法保护做出特别规定，就说明了其适用的是传统民法的具体债的制度。在该类诉讼的设计上，实际上可以借鉴狭义理解的占有诉讼模式，因为在占有人不是利益的最终归属者而仅是以占有人的身份提起诉讼时，起到的仅是暂时确定利益的归属、暂定秩序的作用，争议解决也需要迅速进行，不必查明权利基础。

② 如此一来，诉讼时效届满效果仅是消灭诉讼行使请求的可能性，而除斥期间届满则是消灭诉讼内外行使请求的可能性。

用益物权和担保物权确认纠纷的案由，这类纠纷的解决往往成为解决其他物权纠纷的前提。而对于占有，就其诉讼保护而言，理论探讨和立法主要规定的是占有人的占有物返还、排除妨害、消除妨害危险等几种请求权诉讼。占有事实往往是占有人寻求保护时需要证明的前提和内容，其存在是否像物权那样，允许司法上单独进行"确认之诉"，值得探讨。学者认为，"占有既为单纯的事实，故不得为确认之诉之标的。"① 构不构成占有，构成何种样态的占有，直接关系到占有法律效果的有无及其差异，在对占有保护或者占有的法律效果发生争议之时，必须在诉讼中解决占有具体状态的确认问题，这是一个前提。因此，占有事实发生变化的概率大，但是不等于不能确定其状态。确认占有是否存在，属于什么类型的占有是可能的。当然，诉讼判决只能确认诉讼当下的占有状态，而这种确认对于占有人以后的占有争议或者占有保护，或许意义不大，因为以后发生的争议必须以当时的占有状态作为基础。不过，曾经的占有状态确认，也具有法律上的意义，因为法律规定经证明前后两个时间都有占有的，推定中间持续占有（台湾地区民法第944条）。何况，既然学者承认占有能产生法律效果，属于法律关系，法律关系存在与否的确认是确认之诉的本来内容。② 萨维尼曾经介绍过与三大令状不同的其他令状，如"获得占有令状"③，这说明有关占有的诉讼类型是多种类的。不过，确认占有也好，获得占有也好，本身并不是已经存在的占有的法律效果所致。在逻辑上占有的确认是占有三类诉讼的前提，它不是通过独立的诉讼完成的，而是作为三类诉讼所包含的环节和内容而存在，查明占有及占有受侵害的事实，然后再行保护。占有既然是一种事实状态，变化多端，即使当时确认也不能排除其后来发生变化，司法确认在实践中没有太大的价值，还容易引起混淆占有事实与"司法确认占有'权'"之嫌。权衡之下，笔者同意不将确认占有作为独立的诉讼类型。

---

① 王泽鉴：《民法物权：用益物权·占有》，中国政法大学出版社2001年版，第169页。另参见台湾地区1963年台上字第3115号判例。

② 参见王泽鉴《民法物权：用益物权·占有》，中国政法大学出版社2001年版，第169页。要么必须反思占有是不是法律关系，占有本身与因占有具有法律效果因此和他人存在法律联系，应该加以区别。

③ ［德］弗里德里希·卡尔·冯·萨维尼：《论占有》，朱虎、刘智慧译，法律出版社2007年版，第321页。

由于占有诉讼与占有保护请求权的密切关系，而且基于规范条文体系化等思考，占有诉讼的部分内容在某些法例被规定在民事实体法中，而保护占有的不少实质条件在某些法例又被规定在民事诉讼法中。① 规范模式见仁见智，这从一个方面说明了占有保护的实体问题往往要与诉讼问题合并考察才不失偏颇，如此才能完整理解占有制度的价值与功能。

占有诉讼的意义，本质上来源于占有保护请求权的功能和作用，来源于民法规定占有的价值。就实体意义而言，占有诉讼是占有制度独立价值的集中表现，事实秩序维护的功能主要依靠该诉讼完成（自力救济也能维护物的秩序），占有的诉讼活动充分展示了占有受到实体法保护的法律效果，完美诠释了"秩序胜于公正"的法价值追求。占有诉讼不仅对于无本权的占有保护来说极具意义，附带地由于占有与权利并存的高度盖然性，占有诉讼还间接地起到了维护权利的第一道防线的作用。占有诉讼不需要考察权利基础，本权人在本权证明上或者本权的性质确认上存在困难，可以通过占有诉讼予以回避。② "如果由于占有者证明不了自己的权利而让剥夺者逍遥法外，这将是对欺诈精神的大大纵容。"③ 占有诉讼旨在维护、恢复占有的事实状态而不是维护、恢复权利，当保护亟待进行而且受害人不打算确定权益最终归属时，占有诉讼是较优的选择。就程序意义而言，占有诉讼可用来确定本权诉讼中当事人的地位，在罗马法中，"对占有争议的处理结果仅仅是法官宣布两者中谁占有物，其结果将是：在占有诉讼中败诉的一方，在提出所有权问题时将充当原告"④，本权诉讼中由谁证明本权也将因此确认。占有诉讼活动展示了保护占有的要件、诉讼取胜的关键，增加了一种（套）全新的诉讼理念、审理模式和诉讼程序规则，就传统的诉讼模式或案件审理模式来说，它是一种看似相同但

---

① 如日本民法第 202 条规定了占有之诉与本权之诉的关系，不少法例关于占有保护的"诉讼时效"也被规定在实体法中，如法国民事诉讼法又规定了比民法更为详细的保护占有的不少实质条件。

② 参见［日］我妻荣《民法讲义Ⅱ·新订物权法》，罗丽译，中国法制出版社 2008 年版，第 514 页。

③ ［意］彼德罗·彭梵得：《罗马法教科书》，黄风译，中国政法大学出版社 1992 年版，第 272 页。

④ ［意］桑德罗·斯奇巴尼选编：《物与物权》，范怀俊译，中国政法大学出版社 1999 年版，第 193 页。

实质是全新的东西，需要突破原有的诉讼思维模式去理解、把握、运用，这对于当事人、律师、法官等而言都是较大的挑战。占有诉讼可以说彰显了法律独特制度理念与民众思维习惯的冲突，考验着法律人的智慧与勇气。[①] 在我国，现实生活中存在不少复杂的占有纠纷，特别是无权占有纠纷，在理论研究尚不够深入、实体法和程序法的规定存在不足的情况下，如何审慎辨识与选择，为新型的"类物权诉讼"的司法应对提供策略路径，显得非常重要。

第二节　占有诉讼中的重点问题

一　提起占有诉讼的条件

提起占有诉讼的基本条件，一般需要由具有利害关系的主体提出、有明确的被告、提出诉讼请求和所依据的事实理由，并且属于民事诉讼范围和受诉法院管辖。[②] 起诉要能获得受理，这些条件应是程序性外在要求，与请求获得最后支持必须有实体法上的依据作为支撑不同。在我国的民事诉讼立案阶段，必须注意避免"先审后立"，在诉讼要件上应以形式审查为准，不能搞实质审查，加重原告的举证负担，甚至变相剥夺其诉权。笔者认为，就程序上起诉被受理而言，原告应提供"与案件有利害关系"的初步证据材料，与案件有利害关系实质上是指能够承受判决的利益或不利益。言下之意，原告应初步提供证据说明，正是他与他人之间出现了民事争议或正是他自己的合法权益受到了侵害。占有人如果认为自己的占有遭受侵害，需要通过公力途径行使占有保护请求权的，即可提起占有诉

---

　　① 我妻荣先生认为，假处分制度及其他制度得到完善，而且根据本权诉讼维持社会和平与秩序也无不便，因此作为占有重要效果的占有诉权的作用已经不如昔日那样重要，占有诉权发挥重要作用主要在于不动产租赁权方面。参见〔日〕我妻荣《民法讲义Ⅱ·新订物权法》，罗丽译，中国法制出版社 2008 年版，第 501 页。本书认为，占有诉讼虽然不是主导型的诉讼类型，但是在处处充斥"权利万能"理念的氛围之下，占有诉讼在现代社会的价值仍然有待于重新发掘和张扬。

　　② 如中国《民事诉讼法》第 119 条规定："起诉必须符合下列条件：（一）原告是与本案有直接利害关系的公民、法人和其他组织；（二）有明确的被告；（三）有具体的诉讼请求和事实、理由；（四）属于人民法院受理民事诉讼的范围和受诉人民法院管辖。"

讼。占有保护能够采用诉讼的形式，赋予占有人以诉权，原因就在于占有能够有效作为诉权上的"利益"。古老的谚语说："利益是衡量诉权的尺度，无利益者无诉权。"① 对于占有人来说，占有就是值得确认、保护的法律上利益，即使占有没有权源或者由侵害他人权源而来，也是如此。当然，提起占有诉讼，还应遵守占有诉讼时效期间（或请求权除斥期间）等限制。

就民事起诉能否被受理而言，要求有明确的被告、有诉讼请求和起诉列明的事实和理由，这些由当事人做出描述即可，不需要提供实体证据支撑以供审查受理，原告有权在受理后再行提供该类证据。而提出实体证据支撑，解决的不是受不受理的问题，而是诉讼请求能否获得最终支持的问题。而是否属于民事诉讼范围和受诉法院管辖，由法院径行判断即可，属于纯粹的程序问题。② 我国民事诉讼起诉条件的规定，应按照确保充分起诉来完善，仅做证据材料或者描述上的形式要求，案件进入法院的审理阶段后再进行实质证据材料的审查和案件事实的查明。占有保护请求权往往通过诉讼加以落实，虽然在理论上，从实体上提出的占有保护请求被最终支持的意义角度，可以将占有诉讼的提起条件用来指称占有保护请求权的实体条件，但在涉及占有诉讼时，为贯彻立审分立、保护诉权，立法上最好还是应区别起诉条件与占有受到裁判保护的实质条件。

二　占有诉讼适用的程序

占有事实秩序的维护需要迅速进行，这要求公力救济保护占有应在较短期间内请求、保护不需要寻求权利基础证明等，而且还要求占有诉讼应该适用简便易行的程序进行迅速处理，在证据展示、事实调查、辩论、审限、终审审级等方面充分体现这一要求。

关于占有诉讼的程序问题，台湾地区民事诉讼法中有占有保护适用简

---

① ［法］让·文森、塞尔日·金沙尔：《法国民事诉讼法要义》（上），罗结珍译，中国法制出版社2001年版，第151页。

② 关于德国民事诉讼上起诉的适法、当事人能力、管辖、代理权、法律保护的必要性等诉讼要件要求的介绍，参见［德］狄特·克罗林庚《德国民事诉讼法律与实务》，刘汉富译，法律出版社2000年版，第450—452页。日本关于提起诉讼的要求，参见日本民事诉讼法第133条、第137条等。比较法上对提起诉讼的要求往往仅涉及形式方面应具备的要件，而并不要求实质利害关系的证明。

易程序的概括性规定。而法国新民事诉讼法中则对占有诉讼的提起、占有诉讼与本权诉讼的关系做了规定，重点规范后者，而对于前者则实质上是对民法占有保护规范的变相重述，从可得提起诉讼的期间方面进行限制。我国的民事诉讼法对占有诉讼毫无规定。根据民事诉讼法中民事权益受到侵害可以提起民事诉讼的规定精神，以及《民事案件案由规定》的指导，加上物权法中对占有的保护请求权的实体规定，可以确定，占有作为一种利益，受到侵害时可以提起民事诉讼。但是，这种诉讼适用什么样的程序，与一般民事权利争议的诉讼程序是否适用同样的程序规则，与本权诉讼的关系如何，因无明确规定而无所适从，只能运用解释论的方法，借鉴比较法上的规范进行适用。

根据台湾地区民事诉讼法第 427 条的规定，民事诉讼适用简易程序的案件主要有三大类。

第一大类主要是财产权诉讼标的额在一定范围内的民事案件。即"标的之金额或价额在新台币 50 万元以下者"，但所定数额，"司法院得因情势需要，以命令减至新台币 25 万元，或增至 75 万元"。

第二大类是诉讼性质或类型决定适用简易程序的案件。包括以下 10 种具体案件："（1）因建筑物或其他工作物定期租赁或定期借贷关系所生之争执涉讼者。（2）雇用人与受雇人间，因雇佣契约涉讼，其雇佣期间在 1 年以下者。（3）旅客与旅馆主人、饮食店主人或运送人间，因食宿、运送费或因寄存行李、财物涉讼者。（4）因请求保护占有涉讼者。（5）因定不动产之界线或设置界标涉讼者。（6）本于票据有所请求而涉讼者。（7）本于合会有所请求而涉讼者。（8）因请求利息、红利、租金、赡养费、退职金或其他定期给付涉讼者。（9）因动产租赁或使用借贷关系所生之争执涉讼者。（10）因第 1 款至第 3 款、第 6 款至第 9 款所定请求之保证关系涉讼者。"而这一大类案件，如果"案情繁杂或其诉讼标的金额或价额逾第一项（指第一大类，笔者注）所定额数 10 倍以上者，法院得依当事人声请，以裁定改用通常诉讼程序，并由原法官继续审理。前项裁定，不得声明不服"。

第三大类是除了前述两大类以外的因当事人合意决定适用简易程序的案件。如果法院适用简易程序，当事人不抗辩而为本案言辞辩论的，视为存在合意。

可见，对于占有保护的民事诉讼，原则上因为诉讼的特质决定，适用简易程序进行处理,① 但例外情形下也可以申请转为普通程序。这类案件，要么关系清晰、争议简略，要么需要迅速做出处理，适用简易程序能够及时解决争端，保护合法权益，并节约诉讼资源。

根据台湾地区民事诉讼法关于简易程序的规定，在处理占有保护案件时，有下列特殊规定。②

1. 起诉表明事项的简化。起诉时可以"仅表明请求之原因事实"，较普通起诉表明的事项简略。

2. 诉讼开始方式的简化。双方当事人可以直接到法院开展言辞辩论，言辞辩论的笔录中记载起诉情况，且可以认定这种情形下双方当事人有适用简易程序进行诉讼的合意。

3. 言辞方式的使用。如起诉以及其他关于期日以外的声明或陈述，可以以言辞方式进行；被告的陈述可以以言辞方式进行。

4. 程序上的简化。可以将言辞起诉的笔录和言辞辩论通知书送达被告，通知表明适用简易程序；被告可以以言辞方式做出陈述，给对方送达陈述笔录即可；可以使用简易方法通知证人或鉴定人到场（不必使用送达通知书）；原则上进行一次期日的辩论终结；在涉及非特殊事项时言辞辩论笔录可以省略应记载事项；当事人一方不到场的可以缺席判决；判决书记载事实理由等事项可以简化，可以采用附加附件形式（包括一审、二审）；可以在言辞辩论笔录中记载判决主文及其事实理由要点，而不必制作判决书，采用笔录送达即可（包括一审、二审）；判决书在特殊情形下可以只记载主文（包括一审、二审）；追加、变更起诉或者提起反诉，使得诉讼不属于简易程序处理的，如果不提出抗辩而直接进行言辞辩论的，继续适用简易程序处理；案件由独任法官审理。

5. 时间及期间上的简化。送达诉状等至言辞辩论的就审期间，原则上为至少5天（普通程序为10天），急迫情形的不受该限制。

6. 审级上的限制。对于简易程序诉讼的二审判决，上诉利益超过民事诉讼法第466条规定的数额的（新台币100万元，司法院可以因情势需要，以命令减至50万元或增加到150万元），当事人只能以其适用法规有

---

① 王泽鉴先生认为，占有之诉，不问标的之金额或价额，一律适用简易程序，期能迅速处理。参见王泽鉴《民法物权：用益物权·占有》，中国政法大学出版社2001年版，第362页。

② 参见台湾地区民事诉讼法第427条至第436-7条。

明显错误为理由，向最高法院提起上诉或抗告；提起第三审上诉或抗告，须经原裁判法院许可（诉讼涉及的法律见解具有原则上的重要性）；最高法院认为不符前两项规定而驳回上诉或抗告的裁定，不能申请再审；对于简易诉讼程序的裁判，直接向最高法院提起上诉或抗告后受无理由而驳回的裁判，不得再以同一理由提起再审之诉或声请再审（但对于简易诉讼程序的第二审确定终局裁判，如对足以影响裁判的重要证物遗漏而没有斟酌考虑的，可以提起再审之诉或声请再审）。

我国《民事诉讼法》在 2012 年修订以后，适用简易程序处理的案件也可以分为两类。

第一类是简单民事案件。即"事实清楚、权利义务关系明确、争议不大"。这是一种概括表述，《民事诉讼法》第 157 条并未具体列举哪些类型的案件属于简单民事案件，这给法官实践操作带来很大空间。

第二类是简单民事案件以外的民事案件，当事人双方也可以约定适用简易程序（2012 年《民事诉讼法》修订后新增）。至于诉讼标的额在一定范围内的案件并未单独列为适用简易程序的案件类型。从解释上来说，标的额受限并不一定代表案件就简单，而并不复杂的小额案件则完全可以解释为简单民事案件而适用简易程序。而 2012 年《民事诉讼法》修订新增的法律条文，只是将适用简易程序的简单民事案件中标的额"为各省、自治区、直辖市上年度就业人员年平均工资 30% 以下"的民事案件，实行一审终审，从审级上加以限制。

在具体的程序运用上，民事诉讼法的规定比较原则和概括，最高法院 2003 年 7 月 4 日审判委员会第 1280 次会议通过的《最高人民法院关于适用简易程序审理民事案件的若干规定》（法释〔2003〕15 号）提供了更详细的指导。归纳民事诉讼法及该司法解释的相关规范，如按现有的简易程序处理占有保护案件，主要有下列不同于普通程序的规定。①

1. 诉讼开始方式的简化。原告可以口头起诉；当事人双方可以同时到基层法院或派出法庭请求解决纠纷，法院可以当即审理，也可以另定日期审理。

2. 程序上的简化。可以用简便方式传唤当事人和证人、送达诉讼文书、审理案件；审判员独任审理；案件审理不受开庭前通知和公告、法庭

---

① 参见《民事诉讼法》第 157 条至第 163 条以及最高法院法释〔2003〕15 号。

调查顺序、法庭辩论顺序等的限制；告知当事人其他的诉讼权利义务的省略；原则上一次开庭审结；原则上当庭宣判；特殊情形下裁判文书对认定事实或者判决理由部分可以适当简化。

3. 时间及期间上的简化。不受开庭前 3 日通知当事人和其他诉讼参与人及公告案件审理的限制；适用简易程序审理案件在立案之日起 3 个月内审结；举证期限有时间限制。

4. 审级上的限制。符合《民事诉讼法》第 157 条第 1 款规定的简单的民事案件，标的额为各省、自治区、直辖市上年度就业人员年平均工资 30% 以下的，实行一审终审。①

由此，我国占有保护诉讼只有依据将其确定为"事实清楚、权利义务关系明确、争议不大"的案件，才能适用民事诉讼法规定的简易程序。一般而言，占有的事实往往由外观加以判断，不如权利判断那样复杂，而且也无所谓权利义务关系，因此完全可以运用解释论将其作为简单民事案件处理。不过，正如台湾地区立法一样，必须为复杂的占有保护案件保留采用普通程序处理的可能。《民事诉讼法》第 163 条规定："人民法院在审理过程中，发现案件不宜适用简易程序的，裁定转为普通程序。"由此，并不是所有的占有保护案件都是简单民事案件而按照简易程序审理。当然，双方当事人也完全可以将占有保护案件约定适用简易程序进行处理。

在适用程序上可能还涉及简易程序与普通程序之间的转化。例如台湾地区民事诉讼法第 435 条规定："因诉之变更、追加或提起反诉，致其诉之全部或一部，不属第 427 条第 1 项及第 2 项之范围者，除当事人合意继续适用简易程序外，法院应以裁定改用通常诉讼程序，并由原法官继续审理。前项情形，被告不抗辩而为本案之言词辩论者，视为已有适用简易程序之合意。"我国《民事诉讼法》第 163 条也有简易程序转为普通程序的规定。占有保护诉讼本来属于简易程序处理的案件，如果原告诉的追加和变更涉及权利保护的，实际上转为了本权诉讼，则原则上需要改为普通程序处理。而被告如果在诉讼中提出涉及权利的"反诉"的，是否应该允许并改为普通程序一并处理占有本诉和权利反诉？笔者认为，占有事实保

---

① 法国民事诉讼上将有关占有诉讼的裁决看成是"不确定裁决"，对这种裁决始终可以向上诉法院提起（原为向大审法院提起）上诉。参见［法］让·文森、塞尔日·金沙尔《法国民事诉讼法要义》（上），罗结珍译，中国法制出版社 2001 年版，第 139 页。

护的诉讼与关于本权保护的诉讼，虽然可能都围绕同一占有物来进行，但是在性质上并不属于同一标的，反诉与或占有本诉的标的及其防御方法不存在牵连关系，且本权诉讼一般适用普通程序处理，依据有关反诉的规定，被告并不能提起本权的反诉，被告的本权诉讼只能重新提起。① 而在允许变更诉讼请求，致使原本提出的权利诉讼转为占有诉讼的，如符合简易程序适用条件的，也可以转为简易程序处理。

就作为占有保护适用诉讼程序暂时性的解决措施而言，我国民事诉讼法需要完善按照简易程序处理的案件范围的规定，列举具体适用的案件类型，并将占有保护请求权行使的案件包括在其中。从长远来说，究竟应在诉讼中针对这类事实秩序维护的诉讼设计独立的审理程序，还是应适用一般针对权利争议适用的简易程序，可以进行深入的思考，立法可以根据情况进行选择。笔者主张，应将占有保护请求的案件受理、审理、执行的程序、规定等单独集中立法，以适应占有保护的要求，体现占有这类事实争议和普通权利争议处理上的不同，宣扬超越"权利至上"的理念，拓展民事诉讼的理念与思维，丰富民事诉讼的制度体系结构。

在占有诉讼的管辖主体上，各法例因为自己的司法法官组织体系和法院组织体系的传统差异而有不同。以法国法为例，对占有诉讼的管辖原由治安法官进行，后来由取代的初审法院法官进行，而对本权诉讼有管辖权的则是大审法院。由于这种管辖权属于排他性管辖权，长期以来不准许就占有向法官提出紧急审理请求。后来最高司法法院第一民事庭承认可以提起紧急审理之诉，第三民事庭也承认紧急审理可以取代占有诉讼，最后最高司法法院大法庭（全体会议）做出判决认为紧急审理可以用于占有诉讼，终止了之前犹豫不决的状态。② 与作为普通诉讼一审法院的大审法院相比，审理占有诉讼的初审法院，一般只受理 3 万法郎以下的民事案件，它的诉讼程序比大审法院简化，体现简易、迅速和费用低的特点。原则

---

① 台湾地区民事诉讼法第 259 条规定："被告于言词辩论终结前，得在本诉系属之法院，对于原告及就诉讼标的必须合一确定之人提起反诉。"第 260 条规定："反诉之标的，如专属他法院管辖，或与本诉之标的及其防御方法不相牵连者，不得提起。反诉，非与本诉得行同种之诉讼程序者，不得提起。当事人意图延滞诉讼而提起反诉者，法院得驳回之。"中国大陆民事诉讼法没有对提起反诉的条件做详细规定，但在理论上应做占有案件与本权案件诉讼标的不一的解释。

② 参见［法］让·文森、塞尔日·金沙尔《法国民事诉讼法要义》（上），罗结珍译，中国法制出版社 2001 年版，第 139 页。

上，初审法院采用独任制审判，允许当事人本人或由其委托一般公民进行诉讼，不采用律师强制代理制度。初审法院的诉讼程序又可分为普通程序、紧急审理程序和依申请裁定程序 3 种。紧急审理程序是专门用于迅速、简便地审理特定类型案件的诉讼程序。在紧急情况下，法院可以在其权限范围内以紧急裁定方式，采取不会受到严重争议的措施，或者采取存在的争议证明属于必要的措施。初审法官以紧急命令所采取的保全措施或恢复原状的措施，即便存在重大异议，也不影响执行。可见，运用紧急审理程序审理案件会更加迅捷简便。

由此，法国法中的占有诉讼体现出了普通诉讼所没有的简易迅速性。与此相反，德国法虽然在占有诉讼的主体和客体方面进行了扩张，但是在程序上并没有将占有诉讼纳入最下级法院的管辖事项等迅速处理的考虑范围。① 受到二者影响的日本民法，规定了通用于动产、不动产的"占有之诉"，但未在民事诉讼法中对占有诉讼做出特别的规定，仅仅是在原法院组织法中将占有诉讼不分标的额大小一律由区法院管辖，不过在后来的法院法中却并没有采纳这一规定。②

笔者认为，是采取设置不同法院，或者设置不同法庭，或者由同一法院组织内部的法官依据不同程序分别审理占有诉讼或本权诉讼，各法例可以根据自己的实情进行选择。总的要求是既要体现本权诉讼与占有诉讼处理的不同特点，同时也要注意二者实质上都同属于民事争议案件，不能因为法官需要采取不同的因应对策而轻视对占有诉讼的管辖与受理。就我国法院组织现状来说，适宜在基层法院设置特别的内设法庭，原则上按照简易程序对占有诉讼进行审理。

三 占有诉讼与本权诉讼的关系

在罗马法中，占有和所有权被明确区分，按照当时文献的表述，"提起所有权之诉的人并非不能享有现状占有令状的保护，因为主张所有权并不能被视为放弃占有。"③ 对于占有诉讼，后世的学者有的把它看成是临

---

① 参见陈华彬《物权法研究》，金桥文化出版（香港）有限公司 2001 年版，第 651 页。

② 参见［日］我妻荣《民法讲义 II·新订物权法》，罗丽译，中国法制出版社 2008 年版，第 516 页。

③ ［德］弗里德里希·卡尔·冯·萨维尼：《论占有》，朱虎、刘智慧译，法律出版社 2007 年版，第 32 页。

时的所有权之诉，或者作为涉及所有权的临时性救济。萨维尼反对这种说
法，认为占有诉讼作为所有权诉讼预备关系是相当偶然的而不是必然的，
没有诉争方主张所有权的情况下，令状权也会被使用。所有权诉争与占有
的诉争在本质上是互相独立的，二者之间并没有必然的联系。① 法国民法
在第 2282 条中明确强调对占有的保护是"不论权利的实体如何"。法国
新民事诉讼法中对占有诉讼的规范，也重点处理占有诉讼与本权诉讼的关
系。《民事诉讼法》第 1265 条规定："保护占有与权利实体在任何情况下
均不竞合。但是，法官可以对各种凭据进行审查，以核实是否具备保护占
有的各项条件。各项审前预备措施不得针对权利的实体实施。"第 1266 条
规定："本权诉讼的原告不得再行提起占有之诉。"第 1267 条规定："占
有诉讼中的被告，仅在制止侵害后，始能提起实体上的诉讼。"占有诉讼
与本权诉讼的不竞合规则，学者认为，这是在 1446 年"穆梯—雷—图尔
敕令"中首次提出的，通过 1667 年国王敕令的渠道，"诉讼法典"也接
受了这一规则。② 日本在作为民事实体法的民法中，也原则性地规定了占
有之诉与本权之诉的关系，其第 202 条规定："（1）占有之诉与本权之诉
互不妨碍。（2）对占有之诉，不得基于本权理由进行裁判。"③ 但并未在

---

① 参见［德］弗里德里希·卡尔·冯·萨维尼《论占有》，朱虎、刘智慧译，法律出版社
2007 年版，第 329 页。

② 参见［法］让·文森、塞尔日·金沙尔《法国民事诉讼法要义》（上），罗结珍译，中国
法制出版社 2001 年版，第 142 页。

③ 与日本旧民法的规定以及现行民法草案的规定相比，日本民法的规定原则得多，除了占
有之诉的审理排除与权利相关的理由及抗辩等比较明确以外，在关于占有之诉与本权之诉能否同
时提起，相继提起后如何处理，某一诉讼结束后另一诉讼是否受到影响，能否在某一诉讼中提起
另一诉讼的反诉，诉讼能否合并，诉讼之间特别是本权之诉对于占有之诉的既判力如何等问题
上，由于规定原则，要形成结论就必须进行解释、推导，由此引发了理论上的争论和判例上的不
同结果。按照日本旧民法的规定（第 207—212 条），不得同时提起（并行）占有之诉与本权之
诉，即使占有之诉是在本权之诉之后提起，也先于本权之诉审理。其时，不得基于本权理由裁
决。占有之诉进行后，即使原告或被告提起了本权之诉，也必须中止本权诉讼程序，在本权之诉
后被告提起了占有之诉亦同。本权之诉中确定败诉的人不得提起占有之诉。本权之诉或占有之诉
的被告，可以作为反诉而提起占有之诉。在占有之诉中的败诉人虽然可以提起本权之诉，但是败
诉人为被告时，则仅限于履行宣判之后。日本现行民法草案第 203 条、第 204 条曾规定（后未采
纳），占有之诉的被告可以通过反诉提起占有之诉，但是不得以反诉形式提起本权之诉；不得合
并占有之诉与本权之诉。参见［日］我妻荣《民法讲义Ⅱ·新订物权法》，罗丽译，中国法制出
版社 2008 年版，第 525—526、528 页。当然，以上规定的内容可采性值得探讨，不过从提供了较
为详细的规范从而便于指导司法的意义上，却是应该加以借鉴的。

其民事诉讼法中做出占有诉讼的特别规定。对占有诉讼与本权诉讼的关系，实际上有明确进行规范的必要。没有明确规范的立法例，则只能从占有与本权不同的出发点去推导、处理二者之间的关系了。台湾地区民事诉讼法明确规定了占有诉讼的适用程序，但未能对其与本权诉讼的关系进行规范。我国民事诉讼法不仅对于占有诉讼适用什么程序都没有规定，更不用说规范占有诉讼与本权诉讼之间的关系了。

本权是基于一定法律原因而得为占有的权利，可以是物权（如所有权、地上权）、债权（如租赁权）或者是法律上的其他权利（如配偶对他方财产的使用收益权、监护人对子女的财产管理权）。本权诉讼是依据本权提起的诉讼，如依据所有权提起所有物返还诉讼，基于租赁合同中的债权出租人提起租赁物返还诉讼或承租人提起租赁物交付诉讼。有学者就在占有与物权的比较中区别了两类诉讼，"占有的诉讼仅是以占有为基础而成立，仅以所有权和地上权等实体权利为基础而成立的物上请求权称为本权的诉讼（实体法上的权利的诉讼在法律上的表述）。"①

关于涉及什么物的诉权才能适用本权诉权与占有诉权的区分，法国法认为这种区分仅仅适用于不动产诉权。而且，要想使某一不动产能够作为保护占有的标的，还应当具备下列条件：该项不动产有可能作为私人所有的财产，这就排除了属于公有财产范围的财产作为保护占有标的的可能性。对于动产，虽然理论上也有这种区分可能，但是实际上民法典第2279条将它排除，②法国最高法院也驳回过这样的诉讼，认为对占有的保护仅与不动产有关。如此一来，包括1年诉讼时效在内的关于占有诉权的规则，均不适用于对动产的追索。在可以对动产主张"追及权"的极少数情况下，不论是涉及财产所有权还是实施占有，基本上都是运用专门的诉讼程序"追索扣押程序"或者"追还财产扣押程序"。③笔者认为，占有传统上保护的重心在于土地房屋等不动产，不等于发展到现代仍然需要机械坚守。时至今日，占有的诸多功能在不动产上已经由登记制度代替。

---

① ［日］田山辉明：《物权法》，陆庆胜译，法律出版社2001年版，第150页。

② 法国民法第2279条第1款规定："涉及动产物品时，占有即等于所有权证书。"

③ 参见［法］让·文森、塞尔日·金沙尔《法国民事诉讼法要义》（上），罗结珍译，中国法制出版社2001年版，第135、140页。不过某些必将因与不动产分离而成为动产的财产，即"先期作为动产处理的不动产"（meuble par anticipation），如庄稼收获物等，也可于未收获之前作为不动产范畴而可以获得占有诉权，从而获得实际的附带保护。

事实秩序维护价值的再发掘，说明占有保护不应对不动产与动产厚此薄彼。相比法国法，德国法不论是在主体还是客体方面，都对占有诉讼进行了显著扩张。①

从宏观上看，在二者的关系判断上，占有诉讼的主要目的在于维护对物现有管领的事实秩序及社会平和，着眼于现实存在状态的复原；本权诉讼则解决权益的终局确定，重在维护权利秩序，着眼于实现应有状态。一个是事实秩序维护的工具，一个是权利秩序维护的手段。② 广义的法律秩序包含事实秩序和权利秩序。此处的占有是法律事实而非自然事实，是法律的语言与制度，相应的占有的事实秩序也是进入了法律的范畴，不是纯粹的法律不关注的自然秩序。无论如何，两者是存在不同的，事实的秩序更基础、更迫切，权利秩序更高级、更抽象、更稳定。现实存在状态在一定程度上受制于应有状态的实现。法治社会以权利义务为法律体系的核心，维护权利是法律的主要目的，"为权利而斗争"是法律的直接呼吁。因此，本权诉讼是法治社会的主导诉讼类型。此外，由于占有与本权重合的高度盖然性，占有诉讼无疑充当了保护本权的第一道防线。③ 在占有诉讼与本权诉讼能否独立并存、相互间发生冲突如何处理等具体关系上，必须从以上宏观的基本出发点进行思考和推导。④

---

① 但德国法中的占有诉讼的独立性不像法国法那样完整和独立，其民事诉讼法没有规定占有之诉，占有诉讼也并没有纳入基层法院管辖的迅速处理方式中，占有制度无疑受到更多本权因素的影响，如民法典第863条就体现了尊重本权的思想。参见宁红丽《物权法占有编》，中国人民大学出版社2007年版，第174页。可见，在处理占有诉讼与本权诉讼的关系问题上，既要维持占有诉讼的独立性，又要体现对本权秩序的维护，在关系把握和制度设计上，确实需要较为精细的理论分析与高超的立法技巧。

② 萨维尼区分了占有与所有权，他反对那种将占有认为是一种推定所有权，将占有诉讼认为是临时性的所有物返还之诉（即被引入是为了控制所有权之诉的程序）的观点。参见［德］弗里德里希·卡尔·冯·萨维尼《论占有》，朱虎、刘智慧译，法律出版社2007年版，第10、31、327页。

③ 我妻荣认为，从以占有侵害为由已广泛利用假处分的角度出发来看，占有诉权作用的重点已经从强行恢复存在状态的占有本身的保护，转移至支持对本权侵害的救济。不过他也承认，从占有诉权排除通过实力对存在状态的侵害，承认其恢复原状——以抑制自力救济来看，占有诉权的本质和功能的重要性并未改变。参见［日］我妻荣《民法讲义Ⅱ·新订物权法》，罗丽译，中国法制出版社2008年版，第515页。

④ 占有诉讼与本权诉讼的不同、区别与联系，由本书所述占有保护请求权与所有人物权请求权的关系可见一斑。

从微观上看，在二者的关系处理上，要观察占有诉讼与本权诉讼是相互并存还是相互对立而不同。本权诉讼与占有诉讼并存，指围绕占有本权发生的诉讼，与占有诉讼相互独立存在。如所有人占有某物，该物被他人侵夺，所有人享有所有物返还请求权，可以提起本权诉讼。同时他也享有占有物返还请求权，可以提起占有诉讼。本权诉讼围绕原告是否拥有所有权和被告的占有是否为无权占有展开（被告是否有制约原告的本权存在），占有诉讼围绕原告是否享有占有和被告是否应为侵占负责展开，审理路径不同。这两类诉讼相互独立并存，互不妨碍，可发生竞合关系。① 两者在性质上不同，不受民事案件一事不再理的限制。原则上原告可以分别提起，也可以同时提起，在某一诉讼败诉后可以提起另一诉讼，即使两个诉讼的判决相反也无不妥之处，一个诉讼的判决也并不会推导出另一个诉讼的判决。②

在本权诉讼中，如查明原告无所有权或者被告存在制约原告所有权的有权占有，则原告败诉，物不被返还；反之则原告胜诉，返还所有物。在占有诉讼中，如查明原告无占有事实，或者侵占行为不存在，或者被告不应为侵占负责，则原告败诉，占有物不被返还；反之则原告胜诉，返还占有物。在原告胜诉的情况下，占有物或所有物被返还，从形式上看原告都获得了对物的占有。但是，对于本权诉讼来说，原告获得的是有权源支持的占有，而对占有诉讼来说，原告获得的仅仅是事实上的占有物回复，至于能否得到最终的权源支持占有则不予考虑。不过，由于本权诉讼有终局确定的效果，通过其获得对物的占有有权源支持而较稳定，占有诉讼只具有临时事实秩序维护的效果，获得的占有不稳定，因此在实践中，往往提起本权诉讼较为普遍。二者相互独立并存，是从诉讼路径而言思考，本权诉讼不排斥占有诉讼，占有诉讼也不排斥本权诉讼。两类诉讼相互间在既

---

① 参见王泽鉴《民法物权：用益物权·占有》，中国政法大学出版社 2001 年版，第 354 页。此处所指的竞合关系，是从宏观上判断本权诉讼与占有诉讼能否同时存在而言，由于两类诉讼的请求权法律基础不同，可以发生竞合。与法国法中所称的"保护占有与权利实体在任何情况下均不竞合"不同，后者所强调的是在占有的诉讼中，法官不得直接或间接就本权诉讼问题做出审理裁判。

② 参见［日］我妻荣《民法讲义Ⅱ·新订物权法》，罗丽译，中国法制出版社 2008 年版，第 526 页；［日］三潴信三《物权法提要》（上、下卷），孙芳译，中国政法大学出版社 2005 年版，第 198 页。

判力上并无当然的法律影响力。①

　　但是，一旦某人有权源占有的事实得到确认，则相比于单纯占有的事实而言，应该处于优先地位，这也帮助体现本权诉讼的终局效力，此时占有诉讼会受到限制。"本权诉讼的辩论即有关权利实体的辩论，就其后果而言，要比占有诉讼的辩论严重得多。"② 在前述例子的本权诉讼中，如原告提出所有物返还请求获得胜诉的，基于本权诉讼的终局效力，他不能也不必再行提起占有物返还诉讼。而如果原告提出所有物返还请求权却未能证明自己为所有人，则其败诉，③ 此时由于未确定占有的权源，则他完

----

　　① 不过，在案件审理中，基于涉及相同问题的一致性及便利等思考，不排除某一诉讼确定的事实或结果可能会对另一诉讼的开展产生某些实际的影响，本权诉讼或占有诉讼中确定的事实，会被当作在相对应的占有诉讼或本权诉讼中的确定或表面证据。如在占有诉讼中一旦确定了占有事实的存在，则在本权诉讼中，由于占有具有权利推定的效力，占有物的人可能在主体法律地位或权利举证上获得有利地位，在本权诉讼中查明的某些事实，在占有诉讼中也可能得到实际认可。不过，这种实际的影响不否定二者法律性质上的基本独立性。

　　② ［法］让·文森、塞尔日·金沙尔：《法国民事诉讼法要义》（上），罗结珍译，中国法制出版社 2001 年版，第 139 页。

　　③ 需要指出的是，法官的诉讼任务解决的是原告的诉讼请求应不应支持的问题，一旦原告的所有人身份不能证明，则诉讼任务即到此为止，不需要再要求被告进行得为占有的权源证明。实践中司法习惯上采取权源追踪模式，忽视争议解决的相对性，一定要把争议标的物的权利归属搞清楚，这是不符合诉讼要求的。只有在原告完成了自己所有权证明的情况下，才能围绕被告是否有限制所有权的本权进行进一步的追踪，在被告之上确定其有无权源，从而才能支持或驳回原告的诉讼请求。在本权诉讼中权利证明应该到哪一步司法对此还不熟稔，而面对一个完全不需要进行权利证明的占有诉讼，挑战可想而知。诉讼相对性特点在英美法中表现明显，在财产纠纷案件中，一方当事人不必证明他对财产的主张优于任何他人，他只要证明他的请求优于他方当事人就可以了，法院仅仅审理案件中的当事人纷争问题，不能宣判当事人的主张可以对抗非当事人。参见［美］迈克尔·D. 贝勒斯《法律的原则———一个规范的分析》，张文显等译，中国大百科全书出版社 1996 年版，第 146 页。在关于占有的诉讼中即是如此，在占有人提出收回财产的诉讼中，被告（后占有人）不得以第三人有优于原告的权利予以抗辩，除非他自己有这种权利。甲地所有人 O 参加狩猎远征队到非洲，在 O 离开期间，A 以所有人的姿态占有了甲地，后来 A 死亡但未留下遗嘱，P 是 A 的唯一继承人，在 P 实际占有甲地以前 D 占有了甲地，P 起诉 D 要求返还占有，D 以甲地所有权人是 O，O 有优于 P 的权利为由予以抗辩。本案当事人是先占人的唯一继承人 P 和后占人 D，所有权人不是本案的当事人，P 应当在本案中胜诉。同样，原告侵入第三人林地砍伐树木后，在木料上标注自己的名字并拖向工厂，被告看到后取走自用的，原告可以在请求返还木料市场价格的诉讼中针对被告获得胜诉。参见马新彦《美国财产法与判例研究》，法律出版社 2001 年版，第 109、3 页。

全可以再行提出占有保护诉讼。而如果在本权诉讼中，一旦原告完成了所有权证明，被告也完成了限制原告所有权及其返还权能效果的有权源证明（如承租人有占有租赁物的权利），或者被告直接完成了自己的权利证明，则占有将被有权源地确定，原告败诉，此时，原告即不能再提起占有物返还的占有诉讼。① 如甲对乙侵夺其车位提起返还所有物诉讼，判决确认乙是基于租赁关系而占有，确定败诉后甲不能再提起占有物返还诉讼。依照这一逻辑，如果本权诉讼准备不充分，要避免在本权问题上败诉而造成对自己不利，就应该首先考虑提起占有诉讼要求返还，此时在诉讼中只考察占有事实与侵夺事实或侵占瑕疵承继，不考察原被告有无权利。

　　这里，有必要进行探讨的问题是，有得为占有的权源，但侵占人的"侵夺行为"往往并不被包含在其享有的本权权能或效果当中，侵夺的行为不法，是否影响原告提起本权诉讼。如承租人根据租赁合同有得为占有租赁物的权利，在出租人交付租赁物的履行期限届满后，② 自己未经出租

① 参见史尚宽《物权法论》，中国政法大学出版社 2000 年版，第 597 页。占有最终是不能对抗权利的。在强制执行中，可以排除强制执行的权利，指的是所有权、典权、质权等权利而言，占有不属于可以排除强制执行的"权利"范畴，因此，单纯的占有无权源支撑时，不能对抗强制执行。参见王泽鉴《民法物权：用益物权·占有》，中国政法大学出版社 2001 年版，第 169 页。关于德国法中占有在某些情形下可以作为干预强制执行的干预之诉（民事诉讼法第 771 条规定的异议之诉）的基础，以及在债权人强制执行时占有人有代偿债务以维护自身利益的销除权。参见［德］鲍尔、施蒂尔纳《德国物权法》（上册），张双根译，法律出版社 2004 年版，第 171、108 页。我妻荣先生围绕日本民法第 202 条规定的占有之诉与本权之诉互不妨碍，强调回复现有存在状态与实现应有状态之间的区别，强调两种诉讼的独立并存，比如认为占有之诉败诉后也可以提起本权之诉而获得胜诉。但是，他也认为，如果本权之诉败诉了的再行提起占有之诉的话，即已确定了"应有状态"，还要再勉强地回复"已有状态"，这是存在疑问的。此时他认为，按照将二者的诉讼标的物作为一个标的物的新诉讼标的物理论来解说，从而避免再行提起占有之诉的话，却说明不了为什么占有之诉败诉却还能提起本权之诉。他还认为，某些学者从民法第 202 条强行推导而提出在个别情况下承认本权判决对占有之诉的既判力的结论，是不合理的。他主张应该关注一下旧民法第 209 条"在本权之诉中已确定败诉的人，不得再行提起占有之诉"的规定。总而言之，他认为这些问题在理论上都是需要进一步研究的。参见［日］我妻荣《民法讲义Ⅱ·新订物权法》，罗丽译，中国法制出版社 2008 年版，第 527—528 页。这些争论，折射出要维护占有诉讼之于本权诉讼的独立性、确保本权诉讼的终局性等，的确需要进行很好的理论探讨和制度设计。

② 在出租人交付租赁物的履行期限届满前，应该说承租人完全没有有实际效力的租赁物请求权，没有可以对抗出租人的得为占有的权源。

人主动交付，径直侵占获得租赁物，此时出租人能否提起所有物返还诉讼获得胜诉。再如所有人从占有人手中侵夺自己的所有物，且此时已不符合正当防卫、自助行为等私力行使条件的，被侵夺人此时以自己是所有人提起返还物的本权诉讼。

就前面学者所说"如甲对乙侵夺其车位提起返还所有物诉讼，判决确认乙是基于租赁关系而占有，确定败诉后甲不能再提起占有物返还诉讼"，依照其中蕴含的逻辑，原告不仅在本权诉讼中败诉，也不能提起占有保护。其反射效果就会造成，承租人依据租赁权就可以侵夺租赁物。照此推理，所有有权占有物的债权人都不必经由债务人自愿交付，而一概可以强力取得。出卖人未依约交付出卖物的，买受人即可以强力自取。① 在所有人侵夺自己被他人占有物的情形中，被侵夺人提起本权诉讼败诉并且不能再提起占有诉讼，将造成所有人因自己是所有人就可以在不符合正当防卫等条件时任意夺回自己的财产。以上种种情况，由于请求交付的债权权能并不包含自力实现权利的内容，债权是请求权而不是支配权，物权请求权也不是支配权，所有权人超过期限的强力自取也没有被包含在法律认可其享有的权利效能中，因此实际上都存在本权人"不法的私力"。

为了禁止不法私力，是不是对于"取回行为"并未包含在可以对抗原告的本权权能中的，当原告完成自己的权利证明时，即判决原告胜诉呢？承租人取走租赁物不法，因此即使在出租人本该交付租赁物的期间内，出租人以所有人身份要求返还的，应返还租赁物。买受人自行取走出卖物的，出卖人基于所有人身份也可以诉请获得返还。在前述情形，承租人或买受人在返还以后，将肯定会提起请求交付租赁物或交付出卖物的权利诉讼，最终取得得的占有。② 如此一来，所谓的"禁止私力"不过是一定程度牺牲了诉讼经济，给取回人增加了程序上的负担而已（承租人或买受人还有诉讼法上的财产保全等措施可以迅速实现对其交付的物采取措

---

① 理论上一般认为，在出卖合同中，只要是所有权没有转移的，则所有人完全可以对物做出事实上或法律上的处分，而买受人等债权人仅能够通过违约责任等获得救济。法律并不承认为了防止所有人的处分行为，债权人可以自力获得标的物，避免出现自己不能获得标的物的结果。

② 由于取回不法，承租人或买受人不能在所有人的返还诉讼中主张抗辩，也不能提出反诉，因为物还在他们的手里。只有他们将物交付原告后，才具备提起物的交付诉讼的条件。

施），本质上没有实际效果。

　　笔者认为，在这些情况下，法律考虑的出发点不是单一的某个方面，而应该综合平衡，既照顾到本权诉讼的终局性，维护诉讼经济与公平，又照顾到限制私力法律原则的维护。对于以上情况，从不法侵夺的本权人来说，他的不法的私力将会受到侵夺者正当防卫、占有自力防御和自力取回的实力对抗，不一定能实现其"自行取回"的目的。而且其不法的私力行为造成受侵害人损失的，应当赔偿对方损失。或者侵占在时间上不当的，可能要返还其提前获得物的部分使用收益。就受侵害人来说，由于其本来有占有保护诉讼和权利诉讼可以选择，他完全可以首先选择占有保护来对抗侵占的私力并获得胜诉，他对于自己有无能够对抗侵夺人的本权是最清楚的。如果在权利诉讼难有把握的情况下，首先选择了本权诉讼，最后查明对方享有对抗他的本权从而遭受败诉，很大程度上是其选择救济途径的不当所致。简言之，对于有本权人的侵夺的不法私力，法律给受侵害人提供了其他可以弥补的救济渠道。由此很难得出如果被侵害人本权官司败诉，必将因其反射效果维护侵害人对物的占有的保持，从而鼓励了不法私力的结论。而且，原告所有物返还请求权针对的是一种占有人"无权占有的状态"，有本权但是侵夺了占有的，其侵夺行为固然不法，但是其侵夺后构成的占有状态，无疑是其原本享有的得为占有的权利所包含的内容，因此撇开侵夺行为不当的"点"来重点看一个占有状态的"段"的话，应可忽略其瑕疵，从而赋予侵害人本权对抗力。因此，笔者赞同前述"如甲对乙侵夺其车位提起返还所有物诉讼，判决确认乙是基于租赁关系而占有，确定败诉后甲不能再提起占有物返还诉讼"的处理方式。提起本权诉讼败诉，查明被告为有权占有并可对抗原告的，原告本权败诉后不得再行提起占有物返还诉讼，以体现本权诉讼的终局效果，这作为法律判断是没有问题的。史尚宽先生也持相同结论，他认为，"权利人以不合法手段而引起合法结果时……在行使禁止的私力后，于本权诉讼因确定的判决确定，行为人对于其以自力实现的占有状态为有权利时，则占有请求权消灭，即占有权为本权所吸收。"① 德国民法对于占有请求权的消灭，除了规定因期限届满而消灭外，在第 864 条第 2 项也规定："在行使暴力行为后，经确定判决确

---

① 史尚宽：《物权法论》，中国政法大学出版社 2000 年版，第 597 页。

认行为人就占有物原系有权请求回复至与其暴力行为相当之占有状态时，前项所定之请求权亦即因而消灭。"① 同理，如果承租人租赁期内被出租人侵夺占有，承租人以有得为占有的本权提出诉讼，则虽然出租人是所有人，但由于其所有权及所包含的回复占有的权能此时仍被承租人租赁权限制，因此承租人将获得胜诉，从而物的占有因回复而获得终局确定，占有诉讼不再需要。而如果承租人在租赁期满后被出租人侵夺，他不是选择占有保护诉讼而是选择有得为占有的本权诉讼的，则将因为其为无权占有而出租人有得为占有的权利而败诉，且不能再提起占有保护诉讼，此时，出租人对物的夺回将因这一反射效果而被维持。

　　需要指出的是，台湾地区民法第767条规定请求返还所有物针对的是"无权占有或侵夺所有物"。这里，如果"侵夺"指的是强力所致的无权占有的，则没有必要和无权占有并列表述。如果是与无权占有并列的话，则只能是有权占有，而有权占有的则显然不能要求返还。有权占有但是采取了侵夺手段的，造成的损失应该赔偿，但是对返还所有物来说却不必负责。如果"侵夺"仅仅是指一种事实行为不问有权无权，则所有物返还请求权能够对抗侵夺行为，则占有保护请求权的法律规定就不必要了。原告证明了所有权，要针对的却是一个不问本权的侵夺行为，这明显是画蛇添足。单纯从事实角度考虑的"侵夺"，属于占有保护涵盖的范畴，而且这种意义上理解的侵夺，在逻辑上也不能和无权占有并列表述。学者解释道："所谓侵夺其物，指违反所有人之意思而取得其物。强盗、抢夺或侵占，为无权占有的例示。"② 权利用权利的思维，事实用事实的逻辑，从解释论上可以将"侵夺"解释为属于特别示例的无权占有，但从规范科学性上考虑，台湾地区民法的上述规定却值得修订完善。相比之下，中国大陆《物权法》第24条"无权占有不动产或者动产的，权利人可以请求返还原物"的规定较为科学。

　　对于前述承租人侵夺车位的例子，如果出租人首先选择基于占有事实的占有物返还诉讼的，此时承租人的侵占行为一目了然，将返还租赁物。

---

　　① 德国学者认为，这项规定适用于有既判力的基于本权的给付判决与确定判决，以及为避免在诉讼程序上来回反复，而在禁止的私力行为之后及之前所做出的判决。但此时仍然还有是否在既判力之外，还需要本权执行名义具备强制执行上的可执行性的问题。参见［德］鲍尔、施蒂尔纳《德国物权法》（上册），张双根译，法律出版社2004年版，第162页。

　　② 王泽鉴：《民法物权：通则·所有权》，中国政法大学出版社2001年版，第168页。

承租人享有的租赁权根本不能用来作为抗辩，也不能提起基于租赁权的反诉。其返还租赁物后，可再行提起租赁物交付的本权诉讼，重新获得租赁物的占有交付。

综上所述，笔者认为，符合各个诉讼条件的，原告即得选择提起诉讼。在占有诉讼与本权诉讼相对独立之下，体现本权诉讼的终局性特征，可能需要在一定程度上牺牲诉讼的经济原则。以侵夺占有为例，原告的占有被被告侵夺，原告回复占有的占有诉讼败诉后，不影响其提起本权诉讼，由本权诉讼终局解决回复问题。如原告首先提起本权诉讼，获得胜诉，解决回复问题，占有诉讼即不得再行提起。如原告本权诉讼败诉，其原因是原告无本权或者其本权不包含回复占有的内容，且被告享有一个对抗原告的占有本权时，则原告不能再行提起占有诉讼，本权诉讼体现终局性。如原告虽然是由于其无本权或者其本权不包含回复占有的权能而败诉，但是法院并未确认被告拥有对抗原告的占有本权，则原告可再行提起占有诉讼。

占有诉讼与本权诉讼的对立，主要考察两个问题：一是能不能以本权作为占有诉讼中的抗辩，二是能否在占有诉讼中提起本权诉讼的反诉。[①]举例说明，如甲将房屋出租给乙，租期届满后乙未返还，甲在乙离开期间强行进驻该房。在此，乙超期未还时，属于无权占有房屋，甲原本对乙有所有物返还请求权。[②]而甲以侵占方式获取房屋占有，乙对甲有占有物返还请求权。[③]在乙提起的占有诉讼中，甲不能以自己对占有物有本权而提出抗辩。占有诉讼不解决本权有无，而是解决在占有被侵夺时进行保护。被告可以在是否存在占有、自己是否侵夺的事实方面提起抗辩，但不能围

---

① 关于在日本民法上，占有之诉不得采纳权利主张或抗辩进行裁判，不得允许以占有为由对本权进行裁判，以及关于占有之诉中禁止本权反诉、占有之诉与本权之诉的合并问题的争论和判例的不同做法，参见［日］我妻荣《民法讲义Ⅱ·新订物权法》，罗丽译，中国法制出版社2008年版，第528—529页。

② 返还所有物请求权仅在所有人尚未获得物的返还时存在，如果已经获得返还，不论这是因为合法取得还是非法获取，都不能现实地再享有该项权利。

③ 台湾地区1963年台上字第1446号判决认为，虽然对占有人有返还请求权存在，但是如果不依据合法程序而夺取占有人的占有时，占有人仍然可以请求返还占有物，物权或债权的存在不足以作为侵夺或妨害占有的依据。

绕自己有无占有权利、原告有无占有权利等权利问题提出抗辩。① 德国民法对于权利人所为禁止的私力的态度也是明确的，第863条规定："主张有权占有或有权为妨害占有之行为者，应证明占有之侵夺或妨害非由于暴力之所致，始得对抗第861条（占有恢复之诉）及第862条（基于妨害占有之诉）所定请求权。"学者认为，占有请求权直接产生于占有，不问原告占有人有无占有的权利，在诉讼中被告不得主张有占有的权利或者有实施该侵害行为的权利，也就是说，根据第863条排除了所谓基于本权的诉讼抗辩。当然这并不排除在占有诉讼后，再行提起质疑占有胜诉者的关于占有权或为为侵害行为的权利的诉讼。在出租人强行收回果园的案例中，承租人请求回复占有时，出租人不能以承租人未交一个子儿的租金，自己已经行使了立即终止权而使租赁契约终止来进行抗辩。当然，承租人不可能永远维持占有之诉的胜利，出租人仍然还可以基于上述理由诉请物的返还。②

就前述出租人侵占租赁房屋的案件，在乙提起的占有诉讼中，出租人甲能否提起本权诉讼的反诉？本权诉讼本使得甲能够获得所有物返还的保护，本权的诉讼请求和占有诉讼请求在返还问题上相似，但是一是基于权利关系，二是基于占有事实，基础关系不同，本质上不具有牵连性。占有诉讼与本权诉讼的诉讼性质不同，适用的程序不同，所以不能允许在占有诉讼中提出本权的反诉（所有物返还请求权），只能在占有诉讼后单独提起（最终本权诉讼终局确定权利秩序）。诉讼经济的追求可以依靠占有诉讼适用简易程序迅速处理而获得弥补。此处质疑可以提出反诉的理由还在于，所有权人通过自己的力量获得了返还，已经实际占有该物，虽然方法手段不当，但是返还已然完成，应该不能再提出所有物返还请求权。如丙的物件被乙盗窃，几个月后丙察觉而将被盗物窃回时，"认为乙仍得诉请丙返还占有物（惟与通说不同），惟丙在诉讼中，得基于所有物返还之诉

---

① 台湾地区1958年台上字第701号判决认为，占有被侵夺而请求返还，与所有权争执迥异，侵夺人不能以被侵夺人取得物的所有权是否合法存在疑问，作为拒不返还的借口。

② 参见［德］鲍尔、施蒂尔纳《德国物权法》（上册），张双根译，法律出版社2004年版，第161页。

而提反诉返还。然此时物已为丙占有，其如何能提起返还所有物之诉。"①
在占有诉讼中，为对抗原告而提出自己有所有权作为抗辩，这还勉强能让
人理解。但是，如果提出一个返还的反诉请求，就难以让人理解了。② 所
有权受到侵害时产生的返还请求权，在物已经获得返还时就应该已然消灭
了，③ 如物因为合法手段（被他人通过占有诉讼以占有物返还请求权要求
返回）或非法手段（如非法侵夺）回复到无权占有人的手里，则该项物
权请求权即再行产生并发挥作用。④

　　有学者指出，反对在占有诉讼中提出本权反诉的理由在于，允许提出
反诉将造成本权人以私力实现其权利在先，以反诉维护权利在后，和禁止
私力的原则不相符合。⑤ 不允许以本权反诉对抗占有诉讼出于私力禁止，
那么前文探讨的原告被被告侵夺占有物，原告提起本权诉讼后因确定被告
有对抗他的本权而败诉，且不得再提起占有物返还诉讼的情况中，将会存
在有本权支持的人任意夺取占有物在前，而后通过否定被侵夺者的占有保

　　① 谢在全：《民法物权论》（下），中国政法大学出版社1999年版，第1025页。
　　② 在德国实务中，以前述的果园出租案为例，在承租人提起占有诉讼时，允许出租人立即
提起返还的同步诉讼，或者在占有诉讼中提起对承租人的请求返还的反诉。也就是说，只要符合
本诉与反诉有关联等程序条件时，民法第863条并不排斥一项基于本权的反诉。不过，由于基于
本权的反诉不应使得占有的保护"落空"，因此，原德国联邦最高法院的上述立场被认为是不完
全正确的。学者认为，应该通过解释论的方法，认为基于本权的反诉，仅在强制执行上属于终局
地可执行时，才能挫败占有诉讼。在做出的判决为可上诉判决时，意味着占有诉讼判决而不是本
权反诉的判决属于暂时可得执行的判决。仅在本权反诉判决有形式既判力且在强制执行上为可得
实行的判决时，才能驳回占有诉讼。参见［德］鲍尔、施蒂尔纳《德国物权法》（上册），张双
根译，法律出版社2004年版，第162页。
　　③ 应不论获得返还途径是合法还是非法，合法途径自不必论，非法获得返还的，仅在手段
使用造成他人损害或侵占他人占有上来说是非法，但是就物被有效地返还从而消灭了返还请求权
来说，则是确定的。当然，当依据占有物返还请求权被返还侵占的物后，该项消灭了的所有物返
还请求权应当继续享有。
　　④ 假设认为所有物返还请求权适用诉讼时效的，则其诉讼时效起算，如承租人租期届满不
返还的，自租期届满时开始计算。如以自己力量取回占有物的，应视为所有物返还请求权消灭，
时效计算终止。而一旦依占有诉讼判决返还占有物时，或者自己取回的占有再被侵夺的，则从此
时起视为知道或应当知道权利被侵害，开始计算诉讼时效。如认为所有物返还请求权不适用诉讼
时效的，则只要确认自己为所有人他人为无权占有人的，任何时候皆得提起诉讼。
　　⑤ 参见王泽鉴《民法物权：用益物权·占有》，中国政法大学出版社2001年版，第364页。

护请求权，从而维护其自力获得的占有的尴尬局面。① 可见，禁止不法私力虽是一个原则，但也可能是出于其他考量而对其进行一定限制，完全以其作为上述解释的理由，尚不够充分。

第三节　占有诉讼对我国民事诉讼模式完善的影响

民事诉讼活动基于某种诉讼理念及其指导下的诉讼活动主体行为权限和民事诉讼程序等构成的内在统一体，与他种诉讼理念、主体行为权限和民事诉讼程序等构成的内在统一体之间，如果存在基本的不同，则可以认为存在不同的民事诉讼模式。每一诉讼模式是其抽象归纳了的诉讼结构和诉讼活动本质属性的外在样式。这种民事诉讼模式的不同，可以较为单纯地从诉讼法领域内去找寻基础而加以界定，不过笔者认为，实体法上的理念和实体法律关系的本质是决定诉讼模式不同的根本出发点。如在民事诉讼领域内推崇的当事人主义模式对于职权主义模式的取代，这种趋势实际上是由实体上民事关系的平等性、自主性和民事纠纷的基本特点，由民法的私法性决定的。从体现不同理念的稍更具体的民法制度和民事纠纷性质出发，我们也会发现出此决定的诉讼理念、主体行为权限、程序等方面存在很大区别的不同诉讼模式的存在。② 典型者即是民法的权利制度决定的权利争议型（保护权利型）诉讼模式与民法非权利制度决定的非权利的事实和法益争议型（保护非权利的事实、法益型）诉讼模式的不同。民

---

① 该种不一体贯彻禁止私力原则的论述，参见王泽鉴《民法物权：用益物权·占有》，中国政法大学出版社 2001 年版，第 363 页。交互侵夺中，如果严格贯彻禁止私力，那么也将出现占有人被侵夺后再自力侵夺，侵夺人有权依据占有物返还请求权取回，则占有人返还后，又依据占有物返还请求权要求取回，循环以往。对此，德国民法第 861 条第 2 项通过在占有人有占有物返还请求权的除斥期间内，否定侵夺人的占有物返还请求权来解决。这显然考虑到了禁止私力以外的其他因素，如符合经济原则，比较之下侵夺者更具有受非难性等。这种循环问题，可以通过开始一个本权诉讼来加以影响，获得优越于占有诉讼的终局结果，而如果当事人不提本权诉讼的，则可以考虑适用先占有者占优的原则，如果能证明自己相比较而言占有在先，则可以否定另一方的占有保护请求权。参见王泽鉴《民法物权：用益物权·占有》，中国政法大学出版社 2001 年版，第 358 页。

② 笔者并非主张每一具体的民法制度或不同的民事纠纷都可决定"诉讼模式"的不同。不同实体争议的诉讼解决如不构成诉讼理念、行为、程序等整体区别的，不能认为存在不同的诉讼模式。

法主要是靠民事权利、民事义务为基础构建起来的制度体系。但是，在民法领域内也存在不少非权利的范畴，需要获得法律的承认和保护，围绕它们也存在相对独立的制度构建，如与一般民事权利迥异的自然债制度、与物权类似但又不是权利的占有制度。它们虽然不是民法的主流范畴与制度，但是却为建筑民法大厦所必需。与权利制度相比，诸如占有制度的非权利制度，体现出与众不同的民法理念和法律关系特质，体现不同的法律价值追求，往往需要我们超越传统、习惯和主流思维去把握、理解和运用。比如，保护一种不问权利如何甚至背于权利状态的占有事实，的确需要运用独特的法律理念并依赖贯彻法律理性的极大勇气。与此相对应，在因为这些问题发生纠纷或出现侵害时，民事诉讼活动的主要方面也体现出不同的特质，因而形成独特的民事诉讼模式。

权利争议型（保护权利型）诉讼模式体现的核心要求是"权利追问"，体现的诉讼理念是实体正义和程序正义落实在权利的查明与权利的保护上。而占有制度决定的非权利的事实争议型诉讼模式的核心要求则是"事实止步"，体现的诉讼理念是实体正义和程序正义落实在事实的查明与事实的保护上。在前一种模式当中，各诉讼主体的行为与权限围绕权利的主张与反驳进行和划定，权利的抽象性决定了主体行为的界限具有事实之外着眼权利的拓展性，诉讼的程序总体上体现复杂性、规范性。在后一种模式当中，各诉讼主体的行为与权限围绕事实的主张与反驳进行和划定，事实的具象性决定了主体行为的界限具有限定性，不能延伸到抽象化的权利之上，诉讼的程序总体上体现简单性、灵活性。①

占有诉讼虽然始终是作为权利保护与权利诉讼的补充而存在的，但从占有民法保护及占有诉讼的历史与延续看，占有诉讼也是传统的民事诉讼模式之一。即使在近现代法治社会，保护权利、为权利而斗争及其决定的诉讼模式成为民事诉讼模式的主导形态，由于实体制度和程序制度的安

① 如果两种诉讼模式错位，比如后一种模式错误楔入前一种模式内容的话，往往会交织着职权主义对当事人主义的侵蚀。如当事人主义决定了原告有诉讼选择权，提起事实之诉就审事实之诉，提起权利之诉就审权利之诉，并由此决定诉讼焦点与走向。而职权主义则易于在裁判范围上超越当事人诉讼请求，去明确当事人本不想在诉讼中明确的权利归属，形成既判效力，影响当事人后续诉讼；在证据上往往实行权利追寻，当事人一旦提出受到侵害，就问你什么权利受到侵害，拿出你的权利证明来；碰到权利诉讼与占有诉讼并存时，从诉讼经济角度考虑，或者受绝对正义影响，合并审理，消解占有诉讼。

排，加上传统沿袭和熟练操作的沉淀，占有诉讼在传统民法境域内一直保持相对独立的地位。其所展现的包揽了诉讼理念、诉讼行为和诉讼程序等的独特诉讼模式，在立法、司法的不断完善和进步中，保持着和权利诉讼的区别与联系。

我国法制缺乏权利本位传统，在我国的民法境域内，法制完善总体而言走的是一条"补权利之课"的道路，民法的进步与完善都与民事权利广度和深度的扩张紧密相连，"为权利而斗争"被人们奉为圭臬。所有法律活动的参与者都被教导从权利的角度进行思维。法律权利被保护是法律正义的直观要求，为权利争议而审理。① 由此决定的民事诉讼活动总体上即体现为权利保护型诉讼模式。当我们从权利的疯狂追求走向权利的理性追求的时候，我们会发现，权利制度固然为民法的主要内容，其完善固然为民法的主要任务，但是民事生活的复杂性、民法传统的延续性、民事主体追求和利益的多元性、民事权利本身的抽象与不足，决定了在某些方面需要"超越权利"，正确认识和对待民法领域内非权利的事实范畴和法益范畴。占有事实、占有制度即为其典型代表。于是，当我们在诉讼法上寻找适合与其相对应的诉讼模式时，就会发现我们熟悉了的权利保护、权利追问的诉讼模式却不堪其用。实体事实规定着诉讼活动，占有的民法保护决定了占有诉讼要采取与主流诉讼模式不同的理念、行为和程序。

在本权诉讼、权利诉讼以外树立独特的诉讼指导理念，采取与以往不同的措施，实施限定行为，与具有占有保护和占有诉讼传统的其他法域相比，我国大陆面临更为艰巨的挑战。占有制度迟至 2007 年《物权法》颁布才被我国民法承认，占有的保护和占有诉讼的司法操作数量不多，实体法律和程序法律规定几于空白。法官和当事人在思维上、行为上早已逐渐适应或者仅

---

① 中国《民事诉讼法》第 2 条规定："中华人民共和国民事诉讼法的任务，是保护当事人行使诉讼权利，保证人民法院查明事实，分清是非，正确适用法律，及时审理民事案件，确认民事权利义务关系，制裁民事违法行为，保护当事人的合法权益，教育公民自觉遵守法律，维护社会秩序、经济秩序，保障社会主义建设事业顺利进行。"其中就带有民事诉讼解决权利义务争议的基本思考。由于长期受法律乃规定权利义务的行为规范，法律的目的在于保障权利等教育，人们往往从权利角度理解权益。殊不知权益中除了权利外，还有法律保护的利益。而即使有的法官或当事人有所意识，却不明白这些可以受到法律保护的利益都是些什么，当法律并未对这些利益进行归纳总结时，更是困惑而不知如何行为。当存在法律明显保护他人的条文规定时，不知道从中总结推导出应受保护的某种利益的存在，从而大胆启动民事诉讼。

仅适应主流的权利诉讼，基本上已经被"形塑"，造就了习惯性的民事诉讼操作模式。相对于此，占有制度与占有诉讼制度一直是不完善的、新引进的，占有诉讼是非主流的、零散的。而且，在我国法院组织统一化的架构下（不像如法国那样的多种法院组织审理不同的一审案件），同样的法官群体既要运用普通程序审理复杂的案件，也要运用简易程序审理简单案件；既要审理涉及权利争议的案件，又要处理与权利争议案件泾渭分明的一些非权利诉讼案件。在这样的一体化组织与同一群体已经习惯于在权利思维指导下处理问题的诉讼模式中，要发掘超越权利和传统法律价值追求创新内容，不让它们被强大的传统力量所遮蔽，具有特别的意义。

为此，我们需要做的工作是逐渐进行实体法和程序法指导理念上的转型，从单一转向复合和多元并存，同时在坚持最终追求权利秩序形成的更高公正的基础上，对于弱势的占有制度与占有诉讼，采取实体法上完善占有制度、诉讼法上确立和完善占有诉讼模式齐头并进的措施。

占有诉讼要求民事诉讼模式的指导理念确立为诉讼公正在于事实保护，要求在该模式下法官、当事人进行自我行为约束，围绕事实查明来活动；要求该模式包含的程序适应事实秩序确定和社会平和获得迅速保护的要求，总体区别于权利诉讼模式。而且，处理好权利诉讼与占有诉讼的并存、冲突、连接，处理好占有秩序的暂时维护与权利秩序的终局决定之间的关系，也是我国民事诉讼模式完善的任务。

我国民事诉讼模式重于解决权利争议，这可以很好地从"本权诉讼"的运作中得到理解，这往往被当事人、法官和其他诉讼参与人所熟知。占有诉讼这种既古老又相对崭新的诉讼，却给各个主体带来了理念和实践操作上的极大挑战，对我国民事诉讼模式的完善具有重要影响。这集中地体现在"占有诉讼与本权诉讼不竞合"基本规则的落实上。对于法官和当事人来说，他们将受到这一规则的极大影响，从而导致民事诉讼活动体现独特的特性及魅力。

"占有诉讼与本权诉讼不竞合"要求占有之诉与本权之诉不能合并在同一请求中提出，不得在同一诉讼中审理，也不得在同一判决中做出裁判。① 在管辖法院上，如果存在本权诉讼与占有诉讼由不同的法院管辖受

---

① 这对于维护占有诉讼乃至占有制度的独立性而言至为关键。日本民法第 202 条也强调"对占有之诉，不得基于本权理由进行裁判"。

理的情况，则似乎这一要求不成为大的问题。而如果本权诉讼与占有诉讼由同样的法院管辖的话，审理本权诉讼的法官也可能是审理占有诉讼的法官，因此强调这一规则是非常必要的。学者认为，"这一规则不过是保护占有的必然逻辑结果。"①

"占有诉讼与本权诉讼不竞合"对当事人的诉讼行为有较大影响。对于原告来说，选择就本权问题提起诉讼还是提起占有诉讼是他的自由，原告的诉讼选择应当在起诉时进行，当原告提起了本权诉讼后又接着提起占有诉讼的，②如提起所有物返还诉讼后再提起占有物返还诉讼，此时本权诉讼应中止。原告在占有诉讼中获得胜诉返还了的，驳回其本权起诉（因为此时实际上其获得了物，请求返还的条件不具备）；如果原告在占有诉讼中败诉未获得返还的，继续本权诉讼的审理。

当原告提起了占有诉讼后又接着提起了本权诉讼的，如提起占有物返还诉讼后再提起所有物返还诉讼，此时，占有诉讼应中止，原告在本权诉讼中获得胜诉返还了的，驳回其占有起诉（因为此时实际上其获得了物，请求返还的条件不具备）。原告在本权诉讼中败诉未获得返还的，如果在本权诉讼中查明被告有对抗原告的占有本权时，则驳回其占有的诉讼请求；如果是单纯因为原告未能举证证明自己是所有人而败诉等，则继续占有诉讼的审理。

按照法国新民事诉讼法第 1266 条"本权诉讼的原告不得再行提起占有之诉"的规定，学者理解，假定某人先向大审法院提出有关所有权或役权问题的诉讼，随后他发现如果提起占有诉讼将处于胜诉的地位（因为这样可以确保其在本权诉讼中处于被告的地位而强制另一方当事人负举证责任）。根据前述规定，他就必须放弃原已提起的本权诉讼，另行向初审法官传唤对方当事人进行占有诉讼。学者解释该项法律规定的理由时认为，当某人事先并未经过占有之诉的途径提起诉讼，而是立即选择本权诉讼的途径时，是因为他承认对方当事人的占有。这是一种默示的自认，这种自认或承认将发挥作用并且有效，即使受诉法官无管辖权，或者即使用以提

① ［法］让·文森、塞尔日·金沙尔：《法国民事诉讼法要义》（上），罗结珍译，中国法制出版社 2001 年版，第 140 页。

② 这与单纯因为变更诉讼请求而致使诉讼从占有诉讼变为本权诉讼或本权诉讼变为占有诉讼不同，这种情况下只有一个诉讼。

出传唤的传唤状无效，亦不受影响。① 笔者认为，起诉人的确不能一边充当本权诉讼的原告，一边充当占有诉讼的原告，让两个诉讼同时进行，毕竟一个诉讼的结果能够影响另一个诉讼的进行。但是，两个诉讼的不冲突性可以依靠诉讼中止来加以解决，起诉人首先提起本权诉讼并不意味着他"默认"了对方的侵占。他在提起本权诉讼后想再提起占有诉讼的，必须放弃本权诉讼，让原告做这样的放弃是不公平的，而且，如果理解提起本权诉讼就视为默认对方的占有，那么一旦提起本权诉讼后，又怎么能转为可提起占有诉讼呢，这岂不是对"默认"的"反悔"。而依据法国新民事诉讼法第 1267 条"占有诉讼中的被告，仅在制止侵害后，始能提起实体上的诉讼"的规定，即使已经提起过占有诉讼，只要本权诉讼中的原告在提起诉讼之时并不具有占有诉讼的被告的资格，那么提起本权诉讼仍有可能。②

不竞合的规则，不仅体现在一个占有诉讼和一个本权诉讼不能合二为一并审理，而且主要还体现在某一个已经确定开始的本权诉讼或占有诉讼中，或者围绕当事人有无占有本权的问题来举证质证辩论，或者围绕有无占有事实及有无被侵害的事实来举证质证辩论，不能混淆。特别是对占有诉讼来说，不允许出现占有本权的证明（包括援引占有权利推定）。"桥归桥、路归路"，要在权利争议和事实争议之间做出选择，并且依据各自不同的诉讼程序参与争议的解决，恐怕是对原告最大的考验。

对于被告来说，"占有诉讼与本权诉讼不竞合"对他的影响，主要体现在他在原告提起的诉讼中所为的抗辩和能提出的反诉上。在原告提起的本权诉讼中，被告所要进行的事情和传统普通的权利争议之诉没有什么两样，这已为其所熟知。而在原告提起的占有诉讼中，被告则不能以自己有占有的本权来做对抗，也不能提出自己的本权反诉。他必须针对原告的请求，围绕占有事实及有无被侵害的事实来做抗辩。不能允许被告提出本权诉讼来消解原告的占有诉讼，否则原告针对事实侵害占有的诉求及其可能受到的占有保护就会被被告的本权争议冲抵，原告完全可以寻求公力对侵害占有事实的否定，他也可以寻求通过占有诉讼获胜获得物的返还并在随

---

① 参见［法］让·文森、塞尔日·金沙尔《法国民事诉讼法要义》（上），罗结珍译，中国法制出版社 2001 年版，第 144 页。

② 同上书，第 145 页。

后的权利诉讼中处于举证上的优势地位。被告如果要提起本权的诉讼，必须等待原告的占有诉讼完结之后。被告如果在占有诉讼中败诉返还了占有物，即使他在随后提起的本权诉讼中获得了胜诉，法律也通过占有诉讼表示了对他侵害行为的否定，表明了对占有事实的保护态度。占有诉讼的被告在被制止侵害占有之后，才能提起实体上诉讼，对此体现出的制裁性，学者认为不是"诉讼不受理"从而关闭本权诉讼途径，而是一种"延迟诉讼抗辩"。①

　　"占有诉讼与本权诉讼不竞合"对于法官的审理行为也有着较大影响，主要涉及法官的证据活动及裁判行为的要求，受理占有诉讼的法官不得直接或间接地就本权诉讼进行审理裁判。法官在本权诉讼中，往往也会利用一些占有及侵害的事实，如利用占有事实帮助推定权利者为谁。不过，利用事实的最终指向都是为了确定权利的归属，解决权利的争议。而在占有诉讼中，法官对各种凭据的审查都是为了核实是否具备占有保护的各项条件，组织围绕证据的审前预备措施和法庭调查活动不能够针对权利实体进行。② 不论是占有事实存在与否、占有侵害事实存在与否，都不得涉及权利实体。当然，占有不是只有通过证人来证明，其他证据方法也是可能的，如证书可以用来证明占有并非"不确定的性质"。但是，这种证据只能用于涉及占有而不能与实体权利有关，否则就会损害不竞合规则。③ 同样，在裁判上，法官不能够对占有问题和本权问题同时做出裁决，对占有诉讼不得基于本权实体中得出的理由（不管是不是唯一的）进行裁判，在占有诉讼的判决主文中不能就本权实体做出裁判，不能够承

---

　　① 参见［法］让·文森、塞尔日·金沙尔：《法国民事诉讼法要义》（上），罗结珍译，中国法制出版社 2001 年版，第 145 页。

　　② 在意大利民法学者看来，占有保护的一个重要基础就在于对占有的损害是以对主客体之间的某种关系的损害为实质内容的，这种关系不需要以某种法律上的"资格"对其进行正当化。也就是说，实际支配而不是法律上的某项权利支持了对占有的保护。意大利司法实践关于占有诉讼的有关态度对此种观点进行了明确的支持：在以确定占有主体的权利为目的的占有诉讼中不对该主体进行占有的权利资格进行审查（意大利最高法院第 24026 号判决，2004 年 12 月 17 日）。关于意大利法中占有诉讼的有关论述，参见贾婉婷《意大利法中的占有之诉》，载费安玲等《从罗马法走来——桑德罗·斯奇巴尼教授七十寿辰贺文》，中国政法大学出版社 2010 年版，第 423—433 页。

　　③ 参见［法］让·文森、塞尔日·金沙尔《法国民事诉讼法要义》（上），罗结珍译，中国法制出版社 2001 年版，第 143 页。

认当事人具有占有人资格以外的其他资格。由于不针对本权问题下结论，就占有已经做出裁判的事由对本权诉讼没有既判力。

笔者认为，仅就事实讨论事实，即使了解了权利归属也可能做出违背权利要求的裁判，这对习惯了权利义务争议处理诉讼模式的法官来说，的确不易。只有深刻地理解了事实秩序维护之于法律的价值，理解了更高基础的照应权利秩序的公平正义有另外的实现途径，理解了诉讼相对性内涵，理解了相对正义与绝对正义的实现存在区别等深层次问题以后，法官才会内心释然，才会运用法律人专有的逻辑与判断，坦然面对质疑，克服传统模式的不当影响，从容处理占有诉讼问题。

以上对于当事人和法官的要求，是占有保护或者占有诉讼不得与本权诉讼竞合等概括性命题的当然推导，无疑具有恰当性。从某一方面说，占有诉讼的运行给我国民事诉讼模式或诉讼观念带来了一些变革性的影响。行为的变革决定于观念的变革，主体必须借助占有制度体现的实体价值追求，树立在诉讼中争议解决的公正如何体现的应有观念。而行为的变革落实在具体程序的遵循当中，因此，确立与完善相应的诉讼程序是诉讼法需要解决的核心任务。不管如何，就引导主体的观念和民事诉讼的运行模式转变而言，运用详细的规范条文进行细致要求是必要的。总体而言，我国民事诉讼法必须要适应民事实体法的要求，通过占有诉讼的有关规范条文的确立与完善，助力于一个民事诉讼新模式的形成。

第五章

余论：我国民法占有及占有保护的概括评析与建议

第一节 《物权法》颁行前民法占有及占有保护的概况与立法建议

民法中的占有制度是健全物权体系所必需的，它能照应扩大财产利用、维护交易安全和社会秩序、解决实际问题等法律需求，具有不可或缺的地位。改革开放以后，《物权法》颁行以前，我国大陆民事立法中也有占有的概念使用、对占有含义的模糊承认和一些相关行为规范，如《民法通则》第71条规定的所有权权能之一的占有，第80条、第82条规定的实际含有对物占有的经营权；担保法中的抵押、质押、留置的含义；合同法中交付转移所有权的用语；司法解释中买卖不破租赁的规定等。民法中还有"侵占"等反面表述占有的情况，如《民法通则》第73—75条、第117条等。总的来说，受前苏联法制的较大影响，我国民事立法中并没有独立的占有制度（物权制度极不完善，更不用说不同于物权的另类的"占有制度"），民法中占有的相关问题主要为理论研究中所涉及。在借鉴其他法域立法、理论研究成果的基础上，在建设有中国特色社会主义法律体系目标的指引下，不少学者致力于将占有制度作为民法的一项重要内容进行研究，并将其纳入我国拟制定的物权法建议草案中。①

---

① 不仅是中国学者，外国学者也认为中国在编纂民法典时有必要借鉴占有的规定。参见［意］路易吉·拉布鲁纳《关于有益于中华人民共和国民法法典化的占有制度的若干问题思考》，丁枚译，载杨振山、［意］斯奇巴尼主编《罗马法·中国法与民法法典化》，中国政法大学出版社1995年版，第235页。

1998 年 3 月，全国人大常委会法制工作委员会委托成立了民法起草研究工作小组，负责研究编纂民法典草案。物权法部分的研究和起草工作得以推进，学者梁慧星和王利明分别受托牵头起草物权法草案的专家建议稿。1999 年 10 月，梁慧星牵头的中国社会科学院法学研究所物权法起草小组提出了《中国物权法草案建议稿》（以下简称"社科院建议稿"），2000 年 12 月，王利明牵头的中国人民大学民商事法律科学研究中心完成《中国物权法草案建议稿》（以下简称"人民大学建议稿"）。两个建议稿中对占有制度都提出了建议，但没有仿照德国民法将其放在物权法（编）之首，而是参考台湾地区民法将其列在各种物权之后。在内容上，"社科院建议稿"对"占有状态的变更"、"占有的合并"有单独的条文规定，而"人民大学建议稿"则对"善意占有与恶意占有"、"和平占有"、"公然占有"、"继续占有"等有明确定义。其余内容两个建议稿区别不大，基本上是参考吸收大陆法系国家的立法。

关于占有的概念，"社科院建议稿"第 417 条规定，"占有，是指对于物事实上的控制与支配。"可见是将占有作为一种事实来理解的。占有的成立，应该具备"控制"和"支配"双重要件。所谓控制，指物处于占有人的管理或影响之下。所谓支配，指占有人能够对物加以一定的利用。然而支配通常以控制作为前提，两者关系如何，双重要件是否会增加认定占有的困难，值得探讨。"人民大学建议稿"第 555 条将占有定义为"占有，是指占有人对物有事实上管领力的事实"，也对占有采取事实性质的理解。

"社科院建议稿"在占有一章不设"间接占有"的规定，间接占有人没有占有保护请求权，理由是间接占有人（如房屋出租人）可以依照物权请求权及代位权行使获得保护，不必另设规定，以简化占有制度。"人民大学建议稿"中也没有间接占有的规定。可见，对于观念化了的间接占有，其是否符合占有的事实定性，是否应该纳入权利范畴思考，仍值得研究。

关于占有的保护，"社科院建议稿"和"人民大学建议稿"都采用了自力救济与公力救济结合的方式。"社科院建议稿"第 429 条规定了占有人的自力救济权，该条第 1 款有"占有人对于侵夺或妨害其占有的行为，有权加以防御。占有物被侵夺的，如系不动产，占有人有权即时排除妨害而恢复其占有；如系动产，占有人有权就地或即时追踪向侵害人取回"。

"人民大学建议稿"第 570 条规定"占有人对于侵夺或者妨害其占有的行为，有权以自己的力量予以防卫。占有物被侵夺的，如系不动产，占有人有权即时排除侵害而取回之；如系动产，占有人得就地或者追踪向侵害人取回之"。两者没有大的区别，基本上是移植了台湾地区民法第 960 条的规定。"社科院建议稿"对"即时"、"就地"、"追踪"的含义进行了说明。占有人进行防御或取回的行为，按照其含义已经包含了使用强力的可能。自力救济是以私力对抗禁止的私力，条件极为严格。为突出对占有人强力的许可和限制，"社科院建议稿"在第 429 条第 2 款单列"在前款的情形，占有人在不超过正当限度的范围内可以使用强力"，这一做法比较合理。对于占有辅助人，建议稿没有明确规定其可以行使自力救济权，而只是在对该条进行说明的理由中加以承认。

"社科院建议稿"第 430 条规定了占有的保护请求权，该条第 1 款规定："占有人的占有被侵夺时，有权请求返还占有物。占有被妨害时，有权请求除去妨害。占有有被妨害的危险时，有权请求防止妨害"，这也是对台湾地区民法第 962 条占有人物上请求权规定的移植。用请求权而不是诉权的方式规定，实际承认了这是一种实体权利，可以在诉讼内外行使。建议稿第 2 款规定了对占有的债法上的保护方法，"侵害他人占有的人，应当赔偿占有人因此所受的损失"，这种考虑占有保护制度的完整性而在占有一章中对此加以规定的方式是可取的。但是建议稿主张这种请求权只保护有权占有人和善意的无权占有人，排除对恶意占有人的适用，而且并没有将占有本身作为一种"利益"来加以保护，只保护占有人的使用收益、费用及责任上的损害。该建议稿对占有也没有明确可以利用不当得利的规定来进行保护。"人民大学建议稿"第 571 条规定："占有保护的请求权，准用物权请求权的规定"。占有既然是事实而与物权不同，占有的保护请求权就应该单独规定并分类，占有的请求权通过诉讼方式行使时，与本权的诉讼不同，"准用"会造成两种不同性质的诉讼被混淆。该建议稿没有侵权行为和不当得利制度对占有适用的债法保护方式的规定。

"社科院建议稿"第 431 条借鉴了大陆法系一些立法的规定，明确了占有保护请求权的存续期间，"占有保护请求权，自对占有的侵害发生之日起 1 年内不行使而消灭。施工对占有物产生损害的，占有人在施工尚在进行并且自施工开始之日起 1 年内，有权请求停止侵害。""人民大学建议稿"第 572 条也规定"占有保护请求权，自占有的侵害发生之日起 1 年内不行使而消灭"。两个建议稿似乎都将占有权请求的存续期间作为除斥期间来规定，并且没有因为侵害占有的影响表现不一，而对侵夺占有、妨害占有和对占有产生妨害危险时行使请求权的期间进行不同规定。

"社科院建议稿"第 432 条规定了共同占有的保护，"数人共同占有一物时，各占有人不得相互请求占有的保护"。实际上，共同占有人之间不得请求占有保护只有在涉及"使用范围发生争议时"才适用，不是绝对不能给予占有保护，应该借鉴德国民法、中国台湾地区民法，加上"就占有物的使用范围"字样进行限制。相比较而言，"人民大学建议稿"对此做了弥补并对共同占有的含义做了规定，第 557 条规定："共同占有是占有人为二人以上对同一标的物所为的占有。于共同占有的情形下，各占有人就其占有物使用的范围，不得互相请求占有的保护。"

两个建议稿总体上都是借鉴了大陆法系的一些立法例规定，与当时基本属于空白的立法相比，无疑是很大的进步。可以看出，占有制度是物权法必不可少的部分，在学者的眼里，其在立法上的价值和制度体系上的独立地位不容忽视。当然，学者建议稿关于占有的相关内容规定，也有不少值得商榷的地方。

2002 年 1 月 11 日，全国人大常委会法制工作委员会召开会议，讨论民法典的起草工作。10 月，在既有民事法律和物权法草案的基础上形成了民法草案初稿，物权法草案成为民法典草案的第二编，占有部分是其中的第 319 条到第 329 条，共计 11 个条文。占有部分的规定总体而言较为简略。

关于占有的含义，草案第 319 条规定，"本法所称占有，包括基于债权关系的占有和无权占有，指占有人对不动产或者动产的实际控制与支配。"可见，草案明确界定了占有的含义，并将占有作为一种法律事实来看待。但是，既然占有是一种事实，就不必对这一事实从权利有无的角度加以说明，没有必要点明占有是有权无权或者基于什么样的法律关系而来，否则就是狭隘地考量了占有制度的功能。出于占有的独特价值及其维护社会秩序安宁的功能考虑，无权占有固然有保护的必要，有权占有也不应该被排除在外，只要是得为占有的权源伴随了对物的实际控制与支配，也应受到占有的保护。以往的征求意见稿曾经只单独列出无权占有来保护，受到批评，草案做了一定的改变，将基于债权关系的占有包括进来，但是，这样仍不完全和科学，即使对有权占有也不应区别对待。基于债权关系的占有以外，还有基于物权关系的有权占有。占有的保护可以突破债的关系的相对性，获得对抗第三人的效力，更好地保护债权。同样地，通过占有制度也可以更好地保护所有权人和他物权人的利益。所有权人、他物权人均可以依据法律的规定选择所有权、他物权诉讼或者占有诉讼来保护自己。而根据对物的事实控制或支配的证据来保护要比根据享有所有权等物权的证据来保护更容易、更快捷，占有保护中关于举证责任的安排给予有权占有人保护自己权利的便利。该条前段排除部分有权占有是不合理的，从占有的本质看，做这样的规定也没有必要，因此应删除"包括基于债权关系的占有和无权占有"，直接对占有内涵进行界定即可。

关于"基于债权关系的占有"，草案第 320 条规定，"基于债权关系的占有，有关不动产或者动产的使用、收益、争议的解决办法等，依照法律规定和合同约定。"该条规定仅涵盖债权关系产生的占有，没有包括基于物权关系或其他法律规定的占有，比如设定他物权中的占有、夫妻对另一方财产的合法占有等，而且也没有包括无权占有。不管是有权占有还是无权占有，基于什么样的基础关系而成立的有权占有，如果围绕占有物发生了使用、收益等问题的争议，规定"根据合同或法律解决"没有错误。除了合同规定外，不当得利制度、无因管理制度、侵权责任制度等都属于法律的规定。规范对象应该包含各种占有，而且在处理上应该遵循合同约定优先的原则，合同没有约定或者约定不明的，再按照法律的有关制度规定（包括特殊规定和一般规定）进行处理。对于无权占有，按照传统民法，关于对占有物的使用收益等涉及占有人与回复请求人之间的权利义务，是区别了其中的善意占有和恶意占有而进行独特规定的。而且，在占有人与回复请求权人之间，还有诸如孳息收取、支出费用求偿、占有物毁损灭失时的赔偿范围等诸多问题需要规范。

关于占有保护，草案第 329 条规定，"占有的不动产或者动产被侵夺的，占有人有权请求返还物；对妨害占有行为，占有人有权请求排除妨害；因侵夺或者妨害造成损害的，占有人有权请求损害赔偿。前款规定的请求权，自侵夺或者妨害发生之日起 1 年内没有行使的，该请求权消灭。"可见，草案规定了物权法意义上属于公力救济权的占有保护请求权、债权法意义上占有的侵权赔偿请求权和请求权的存续期间。草案并没有肯定占有人享有诸如防御权、取回权的自力救济权。笔者认为，虽然私力的运用在现代法治社会严格受限，但是一定程度内以自己的力量保护占有仍然是必需的，只有这样对占有的保护才完整。着眼于民事权利保护的正当防卫和自助行为规定并不能有效解决占有的私力保护问题，何况正当防卫与自助行为在我国民法中的规定仍不完善或存在空白，而且对有权占有来说，提供占有的自力救济也可以作为权利保护的补充手段。依照对占有的影响力的强弱和行为演化进程，侵害占有除了有侵夺、对占有造成妨害以外，还有稍弱的"发生妨害的危险"，对此应该允许占有人请求除去以防止妨害发生，只有这样占有人的占有保护请求权才算得上完整。草案规定了占有人侵权赔偿的请求权，承认了在占有受侵害时占有人有债权法上的保护，比较合理。不过，对不当得利的债权法保护方法也应一并确认为妥。草案将请求权的存续期间界定为除斥期间较为合理，但对各种不同的侵害是否应分别规定不同的期限值得考虑，毕竟侵夺、妨害、妨害危险对现占有秩序和侵害后占有形成状态的影响力不同。行为对现占有影响越强，对抗它的请求权期限应越短，这样才符合对占有事实性质的理解。不过，各请求权确定多长的存续期间仍然是一个难题。另外，共同占有具有特殊性，占有人之间对占有物使用范围发生争议的不能互相请求占有的保护，对此也应规定。

第二节 《物权法》中占有及占有保护规定的概括评析及建议

我国民法典的制定，经过争鸣，在理论界和实务界形成了先完成具体内容的单行立法再有机组合推动的共识后，物权法被单独作为基础性、支柱性法律而优先受到重视，立法进程不断推进。在以往草案的基础上，历经多次修改、审议，《物权法》在 2007 年 3 月 16 日第 10 届全国人民代表大会第 5 次会议获得通过，并于当年 10 月 1 日起施行。占有被单独作为物权法的一编（章）在总则、所有权、用益物权、担保物权后被规定，占有制度第一次在我国大陆民法中被正式确认下来，结束了仅作为理论研究对象的历史。占有这个与权利性质完全不同的民法范畴，终于确立了自己的独立地位并获得了法律的保护。

《物权法》中占有一编（章）的规定包含第 241 条到第 245 条，共有 5 个条文。我国《物权法》规定占有制度虽然意义重大，但是与其他法域内的占有立法相比，仍有较大的差距。即使是与学者的立法建议稿和物权法草案的相关内容比较，条文规定也显得十分单薄。

概括而言，《物权法》中的占有规定主要包括：

第一，关于占有物的使用收益等，有合同约定的按照合同约定处理，没有合同约定或约定不明的，按照有关法律的规定处理（《物权法》第 241 条）。

第二，占有人使用占有物致损的，恶意占有人承担赔偿责任（《物权法》第 242 条）。从反面推论，善意占有人不承担使用占有物致损时的损害赔偿责任。

第三，占有物的回复权利人有权要求返还原物及孳息，善意占有人有权要求因维护占有物支出的必要费用（《物权法》第 243 条）。从反面推论，恶意占有人对维护占有物所支出的必要费用没有请求权。

第四，占有物的权利人有权要求占有人返还占有人因占有物毁损灭失获得的保险金、赔偿金或补偿金等，恶意占有人对权利人未得到足额弥补的还应承担赔偿责任（《物权法》第 244 条）。从反面推论，善意占有人不需对权利人不足弥补的损失额承担赔偿责任。

第五，占有被侵害时，占有人根据情况有占有物返还请求权、占有妨害排除请求权、占有妨害危险消除请求权以及占有损害赔偿赔偿请求权等来保护占有，其中的占有物返还请求权受 1 年期限限制（《物权法》第 245 条）。

这些规定显得比较零散而不系统，整体感觉占有一编（章）的规定，似乎只是为了形式上照顾物权法体系的完满而不得不设。传统民法的占有制度内容丰富，很多方面在我国《物权法》中都没有反映。关于占有的含义、占有的分类、占有的样态推定、占有的样态变更、占有的权利推定、善意取得、占有人与回复请求权人之间的具体权利义务关系、占有人的自力救济权、共同占有的保护、财产权利的准占有等诸多问题，《物权法》要么遗留空白，要么规定很不完善。① 占有制度毕竟不同于权利体系中的各种物权，较难理解和把握，占有制度的很多规定需要从独特的法律价值定位和法律观察视角出发去审视思考，我国民法、物权法的制度稳定和体系性思维也形成制约，传统民法占有制度不少方面的规定在我国的实效难以体现。物权法对于传统占有制度的诸多规定似乎存在犹豫，担心规定后会引起困惑，如受公有优先、反对不劳而获等思维影响，难以明确规定先占、时效取得；② 推崇公力救济，担心个人实力维权造成负面后果而不规定占有自力救济。③ 笔者认为，凡此种种，都是我国占有制度立法单薄的重要原因。就本书涉及的重要方面来说，《物权法》的主要不足在于：

第一，没有明确界定占有的内涵，从而通过内涵揭示占有属于法律事实而非权利的性质。对于财产权利的准占有，没有明确承认。

第二，没有对占有的类型做出详细分类，其明确涉及的善意占有与恶意占有的区分标准不明。没有关于占有样态的推定规定，从而影响占有样

① 需要指出的是，2005年7月中国全国人大常委会向社会公布了征求意见的《物权法》（草案），该草案在占有一章中规定："第259条：占有，包括有权占有和无权占有。基于债权关系等产生的占有，有关不动产或者动产的使用、收益、违约责任等，依照法律规定和合同约定。第260条：不动产或者动产的占有，除有相反证据证明外，推定有权占有。第261条：无权占有，包括善意占有和恶意占有。无权占有，除有相反证据证明外，推定善意占有。第262条：占有人因使用占有的不动产或者动产，致使该不动产或者动产受到损害，善意占有人不承担损害赔偿责任；恶意占有人应当承担损害赔偿责任。第263条：不动产或者动产被占有人占有的，权利人可以请求返还原物及其孳息，但应当扣除善意占有人因维护该不动产或者动产支出的必要费用。第264条：占有的不动产或者动产毁损、灭失，该不动产或者动产的权利人请求赔偿的，占有人应当将因毁损、灭失取得的保险金、赔偿金或者补偿金等返还给权利人；权利人的损害未能得到足够弥补的，恶意占有人还应当赔偿损失，但对损害的发生没有过错的除外。第265条：占有的不动产或者动产被侵夺的，占有人有权请求返还原物；对妨害占有的行为，占有人有权请求排除妨害；因侵夺或者妨害造成损害的，占有人有权请求损害赔偿。占有人返还原物的请求权，自侵夺发生之日起1年内没有行使的，该请求权消灭。"此外，草案还在附则的第266条中界定："'占有'，指占有人对不动产或者动产的实际控制。"笔者认为，虽然该草案关于占有的规定也存在不足之处，但就内容的丰富性和制度完整性而言，相比之下，正式颁行的《物权法》中的占有一章更为保守。

② 这些规定，与不承认拾得遗失物在一定条件下拾得者可取得部分利益、规定无主的遗产归国家所有等如出一辙。

③ 中国民法对债权等的自我救助行为也没有明确规定，仅仅靠法理之理解应用来落实。

态的举证规则。没有关于不同占有样态变更的规则，如善意占有与恶意占有之间的转化规则等。

第三，在法律效果上，规定占有人与回复权利人之间权利义务关系的情况不完整、不合理、不明确。比如在涉及占有物使用收益的归属上，对无权占有人没有明确的规定，通过推导得出的立法态度，也没有区分善意占有与恶意占有而予以不同对待，处理问题所需要适用的有关法律规定指哪些民法制度也不明确。占有人支出的非必要费用如何处理，是否应区分善意占有和恶意占有而有不同，善意占有人对于占有物毁损灭失的赔偿是否有限制等，规定都不明确。此外，占有人有义务将取得的赔偿金、补偿金和保险金等返还权利人，是否可推导占有人有赔偿金、补偿金和保险金的"先行"的请求权，也不明确。

第四，在占有法律效果中的占有保护问题上，物权法上的保护方法没有规定占有人的自力救济权，三种占有物上请求权是否都应该对存续期限做出限制，其与相关的其他债权法上请求权关系如何，都有待完善。对于债权法上的损害赔偿问题，占有遭受的损害包括哪些情形没有规定，是否还有诸如不当得利制度规定的债权法适用也不明确。

此外，在占有中涉及当事人之间权利义务的关系上，占有的规定与侵权责任、无因管理、不当得利等制度规则的关系如何，也没有明确的界定。以上不明确的地方，只能借助法官的自由裁量加以处理，从而带来占有实施效果的很大不确定性。占有制度对我国大陆来说是一个相对崭新的制度，法官和当事人已经适应了权利义务及其体系、规则，不明确具体地规定占有规则，单纯依靠理解、推论、裁量来适用，恐怕并不严谨，也会带来较大的挑战。占有制度与所有权、他物权制度一起构成完整物权体系，占有及其民法保护符合现代法律理念及价值追求，符合物重其用的趋势，在法治建设中重点关注权利、以权利为核心设计并完善法律制度的同时，也要注意完善占有及其保护制度。考虑到我国法制的实际状况，占有制度的完善要充分借鉴外来立法，特别是大陆法系相关立法的合理成分。

围绕本书讨论的主要方面，笔者概括提出我国《物权法》中占有制度规定完善的一些建议。

第一，明确界定占有的内涵，通过内涵揭示占有属于法律事实而非权利的性质；明确承认财产权利的准占有，并准用占有的规范处理。

第二，对占有的有益类型做出详细区分并明确其含义，如善意占有与恶意占有的各自含义及区分标准；增加关于占有事实样态推定、占有的取得与消灭、占有事实样态变更等相关规定。

第三，在占有的法律效果上，应完整规定涵盖占有物使用收益、费用支出偿还、损害赔偿责任等占有人与回复权利人之间的权利义务关系。总的要求是在各个方面给予善意占有人特殊的照顾与保护，以体现占有制度是民法最能体现公平与诚信原则的制度这一特点，如明确承认善意占有人对于占有物的使用收益权，对于占有物毁损灭失的赔偿范围受到限制等。

第四，在占有的法律效果上，应明确规定占有的权利推定规则，并规定先占、时效取得等相关规则，做好占有事实与民事权利确定的衔接。

第五，在占有法律效果中的占有保护问题上，应该规定占有人面对占有遭受侵夺或妨害时的自力救济权，规定对共同占有的保护，完善占有人物上请求权的除斥期间的规定，明确界定哪些情形下可以适用损害赔偿、不当得利等占有的债权法保护方法。

此外，就占有的诉讼制度而言，应该在实体法完善的基础上相应配套完善，明确规定占有诉讼提起的条件、程序、占有诉讼与本权诉讼的关系等，并将实体法和程序法的规定加以衔接协调。

参 考 文 献

周枏：《罗马法原论》（上、下册），商务印书馆 1994 年版。

［德］弗里德里希·卡尔·冯·萨维尼：《论占有》，朱虎、刘智慧译，法律出版社 2007 年版。

［意］桑德罗·斯奇巴尼选编：《物与物权》，范怀俊译，中国政法大学出版社 1999 年版。

［日］我妻荣著，有泉亨补订：《我妻荣民法讲义Ⅱ·新订物权法》，罗丽译，中国法制出版社 2008 年版。

周梅：《间接占有中的返还请求权》，法律出版社 2007 年版。

李宜琛：《日耳曼法概说》，中国政法大学出版社 2003 年版。

［英］F. H. 劳森、B. 拉登：《财产法》，施天涛等译，中国大百科全书出版社 1998 年版。

刘智慧：《占有制度原理》，中国人民大学出版社 2007 年版。

［德］鲍尔、施蒂尔纳：《德国物权法》（上册），张双根译，法律出版社 2004 年版。

［意］彼德罗·彭梵得：《罗马法教科书》，黄风译，中国政法大学出版社 1992 年版。

尹田：《法国物权法》，法律出版社 1998 年版。

方令：《民法占有制度研究》，重庆出版社 1996 年版。

苏永钦主编：《民法物权争议问题研究》，清华大学出版社 2004 年版。

孟勤国：《物权二元结构论》，人民法院出版社 2002 年版。

王泽鉴：《民法物权：用益物权·占有》，中国政法大学出版社 2001 年版。

［法］让·文森、塞尔日·金沙尔：《法国民事诉讼法要义》（上），

罗结珍译，中国法制出版社 2001 年版。

［日］田山辉明：《物权法》，陆庆胜译，法律出版社 2001 年版。

梁慧星等：《中国物权法草案建议稿》，社会科学文献出版社 2000 年版。

［英］G. D. 詹姆斯：《法律原理》，关贵森等译，中国金融出版社 1990 年版。

史尚宽：《物权法论》，中国政法大学出版 2000 年版。

陈华彬：《物权法研究》，金桥文化出版（香港）有限公司 2001 年版。

［英］梅因：《古代法》，沈景一译，商务印书馆 1996 年版。

曾荣振：《民法总整理》（增订新版），台北三民书局 1992 年版。

孙宪忠：《德国当代物权法》，法律出版社 1997 年版。

马新彦：《美国财产法与判例研究》，法律出版社 2001 年版。

王利明主编：《中国物权法草案建议稿及说明》，中国法制出版社 2001 年版。

［德］曼弗雷德·沃尔夫：《物权法》，吴越、李大雪译，法律出版社 2002 年版。

谢在全：《民法物权论》（上、下），中国政法大学出版社 1999 年版。

［德］迪特尔·梅迪库斯：《德国民法总论》，邵建东译，法律出版社 2001 年版。

姚瑞光：《民法物权论》，台北海宇文化事业有限公司 1995 年版。

赵晓钧：《论占有效力》，法律出版社 2010 年版。

宁红丽：《物权法占有编》，中国人民大学出版社 2007 年版。

Burke Shartel, "Meanings of Possession", 16 *Minn. L. Rev.* 611（1931—1932）.

F. Pollock, R. S. Wright, *An Essay on Possession in the Common Law*, Clarendon Press, 1888.

Salmond, *Jurisprudence*, 12th ed., Sweet & Maxwell, 1966.

Kenneth Smith, Denis J. Keenan, *English Law*, 5th ed., Pitman Press, 1975.

D. H. Van Zyl, *History and Principle of Roman Private Law*, Butterworth, 1983.

Albert S. Thayer, "Possession and Ownership", *Law Quaterly Review*,

Vol. 13, 1907.

Köbl, *Das Eingentümer-Besitzer-Verhältnis im Anspruchssystem des BGB*, 1971.

W. W. Buckland, F. H. Lawson, *Roman Law and Common Law*, Cambridge University Press, 1974.